国家文化产业资金支持媒体融合重大项目

普通高等学校会计应用型规划教材

经济管理国家级实验教学示范中心
国家级特色专业
浙江省一流本科专业

浙江省普通高校“十三五”新形态教材

第4版

审计学

AUDITING

刘勇 徐琦 张丹凤 主编

东北财经大学出版社 大连
Dongbei University of Finance & Economics Press

图书在版编目（CIP）数据

审计学 / 刘勇，徐琦，张丹凤主编．—4版．—大连：东北财经大学出版社，2022.12（2024.6重印）
（普通高等学校会计应用型规划教材）
ISBN 978-7-5654-4721-1

Ⅰ.审　Ⅱ.①刘… ②徐… ③张…　Ⅲ.审计学-高等学校-教材　Ⅳ.F239.0

中国版本图书馆CIP数据核字（2022）第234955号

东北财经大学出版社出版
（大连市黑石礁尖山街217号　邮政编码　116025）
网　　址：http://www.dufep.cn
读者信箱：dufep@dufe.edu.cn
大连天骄彩色印刷有限公司印刷　　东北财经大学出版社发行

幅面尺寸：185mm×260mm　字数：438千字　印张：20　插页：1

2022年12月第4版　　2024年6月第3次印刷

责任编辑：王　丽　　责任校对：王　烨

封面设计：冀贵收　　版式设计：原　皓

定价：55.00元

教学支持　售后服务　联系电话：（0411）84710309

如有印装质量问题，请联系营销部：（0411）84710711

序　言

党的二十大报告指出："实施科教兴国战略，强化现代化建设人才支撑。"强调要"坚持教育优先发展、科技自立自强、人才引领驱动，加快建设教育强国、科技强国、人才强国，坚持为党育人、为国育才，全面提高人才自主培养质量，着力造就拔尖创新人才，聚天下英才而用之"。建设教育强国是中华民族伟大复兴的基础工程，必须把教育事业放在优先位置。建设中国式现代化，中国教育必须给予全面应答，基础教育、职业教育、高等教育都要承担起相应的责任，学科专业、教育教学、课程教材、评价体系等都要作出相应的调整。

审计学是一门不断发展变化、专业性很强的社会科学，作为其实践的审计工作与特定的社会经济环境有着密切的联系。近年来，随着我国市场经济的发展和经济全球化进程的加快，审计工作的外部和内部环境发生了很大的变化，审计工作的改革不断深入，专业性和技术性日趋复杂，市场对审计人员所应具备的职业素质要求也越来越高，这就要求审计教育必须相应地不断充实教学内容、丰富教学手段、完善教学方法。在此背景下，编写一本内容新颖、结构合理、既有前瞻性又切合实际的教材也就成为审计教育工作者不可推脱的责任。

嘉兴学院会计学专业已有百年的办学历史，先后被立项为浙江省重点建设专业、国家级特色专业、浙江省优势专业、国家级一流本科专业建设点。秉承传统办学经验，借鉴独有教学特色，先后出版及修订了《会计学》《中级财务会计学》《高级财务会计学》《企业财务管理》等会计学专业系列教材及《初级会计学模拟实验教程》《中级财务会计学模拟实验教程》《成本会计学模拟实验教程》《会计综合模拟实验教程》等实验系列教材。这些教材突出了"点、线、面"的实践教学体系，体现了"专业能力强、岗位适应快"的专业特色。

《审计学》教材是嘉兴学院及嘉兴南湖学院审计学课程组多年教学经验的成果积淀，也是嘉兴学院会计学国家级特色专业及嘉兴南湖学院省级一流本科专业系列教材建设的标志性成果之一。该教材由刘勇教授主编，以注册会计师审计为主线，较全面地介绍了注册会计师审计的性质、审计基本原理、审计测试流程、业务循环审计及完成审计工作、审计报告。教材力求简明、易懂，力求突出专业性、实践性，既可以满足会计学专业、财务管理专业本科生及其他专业本科生教学之需要，也可以供广大实务工作者阅读参考。

潘煜双

2023年6月

第四版前言

审计学课程是会计学专业和财务管理专业的一门必修课，也是会计学专业的主干课程之一。开设本课程的目的在于，以审计学的基本原理为指导，按照理论与实践相结合的原则，通过对审计学基本理论及实际应用的讲解，使学生系统掌握审计学的基本理论、基本内容和基本方法；特别是通过对民间审计的性质、特点和审计技术的讲授，使学生能理解其重要性，初步掌握一些必要的审计技术和方法；提高学生辨别和审核经济信息的能力、检查和纠正经济资料中的失真以及经济活动中的违法乱纪行为的能力。

本教材以注册会计师审计为主线，以中国注册会计师执业准则为依据，以提高学生的职业判断能力为目的，在充分借鉴近年来国内外审计学相关教材编写精髓的基础上，力求简化、通俗地阐述审计学基本理论、基本知识、基本技能，在专业性、实践性、可操作性等诸方面满足课程教学需要。

本教材是嘉兴学院会计学国家级特色专业以及嘉兴南湖学院会计学省级一流本科专业系列教材建设的标志性成果之一。在教材编写过程中，注重理论与实务相结合。本教材可供会计学专业、财务管理专业及其他专业本科生教学之用，也可以供广大实务工作者阅读参考。

本教材融合“大智移云”（大数据、人工智能、移动互联网、云计算）等现代技术，结合中国会计学会会计专业教育委员会所倡导的“互联网+会计教学一体化改革”，创新教材形态，即通过移动互联网技术，以嵌入二维码的纸质教材为载体，嵌入延伸阅读、案例分析、本章测评、模拟试卷参考答案、综合实验及音频、视频等数字资源，将教材、课堂、教学资源三者融合，实现线上线下结合的教材出版新模式。

本教材认真贯彻党的二十大精神，结合习近平新时代中国特色社会主义思想，为构建全员、全程、全课程育人格局，将各类课程与思想政治理论课同向同行，形成协同效应，把“立德树人”作为教育的根本任务，本教材部分章节增加了课程思政资料，设置“学思践悟”栏目，供学习者参考。

本教材共分十四章。第一、二、六、七、八章由刘勇教授撰写，第三、四、五、十四章由徐琦撰写，第九、十、十一、十二、十三章由张丹凤撰写，由刘勇教授确定大纲并对全书内容进行修改、补充、总纂。

本教材在编写过程中得到了嘉兴学院商学院院长潘煜双教授、东北财经大学出版社的大力支持，同时参阅了历年注册会计师考试教材和国内兄弟院校编著的教材，在此表示衷心的感谢！

本教材历经多次讨论，力求体系完整，内容编排合理，但也极有可能还存在考虑不周、安排和表述不妥的地方，甚至某些失误亦难以避免，恳请读者批评指正。

刘 勇

2023年6月

目　录

第一章

绪　论

学习目标：掌握注册会计师审计的内涵、注册会计师审计要素及基本要求；熟悉注册会计师审计与国家审计、内部审计的关系；了解注册会计师审计的起源与发展。

重　　点：注册会计师审计的内涵、种类与方式；注册会计师审计要素及基本要求。

难　　点：注册会计师审计要素。

第一章

视频预习

音频：南海公司财务舞弊案例

知识点：西方注册会计师审计的起源与发展

第一节　注册会计师审计的起源与发展

一、西方注册会计师审计的起源与发展

（一）西方注册会计师审计的起源

注册会计师审计产生的根源在于所有权和经营权的分离，是市场经济发展到一定阶段的产物，其产生和发展与资本市场密切相关。随着“两权的分离”，所有者不再直接参与企业的日常经营管理，这就产生了所有者如何对经营者行为进行监督和控制的问题，由此催生了经营者定期通过财务报表向所有者汇报财务状况和经营成果的需要。财务报表是由企业管理层编制和提供的，企业管理层的自身利益通常与企业的财务状况与经营成果挂钩，这需要由独立的第三方——注册会计师——对财务报表进行审计，出具客观、公正的审计报告。在历史上，英国是资本市场发展最早、注册会计师审计制度确立最早的国家。一般认为，1720年英国南海公司舞弊案的出现是注册会计师职业的“催产剂”，这一事件中第一次出现了独立向社会公众发表审计意见的职业会计师，催生了以验证资本市场的会计信息、发表审计意见为职业的现代注册会计师审计制度的形成和确立。

1720年，名噪一时的“南海公司”（The South Sea Company）倒闭的消息传来，犹如晴天霹雳，惊呆了正陶醉在黄金美梦中的债权人和投资者。当这些“利害关系者”证实数百万英镑的损失将由自己承担的时候，他们一致向议会发出了严罚欺诈者并要求赔偿损失的呼声。面对舆论的压力，英国议会组织了一个由13人组成的特别委员会，调查南海公司破产事件。经过秘密查证，特别委员会发现该公司的会计记录严重失实，明显存在蓄意篡改数据的舞弊行为。于是，英国议会决定聘请实践经验丰富、理论基础扎实、在伦敦地区享有盛誉的查尔斯·斯内尔（Charles Snell）先生对南海公司的分公司“索布里奇商社”的会计账目进行检查。查尔斯·斯内尔先生接受议会委托以后，对南海公司事件的背景和原因进行了调查，并应议会特别委员会的要求，于1721年编制了一份审计报告书，指出了企业存在的舞弊行为，但没有就企业出于何种目的编制虚假会计记录表明自己的意见。英国议会根据该审计报告，除没收全部董事的个人财产以外，还将一名负直接责任的经理逮捕，押进了伦敦塔监狱，同时，颁布了《泡沫公司取缔法》，旨在防止不正常的股份投机，禁止设立舞弊性质的股份公司，禁止非股份公司采用股份公司形态，禁止股份公司从事特许证规定的业务范围以外的经营活动。

为了监督公司管理层的经营管理活动，防止其徇私舞弊，保护投资者、债权人权益，避免“南海公司事件”重演，英国议会于1844年颁布了《公司法》，规定股份公司必须设立监事会来审查会计账簿和报表，并将审查结果报告给股东。1845年又对《公司法》进行修订，再次明确：监事是股东的代表，监事可以用公司的费用聘请有记账技能的会计师和其他人员协助办理审计业务；监事和会计师应根据公司的账簿编制报告书。这些措施有力地促进了注册会计师审计的发展。与此同时，英

国政府对一批注册会计师进行了资格确认。1853年，苏格兰爱丁堡会计师协会成立，这是世界上第一个注册会计师职业团体，标志着注册会计师职业的诞生。1862年，英国《公司法》确立了注册会计师为法定的破产清算人，奠定了注册会计师审计的法律地位。

（二）西方注册会计师审计的发展

注册会计师审计是市场经济的产物，并随着市场经济的发展而发展。在审计发展的历史长河中，审计模式的发展起着相当重要的作用。由于审计活动总是为达到一定的目的、实现一定的审计目标而设计的，因而审计模式的发展就必然要受到审计目标变化的深刻影响。随着社会经济的发展，按照审计形成和发展的历史顺序，与审计目标的变化相适应，审计模式的发展大致可以分为三个阶段：即账项基础审计阶段、制度基础审计阶段、风险导向审计阶段。

1.账项基础审计阶段

账项基础审计（transaction-based auditing），亦称数据导向审计，是审计模式发展的第一阶段。账项基础审计适应了早期审计查错防弊的要求。这种方法以公司的账簿和凭证作为审查的出发点，检查各项分录的有效性和准确性，以及账簿的加总和过账是否正确，总账与明细账是否一致。该模式最大的优点是审计误差小、风险小、可靠性高，在企业规模不大、经济业务比较简单的情况下，这种审计模式基本能满足需要。

但账项基础审计存在以下缺点：（1）不对审计工作进行整体规划，只是机械地对各种会计文件进行审查。因此，很难使审计计划切实可行，以有效指导审计工作；（2）采用有限的并且主要建立在主观判断基础上的抽样审计技术，盲目性较大，可能遗漏重要项目或事项，存在较大的风险；（3）主要围绕会计报表、会计账簿及有关凭证进行审计，审计人员虽然可以发现一些技术性的错误或舞弊情况，但很难对其进行深入分析、查找原因，以避免该类现象的发生。因此，这种审计模式并不总能达到预期的效果，特别是在经济业务规模较大、业务复杂的情况下，更是难以保证审计质量。

2.制度基础审计阶段

1929年到1933年爆发了世界范围内的大规模经济危机，审计报告使用人由股东、债权人扩大到整个社会公众。随着股份有限公司的发展壮大，社会公众更为关注整个会计报表的公允性、真实性。在审计实践过程中，审计人员发现，许多企业为了与其迅猛增长的业务量相适应而建立了内部控制制度。这些内部控制制度是否严密有效，直接影响企业会计报表的真实性、公允性。在这种情况下，注册会计师审计就演变出一种从审查内部控制制度着手的审计方法，即制度基础审计（system-based auditing），或称系统导向审计（system-oriented auditing）。制度基础审计要求以评审内部控制为着眼点，在评估被审计单位内部控制及其发挥作用情况的基础上，根据内部控制的可信赖程度，确定抽样审计的范围和重点，以合理安排审计力量和时间，恰当地运用各种审计方法，获取充分、适当的审计证据。

20世纪后半期，制度基础审计的缺陷逐渐暴露出来。众多的诉讼案件表明，内部控制制度存在着固有的局限性，即使是设计最完美的内部控制制度，也可能因为执行人员的粗心大意、判断失误、管理层舞弊等造成控制失效。一旦被审计单位的高级管理人员串通舞弊，或最高管理层超越控制而蓄意造假，从表面上看内部控制依然存在并运行良好，但实际上内部控制所要求的相互制约已经不再存在，而且有可能掩盖舞弊造假迹象。此时，检查内部控制制度往往无法发现这种刻意隐瞒的舞弊造假行为。

3.风险导向审计阶段

（1）传统风险导向审计阶段

1957年，《蒙哥马利审计学》（第八版）第一次将“风险”这一概念与审计程序的设计紧密联系起来，开始探索审计风险控制的措施和审计方法的改进。至20世纪70年代，审计风险模型开始在审计实务中被陆续采用。1981年，美国审计准则委员会发布了《第39号审计准则——审计抽样》，在其附件中提出了供参考的审计风险模型；1983年，该委员会又发布了《第47号审计准则——审计风险与重要性》，将审计风险模型包含在正文中，可以说这是对传统风险导向审计的最终确认。传统风险导向审计主要是通过对会计报表固有风险和控制风险的定量评估来确定检查风险，进而确定实质性测试的性质、时间和范围，以提高审计效率与效果。

传统风险导向审计第一次将“风险”引入审计，具有里程碑的意义，它使得审计效率与效果有了实质性的提高，为现代风险导向审计的产生和发展奠定了基础。

（2）现代风险导向审计阶段

自20世纪90年代开始，国际性的大型会计师事务所联合学术界对审计基本方法进行了全面研究，开发出一种新的审计方法，并逐步得到学术界与实务界的认可。这一审计方法以被审计单位中的战略和经营风险分析为导向，因此也被称为风险导向审计（risk-based audit）。为了区别于传统风险导向审计，我们将这种新的审计方法称为现代风险导向审计。

现代风险导向审计代表了现代审计方法发展的最新趋势，它更系统地研究了审计授权和委托人的内外环境，更切实地保证了审计质量，它以被审计单位的经营环境为出发点，综合运用内部控制评审、分析程序等高效率审计方法，兼顾了其他审计模式的一些特点。与其他审计模式相比较，现代风险导向审计具有以下四方面的特征：

① 审计责任、重心前移。账项基础审计的特点是详细检查，因而对风险的反应是滞后的；传统风险导向审计的重点主要是放在对内部控制的评审上，将审计重心移到对控制风险的评估上，使审计方法向前迈进了一步；现代风险导向审计则将重心再次前移，以风险为导向。由于现代公司治理的缺失以及管理层舞弊是审计风险的集中来源，以固有风险为主要内容的重大错报风险就成为审计人员关注的焦点。而固有风险并不是孤立存在的，它与企业的战略管理目标、经营环境、公司治理结构及内部控制等密切相关，故以“重大错报风险”涵盖包括固有风险在内的诸多因素，便成为现代风险导向审计的核心。

② 转变审计思维定式，引入环境变量。在传统风险导向审计模式中，审计人员

即使对内部控制制度进行符合性测试，仍然无法把握审计项目的总体风险程度，难以解决审计风险控制的问题。与此相对照，现代风险导向审计从系统论和战略管理理论出发，从战略风险入手，按照“经营环境—经营产品—经营模式—剩余风险分析”的基本思路，在源头上和宏观上判断并发现会计报表存在的重大错报。将环境变量引入审计风险的评估，确立了现代审计的战略审计观。

③ 分析程序的广泛运用。分析程序，是指注册会计师通过分析不同财务数据之间以及财务数据与非财务数据之间的内在关系，对财务信息做出评价。分析程序还包括在必要时对识别出的、与其他相关信息不一致或与预期值差异重大的波动或关系进行调查。如果说传统风险导向审计主要是对财务信息进行分析，那么现代风险导向审计则扩展到对非财务信息的分析，风险评估也更加多样化，如战略分析、绩效分析等。

④ 审计的目标是鉴证会计报表中是否存在重大错报，增强会计报表的可信性。为达到此目标，注册会计师应当假定会计报表整体是不可信的，从而保持全方位的职业怀疑，并在审计过程中一一排除。如果说传统风险导向审计主要靠标准化表格等工具计划和实施审计工作，是为了审计而审计，那么现代风险导向审计则是在选择和实施审计程序时考虑更多的未预料因素，主张个性化的审计程序，如出其不意的盘点等。总之，根据具体的审计项目，额外的、追加的或进一步的审计程序往往比常规审计程序更有效。

音频：中国注册会计师协会简介

二、我国注册会计师审计的起源与发展

（一）我国注册会计师审计的起源

知识点：我国注册会计师审计的起源与发展

我国注册会计师审计始于辛亥革命之后。1918年9月，北洋政府农商部颁布了我国第一部注册会计师法规——《会计师暂行章程》，同年，批准著名会计学家谢霖先生为中国的第一位注册会计师，谢霖先生所创办的中国第一家会计师事务所——“正则会计师事务所”也获准成立。1925年，“全国会计师公会”在上海成立。1927年，潘序伦先生创办了“潘序伦会计师事务所”（后改称“立信会计师事务所”）。1930年，《会计师条例》颁布，确立了会计师的法律地位。随后，上海、天津、广州等地也相继成立了多家会计师事务所，至1947年，全国已拥有注册会计师2 619人。

（二）我国注册会计师审计的发展

中华人民共和国成立初期，注册会计师审计在国民经济恢复工作中发挥了积极作用。注册会计师审计通过对工商企业的审计，有效地打击了不法资本家囤积居奇、投机倒把、偷税漏税等行为。在当时对平抑物价、保证国家税收、争取国家财政经济状况好转等方面做出了突出贡献。

社会主义三大改造期间以及后来推行苏联高度集中的计划经济模式期间，中国的注册会计师审计便悄然退出了历史舞台，我国注册会计师审计陷入了停滞状态。

1978年党的十一届三中全会以后，我国实行“对外开放、对内搞活”的方针，将工作重心转移到社会主义经济建设上来，商品经济得到迅速发展，为注册会计师制

度的恢复重建创造了客观条件。

1980年12月14日，财政部颁布了《中华人民共和国中外合资经营企业所得税法施行细则》，规定外资企业财务报表要由注册会计师进行审计，这为恢复我国注册会计师制度提供了法律依据。

1980年12月23日，财政部颁布了《关于成立会计顾问处的暂行规定》，标志着我国注册会计师职业开始复苏。

1981年1月1日，中华人民共和国第一家由财政部批准独立承办注册会计师业务的会计师事务所——“上海会计师事务所”——宣告成立。

1984年9月25日，财政部印发了《关于成立会计咨询机构问题的通知》，明确了注册会计师应该办理的业务。

1985年1月颁布（同年5月1日开始实施）的《中华人民共和国会计法》规定：“经国务院财政部门批准组成会计师事务所，可以按照国家有关规定承办查账业务。”

1986年7月3日，国务院颁布了《中华人民共和国注册会计师条例》，自同年10月1日起实施。

1988年11月，财政部领导下的中国注册会计师协会正式成立。

1993年10月31日，第八届全国人民代表大会常务委员会第四次会议审议通过了《中华人民共和国注册会计师法》，自1994年1月1日起实施。

1995年6月，中国注册会计师协会与中国注册审计师协会实现联合，即统一法律规范、统一职业标准和统一监督管理。自1995年至2003年中国注册会计师协会先后制定了6批审计准则，包括1项准则序言、1项独立审计基本准则、28项独立审计具体准则、10项独立审计实务公告和5个执业规范指南，另外还制定了中国注册会计师职业道德基本准则、质量控制基本准则和后续教育准则。

1996年10月4日，中国注册会计师协会加入亚太会计师联合会，并于1997年4月在亚太会计师联合会第四十八次理事会上当选为理事。

1997年5月8日，国际会计师联合会（IFAC）全票通过，接纳中国注册会计师协会为正式会员。按照国际会计师联合会章程的规定，中国注册会计师协会同时成为国际会计准则委员会的正式成员。

2006年初，为了实现与国际审计准则的趋同，我国建立了一套既适应社会主义市场经济建设要求又与国际准则相接轨的审计准则体系。2010年11月，财政部对38项审计准则进行了修订，保持了与国际审计准则持续全面趋同。

2016年12月23日，财政部颁布了《中国注册会计师审计准则第1504号——在审计报告中沟通关键审计事项》等12项审计准则。2017年2月28日，中国注册会计师协会印发新审计报告准则应用指南。本次发布的指南包括《〈中国注册会计师审计准则第1504号——在审计报告中沟通关键审计事项〉应用指南》等共16项，实施时间和范围与新审计报告准则保持一致。2019年2月20日，财政部修订了《中国注册会计师审计准则第1101号——注册会计师的总体目标和审计工作的基本要求》等18项审计准则。2022年1月5日，财政部修订发布了《中国注册会计师鉴证业务基本准则》等11项准则；1月17日，中国注册会计师协会修订发布了《〈中国注册会计师鉴证业务基本准则〉应用指南》等15项应用指南，均于发布之日起施行。本次修订为一致性修订，对相关准则及应用指南做出文字调整，不涉及实质性修订。

截至2019年6月30日，中国注册会计师协会有单位会员（会计师事务所）9 118家，其中，有证券期货从业资格会计师事务所40家，获准从事H股企业审计业务的内地大型会计师事务所11家。个人会员超过26万人，其中，注册会计师107 483人，非执业会员153 891人。中国注册会计师协会现有资深会员2 818人，名誉会员17人。目前，全国具有注册会计师资质的人员超过26万人，全行业从业人员近40万人。注册会计师行业服务于包括3 000余家上市公司在内的420万家以上企业、行政事业单位。

经过40多年的发展，注册会计师在以下方面发挥了巨大作用：一是促进了上市公司会计信息质量的提高。国家对上市公司监管所依据的信息，主要来自上市公司的财务报表和注册会计师对其出具的审计报告。二是维护了市场经济秩序。市场经济是法治经济，市场参与各方必须在法律框架下开展活动。注册会计师通过为投资者提供相关、可靠信息，在很大程度上防止了市场交易的欺诈行为，增强了交易各方的信心。三是推动了国有企业的改革。注册会计师通过提供审计等服务，对国有企业改制上市、优化资源配置和促进经济结构调整等起到了推动作用。

第二节 注册会计师的业务范围及注册会计师审计的内涵

音频：中国注册会计师考试简介

一、注册会计师的业务范围

（一）鉴证业务

知识点：注册会计师的业务范围

鉴证业务是指注册会计师对鉴证对象信息提出结论，以增强除责任方之外的预期使用者对鉴证对象信息信任程度的业务，包括历史财务信息审计业务、历史财务信息审阅业务和其他鉴证业务。

上述定义可以从以下几个方面加以理解：

1.鉴证业务的用户是“预期使用者”，即鉴证业务可以用来有效地满足预期使用者的需求。

2.鉴证业务的目的是改善信息的质量或内涵，增强除责任方之外的预期使用者对鉴证对象信息的信任程度，即以适当保证或提高鉴证对象信息的质量为主要目的，而不涉及为如何利用信息提供建议。

3.鉴证业务的基础是独立性和专业性，通常由具备胜任能力和独立性的注册会计师来执行，注册会计师应当独立于责任方和预期使用者。

4.鉴证业务的“产品”是鉴证结论，注册会计师应当对鉴证对象信息提出结论，该结论应以书面报告的形式予以传达。

鉴证业务的保证程度分为合理保证和有限保证。合理保证的保证水平要高于有限保证的保证水平。

合理保证的鉴证业务的目标是注册会计师将鉴证业务风险降至该业务环境下可接

受的低水平，以此作为以积极方式提出结论的基础。如在历史财务信息审计中，要求注册会计师将审计风险降至该业务环境下可接受的低水平，对审计后的历史财务信息提供高水平保证（合理保证），在审计报告中对历史财务信息采用积极方式提出结论。这种业务属于合理保证的鉴证业务。

有限保证的鉴证业务的目标是注册会计师将鉴证业务风险降至该业务环境下可接受的水平，以此作为以消极方式提出结论的基础。如在历史财务信息审阅中，要求注册会计师将审阅风险降至该业务环境下可接受的水平（高于历史财务信息审计中可接受的低水平），对审阅后的历史财务信息提供低于高水平的保证（有限保证），在审阅报告中对历史财务信息采用消极方式提出结论。这种业务属于有限保证的鉴证业务。

合理保证的鉴证业务和有限保证的鉴证业务的区别主要表现在以下几个方面：

1. 目标不同

合理保证的目标是将鉴证业务风险降至具体业务环境下可接受的低水平，以此作为以积极方式提出结论的基础，并对鉴证后的信息提供高水平的保证。

有限保证的目标是将鉴证业务风险降至具体业务环境下可接受的水平，以此作为以消极方式提出结论的基础，并对鉴证后的信息提供低于高水平的保证。但该保证水平应当是一种有意义的保证水平，即能够在一定程度上增强预期使用者对鉴证对象信息的信任。

2. 证据的收集程序不同

在合理保证的鉴证业务中，为了能够以积极方式提出结论，注册会计师应当通过一个不断修正的、系统化的执业过程，获取充分、适当的证据。其证据收集程序包括五个阶段：（1）了解鉴证对象及其他的业务环境事项，在适用的情况下也包括了解内部控制；（2）在了解鉴证对象及其他的业务环境事项的基础上，评估鉴证对象信息可能存在的重大错报风险；（3）应对评估的风险，包括制定总体应对措施以及确定进一步程序的性质、时间安排和范围；（4）针对已识别的风险实施进一步程序，包括实施实质性程序，以及在必要时测试控制运行的有效性；（5）评价证据的充分性和适当性。

与合理保证的鉴证业务相比，有限保证的鉴证业务在证据收集程序的性质、时间安排、范围等方面是有意识地加以限制的，主要采用询问和分析程序获取证据。

3. 所需证据的数量和质量不同

注册会计师需要获取充分、适当的证据作为其对鉴证对象提供某种水平保证的基础。相对于有限保证的鉴证业务而言，合理保证的鉴证业务提供的保证程度相对较高，相应地，对证据数量和质量的要求也就更为严格。

4. 鉴证业务风险不同

鉴证业务风险通常体现为重大错报风险和检查风险。重大错报风险是指鉴证对象信息在鉴证前存在重大错报的可能性。对同一个鉴证对象与鉴证对象信息进行鉴证，不管注册会计师提供的是合理保证还是有限保证，其重大错报风险均不存在差异。但检查风险则不然，它是指某一鉴证对象信息存在错报，该错报单独或连同其他错报是重大的，但注册会计师未能发现这种错报的可能性。检查风险的高低显然取决于注册会计师所实施的证据收集程序的性质、时间安排和范围。由于有限保证的鉴证业务的证据收集程序在上述方面受到有意识的限制，因此，其检查风险高于合理保证的鉴证业务。相应地，有限保证的鉴证业务的风险水平高于合理保证的鉴证业务的风险水平。

5.鉴证对象信息的可信性不同

与有限保证的鉴证业务相比，注册会计师在合理保证的鉴证业务中实施的证据收集程序更为系统和全面，收集的证据更充分，提供的保证水平更高，相应地，鉴证后的鉴证对象信息也更为可信。

6.提出结论的方式不同

合理保证和有限保证提供的保证水平不同，鉴证后鉴证对象信息的可信性也不同，为了使预期使用者能够清楚地了解两者的区别，两者提出结论的方式也不同。合理保证的鉴证业务要求注册会计师以积极方式提出结论，有限保证的鉴证业务要求注册会计师以消极方式提出结论。

合理保证的鉴证业务与有限保证的鉴证业务的区别见表1-1。

表1-1 合理保证的鉴证业务与有限保证的鉴证业务的区别

业务类型 区别	合理保证的鉴证业务 （财务报表审计）	有限保证的鉴证业务 （财务报表审阅）
鉴证业务目标	在可接受的低审计风险下，以积极方式对财务报表整体发表审计意见，提供高水平的保证	在可接受的审阅风险下，以消极方式对财务报表整体发表审阅意见，提供有意义水平的保证。该保证水平低于审计业务的保证水平
证据收集程序	通过一个不断修正的、系统化的执业过程，获取充分、适当的证据。证据收集程序包括检查记录或文件、检查有形资产、观察、询问、函证、重新计算、重新执行、分析程序等	通过一个不断修正的、系统化的执业过程，获取充分、适当的证据，证据收集程序受到有意识的限制，主要采用询问和分析程序获取证据
所需证据数量	较多	较少
鉴证业务风险	较低	较高
鉴证对象信息的可信性	较高	较低
提出结论的方式	以积极方式提出结论。例如："我们认为，ABC公司财务报表已经按照企业会计准则和《××会计制度》的规定编制，在所有重大方面公允反映了ABC公司20×1年12月31日的财务状况以及20×1年度的经营成果和现金流量。"	以消极方式提出结论。例如："根据我们的审阅，我们没有注意到任何事项使我们相信，ABC公司财务报表没有按照企业会计准则和《××会计制度》的规定编制，未能在所有重大方面公允反映被审阅单位的财务状况、经营成果和现金流量。"

鉴证业务分为基于责任方认定的业务和直接报告业务。

在基于责任方认定的业务中，责任方对鉴证对象进行评价或计量，鉴证对象信息以责任方认定的形式为预期使用者获取。如在财务报表审计中，被审计单位管理层（责任方）对财务状况、经营成果和现金流量（鉴证对象）进行确认、计量和列报（评价或计量）而形成的财务报表（鉴证对象信息）即为责任方的认定，该财务报表可为预期使用者获取，注册会计师针对财务报表出具审计报告。这种业务属于基于责任方认定的业务。

在直接报告业务中，注册会计师直接对鉴证对象进行评价或计量，或者从责任方获取对鉴证对象评价或计量的认定，而该认定无法为预期使用者获取，预期使用者只能通过阅读鉴证报告获取鉴证对象信息。如在内部控制鉴证业务中，注册会计师可能无法从管理层（责任方）获取其对内部控制有效性的评价报告（责任方认定），或虽然注册会计师能够获取该报告，但预期使用者无法获取该报告，注册会计师直接对内部控制的有效性（鉴证对象）进行评价并出具鉴证报告，预期使用者只能通过阅读该鉴证报告获得内部控制有效性的信息（鉴证对象信息）。这种业务属于直接报告业务。

基于责任方认定的业务和直接报告业务的区别见表1-2。

表1-2 **基于责任方认定的业务与直接报告业务的区别**

业务类型 区别	基于责任方认定的业务 （预测性财务信息的审核）	直接报告业务 （IT系统鉴证）
预期使用者获取鉴证对象信息的方式	预期使用者不通过预测性财务信息的审核报告便可获取责任方认定，即企业的预测性财务信息	可能不存在责任方认定（公司管理层关于IT系统可应用性、安全性、完整性和可维护性等方面控制有效性的评价报告），或虽然存在责任方认定但该认定无法为预期使用者获取；预期使用者只能通过鉴证报告获取上述信息
提出结论的对象	鉴证对象信息，即所审核的预测性财务信息	鉴证对象，即IT系统可应用性、安全性、完整性和可维护性等方面控制的有效性
责任方的责任	责任方对鉴证对象信息负责，即对预测性财务信息负责	责任方对鉴证对象负责，即对IT系统可应用性、安全性、完整性和可维护性等方面控制的有效性负责
鉴证报告	以书面形式提供预测性财务信息的审核报告，明确提及责任方认定。例如：“我们审核了后附的ABC股份有限公司（以下简称ABC公司）编制的预测（列明预测涵盖的期间和预测的名称）……”	以书面形式提供鉴证报告。直接提及鉴证对象和标准，无须提及责任方认定。例如：“我们对ABC公司20×1年×月×日至20×2年×月×日期间IT服务系统可应用性、安全性、完整性和可维护性等方面控制有效性进行了审查……”

（二）相关服务

相关服务包括税务代理、代编财务信息、对财务信息执行商定程序等。

税务代理指代理人接受纳税主体的委托，在法定的代理范围内依法代其办理相关税务事宜的行为。税务代理人在其权限内，以纳税人（含扣缴义务人）的名义代为办理纳税申报，申办、变更、注销税务登记证，申请减免税，设置保管账簿凭证，进行税务行政复议和诉讼等纳税事项的服务活动。

代编财务信息是注册会计师运用会计而非审计的专业知识和技能，代客户编制一套完整或非完整的财务报表，或代为收集、分类和汇总其他财务信息。注册会计师执行代编业务使用的程序并不旨在、也不能对财务信息提出任何鉴证结论。

对财务信息执行商定程序是注册会计师对特定财务数据、单一财务报表或整套财务报表等财务信息执行与特定主体商定的具有审计性质的程序，并就执行的商定程序及其结果出具报告。注册会计师执行商定程序业务，仅报告执行的商定程序及其结果，并不提出鉴证结论。报告使用者自行对注册会计师执行的商定程序及其结果做出评价，并根据注册会计师的工作得出自己的结论。

注册会计师提供的专业服务包括鉴证业务和相关服务，两者的区别主要体现在以下几个方面：

1.业务涉及的关系人不同。相关服务通常只涉及两方关系人，即客户和提供相关服务的注册会计师；而鉴证业务通常涉及三方关系人，即责任方、预期使用者以及提供鉴证业务的注册会计师。

2.业务关注的焦点不同。相关服务关注的焦点主要是信息的生成、编制或对如何利用信息做出决策提供建议；而鉴证业务关注的焦点是适当保证和提高鉴证对象信息的质量，通常不涉及信息的利用。

3.工作结果不同。相关服务的工作结果不对信息提供可信性保证；而鉴证业务的工作结果是注册会计师以书面形式提出结论，该结论能对鉴证对象信息提供某种程度的可信性保证。

4.独立性要求不同。相关服务通常不对提供服务的注册会计师提出独立性要求；而鉴证业务要求注册会计师必须独立于鉴证业务中的其他两方。

二、注册会计师审计的定义

知识点：注册会计师审计的内涵

美国注册会计师协会（AICPA）在《审计准则公告第1号》中，就注册会计师审计下了一个较为狭义的定义："独立审计人员对财务报表加以检查，搜集必要证据，其目的是对这些报表是否按照公认会计原则公允地反映财务状况、经营成果和财务状况变化情况表示意见。"

美国会计学会颁布的《基本审计概念说明》（ASOBAC）对注册会计师审计的定义如下：审计是一个客观地获取和评价与经济活动和经济事项认定有关的证据，以确定这些认定与既定标准之间的符合程度，并将审计结果传达给有利害关系的使用者的系统过程（如图1-1所示）。

中国注册会计师协会在注册会计师全国统一考试辅导教材《审计》中对审计的定义为：财务报表审计是注册会计师的传统核心业务。财务报表审计是指注册会计师对财务报表是否不存在重大错报提供合理保证，以积极方式提出意见，增强除管理层之外的预期使用者对财务报表信赖的程度。

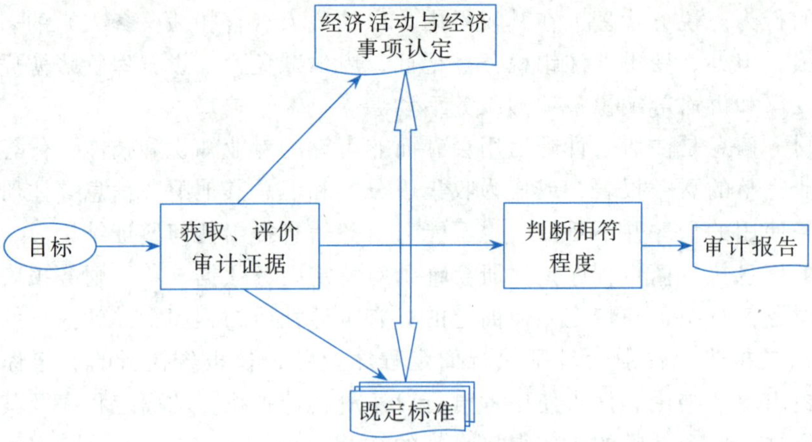

图1-1 审计是一个系统化过程

上述定义可以从以下几个方面理解：

1.审计的主体是审计机构及其人员，对于注册会计师审计而言即会计师事务所及注册会计师。

2.审计的对象是“经济活动和经济事项认定”。

3.审计的依据是“既定标准”。会计与审计的关联就是这个“既定标准”。这里的“既定标准”，在财务报表审计中通常是会计准则和会计制度。

4.审计目标是审计人员对“经济活动和经济事项认定”与“既定标准”的符合程度进行审计证据的获取和评价。

5.审计的基础是独立性与专业性。审计通常由具备专业胜任能力和独立性的注册会计师来执行，注册会计师应当独立于被审计单位和预期使用者。

6.审计的最终产品是审计报告。注册会计师按照审计准则和相关职业道德要求执行审计工作，针对财务报表是否在所有重大方面按照财务报告编制基础编制并实现公允反映发表意见，并以审计报告的形式将审计结果传递给相关预期使用者。

7.审计的用户是财务报表的预期使用者，即审计可以用来有效满足财务报表预期使用者的需求。

8.审计的本质是一个系统化的过程，这个系统化过程涉及审计主体、审计对象、审计依据、审计目标和审计结论。

三、注册会计师审计与国家审计、内部审计的关系

（一）注册会计师审计与国家审计的关系

国家审计是指国家审计机关根据有关法律法规对国家机关、行政事业单位和国有企业执行政府预算收支的情况和会计资料实施检查审核、监督的专门性活动。

1.在审计方式上，国家审计是强制审计；注册会计师审计是任意审计。

2.在审计独立性上，国家审计是单向独立；注册会计师审计是双向独立。

3.在审计目标和对象上，国家审计是对政府的财政收支或者国有金融机构和企事业单位的财务收支进行审计，确定其是否真实、合法和具有效益；注册会计师审计是注册会计师依法对企业财务报表进行审计，确定其是否符合会计准则和相关会计制度

的规定，是否公允反映了财务状况、经营成果和现金流量。

4.在审计标准上，国家审计的依据是《中华人民共和国审计法》和审计署制定的《中华人民共和国国家审计准则》；注册会计师审计的依据是《中华人民共和国注册会计师法》和财政部批准发布的中国注册会计师执业准则。

5.在经费或收入来源上，国家审计是行政行为，是无偿审计，国家审计机关履行职责所必需的经费列入同级财政预算；注册会计师审计是市场行为，是有偿审计，其费用由注册会计师和审计客户协商确定。

6.在取证权限上，国家审计和注册会计师审计都需要审计证据，各有关单位都有责任配合，但国家审计具有更大的强制力，各有关单位和个人应当支持、协助审计机关工作，如实向审计机关反映情况，提供有关证明材料；而注册会计师审计受审计市场行为的局限，在获取审计证据时，很大程度上有赖于企业及相关单位配合和协助，对企业及相关单位没有行政强制力。

7.在审计结果的处理方式上，国家审计机关对违反国家规定的财政收支、财务收支行为可在职权范围内做出审计决定或者向有关主管机关提出处理、处罚意见；注册会计师审计对审计过程中发现的问题只能提请被审计单位调整有关数据或者进行披露，没有行政强制力，如果企业拒绝调整和披露，注册会计师需要根据具体情况予以反映，具体表现为出具保留意见或者否定意见的审计报告。

（二）注册会计师审计与内部审计的关系

内部审计是一种独立、客观的鉴证和咨询活动，它通过运用系统、规范的方法，审查和评价组织的业务活动、内部控制和风险管理的适当性及有效性，以促进组织完善治理、增加价值和实现目标。

1.在审计独立性上，内部审计是相对独立；注册会计师审计是双向独立。

2.在审计方式上，内部审计是根据本单位、本部门经营管理的需要自行安排进行的；注册会计师审计则是受托进行的。

3.在审计的内容和目的上，内部审计的主要内容是对内部控制的健全、有效，会计及相关信息的真实、合法、完整，经营绩效以及经营合规性等进行检查、监督和评价；而注册会计师审计依据注册会计师执业准则，主要围绕财务报表进行，对财务报表发表意见。

4.在审计的职责和作用上，内部审计的结果只对本部门、本单位负责，只能作为本部门、本单位改进管理的参考，对外不起鉴证作用，并向外界保密；而注册会计师审计需要对投资者、债权人及社会公众负责，对外出具的审计报告具有鉴证作用。

第三节 注册会计师审计要素及审计基本要求

知识点：注册会计师审计要素

一、注册会计师审计要素

鉴证业务要素，是指鉴证业务的三方关系人、鉴证对象、标准、证据和鉴证报告。

1.三方关系人。三方关系人分别是注册会计师、责任方和预期使用者。注册会计师对由责任方负责的鉴证对象或鉴证对象信息提出结论，以增强除责任方之外的预期使用者对鉴证对象信息的信任程度。

2.鉴证对象。鉴证对象具有多种不同的表现形式，如财务或非财务的业绩或状况、物理特征、系统与过程、行为等。不同的鉴证对象具有不同特征。鉴证对象信息是按照标准对鉴证对象进行评价和计量的结果。

3.标准。标准即用来对鉴证对象进行评价或计量的基准，当涉及列报时，还包括列报的基准。

4.证据。获取充分、适当的证据是注册会计师提出鉴证结论的基础。

5.鉴证报告。注册会计师应当针对鉴证对象信息（或鉴证对象）在所有重大方面是否符合适当的标准，以书面报告的形式发表能够提供一定保证程度的结论。

审计是最典型的鉴证业务。就财务报表审计而言，审计业务要素包括审计业务的三方关系人、财务报表（鉴证对象信息）、财务报告编制基础（标准）、审计证据和审计报告。

（一）审计业务的三方关系人（鉴证业务的三方关系人）

审计业务的三方关系人分别是注册会计师、被审计单位管理层（责任方）、财务报表预期使用者。注册会计师对由被审计单位管理层负责的财务报表发表审计意见，以增强除管理层之外的预期使用者对财务报表的信赖程度。由于财务报表是由被审计单位管理层负责的，因此，注册会计师的审计意见主要向除管理层之外的预期使用者提供。在某些情况下，管理层和预期使用者可能来自同一企业，但并不意味着两者就是同一方。是否存在三方关系是判断某项业务是否属于审计业务或其他鉴证业务的重要标准之一。如果某项业务不存在除责任方之外的其他预期使用者，那么该项业务不构成一项审计业务或其他鉴证业务。

注册会计师，是指取得注册会计师证书并在会计师事务所执业的人员，通常是指项目合伙人或项目组其他成员，有时也指其所在的会计师事务所。按照审计准则的规定对财务报表发表审计意见是注册会计师的责任。为履行这一责任，注册会计师应当遵守相关职业道德要求，计划和实施审计工作，获取充分、适当的审计证据，以得出合理的审计结论，发表恰当的审计意见。注册会计师通过签署审计报告确认其责任。

被审计单位管理层（责任方）是指对被审计单位经营活动的执行负有经营管理责任的人员。在某些被审计单位，管理层包括部分或全部的治理层成员，如治理层中负有经营管理责任的人员，或参与日常经营管理的业主（简称业主兼经理）。治理层是指对被审计单位战略方向以及管理层履行经营管理责任负有监督责任的人员或组织。治理层的责任包括监督财务报告的编制过程。在某些被审计单位，治理层可能包括管理层，如治理层中负有经营管理责任的人员，或业主兼经理。管理层和治理层（如适用）认可与财务报表相关的责任，是注册会计师执行审计工作的前提，构成注册会计师按照审计准则的规定执行审计工作的基础。管理层和治理层（如适用）认可并理解的与财务报表编制相关的责任包括：（1）按照适用的财务报告编制基础编制财务报表，并使其实现公允反映；（2）设计、执行和维护必要的内部控制，以使财务报表不存在由于舞弊或错误导致的重大错报；（3）向注册会计师提供必要的工作条件，包括允许注册会计师接触与编制财务报表相关的所有信息（如记录、文件和其他事项），向注册会计师提供审计所需的其他信息，允许注册会计师在获取审计证据时不受限制地接触其认为必要的内部人员和其他相关人员。财务报表审计不能减轻被审计单位管理层和治理层的责任。如果财务报表存在重大错报，而注册会计师通过审计没有发现，也不能因为财务报表已经注册会计师审计这一事实而减轻管理层和治理层对财务报表的责任。

预期使用者是指预期使用审计报告和财务报表的组织或人员。如果审计业务服务于特定的使用者或具有特殊目的，注册会计师可以很容易地识别预期使用者；如果注册会计师无法识别使用审计报告的所有组织和人员，尤其当各种可能的预期使用者对财务报表（鉴证对象信息）存在不同的利益需求时，预期使用者主要是指那些与财务报表有重要和共同利益的主要利益相关者。注册会计师应当根据法律法规的规定或与委托人签订的协议识别预期使用者。

（二）财务报表（鉴证对象信息）

鉴证对象信息是指按照标准对鉴证对象进行评价和计量的结果（如年报），而鉴证对象是指鉴证对象信息所反映的内容（如年报反映的财务状况、经营成果及现金流量）。

鉴证对象与鉴证对象信息具有多种形式，主要包括：当鉴证对象为财务业绩或状况（如历史或预测的财务状况、经营成果和现金流量）时，鉴证对象信息是财务报表；当鉴证对象为非财务业绩或状况（如企业的运营情况）时，鉴证对象信息可能是反映效率或效果的关键指标；当鉴证对象为物理特征（如设备的生产能力）时，鉴证对象信息可能是有关鉴证对象物理特征的说明文件；当鉴证对象为某种系统和过程（如企业的内部控制或信息技术系统）时，鉴证对象信息可能是关于其有效性的认定；当鉴证对象为一种行为（如遵守法律法规的情况）时，鉴证对象信息可能是对法律法规遵守情况或执行效果的声明。

鉴证对象是否适当是注册会计师能否将一项业务作为鉴证业务予以承接的前提条件。适当的鉴证对象应当同时具备下列条件：鉴证对象可以识别；不同的组织或人员对鉴证对象按照既定标准进行评价或计量的结果合理一致；注册会计师能够收集与鉴证对象有关的信息，获取充分、适当的证据，以支持其提出适当的鉴证结论。

鉴证对象具有不同的特征，可能表现为定性或定量、客观或主观、历史或预测、时点或期间。例如，当鉴证对象为遵守法规的情况时，它的特征是定性的；当鉴证对象为企业的财务业绩或状况时，它的特征就是定量的。当鉴证对象为企业未来的盈利能力时，它的特征是主观的、预测的；当鉴证对象为企业的历史财务状况时，它的特征就是客观的、历史的。当鉴证对象为企业注册资本的实收情况时，它的特征是时点的；当鉴证对象为企业内部控制过程时，它的特征就是期间的。通常，如果鉴证对象的特征表现为定量的、客观的、历史的或时点的，评价和计量的准确性相对较高，注册会计师获取证据的说服力相对较强，相应地，对鉴证对象信息提供的保证程度也相对较高。

在财务报表审计中，鉴证对象是历史的财务状况、经营成果和现金流量，鉴证对象信息即财务报表。财务报表是指依据某一财务报告编制基础对被审计单位历史财务信息做出的结构性表述，旨在反映某一时点的财务状况或某一期间的经营成果及现金流量。财务报表通常是指整套财务报表，即资产负债表、利润表、现金流量表、所有者权益变动表及附注。历史财务信息，是指以财务术语表述的某一特定实体的信息，这些信息主要来自特定实体的会计系统，反映了过去一段时间内发生的经济事项，或者过去某一时点的经济状况或情况。

管理层和治理层（如适用）在编制财务报表时需要：(1) 根据相关法律法规的规定确定适用的财务报告编制基础；(2) 根据适用的财务报告编制基础编制财务报表；(3) 在财务报表中对适用的财务报告编制基础做出恰当的说明。编制财务报表要求管理层根据适用的财务报告编制基础运用判断做出合理的会计估计，选择和运用恰当的会计政策。

（三）财务报告编制基础（标准）

标准是指用于评价或计量鉴证对象的基准，当涉及列报时，还包括列报的基准。标准是鉴证业务中不可或缺的一项要素。运用职业判断对鉴证对象做出评价或计量，离不开适当的标准。如果没有适当的标准提供指引，任何个人的解释甚至误解都可能对结论产生影响，这样一来，结论必然缺乏可信性。也就是说，标准是对所要发表意见的鉴证对象进行“度量”的一把“尺子”，责任方和注册会计师可以根据这把“尺子”对鉴证对象进行“度量”。

标准可以是正式的规定，如编制财务报表所使用的会计准则和相关会计制度；也可以是某些非正式的规定，如单位内部制定的行为准则或确定的绩效水平。正式的规定通常是一些“既定的”标准，是由法律法规规定的，或是由政府主管部门或国家认可的专业团体依照公开、适当的程序发布的。例如，编制财务报表时，其标准是权威机构发布的会计准则和相关会计制度；编制内部控制报告时，标准可能是已确立的内部控制规范或指引；编制遵循性报告时，标准可能是适用的法律、法规。非正式的规定通常是一些“专门制定的”标准，是针对具体的业务项目“量身定做”的，包括企业内部制定的行为准则、确定的绩效水平或商定的行为要求等。标准的类型不同，注册会计师在评价标准是否适合于具体的鉴证业务时，所关注的重点也不同。

适当的标准应当具备下列所有特征：

(1) 相关性：相关的标准有助于得出结论，便于预期使用者做出决策。

(2) 完整性：完整的标准不应忽略业务环境中可能影响得出结论的相关因素，当涉及列报时，还包括列报的基准。

(3) 可靠性：可靠的标准能够使能力相近的注册会计师在相似的业务环境中对鉴证对象做出合理一致的评价或计量。

(4) 中立性：中立的标准有助于得出无偏向的结论。

(5) 可理解性：可理解的标准有助于得出清晰、易于理解、不会产生重大歧义的结论。

标准应当能够为预期使用者获取，以使预期使用者了解鉴证对象的评价或计量过程。标准可以通过下列方式供预期使用者获取：公开发布；在陈述鉴证对象信息时以明确的方式表述；在鉴证报告中以明确的方式表述；常识理解，如计量时间的标准是小时或分钟。

在财务报表审计中，财务报告编制基础即为标准。财务报告编制基础分为通用目的编制基础和特殊目的编制基础。通用目的编制基础，旨在满足广大财务报表使用者共同的财务信息需求，主要是指企业会计准则和相关会计制度。特殊目的编制基础，旨在满足财务报表特定使用者对财务信息的需求，包括计税核算基础、监管机构的报告要求和合同的约定等。

（四）审计证据（证据）

证据是注册会计师提出鉴证结论的基础。

注册会计师应当以职业怀疑态度计划和执行鉴证业务，获取有关鉴证对象信息是否不存在重大错报的充分、适当的证据。

注册会计师在计划和执行鉴证业务，尤其在确定证据收集程序的性质、时间安排和范围时，应当考虑重要性、鉴证业务风险以及可获取证据的数量和质量。

在合理保证的鉴证业务中，注册会计师应当将鉴证业务风险降至具体业务环境下可接受的低水平，以获取合理保证，作为以积极方式提出结论的基础。在有限保证的鉴证业务中，由于证据收集程序的性质、时间安排和范围与合理保证的鉴证业务不同，其风险水平高于合理保证的鉴证业务，但注册会计师实施的证据收集程序至少应当足以获取有意义的保证水平，作为以消极方式提出结论的基础。

在财务报表审计中，注册会计师对财务报表提供合理保证是建立在获取充分、适当证据的基础上的。审计证据是指注册会计师为了得出审计结论和形成审计意见而使用的必要信息。

（五）审计报告（报告）

鉴证报告是注册会计师针对鉴证对象信息（或鉴证对象）在所有重大方面是否符合适当的标准，以书面报告的形式发表的能够提供一定保证程度的结论。

在基于责任方认定的业务中，注册会计师的鉴证结论可以采用下列两种表述形式：（1）明确提及责任方认定，如“我们认为，责任方做出的‘根据×标准，内部控制在所有重大方面是有效的’这一认定是公允的”；（2）直接提及鉴证对象和标准，如“我们认为，根据×标准，内部控制在所有重大方面是有效的”。

在直接报告业务中，注册会计师应当明确提及鉴证对象和标准。

提出鉴证结论的方式有积极方式和消极方式两种，它们分别适用于合理保证的鉴证业务和有限保证的鉴证业务。

在合理保证的鉴证业务中，注册会计师应当以积极方式提出结论，如“我们认为，根据×标准，内部控制在所有重大方面是有效的”或“我们认为，责任方做出的‘根据×标准，内部控制在所有重大方面是有效的’这一认定是公允的”。

在有限保证的鉴证业务中，注册会计师应当以消极方式提出结论，如“基于本报告所述的工作，我们没有注意到任何事项使我们相信，根据×标准，×系统在任何重大方面是无效的”或“基于本报告所述的工作，我们没有注意到任何事项使我们相信，责任方做出的‘根据×标准，×系统在所有重大方面是有效的’这一认定是不公允的”。

在财务报表审计中，注册会计师应当针对财务报表在所有重大方面是否符合适当的财务报告编制基础，以书面报告的形式发表能够提供合理保证程度的意见。

二、注册会计师审计基本要求

音频：审计准则的产生

（一）遵守执业准则

中国注册会计师执业准则是衡量注册会计师执业行为的权威性标准，注册会计师在执业过程中应当遵守执业准则的要求。中国注册会计师执业准则体系包括中国注册会计师鉴证业务准则、相关服务准则和会计师事务所质量控制准则。

知识点：注册会计师审计基本要求

中国注册会计师鉴证业务准则由鉴证业务基本准则统领，按照鉴证业务提供的保证程度和鉴证对象的不同，分为审计准则、审阅准则和其他鉴证业务准则。其中，审计准则是整个业务准则体系的核心。审计准则用以规范注册会计师执行历史财务信息的审计业务。在提供审计服务时，注册会计师对所审计信息是否不存在重大错报提供合理保证，并以积极方式提出结论。审阅准则用以规范注册会计师执行历史财务信息的审阅业务。在提供审阅服务时，注册会计师对所审阅信息是否不存在重大错报提供有限保证，并以消极方式提出结论。其他鉴证业务准则用以规范注册会计师执行历史财务信息审计或审阅以外的其他鉴证业务，根据鉴证业务的性质和业务约定书的要求，提供有限保证或合理保证。其他鉴证业务主要包括预测性财务信息的审核、内部控制鉴证等。

中国注册会计师相关服务准则用以规范注册会计师执行除鉴证业务外的其他相关服务业务。相关服务业务主要包括对财务信息执行商定程序、代编财务信息、税务咨询和管理咨询等。在提供相关服务时，注册会计师不提供任何程度的保证。

会计师事务所质量控制准则用以规范会计师事务所在执行各类业务时应当遵守的质量控制政策和程序，是对会计师事务所质量控制提出的制度要求。

（二）遵守职业道德守则

中国注册会计师职业道德规范用来规范中国注册会计师协会会员职业行为，提高职业道德水准，维护职业形象，包括《中国注册会计师职业道德守则》和《中国注册会计师协会非执业会员职业道德守则》。2020年12月17日，中国注册会计师协会发布《中国注册会计师职业道德守则（2020）》和《中国注册会计师协会非执业会员职业道德守则（2020）》，对《中国注册会计师职业道德守则（2009）》和《中国注册会计师协会非执业会员职业道德守则（2009）》进行了全面修订。其中，修订后的《中国注册会计师职业道德守则（2020）》具体包括《中国注册会计师职业道德守则第1号——职业道德基本原则》《中国注册会计师职业道德守则第2号——职业道德概念框架》《中国注册会计师职业道德守则第3号——提供专业服务的具体要求》《中国注册会计师职业道德守则第4号——审计和审阅业务对独立性的要求》《中国注册会计师职业道德守则第5号——其他鉴证业务对独立性的要求》。

《中国注册会计师职业道德守则第1号——职业道德基本原则》和《中国注册会计师职业道德守则第2号——职业道德概念框架》规定了与注册会计师审计相关的职业道德基本原则，并提供了应用这些原则的概念框架。根据职业道德守则，注册会计师应当遵循的基本原则包括：（1）诚信；（2）客观公正；（3）独立性；（4）专业胜任能力和勤勉尽责；（5）保密；（6）良好职业行为。

《中国注册会计师职业道德守则第3号——提供专业服务的具体要求》和《中国注册会计师职业道德守则第4号——审计和审阅业务对独立性的要求》说明了注册会计师执行审计和审阅业务时如何在具体情形下应用概念框架。

《中国注册会计师职业道德守则第5号——其他鉴证业务对独立性的要求》指导注册会计师运用职业道德概念框架，解决执行其他鉴证业务时遇到的独立性问题。

《会计师事务所质量管理准则第5101号——业务质量管理》规定了会计师事务所设计、实施和运行质量管理体系的责任，同时规定了会计师事务所应当制定政策和程序，以合理保证会计师事务所及其人员遵守相关职业道德要求（包括与独立性相关的要求）的责任。

《中国注册会计师审计准则第1121号——对财务报表审计实施的质量管理》规定了项目合伙人与相关职业道德要求有关的责任。这些责任包括通过观察和必要的询问，对项目组成员违反相关职业道德要求的迹象保持警觉；如果注意到项目组成员违反相关职业道德要求，确定采取的适当措施；就适用于审计业务的独立性要求的遵守情况形成结论。

（三）保持职业怀疑

职业怀疑，是指注册会计师执行审计业务的一种态度，包括采取质疑的思维方式，对可能表明由于错误或舞弊导致错报的迹象保持警觉，以及对审计证据进行审慎评价。可以从以下方面理解职业怀疑：

1.职业怀疑在本质上要求秉持一种质疑的理念

这种理念促使注册会计师在考虑相关信息和得出结论时采取质疑的思维方式。在这种理念下，注册会计师具有批判和质疑的精神，摒弃“存在即合理”的逻辑思维，寻求事物的真实情况。注册会计师不应不假思索全盘接受被审计单位提供的证据和解释，也不应轻易相信过分理想的结果或太多巧合的情况。

鉴证业务基本准则

2.职业怀疑要求对引起疑虑的情形保持警觉

这些情形包括但不限于：相互矛盾的审计证据；引起对文件记录或对询问答复的可靠性产生怀疑的信息；明显不合商业情理的交易或安排；其他表明可能存在舞弊的情况；表明需要实施除审计准则规定外的其他审计程序的情形（参见《中国注册会计师审计准则第1101号——注册会计师的总体目标和审计工作的基本要求》第三十四条第（一）项）。

鉴证业务基本准则应用指南

3.职业怀疑要求审慎评价审计证据

审计证据包括支持和印证管理层认定的信息，也包括与管理层认定相互矛盾的信息。审慎评价审计证据包括质疑相互矛盾的审计证据、文件记录和对询问的答复以及从管理层和治理层获得的其他信息的可靠性，而非机械地完成审计准则要求实施的审计程序。在怀疑信息的可靠性或发现舞弊迹象时（例如，在审计过程中识别出的情况使注册会计师认为文件可能是伪造的或文件中的某些信息已被篡改），注册会计师需要做出进一步调查，并确定需要修改哪些审计程序或实施哪些追加的审计程序。需要强调的是，虽然注册会计师需要在审计成本与信息的可靠性之间进行权衡，但是，审计中的困难、时间或成本等事项本身，不能作为省略不可替代的审计程序或满足于说服力不足的审计证据的理由。

CSA 2101 财务报表审阅

CSA 3101 历史财务信息审计或审阅以外的鉴证业务

4.职业怀疑要求客观评价管理层和治理层

由于审计环境发生变化，或者管理层和治理层为实现预期利润或结果而承受内部或外部压力，即使以前正直、诚信的管理层和治理层也可能发生变化。因此，注册会计师不应依赖以往对管理层和治理层诚信形成的判断。即使注册会计师认为管理层和治理层是正直、诚实的，也不能降低保持职业怀疑的要求，不允许在获取合理保证的过程中满足于说服力不足的审计证据。

职业怀疑与客观和公正、独立性两项职业道德基本原则密切相关。保持独立性可以增强注册会计师在审计中保持客观和公正、职业怀疑的能力。

职业怀疑是注册会计师综合素质不可或缺的一部分，是保证审计质量的关键要素。保持职业怀疑有助于注册会计师恰当运用职业判断，提高审计程序设计及执行的有效性，降低审计风险。

（四）合理运用职业判断

职业判断，是指在审计准则、财务报告编制基础和职业道德要求的框架下，注册会计师综合运用相关知识、技能和经验，做出适合审计业务具体情况、有根据的行动决策。

职业判断是注册会计师行业的精髓。从本质上讲，会计和审计实务是由一系列判断行为构成的。对职业判断的概念可以从下列方面进行理解：

1.职业判断是由专业人士做出的

做出职业判断的人员需要具备必要的知识、经验和专业技能，并保持应有的职业精神，即职业判断不能屈从于他人的意志，并且要客观、公正地表述其结论。

2.职业判断是在法律法规和职业标准的框架下做出的

职业标准既包括注册会计师执业所必须遵守的审计准则体系和职业道德要求，也包括财务报告编制基础以及其他一些与注册会计师业务相关的职业规范。

3.职业判断是一种在具有不确定性情况下的决策过程

职业判断以判断事项具有某种程度的不确定性为前提，并且需要遵循一定的决策过程。这种决策通常针对复杂和困难的问题做出，并且决策结论可能对相关方产生一定的影响。

职业判断涉及注册会计师执业的各个环节。一方面，职业判断贯穿于注册会计师执业的始终，从决定是否接受业务委托，到出具业务报告，注册会计师都需要做出职业判断；另一方面，职业判断涉及注册会计师执业中的各类事项，包括与具体会计事项相关的职业判断、与审计过程相关的职业判断，以及与遵守职业道德要求相关的职业判断。

注册会计师职业判断需要在相关法律法规、职业标准的框架下做出，并以具体事实和情况为依据。如果有关职业判断的决策不被该业务的具体事实和情况所支持或者缺乏充分、适当的审计证据，职业判断并不能作为不恰当决策的理由。注册会计师职业判断的决策过程通常可划分为下列五个步骤：（1）确定职业判断的问题和目标；（2）收集和评价相关信息；（3）识别可能采取的解决方案；（4）评价可供选择的方案；（5）得出职业判断结论并做出书面记录。

CSA 3111 预测性财务信息的审核

CSA 4101 对财务信息执行商定程序

CSA 4111 代编财务信息

会计师事务所质量管理准则第5101号 业务质量管理

会计师事务所质量管理准则第5101号 应用指南

职业道德守则第1号 职业道德基本原则

职业道德守则第2号 职业道德概念框架

本章思维导图

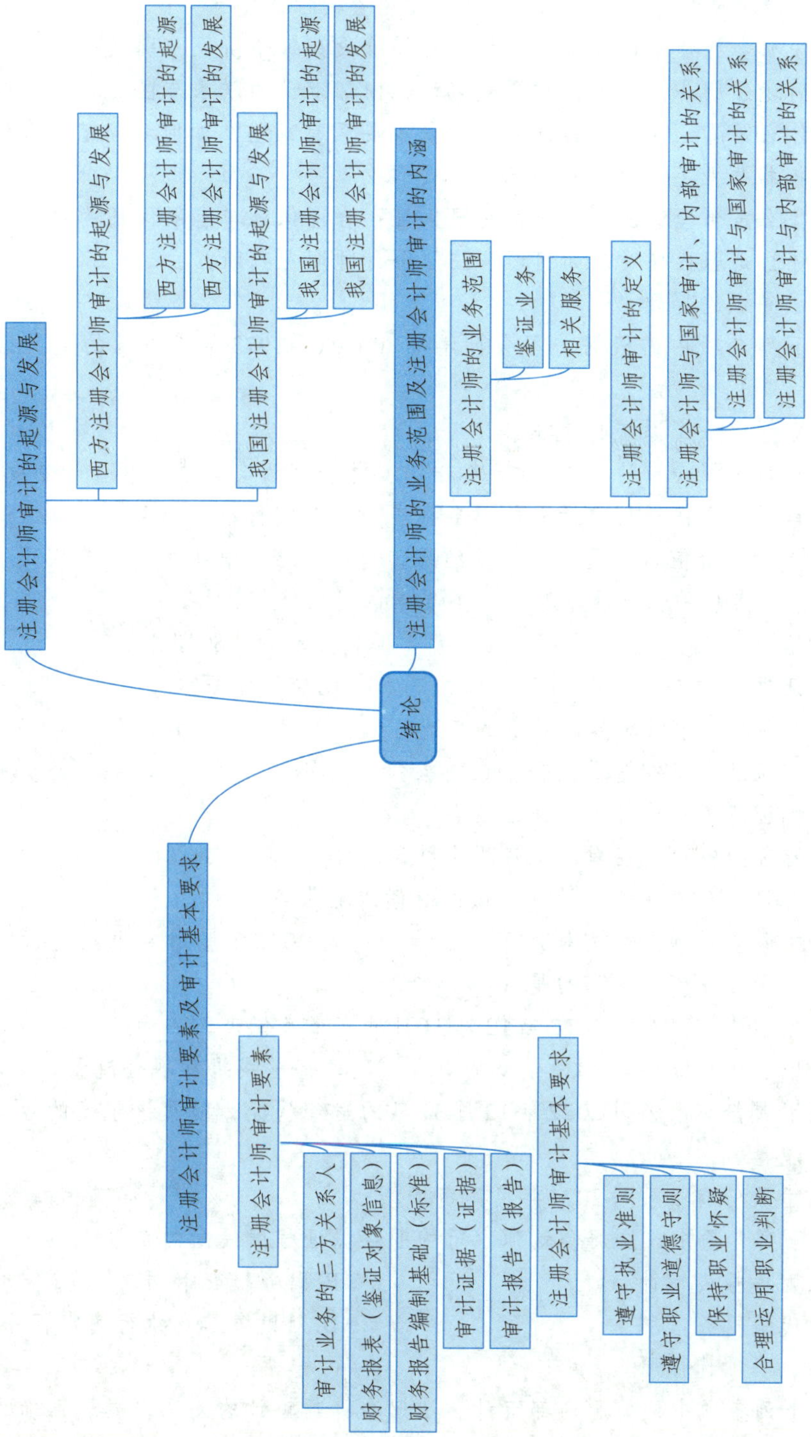

职业道德守则第3号 提供专业服务的具体要求

职业道德守则第4号 审计和审阅业务对独立性的要求

职业道德守则第5号 其他鉴证业务对独立性的要求

职业道德守则术语表

CSA非执业会员职业道德守则

CSA非执业会员职业道德守则术语表

CSA问题解答第1号 职业怀疑

职业判断指南

本章习题

一、思考题

1.注册会计师审计经历了哪几个发展阶段？每个阶段分别具有什么样的特点？

2.简述注册会计师审计与国家审计、内部审计的联系与区别。

3.什么是鉴证业务？鉴证业务的基本要素有哪些？如何划分基于责任方认定的业务和直接报告业务？鉴证业务的目标是什么？

4.什么是合理保证？什么是有限保证？合理保证与有限保证的主要区别是什么？

5.什么是职业怀疑？如何理解注册会计师职业判断？

二、单项选择题

1.下列各项中，根据美国会计学会（AAA）1973年对审计的定义，表述不恰当的是（　　）。

A.审计是一个系统化过程

B.在财务报表审计中，“既定标准”具体表现为会计准则和会计制度

C.审计应当保证被审计单位财务报表与“既定标准”相同

D.审计的价值需要通过把审计结果传递给各相关利害关系人来实现

2.下列各项中，不属于鉴证业务要素的是（　　）。

A.鉴证对象　　B.鉴证对象信息

C.证据　　D.鉴证报告

3.下列各项中，对鉴证业务的表述不恰当的是（　　）。

A.鉴证业务旨在增进某一鉴证对象信息的可信性

B.鉴证业务是一种合理保证业务

C.鉴证业务对鉴证对象信息提出结论

D.鉴证业务是注册会计师提供的有偿专业服务

4.注册会计师接受委托对甲股份有限公司2022年度财务报表进行审计，下列各项中，属于“鉴证对象”的是（　　）。

A.甲股份有限公司2022年12月31日的资产负债表

B.甲股份有限公司2022年度的财务状况、经营成果和现金流量

C.甲股份有限公司2022年12月31日的财务状况，以及该年度的经营成果和现金流量

D.甲股份有限公司2022年度财务报表

5.下列各项中，注册会计师执行的业务保证程度最高的是（　　）。

A.财务报表审计　　B.财务报表审阅

C.代编财务信息　　D.对财务信息执行商定程序

三、多项选择题

1.下列各项中，关于内部审计和注册会计师审计的关系，表述正确的有（　　）。

A.内部审计主要是针对内部控制的有效性、财务信息的真实性和完整性以及经营活动的效率和效果等进行检查、监督和评价，而注册会计师审计主要是针对

财务报表的公允性和合法性发表审计意见，两者的审计目标不同

B.内部审计独立性较弱，注册会计师审计独立性较强

C.两者接受审计的自愿程度相同

D.注册会计师审计要对内部控制制度进行测评，了解内部审计的设置和工作情况

2.下列各项中，属于上市公司财务报表审计业务“预期使用者”的有（　　）。

A.股东及潜在投资者　　B.债权人

C.管理层　　D.证券交易机构

3.下列各项中，属于注册会计师执行的直接报告业务的有（　　）。

A.对甲公司2022年度财务报表进行审计

B.对甲公司2022年1—12月IT系统有效运行进行鉴证

C.对甲公司2022年度预测性财务信息进行审核

D.对甲公司2022年1—5月研发的新产品进行质量鉴证

4.下列各项中，关于鉴证业务三方关系，表述正确的有（　　）。

A.在鉴证业务中，责任方就是仅对鉴证对象负责的组织和人员

B.责任方和预期使用者可能是同一方，也可能不是同一方

C.某些情况下责任方也会成为预期使用者

D.是否存在三方关系人是判断某项业务是否属于鉴证业务的重要标准之一

5.下列各项中，在确定鉴证标准是否适当时，注册会计师应该考虑的因素有（　　）。

A.中立性　　B.完整性　　C.相关性　　D.客观性

四、案例分析题

ABC会计师事务所是一家新成立的事务所，最近制定了业务质量控制制度，有关内容摘录如下：

（1）合伙人考核和晋升制度规定，连续三年业务收入额排名前三位的高级经理晋级为合伙人，连续三年业务收入额排名后三位的合伙人降级为高级经理。

（2）内部业务检查制度规定，以每三年为一个周期，选取已完成业务进行检查，如果事务所当年接受相关部门的外部检查，则当年暂停对所有业务的内部检查。

（3）项目质量控制复核制度规定，除上市公司审计业务外，其他需要实施质量控制复核的审计业务由审计项目组负责人执行项目质量控制复核。

（4）工作底稿保管制度规定，推行业务档案电子化，将纸质工作底稿经电子扫描后，存为业务电子档案，同时销毁纸质工作底稿。

（5）独立性政策规定，向每年需要保持独立性的人员提供关于独立性要求的培训，并要求高级经理以上（含高级经理）人员每年签署遵守独立性要求的书面确认函。

（6）分所管理制度规定，分所可以根据自身的实际情况，自行制定业务质量控制制度。

要求：针对上述（1）至（6）项，分别指出ABC会计师事务所业务质量控制制度是否符合会计师事务所质量控制准则的规定，并简要说明理由。

学思践悟

一、目标

1.全面贯彻党的教育方针，落实立德树人根本任务，培养学生严格遵守注册会计师职业道德基本原则（独立性）的职业意识。

2.深刻理解审计独立性对注册会计师职业行为的意义及重要性。

二、材料

2001年底，曾在世界500强排第7位，连续6年被《福布斯》杂志誉为“最具创新精神”的全球第一大能源公司——安然公司申请破产，这是美国有史以来的最大破产案。当时，作为世界五大会计师事务所之一的安达信由于未揭露出安然公司财务报表存在的错误和舞弊问题而招致各界指责，安达信的信誉和信用备受质疑。与此同时，安然破产案引发了人们对注册会计师审计独立性的重新审视。从美国国会等部门披露的资料和新闻媒体的报道看，安达信对安然公司的审计至少不具备形式上的独立性，主要表现为安达信不仅为安然公司提供审计鉴证服务，而且提供收入不菲的咨询服务。2001年，安达信对安然公司的审计收费约为2 500万美元，非审计收费则约为2 700万美元，非审计收入大于审计收入，安达信所提供的咨询服务甚至包括代理记账。社会各界纷纷质疑，既然安达信从安然公司获取回报丰厚的咨询收入，它能保持独立和公正吗？面对质疑，即使安达信能够从专业的角度辩解自己并没有违反职业道德，但社会公众至少认为安达信缺少形式上的独立性。

资料来源：郭莉，林惠芳.从“安然事件”看注册会计师审计的独立性［J］.华南金融研究，2003（4）.

三、思考题

从注册会计师职业道德视角说明为什么注册会计师同时提供审计和非审计服务会影响审计独立性？请结合我国的实际情况，提出应该如何对会计师事务所提供非审计服务进行规范。

本章案例

对审计及鉴证业务的需求——南海公司案例

重要知识点讲解

注册会计师审计要素

本章测评

单选题

本章测评

多选题

第二章

审计目标

学习目标：掌握被审计单位管理层认定的内涵；掌握财务报表审计具体目标；熟悉财务报表审计总体目标；了解审计目标的实现过程。

重　　点：财务报表审计总体目标；财务报表审计具体目标。

难　　点：被审计单位管理层的认定；财务报表审计具体目标。

第二章

视频预习

音频：巨人零售公司及卡迪罗旅游系统公司审计案例

知识点：财务报表审计总体目标的确立

第一节 注册会计师审计目标的确立

审计目标是在一定的历史环境下，人们通过审计实践活动所期望达到的境地或最终结果，它包括审计总体目标及具体审计目标两个层次。审计目标对注册会计师的审计工作发挥着导向作用，它界定了注册会计师的责任范围，直接影响着注册会计师计划和实施审计程序的性质、时间安排和范围，决定了注册会计师如何发表审计意见。

一、财务报表审计总体目标的确立

（一）财务报表审计总体目标

审计的目的是提高财务报表预期使用者对财务报表的信赖程度。这一目的可以通过注册会计师对财务报表是否在所有重大方面按照适用的财务报告编制基础编制发表审计意见得以实现。注册会计师按照审计准则和相关职业道德要求执行审计工作，能够形成这样的意见。因此，执行财务报表审计工作时，注册会计师的总体目标如下：

（1）对财务报表整体是否不存在由于舞弊或错误导致的重大错报获取合理保证，使得注册会计师能够对财务报表是否在所有重大方面按照适用的财务报告编制基础编制发表审计意见；

（2）按照审计准则的规定，根据审计结果对财务报表出具审计报告，并与管理层和治理层沟通。

在任何情况下，如果不能获取合理保证，并且在审计报告中发表保留意见也不足以实现向财务报表预期使用者报告的目的，注册会计师应当按照审计准则的规定出具无法表示意见的审计报告，或者在法律法规允许的情况下终止审计业务或解除业务约定。

（二）财务报表审计评价的内容

1.评价财务报表的合法性

在评价财务报表是否按照适用的财务报告编制基础编制时，注册会计师应当考虑下列内容：

（1）选择和运用的会计政策是否符合适用的财务报告编制基础，并适合于被审计单位的具体情况；

（2）管理层做出的会计估计是否合理；

（3）财务报表反映的信息是否具有相关性、可靠性、可比性和可理解性；

（4）财务报表是否做出充分披露，使财务报表使用者能够理解重大交易和事项对被审计单位财务状况、经营成果和现金流量的影响。

2.评价财务报表的公允性

在评价财务报表是否做出公允反映时，注册会计师应当考虑下列内容：

（1）经管理层调整后的财务报表是否与注册会计师对被审计单位及其环境的了解

一致；

（2）财务报表的列报、结构和内容是否合理；

（3）财务报表是否真实地反映了交易和事项的经济实质。

财务报表使用者之所以希望注册会计师对财务报表的合法性和公允性发表意见，主要基于以下四方面原因：

其一，利益冲突。财务报表使用者往往有着各自的利益，且这种利益与被审计单位管理层的利益大不相同。出于对自身利益的关心，财务报表使用者常常担心管理层提供带有偏见、不公正甚至欺诈性的信息。为此，他们往往向外部注册会计师寻求鉴证服务。

其二，财务信息的重要性。财务报表是财务报表使用者进行经济决策的重要信息来源，在有些情况下还是唯一的信息来源。在进行投资、贷款和其他经济决策时，财务报表使用者期望财务报表中的信息相关、可靠，并且期待注册会计师确定被审计单位是否按公认会计原则编制财务报表。

其三，财务信息的复杂性。由于会计业务的处理及财务报表的编制日趋复杂，财务报表使用者因缺乏会计知识而难以对财务报表的质量做出评估，所以他们要求注册会计师对财务报表的质量进行鉴证。

其四，财务信息的间接性。绝大多数财务报表使用者不参与被审计单位的经营，这种限制导致财务报表使用者不可能接触到编制财务报表所依据的会计凭证和会计账簿，即使使用者可以接触，也往往由于时间和成本的限制而无法对其进行审查。在这种情况下，使用者有两种选择：一是相信这些会计信息的质量；二是依赖第三方的鉴证。显然，使用者喜欢选择第二种方式。

知识点：财务报表审计具体目标的确立

二、财务报表审计具体目标的确立

（一）被审计单位管理层的认定

1.认定的含义

认定，是指管理层在财务报表中做出的明确或隐含的表达。认定与审计目标密切相关，注册会计师的基本职责就是确定被审计单位管理层对其财务报表的认定是否恰当。

保证财务报表公允反映被审计单位的财务状况和经营成果是管理层的责任。当管理层声明财务报表已按照适用的财务报告编制基础进行编制，在所有重大方面做出公允反映时，就意味着管理层对财务报表各组成要素的确认、计量、列报以及相关的披露做出了认定。

注册会计师的审计工作就是要确定管理层的认定是否恰当。

2.认定的类别

（1）关于所审计期间各类交易、事项及相关披露的认定

发生：记录或披露的交易和事项已发生，且这些交易和事项与被审计单位有关。

完整性：所有应当记录的交易和事项均已记录，所有应当包括在财务报表中的相关披露均已包括。

准确性：与交易和事项有关的金额及其他数据已恰当记录，相关披露已得到恰当计量和描述。

截止：交易和事项已记录于正确的会计期间。

分类：交易和事项已记录于恰当的账户。

列报：交易和事项已被恰当地汇总或分解且表述清楚，相关披露在适用的财务报告编制基础下是相关的、可理解的。

（2）关于期末账户余额及相关披露的认定

存在：记录的资产、负债和所有者权益是存在的。

权利和义务：记录的资产由被审计单位拥有或控制，记录的负债是被审计单位应恰当履行的偿还义务。

完整性：所有应当记录的资产、负债和所有者权益均已记录，所有应当包括在财务报表中的相关披露均已包括。

准确性、计价和分摊：资产、负债和所有者权益以恰当的金额包括在财务报表中，与之相关的计价或分摊调整已恰当记录，相关披露已得到恰当计量和描述。

分类：资产、负债和所有者权益已记录于恰当的账户。

列报：资产、负债和所有者权益已被恰当地汇总或分解且表述清楚，相关披露在适用的财务报告编制基础下是相关的、可理解的。

（二）财务报表审计具体目标

1.与所审计期间各类交易、事项及相关披露相关的审计目标（强调会计期间）

（1）鉴证发生认定，确定被审计单位已记录的交易和事项是否真实。

（2）鉴证完整性认定，确定被审计单位已发生的交易和事项是否均已记录。

（3）鉴证准确性认定，确定被审计单位已记录的交易和事项是否按正确金额反映，相关披露是否已得到恰当的计量和描述。

（4）鉴证截止认定，确定被审计单位接近于资产负债表日的交易和事项是否记录于恰当的期间。

（5）鉴证分类认定，确定被审计单位记录的交易和事项是否经过适当分类。

（6）鉴证列报认定，确定被审计单位的交易和事项是否已被恰当地汇总或分解且表述清楚，相关披露是否在适用的财务报告编制基础下是相关的、可理解的。

2.与期末账户余额及相关披露相关的审计目标（强调资产负债表日）

（1）鉴证存在认定，确定被审计单位所记录的资产、负债、所有者权益是否确实存在。

（2）鉴证权利和义务认定，确定被审计单位所记录的资产是否归属于被审计单位，所记录的负债是否由被审计单位承担。

（3）鉴证完整性认定，确定被审计单位已存在的资产、负债、所有者权益是否均已记录。

（4）鉴证准确性、计价和分摊认定，确定被审计单位资产、负债、所有者权益是否以恰当的金额包含在财务报表中，与之相关的计价和分摊调整是否已恰当记录，相关披露是否已得到恰当计量和描述。

（5）鉴证分类认定，确定资产、负债和所有者权益是否已记录于恰当的账户。

（6）鉴证列报认定，确定资产、负债、所有者权益是否已被恰当地汇总或分解且表述清楚，相关披露是否在适用的财务报告编制基础下是相关的、可理解的。

第二节　注册会计师审计目标的实现

审计目标是通过审计过程来实现的。风险导向审计模式的基本过程大致可分为以下几个阶段：

知识点：审计过程

一、接受业务委托

按照执业准则的规定，会计师事务所应当谨慎决策是否接受或保持某客户关系和具体审计业务。在接受新客户的业务前，或决定是否保持现有业务或考虑接受现有客户的新业务时，会计师事务所应当执行一些客户接受与保持的审计程序，以获取如下信息：（1）考虑客户的诚信，没有信息表明客户缺乏诚信；（2）具有执行业务必要的素质、专业胜任能力、时间和资源；（3）能够遵守相关职业道德要求。执行客户接受与保持审计程序的目的，在于识别和评估会计师事务所面临的风险。一旦决定接受业务委托，注册会计师应当与客户就审计约定条款达成一致意见。

二、计划审计工作

对于任何一项审计业务，注册会计师在执行具体审计程序之前，都必须根据具体情况制订科学、合理的计划，使审计业务以有效的方式得以执行。一般来说，计划审计工作主要包括：在本期审计业务开始时开展的初步业务活动；制定总体审计策略；制订具体审计计划等。

三、实施风险评估程序

风险评估是注册会计师以了解被审计单位及其环境为过程，以识别和评估财务报表重大错报风险为目的，在设计和实施进一步审计程序前所实施的审计程序。一般来说，实施风险评估程序的主要工作包括：了解被审计单位及其环境；识别和评估财务报表层次以及各类交易、账户余额和披露认定层次的重大错报风险，包括确定需要特别考虑的重大错报风险（即特别风险）以及仅通过实施实质性程序无法应对的重大错报风险等。

四、实施控制测试和实质性程序以应对重大错报风险

注册会计师实施风险评估程序本身并不足以为发表审计意见提供充分、适当的审计证据，还应当实施进一步审计程序，包括实施控制测试（必要时或决定测试时）和实质性程序。因此，注册会计师在评估财务报表重大错报风险后，应当运用职业判断，针对评估的财务报表层次重大错报风险确定总体应对措施，并针对评估的认定层次重大错报风险设计和实施进一步审计程序，以将审计风险降至可接受的低水平。

五、完成审计工作和编制审计报告

注册会计师在完成财务报表进一步审计程序后，还应当按照有关审计准则的规定做好审计完成阶段的工作，并根据所获取的各种证据，合理运用专业判断，形成适当的审计意见。本阶段主要工作有：考虑持续经营假设、或有事项和期后事项；获取管理层声明；汇总审计差异，提请被审计单位调整或披露；复核审计工作底稿和财务报表；与管理层和治理层沟通；评价所有审计证据，形成审计意见；编制审计报告等。

【例2-1】A注册会计师在实施X公司2022年度财务报表审计业务时，根据对重大错报风险的评估结果，确定存货项目为X公司的重点审计领域。在此基础上，根据X公司管理层对财务报表的认定确定存货项目的具体审计目标，并选择相应的审计程序以保证审计目标的实现。

要求：假定A注册会计师已选定表2-2中的具体审计目标，请代为确定与各具体审计目标最相关的财务报表认定和最恰当的审计程序。

表2-1　**管理层认定和可供选择的审计程序**

管理层认定	可供选择的审计程序
（1）完整性	（6）检查现行销售价目表
（2）存在	（7）审阅财务报表
（3）分类和列报	（8）在监盘存货时，选择一定样本，确定其是否包括在盘点表内
（4）权利和义务	（9）选择一定量存货会计记录，检查支持记录的购货合同、发票
（5）准确性、计价和分摊	（10）监盘存货时，从盘点表中选择一定数量的存货，确定是否在库
	（11）测试直接人工费用的合理性

根据表2-1列示的财务报表认定及审计程序，分别选择一项，并将选择结果的编号填入表2-2中（对每项财务报表认定和审计程序，可以选一次、多次或不选）。

表2-2　**选择与各具体审计目标最相关的财务报表认定和最恰当的审计程序**

管理层认定	具体审计目标	审计程序
	A.鉴证X公司对资产负债表上的存货是否均拥有所有权	
	B.鉴证X公司记录的存货数量是否包括了公司所有的在库存货	
	C.鉴证X公司是否已按成本与可变现净值孰低法调整期末存货价值	
	D.鉴证X公司存货成本计算是否准确	
	E.鉴证X公司存货的主要类别和计价基础是否已在财务报表恰当披露	

【解析】

答案见表2-3。

表 2-3 与各具体审计目标最相关的财务报表认定和最恰当的审计程序

管理层认定	具体审计目标	审计程序
(4)	A.鉴证X公司对资产负债表上的存货是否均拥有所有权	(9)
(1)	B.鉴证X公司记录的存货数量是否包括了公司所有的在库存货	(8)
(5)	C.鉴证X公司是否已按成本与可变现净值孰低法调整期末存货价值	(6)
(5)	D.鉴证X公司存货成本计算是否准确	(11)
(3)	E.鉴证X公司存货的主要类别和计价基础是否已在财务报表恰当披露	(7)

【例 2-2】注册会计师通常依据各类交易、账户余额和披露的相关认定确定审计目标，根据审计目标设计审计程序。以下给出了采购交易的审计目标，并列举了部分实质性程序。

(1) 审计目标

A.确定所记录的采购交易是否已发生，且与被审计单位有关。

B.确定所有应当记录的采购交易是否均已记录。

C.确定与采购交易有关的金额及其他数据是否已恰当记录。

D.确定采购交易是否已记录于恰当的账户。

E.确定采购交易是否已记录于正确的会计期间。

(2) 实质性程序

F.将采购明细账中记录的交易同购货发票、验收单和其他证明文件比较。

G.根据购货发票反映的内容，比较会计科目表上的分类。

H.从购货发票追查至采购明细账。

I.从验收单追查至采购明细账。

J.将验收单和购货发票上的日期与采购明细账中的日期进行比较。

K.检查购货发票、验收单、订货单和请购单的合理性和真实性。

L.从存货的采购追查至存货永续盘存记录。

要求：请根据题中给出的审计目标，指出对应的相关认定；针对每一个审计目标，选择相应的实质性程序（一项实质性程序可能对应一项或多项审计目标，每一个审计目标可能选择一项或多项实质性程序）。

【解析】

答案见表 2-4。

表 2-4 与各审计目标最相关的认定和最恰当的实质性程序

相关认定	审计目标	实质性程序
发生	A.确定所记录的采购交易是否已发生，且与被审计单位有关	FKL
完整性	B.确定所有应当记录的采购交易是否均已记录	HI
准确性	C.确定与采购交易有关的金额及其他数据是否已恰当记录	F
分类	D.确定采购交易是否已记录于恰当的账户	G
截止	E.确定采购交易是否已记录于正确的会计期间	J

本章思维导图

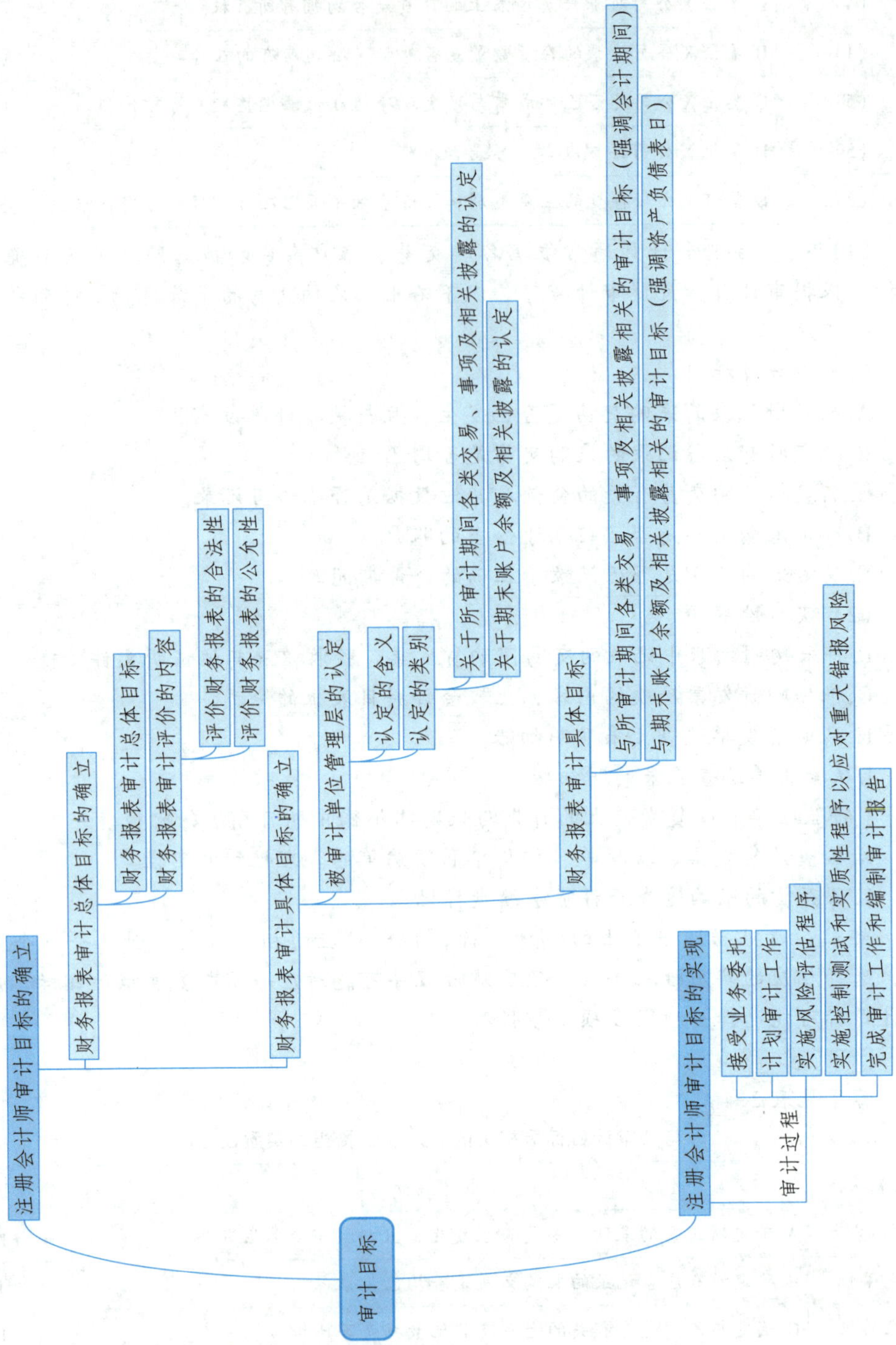

CSA 1101 注册会计师的总体目标和审计工作的基本要求

CSA 1101 应用指南

本章习题

一、思考题

1. 简述财务报表审计评价的内容。

2. 管理层和治理层与注册会计师对财务报表各自承担什么责任？

3. 财务报表使用者为什么希望注册会计师对财务报表的合法性和公允性发表意见？

4. 什么是管理层认定？注册会计师审计与管理层认定有何关系？

5. 注册会计师如何实现审计目标？

二、单项选择题

1. 下列各项中，关于财务报表审计责任划分的表述错误的是（　　）。

A. 财务报表审计不能减轻被审计单位管理层和治理层的责任

B. 财务报表中如果含有错报，管理层和治理层应承担部分责任

C. 为了履行编制财务报表的职责，管理层通常设计、执行和维护与财务报表编制相关的内部控制，以保证财务报表不存在由于舞弊或错误而导致的重大错报

D. 按照中国注册会计师审计准则的规定对财务报表发表审计意见是注册会计师的责任

2. 下列各项中，关于应收账款认定，通过实施函证程序，注册会计师最可能证实的是（　　）。

A. 准确性、计价和分摊　　B. 分类

C. 存在　　D. 完整性

3. 下列各项中，关于存货认定，通过向生产和销售人员询问是否存在过时或周转缓慢的存货，注册会计师最可能证实的是（　　）。

A. 准确性、计价和分摊　　B. 权利和义务

C. 存在　　D. 完整性

4. 下列各项中，关于销售收入认定，通过比较资产负债表日前后几天的发货日期与记账日期，注册会计师最可能证实的是（　　）。

A. 发生　　B. 完整性　　C. 截止　　D. 分类

5. 下列各项中，关于销售收入认定，通过实施分析程序分析毛利率，注册会计师最可能证实的是（　　）。

A. 发生　　B. 完整性　　C. 准确性　　D. 截止

三、多项选择题

1. 下列各项中，属于财务报表使用者希望注册会计师对财务报表的合法性和公允性发表审计意见的原因有（　　）。

A. 出于对自身利益的关心，财务报表使用者常常担心管理层提供带有偏见、不公正甚至欺诈性的财务报表

B. 财务报表是财务报表使用者进行经济决策的重要信息来源，在有些情况下还是

唯一的信息来源

C.财务信息的复杂性

D.财务信息的间接性

2.下列各项中，在评价财务报表是否按照适用的财务报告编制基础的规定编制时，注册会计师应当考虑的内容有（　　）。

A.选择和运用的会计政策是否符合适用的会计准则和相关会计制度，并适合于被审计单位的具体情况

B.治理层做出的会计估计是否合理

C.财务报表反映的信息是否具有相关性、可靠性、可比性和可理解性

D.财务报表是否做出充分披露，使财务报表使用者能够理解重大交易和事项对被审计单位财务状况、经营成果和现金流量的影响

3.下列各项中，在评价财务报表公允性时，注册会计师应当考虑的内容有（　　）。

A.经管理层调整后的财务报表是否与注册会计师对被审计单位及其环境的了解一致

B.财务报表的披露、结构和内容是否合理

C.财务报表是否真实地反映了交易和事项的经济实质

D.管理层做出的会计估计是否合理

4.下列各项中，注册会计师在财务报表审计中发现的事实，违背应收账款的准确性、计价和分摊认定的有（　　）。

A.将属于A客户的应收账款记入B客户的明细账中

B.应收账款的年末预计未来现金流量现值小于应收账款的账面价值，但是年末没有计提减值准备

C.外币应收账款没有按年底汇率折算

D.客户的应收账款入账价值是商业折扣前金额

5.下列各项中，注册会计师为了获取审计证据证明长期股权投资“准确性、计价和分摊”认定是否恰当，应当选择的实质性程序有（　　）。

A.获取或编制长期股权投资明细表，复核加计是否正确，并与总账数和明细账合计数核对

B.对于长期股权投资分类发生变化的，检查其核算是否正确

C.结合银行借款等的检查，了解长期股权投资是否存在质押、担保情况

D.结合长期股权投资减值准备科目，将其与报表数核对是否相符

四、案例分析题

甲会计师事务所正在对B股份有限公司进行审计，A注册会计师担任外勤负责人，并将签署审计报告。经过风险评估，A注册会计师确定应收账款项目为重点审计领域。

要求：假定表2-5中的具体审计目标已经被A注册会计师选定，A注册会计师应当确定的与各具体审计目标最相关的认定和最恰当的审计程序分别是什么？

相关认定：(1) 完整性；(2) 存在；(3) 分类和列报；(4) 权利和义务；(5) 准

确性、计价和分摊。

审计程序：A.重新计算应收账款的账面价值；B.检查财务报告；C.在检查应收账款时，对一些账户函证；D.选择一定样本量的销货会计记录，检查支持记录的销货合同和发票；E.从赊销发货单、销售发票追查至相应的会计记录。

表 2-5 选择与各具体审计目标最相关的认定和最恰当的审计程序

相关认定	具体审计目标	审计程序
	鉴证记录的应收账款是否属于被审计单位	
	鉴证已存在的应收账款是否均已记录	
	鉴证应收账款是否已按账面价值与可回收金额孰低调整期末价值	
	鉴证记录的应收账款是否确实存在	
	鉴证应收账款计提减值准备的方法是否已在财务报告中恰当披露	

学思践悟

一、目标

1.全面贯彻党的教育方针，落实立德树人根本任务，培养学生严格遵守注册会计师职业道德基本原则（专业胜任能力和勤勉尽责）的职业意识。

2.深刻理解注册会计师执业过程勤勉尽责的意义及重要性。

二、材料

辽宁振隆特产股份有限公司（以下简称振隆特产）所处行业为农副食品加工行业，是一家拥有出口自营权的中外合资公司。其主营范围是籽仁类产品、干果、坚果类产品的加工和销售，公司的产品在境内和境外都有销售，且以境外销售为主。2015年6月，证监会IPO专项财务检查发现，振隆特产存在存货大量盘亏等异常情况，涉嫌虚假陈述。2015年7月，证监会对振隆特产信息披露违法违规案立案调查。2016年9月，证监会依法对拟上市公司振隆特产财务造假、虚假报送行为做出行政处罚，振隆特产被处以60万元“顶格”罚款，董事长黄某等人分别被处以8~10年市场禁入。瑞华会计师事务所由于审计时未能勤勉尽责，被证监会没收业务收入130万元，并处以260万元罚款，签字注册会计师侯某、肖某被给予警告，并分别处以10万元罚款。

资料来源：魏梦妍. 振隆特产财务舞弊分析——基于审计目标与审计程序视角 [J]. 商业会计，2018 (7).

三、思考题

假设你是注册会计师，基于遵循职业道德基本原则视角，针对上述财务报表存货项目造假行为应该采取何种应对措施来实现审计目标？

本章案例

河南华为会计师事务所状告证监会事件

重要知识点讲解

财务报表审计总体目标的界定及具体目标的确定

本章测评

单选题

本章测评

多选题

第三章

审计计划、审计风险及重要性

学习目标：掌握审计风险的内涵、审计风险模型；掌握重要性的内涵、特征及运用；熟悉初步业务活动的目的及内容；了解总体审计策略及具体审计计划的编制。

重　　点：审计风险；审计重要性。

难　　点：审计重要性的内涵、特征及运用。

第三章

视频预习

音频：实施初步业务活动的目的

知识点：初步业务活动的目的

知识点：初步业务活动的内容和程序

第一节 初步业务活动

一、初步业务活动的目的、内容和程序

（一）初步业务活动的目的

在审计业务开始时，注册会计师需要开展初步业务活动，以实现以下三个主要目的：第一，确定审计人员具备执行业务所需的独立性和能力；第二，不存在因管理层诚信问题而可能影响注册会计师保持该项业务意愿的事项；第三，确定与被审计单位之间不存在对业务约定条款的误解。

（二）初步业务活动的内容

1.按照《中国注册会计师审计准则第 1121 号——对财务报表审计实施的质量管理》的规定，针对客户关系和审计业务的接受与保持，实施相应的程序；

2.按照《中国注册会计师审计准则第 1121 号——对财务报表审计实施的质量管理》的规定，评价遵守相关职业道德要求（包括独立性要求）的情况；

3.按照《中国注册会计师审计准则第 1111 号——就审计业务约定条款达成一致意见》的规定，就审计业务约定条款与被审计单位达成一致意见。

（三）初步业务活动的程序

初步业务活动程序见表 3-1。

表 3-1 初步业务活动程序表

初步业务活动程序	索引号	执行人
1.如果是首次接受审计委托，实施下列程序： （1）与被审计单位相关人员面谈，讨论下列事项： ① 审计的目标； ② 审计报告的用途； ③ 管理层对财务报表的责任； ④ 审计范围； ⑤ 执行审计工作的安排，包括出具审计报告的时间要求； ⑥ 审计报告格式和对审计结果的其他沟通形式； ⑦ 管理层提供必要的工作条件和协助； ⑧ 注册会计师不受限制地接触任何与审计有关的记录、文件和所需要的其他信息； ⑨ 利用被审计单位专家或内部审计人员工作的程度（必要时）； ⑩ 审计收费。 （2）初步了解被审计单位及其环境，并予以记录。 （3）征得被审计单位书面同意后，与前任注册会计师沟通		

续表

初步业务活动程序	索引号	执行人
2.如果是连续审计，实施下列程序： （1）了解审计的目标、审计报告的用途、审计范围和时间安排等； （2）查阅以前年度审计工作底稿，重点关注非无保留意见审计报告涉及的说明事项、管理建议书的具体内容、重大事项概要等； （3）初步了解被审计单位及其环境发生的重大变化，并予以记录； （4）考虑是否需要修改业务约定条款，以及是否需要提醒被审计单位注意现有的业务约定条款		
3.评价是否具备执行该项审计业务所需要的独立性和专业胜任能力		
4.完成业务承接评价表或业务保持评价表		
5.签订审计业务约定书（适用于首次接受业务委托，以及连续审计中修改长期审计业务约定书条款的情况）		

二、审计业务约定书

（一）审计业务约定书的内涵

审计业务约定书是指会计师事务所与被审计单位签订的，用以记录和确认审计业务的委托与受托关系、审计目标和范围、双方的责任以及报告的格式等事项的书面协议。会计师事务所承接任何审计业务，都应与被审计单位签订审计业务约定书。

（二）审计业务约定书的基本内容

审计业务约定书的具体内容和格式可能因被审计单位的不同而不同，但应当包括以下主要内容：

（1）财务报表审计的目标与范围；

（2）注册会计师的责任；

（3）管理层的责任；

（4）指出用于编制财务报表所适用的财务报告编制基础；

（5）提及注册会计师拟出具的审计报告的预期形式和内容，以及对在特定情况下出具的审计报告可能不同于预期形式和内容的说明。

（三）审计业务约定书的特殊考虑

1.考虑特定需要

如果情况需要，注册会计师还应当考虑在审计业务约定书中列明下列内容：详细说明审计工作的范围，包括提及适用的法律法规、审计准则，以及注册会计师协会发布的职业道德守则和其他公告；对审计业务结果的其他沟通形式；说明由于审计和内部控制的固有限制，即使审计工作按照审计准则的规定得到恰当的计划和执行，仍不可避免地存在某些重大错报未被发现的风险；计划和执行审计工作的安排，包括审计项目组的构成；管理层确认将提供书面声明；管理层同意向注册会计师及时提供财务报表草稿和其他所有附带信息，以使注册会计师能够按照预定的时间表完成审计工作；管理层同意告知注册会计师在审计报告日至财务报表报出日之间注意到的可能影响财务报表的事实；收费的计算基础和收费安排；管理层确认收到审计业务约定书并同意其中的条款；在某些方面对利用其他注册会计师和专家工作的安排；对审计涉及的内部审计人员和被审计单位其他员工工作的安排；在首次审计的情况下，与前任注册会计师（如存在）沟通的安排；说明对注册会计师责任可能存在的限制；注册会计师与被审计单位之间需要达成进一步协议的事项；向其他机构或人员提供审计工作底稿的义务。

2.组成部分的审计

如果母公司的注册会计师同时也是组成部分注册会计师，需要考虑下列因素，决定是否向组成部分单独致送审计业务约定书：组成部分注册会计师的委托人；是否对组成部分单独出具审计报告；与审计委托相关的法律法规的规定；母公司占组成部分的所有权份额；组成部分管理层相对于母公司的独立程度。

3.连续审计

对于连续审计，注册会计师应当根据具体情况评估是否需要对审计业务约定条款做出修改，以及是否需要提醒被审计单位注意现有的条款。

注册会计师可以决定不用每期都致送新的审计业务约定书或其他书面协议。然而，下列因素可能导致注册会计师修改审计业务约定条款或提醒被审计单位注意现有的业务约定条款：有迹象表明被审计单位误解审计目标和范围；需要修改约定条款或增加特别条款；被审计单位高级管理人员近期发生变动；被审计单位所有权发生重大变动；被审计单位业务的性质或规模发生重大变化；法律法规的规定发生变化；编制财务报表采用的财务报告编制基础发生变更；其他报告要求发生变化。

4.审计业务约定条款的变更

（1）变更审计业务约定条款的要求

在完成审计业务前，如果被审计单位或委托人要求将审计业务变更为保证程度较低的业务，注册会计师应当确定是否存在合理理由予以变更。

下列原因可能导致被审计单位要求变更业务：一是环境变化对审计服务的需求产生影响；二是对原来要求的审计业务的性质存在误解；三是无论是管理层施加的还是其他情况引起的审计范围受到限制。上述第一项和第二项通常被认为是变更业务的合理理由，但如果有迹象表明该变更要求与错误的、不完整的或者不能令人满意的信息有关，注册会计师不应认为该变更是合理的。

如果没有合理的理由，注册会计师不应同意变更业务。如果注册会计师不同意变更审计业务约定条款，而管理层又不允许继续执行原审计业务，注册会计师应当：第一，在适用的法律法规允许的情况下，解除审计业务约定；第二，确定是否有约定义务或其他义务向治理层、所有者或监管机构等报告该事项。

（2）变更为审阅业务或相关服务业务的要求

在同意将审计业务变更为审阅业务或相关服务业务前，接受委托按照审计准则执行审计工作的注册会计师，除考虑上述①中提及的事项外，还需要评估变更业务对法律责任或业务约定的影响。

如果注册会计师认为将审计业务变更为审阅业务或相关服务业务具有合理理

由，截至变更日已执行的审计工作可能与变更后的业务相关，相应地，注册会计师需要执行的工作和出具的报告会适用于变更后的业务。为避免引起报告使用者的误解，对相关服务业务出具的报告不应提及原审计业务和在原审计业务中已执行的程序。只有将审计业务变更为执行商定程序业务，注册会计师才可以在报告中提及已执行的程序。

5.审计业务约定书范例（合同式）

审计业务约定书

甲方：ABC股份有限公司

乙方：××会计师事务所

兹由甲方委托乙方对20×1年度财务报表进行审计，经双方协商，达成以下约定：

一、审计的目标和范围

1.乙方接受甲方委托，对甲方按照企业会计准则编制的20×1年12月31日的资产负债表，20×1年度的利润表、现金流量表、所有者权益（或股东权益）变动表以及相关财务报表附注（以下统称财务报表）进行审计。

2.乙方审计工作的目标是对财务报表整体是否不存在由于舞弊或错误导致的重大错报获取合理保证，并出具包含审计意见的审计报告。合理保证是高水平的保证，但并不能保证按照审计准则执行的审计在某一重大错报存在时总能发现。错报可能由于舞弊或错误导致，如果合理预期错报单独或汇总起来可能影响财务报表使用者依据财务报表做出的经济决策，则通常认为错报是重大的。

3.乙方通过执行审计工作，对财务报表的下列方面发表审计意见：（1）财务报表是否在所有重大方面按照企业会计准则的规定编制；（2）财务报表是否在所有重大方面公允反映了甲方20×1年12月31日的财务状况以及20×1年度的经营成果和现金流量。

二、甲方的责任

1.根据《中华人民共和国会计法》及《企业财务会计报告条例》，甲方及甲方负责人有责任保证会计资料的真实性和完整性。因此，甲方管理层有责任妥善保存和提供会计记录（包括但不限于会计凭证、会计账簿及其他会计资料），这些记录必须真实、完整地反映甲方的财务状况、经营成果和现金流量。

2.按照企业会计准则的规定编制和公允反映财务报表是甲方管理层的责任，这种责任包括：（1）按照企业会计准则的规定编制财务报表，并使其实现公允反映；（2）设计、执行和维护必要的内部控制，以使财务报表不存在由于舞弊或错误导致的重大错报。

3.在编制财务报表时，甲方管理层负责评估甲方的持续经营能力，必须时披露与持续经营相关的事项，并运用持续经营假设，除非管理层计划清算、终止运营或别无其他现实的选择。甲方治理层负责监督甲方的财务报告过程。

4.及时为乙方的审计工作提供与审计有关的所有记录、文件和所需的其他的信息（在20×2年×月×日之前提供审计所需的全部资料，如果在审计过程中需要补充资料，亦应及时提供），并保证所提供资料的真实性和完整性。

5. 确保乙方不受限制地接触其认为必要的甲方内部人员和其他相关人员。

[下段适用于集团财务报表审计业务，使用时需根据客户/约定项目的特定情况修改，如果加入此段，应相应修改本约定书第一项关于业务范围的表述，并调整下面其他条款的编号。]

[6. 为满足乙方对甲方合并财务报表发表审计意见的需要，甲方须确保：

乙方和对组成部分财务信息执行相关工作的组成部分注册会计师之间的沟通不受任何限制。

乙方及时获悉组成部分注册会计师与组成部分治理层和管理层之间的重要沟通（包括就值得关注的内部控制缺陷进行的沟通）。

乙方及时获悉组成部分治理层和管理层与监管机构就与财务信息有关的事项进行的重要沟通。

在乙方认为必要时，允许乙方接触组成部分的信息、组成部分管理层或组成部分注册会计师（包括组成部分注册会计师的工作底稿），并允许乙方对组成部分的财务信息执行相关工作。]

6. 甲方管理层对其做出的与审计有关的声明予以书面确认。

7. 为乙方派出的有关工作人员提供必要的工作条件和协助，乙方将于外勤工作开始前提供主要事项清单。

8. 按照本约定书的约定及时足额支付审计费用以及乙方人员在审计期间的交通、食宿和其他相关费用。

9. 乙方的审计不能减轻甲方及甲方管理层的责任。

三、乙方的责任

1. 乙方按照中国注册会计师审计准则（以下简称审计准则）的规定执行审计工作。审计准则要求注册会计师遵守中国注册会计师职业道德守则。在执行审计的过程中，乙方需要运用职业判断，保持职业怀疑。

2. 乙方识别和评估由于舞弊或错误导致的财务报表重大错报风险，设计和实施审计程序以应对这些风险，并获取充分、适当的审计证据，作为发表审计意见的基础。由于舞弊可能涉及串通、伪造、故意遗漏、虚假陈述或凌驾于内部控制之上，未能发现由于舞弊导致的重大错报的风险高于未能发现由于错误导致的重大错报的风险。

3. 乙方了解与审计相关的内部控制，以设计恰当的审计程序，但目的并非对内部控制的有效性发表意见。

4. 乙方评价管理层选用会计政策的恰当性和做出会计估计及相关披露的合理性。

5. 乙方对甲方管理层使用持续经营假设的恰当性得出结论。同时，根据获取的审计证据，就可能导致对甲方持续经营能力产生重大疑虑的事项或情况是否存在重大不确定性得出结论。如果乙方得出结论认为存在重大不确定性，应当在审计报告中提请报表使用者注意财务报表中的相关披露；如果披露不充分，乙方应当发表非无保留意见。乙方的结论基于截至审计报告日可获得的信息。然而，未来的事项或情况可能导致甲方不能持续经营。

6.乙方评价财务报表的总体列报、结构和内容，并评价财务报表是否公允反映相关交易和事项。

[下段适用于集团财务报表审计业务，使用时需根据客户/约定项目的特定情况修改，如果加入此段，应相应修改本约定书第一项关于业务范围的表述，并调整下面其他条款的编号。]

[7.对不由乙方执行相关工作的组成部分财务信息，乙方不单独出具报告；有关的责任由对该组成部分执行相关工作的组成部分注册会计师及其所在的会计师事务所承担。]

7.乙方从与甲方治理层沟通过的事项中，确定对本期财务报表审计最为重要的事项（关键审计事项），并在审计报告中描述这些事项（如适用）。这些事项的应对以对财务报表整体进行审计并形成审计意见为背景，乙方不对这些事项单独发表意见。

8.在审计过程中，乙方若发现甲方存在乙方认为值得关注的内部控制缺陷，应以书面形式向甲方治理层或管理层通报。但乙方通报的各种事项，并不代表已全面说明所有可能存在的缺陷或已提出所有可行的改进建议。甲方在实施乙方提出的改进建议前应全面评估其影响。未经乙方书面许可，甲方不得向任何第三方提供乙方出具的沟通文件，除非法律法规另有要求。

9.由于审计和内部控制的固有限制，即使按照审计准则的规定适当地计划和执行审计工作，仍无法避免财务报表的某些重大错报可能未被乙方发现的风险。

10.按照约定时间完成审计工作，出具审计报告。乙方应于20×2年×月×日前出具审计报告。

11.除下列情况外，乙方应当对执行业务过程中知悉的甲方信息予以保密：（1）法律法规允许披露，并取得甲方的授权；（2）根据法律法规的要求，为法律诉讼、仲裁准备文件或提供证据，以及向监管机构报告发现的违法行为；（3）在法律法规允许的情况下，在法律诉讼、仲裁中维护自己的合法权益；（4）接受注册会计师协会或监管机构的执业质量检查，答复其询问和调查；（5）向注册会计师协会或监管机构进行报备；（6）法律法规、执业准则和职业道德规范规定的其他情形。

四、审计收费

1.本次审计服务的收费是以乙方各级别工作人员在本次工作中所耗费的时间为基础计算的。乙方预计本次审计服务的费用总额为人民币×万元。

2.甲方应于本约定书签署之日起×日内支付×%的审计费用，其余款项于［审计报告草稿完成日］结清。

3.如果由于无法预见的原因，致使乙方从事本约定书所涉及的审计服务实际时间较本约定书签订时预计的时间有明显增加或减少时，甲、乙双方应通过协商，相应调整本部分第1段所述的审计费用。

4.如果由于无法预见的原因，致使乙方人员抵达甲方的工作现场后，本约定书所涉及的审计服务中止，甲方不得要求退还预付的审计费用；如上述情况发生于乙方人员完成现场审计工作，并离开甲方的工作现场之后，甲方应另行向乙方支付人民币×元的补偿费，该补偿费应于甲方收到乙方的收款通知之日起×日内支付。

5.与本次审计有关的其他费用（包括交通费、食宿费等）由甲方承担。

五、审计报告和审计报告的使用

1.乙方按照中国注册会计师审计准则规定的格式和类型出具审计报告。

2.乙方向甲方致送审计报告一式×份。

3.甲方在提交或对外公布乙方出具的审计报告及其后附的已审计财务报表时，不得对其进行修改。当甲方认为有必要修改会计数据、报表附注和所作的说明时，应当事先通知乙方，乙方将考虑有关的修改对审计报告的影响，必要时，将重新出具审计报告。

六、本约定书的有效期间

本约定书自签署之日起生效，并在双方履行完毕本约定书约定的所有义务后终止。但其中第三项第11段、第四、五、七、八、九、十项并不因本约定书终止而失效。

七、约定事项的变更

如果出现不可预见的情况，影响审计工作如期完成，或需要提前出具审计报告，甲、乙双方均可要求变更约定事项，但应及时通知对方，并由双方协商解决。

八、终止条款

1.如果根据乙方的职业道德及其他有关专业职责、适用的法律法规或其他任何法定的要求，乙方认为已不适宜继续为甲方提供本约定书约定的审计服务，乙方可以采取向甲方提出合理通知的方式终止履行本约定书。

2.在本约定书终止的情况下，乙方有权就其于终止之日前对约定的审计服务项目所做的工作收取合理的费用。

九、违约责任

甲、乙双方按照《中华人民共和国民法典》的规定承担违约责任。

十、适用法律和争议解决

本约定书的所有方面均应适用中华人民共和国法律进行解释并受其约束。本约定书履行地为乙方出具审计报告所在地，因本约定书引起的或与本约定书有关的任何纠纷或争议（包括关于本约定书条款的存在、效力或终止，或无效之后果），双方协商确定采取以下第_____种方式予以解决：

（1）向有管辖权的人民法院提起诉讼；

（2）提交×仲裁委员会仲裁。

十一、双方对其他有关事项的约定

____

本约定书一式两份，甲、乙双方各执一份，具有同等法律效力。

甲方：____________	乙方：____________
____________（盖章）	____________（盖章）
授权代表：__________（签章）	授权代表：__________（签章）
年　月　日	年　月　日

第二节　总体审计策略与具体审计计划

计划审计工作包括针对审计业务制定总体审计策略和具体审计计划。计划审计工作有助于注册会计师适当关注重要的审计领域；有助于注册会计师及时发现和解决潜在的问题；有助于注册会计师恰当地组织和管理审计业务，以有效的方式执行审计业务；有助于选择具备必要的专业素质和胜任能力的项目组成员应对预期的风险，并有助于向项目组成员分派适当的工作；有助于指导和监督项目组成员并复核其工作；在适用的情况下，有助于协调组成部分注册会计师和专家的工作。

音频：美国联区金融集团租赁业务审计案例

一、总体审计策略

知识点：总体审计策略

注册会计师应当制定总体审计策略，以确定审计工作的范围、时间安排和方向，并指导具体审计计划的制订。

在制定总体审计策略时，注册会计师应当：

（1）确定审计业务的特征，以界定审计范围；

（2）明确审计业务的报告目标，以计划审计的时间安排和所需沟通的性质；

（3）根据职业判断，考虑用以指导项目组工作方向的重要因素；

（4）考虑初步业务活动的结果，并考虑项目合伙人对被审计单位执行其他业务时获得的经验是否与审计业务相关（如适用）；

（5）确定执行业务所需资源的性质、时间安排和范围。

二、具体审计计划

知识点：具体审计计划

注册会计师应当为审计工作制订具体审计计划。具体审计计划比总体审计策略更加详细，其内容包括为获取充分、适当的审计证据以将审计风险降至可接受的低水平，项目组成员拟实施的审计程序的性质、时间安排和范围。可以说，为获取充分、适当的审计证据而确定审计程序的性质、时间安排和范围是具体审计计划的核心。具体审计计划应当包括下列内容：

（1）按照《中国注册会计师审计准则第1211号——通过了解被审计单位及其环境识别和评估重大错报风险》的规定，计划实施的风险评估程序的性质、时间安排和范围；

（2）按照《中国注册会计师审计准则第1231号——针对评估的重大错报风险采取的应对措施》的规定，在认定层次计划实施的进一步审计程序的性质、时间安排和范围；

（3）根据审计准则的规定，计划应当实施的其他审计程序。

计划审计工作并非审计业务的一个孤立阶段，而是一个持续的、不断修正的过程，贯穿于整个审计业务的始终。由于未预期事项、条件的变化或在实施审计程序中获取的审计证据等原因，在审计过程中，注册会计师应当在必要时对总体审计策略和具体审计计划做出更新和修改。

总体审计策略参考格式如下：

总体审计策略

被审计单位：　　　　　　　　　　索引号：

项目：　　　　　　　　　　　　　财务报表截止日/期间：

编制：　　　　　　　　　　　　　复核：

日期：　　　　　　　　　　　　　日期：

一、审计范围

报告要求	
适用的会计准则或制度	
适用的审计准则	
与财务报告相关的行业特别规定	例如：监管机构发布的有关信息披露法规、特定行业主管部门发布的与财务报告相关的法规等
需审计的集团内组成部分的数量及所在地点	
需要阅读的含有已审计财务报表的文件中的其他信息	例如：上市公司年报
制定审计策略需考虑的其他事项	例如：单独出具报告的子公司范围等

二、审计业务时间安排

（一）对外报告时间安排：________________

（二）执行审计时间安排

执行审计时间安排	时间
1.期中审计	
（1）制定总体审计策略	
（2）制订具体审计计划	
……	
2.期末审计	
（1）存货监盘	
……	

（三）沟通的时间安排

所需沟通	时间
与管理层及治理层的会议	
项目组会议（包括预备会和总结会）	
与专家或有关人士的沟通	
与前任注册会计师的沟通	
……	

三、影响审计业务的重要因素

（一）重要性

确定的重要性水平	索引号

（二）可能存在较高重大错报风险的领域

可能存在较高重大错报风险的领域	索引号

（三）重要的组成部分和账户余额

填写说明：

1.记录所审计的集团内重要的组成部分；

2.记录重要的账户余额，包括本身具有重要性的账户余额（如存货）以及评估出存在重大错报风险的账户余额。

重要的组成部分和账户余额	索引号
1.重要的组成部分	
……	
2.重要的账户余额	
……	

四、人员安排

（一）项目组主要成员的责任

职位	姓名	主要职责

注：在分配职责时可以根据被审计单位的不同情况按会计科目划分，或按交易类别划分。

（二）与项目质量控制复核人员的沟通（如适用）

复核的范围：______________________

沟通内容	负责沟通的项目组成员	计划沟通时间

五、对专家或有关人士工作的利用（如适用）

注：如果项目组计划利用专家或有关人士的工作，需要记录其工作的范围和涉及的主要会计科目等。另外，项目组还应按照相关审计准则的要求对专家或有关人士的能力、客观性及其工作等进行考虑及评估。

（一）对内部审计工作的利用

主要报表项目	拟利用的内部审计工作	索引号
存货	内部审计部门对各仓库的存货每半年至少盘点一次。在中期审计时，项目组已经对内部审计部门盘点步骤进行观察，对其结果满意，因此项目组将审阅其年底的盘点结果，并缩小存货监盘的范围	

（二）对其他注册会计师工作的利用

其他注册会计师名称	利用其工作范围及程度	索引号

（三）对专家工作的利用

主要报表项目	专家名称	主要职责及工作范围	利用专家工作的原因	索引号

（四）对被审计单位使用服务机构的考虑

主要报表项目	服务机构名称	服务机构提供的服务及其注册会计师出具的审计报告意见及日期	索引号

具体审计计划范例（节选）如下：

具体审计计划

客户名称：　　　　　　财务报表期间：　　　　　　工作底稿索引号：

编制人及复核人员签字：

编制人：	日期：
复核人：	日期：
项目质量控制复核人（如适用）：	日期：

目　录

1.风险评估程序

1.1 一般风险评估程序

【项目组需记录为了解被审计单位及其环境所执行的风险评估程序。该程序可能包括询问、观察、检查及分析程序等。所记录的内容需包括项目组工作的性质及范围。】

风险评估程序	执行人及日期	工作底稿索引号
[向管理层询问有关被审计单位业务、经营环境及内部控制的变化情况]		
[出于计划的目的，对自20×1年×月×日至20×2年×月×日止年度（期间）财务报表的财务信息执行分析程序]		
[分析中期审阅的结果（如有）]		
[……]		

1.2 针对特定项目的程序

确定特定项目

确定特定项目	执行人及日期	工作底稿索引号
[根据拟定的针对特定项目的审计程序（注）所进行的审计工作：（特定项目可能包括：对舞弊的考虑、持续经营、对法律法规的考虑及关联方等）]		

【注：相关审计准则要求注册会计师在计划审计工作时，对某些项目（本计划称为特定项目）予以特别考虑并执行相应审计程序。除以上所列举的项目外，特定项目可能还包括诉讼及赔偿、环境事项、电子商务等。为便于安排及协调审计计划，本计划将针对特定项目需要执行询问程序的时间及参加人员计划列示于下表】

[以上面所提及的特定项目为例，项目组可能需按照相关准则的要求对下列人员进行访问：]

询问程序的时间安排及参加人员计划

受访者（姓名及职位）	计划参加沟通的项目组成员	访问时间	工作底稿索引号
[对舞弊的考虑： —董事长 —财务总监 —……]	[项目负责人及审计经理]	[××年×月×日]	[×××]
[持续经营：]			
[对法律法规的考虑：]			
[关联方：]			
[……]			

……（略）

【例3-1】A注册会计师负责对常年审计客户甲公司2022年度财务报表进行审计，撰写了总体审计策略和具体审计计划，部分内容摘录如下：

（1）初步了解2022年度甲公司及其环境未发生重大变化，拟依赖以往审计中对管理层、治理层诚信形成的判断。

（2）因对甲公司内部审计人员的客观性和专业胜任能力存有疑虑，拟不利用内部审计的工作。

（3）如对计划的重要性水平做出修正，拟通过修改计划实施的实质性程序的性质、时间安排和范围降低重大错报风险。

（4）假定甲公司在收入确认方面存在舞弊风险，拟将销售交易及其认定的重大错报风险评估为高水平，不再了解和评估相关控制设计的合理性并确定其是否已得到执行，直接实施细节测试。

（5）因甲公司于2022年9月关闭某地办事处并注销其银行账户，拟不再函证该银行账户。

（6）因审计工作时间安排紧张，拟不函证应收账款，直接实施替代审计程序。

（7）2022年度甲公司购入股票作为可供出售的金融资产核算。除实施询问程序外，预期无法获取有关管理层持有意图的其他充分、适当的审计证据，拟就询问结果获取管理层书面声明。

要求：针对上述事项（1）至（7），逐项指出A注册会计师拟订的计划是否存在不当之处。如有不当之处，简要说明理由。

【解析】

（1）不恰当，注册会计师必须了解被审计单位及其环境，同时必须了解被审计单位对诚信道德和价值观念的沟通和落实。

（2）恰当。

（3）不恰当，注册会计师应当通过修改计划实施的实质性程序的性质、时间安排和范围降低检查风险，注册会计师无法降低重大错报风险。

（4）不恰当，了解被审计单位相关控制设计的合理性并确定是否已得到执行是必须要做的程序。

（5）不恰当，注册会计师应当向被审计单位在本期存过款的银行发函，包括零账户和已结清的账户。

（6）不恰当，除非有充分证据表明应收账款对财务报表不重要或注册会计师认为函证很可能无效，否则注册会计师应当对应收账款实施函证。

（7）恰当。

第三节　审计风险

知识点：审计风险的含义

一、审计风险的含义

审计风险，是指当财务报表存在重大错报时，注册会计师发表不恰当审计意见的可能性。审计风险并不包含下面这种情况，即财务报表不含有重大错报，而注册会计师错误地发表了财务报表含有重大错报的审计意见的可能性。审计风险是一个与审计过程相关的技术术语，并不是指注册会计师执行业务的法律后果，如因诉讼、负面宣传或其他与财务报表审计相关的事项而导致损失的可能性。

合理保证与可接受的审计风险（期望审计风险）互为补数，即合理保证与可接受的审计风险之和等于100%。如果注册会计师将审计风险降至可接受的低水平，则对财务报表不存在重大错报获取了合理保证。合理保证意味着审计风险始终存在。

可接受的审计风险的确定，需要考虑会计师事务所对审计风险的态度、审计失败对会计师事务所可能造成损失的大小等因素。其中，审计失败对会计师事务所可能造成的损失大小又受所审计财务报表的用途、使用者的范围等因素的影响。但必须注意，审计业务是一种保证程度高的鉴证业务，可接受的审计风险应当足够低，以使注册会计师能够合理保证所审计财务报表不含有重大错报。

二、审计风险模型

知识点：审计风险模型

审计风险取决于重大错报风险和检查风险。审计风险、重大错报风险和检查风险之间的关系用模型表示为：

审计风险=重大错报风险×检查风险

（一）重大错报风险

重大错报风险是指财务报表在审计前存在重大错报的可能性。重大错报风险与被审计单位的风险相关，且独立存在于财务报表审计中。在设计审计程序以确定财务报表整体是否存在重大错报时，注册会计师应当从财务报表层次和各类交易、账户余额和披露认定层次方面考虑重大错报风险。《中国注册会计师审计准则第1211号——通过了解被审计单位及其环境识别和评估重大错报风险》对注册会计师如何评估财务报表层次及认定层次的重大错报风险提出了详细的要求。

1.财务报表层次重大错报风险

财务报表层次重大错报风险与财务报表整体存在广泛联系，进而可能影响多项认定。此类风险通常与控制环境相关，但也可能与其他因素有关，如经济萧条。此类风险难以界定于某类交易、账户余额和披露的具体认定；相反，此类风险增大了一个或多个不同认定发生重大错报的可能性，与由舞弊引起的风险特别相关。

注册会计师评估财务报表层次重大错报风险的措施包括：考虑审计项目组承担重要责任的人员的学识、技术和能力，是否需要专家介入；考虑给予业务助理人员适当程度的监督指导；考虑是否存在导致注册会计师怀疑被审计单位持续经营假设合理性的事项或情况等。

2.认定层次重大错报风险

认定层次重大错报风险与特定的某类交易、账户余额和披露的认定相关。认定层次的重大错报风险又可以进一步细分为固有风险和控制风险。

（1）固有风险

固有风险是指在考虑相关的内部控制之前，某类交易、账户余额或披露的某一认定易于发生错报（该错报单独或连同其他错报可能是重大的）的可能性。

（2）控制风险

控制风险是指某类交易、账户余额或披露的某一认定发生错报，该错报单独或连同其他错报是重大的，但没有被内部控制及时防止或发现并纠正的可能性。控制风险取决于与财务报表编制有关的内部控制的设计和运行的有效性。由于控制的固有局限性，某种程度的控制风险始终存在。

需要特别说明的是，由于固有风险和控制风险总是不可分割地交织在一起，有时无法单独进行评估，本教材通常不再单独提及固有风险和控制风险，而只是将这两者合并称为“重大错报风险”。但这并不意味着，注册会计师不可以单独对固有风险和控制风险进行评估。相反，注册会计师既可以对两者进行单独评估，也可以对两者进行合并评估。具体采用的评估方法取决于会计师事务所偏好的审计技术和方法及实务上的考虑。

（二）检查风险

检查风险是指如果存在某一错报，该错报单独或连同其他错报可能是重大的，注册会计师为将审计风险降至可接受的低水平而实施程序后没有发现这种错报的风险。检查风险取决于审计程序设计的合理性和执行的有效性。由于注册会计师通常并不对所有的交易、账户余额和披露进行检查，以及其他原因，检查风险不可能降低为零。其他原因包括注册会计师可能选择了不恰当的审计程序、审计过程执行不当，或者错误解读了审计结论。这些其他因素可以通过适当计划、在项目组成员之间进行恰当的职责分配、保持职业怀疑态度以及监督、指导和复核助理人员所执行的审计工作得以解决。

在既定的审计风险水平下，可接受的检查风险水平与认定层次重大错报风险的评估结果呈反向变动关系，即评估的重大错报风险越高，可接受的检查风险越低；评估的重大错报风险越低，可接受的检查风险越高。

第四节　重要性

一、重要性的含义

知识点：重要性的含义

重要性是注册会计师从财务报表使用者的角度，对财务报表错报重大程度的判断。重要性概念可从下列方面进行理解：

（1）如果合理预期错报（包括漏报）单独或汇总起来可能影响财务报表使用者依据财务报表做出的经济决策，则通常认为错报是重大的。

（2）对重要性的判断是根据具体环境做出的，并受错报的金额或性质的影响，或受两者共同作用的影响。

（3）判断某事项对财务报表使用者是否重大，是在考虑财务报表使用者整体共同的财务信息需求的基础上做出的。由于不同财务报表使用者对财务信息的需求可能差异很大，因此不考虑错报对个别财务报表使用者可能产生的影响。

重要性在具体运用中使用“重要性水平”这一术语。重要性水平（materiality）是指用金额额度表示的会计信息错报的严重程度。

在审计开始时就必须对重大错报的规模和性质做出判断，包括确定财务报表整体的重要性和特定交易类别、账户余额和披露的重要性水平。注册会计师使用整体重要性水平（将财务报表作为整体）的目的有：①决定风险评估程序的性质、时间安排和范围；②识别和评估重大错报风险；③确定进一步审计程序的性质、时间安排和范围。在整个业务过程中，随着审计工作的进展，注册会计师应当根据所获得的新信息更新重要性。在形成审计结论阶段，要使用整体重要性水平和为了特定交易类别、账户余额和披露而确定的较低金额的重要性水平来评价已识别的错报对财务报表的影响和对审计报告中审计意见的影响。

二、重要性运用

知识点：重要性运用

重要性概念的运用贯穿于整个审计过程。在计划和执行审计工作时，注册会计师需要对重要性做出判断，以便为确定风险评估程序的性质、时间安排和范围，识别和评估重大错报风险以及确定进一步审计程序的性质、时间安排和范围提供基础。在评价识别出的错报对审计的影响，以及未更正错报对财务报表和审计意见的影响时，注册会计师需要运用重要性概念。

（一）计划审计阶段：可接受重要性水平及实际执行重要性水平的确定

在计划审计阶段，重要性被看作审计所允许的可能未被发现的错报或漏报的误差范围。注册会计师应当考虑导致财务报表发生重大错报的原因，并在了解被审计单位及其环境的基础上，确定一个可接受的重要性水平，即首先为财务报表层次确定重要性水平，以发现在金额上重大的错报。同时，注册会计师还应当评估各类交易、账户余额和披露认定层次的重要性，以便确定进一步审计程序的性质、时间安排和范围，将审计风险降至可接受的低水平。

注册会计师在确定计划的重要性水平时，需要考虑对被审计单位及其环境的了解、审计的目标、财务报表各项目的性质及其相互关系、财务报表项目的金额及其波动幅度。

1.可接受重要性水平的确定：以单项重大错报的影响为基础

（1）财务报表整体的重要性水平

注册会计师确定财务报表整体重要性水平的目的是：确定风险评估程序的性质、时间安排和范围；识别和评估重大错报风险；确定进一步审计程序的性质、时间安排和范围。

确定财务报表整体重要性水平需要运用职业判断。通常先选定一个恰当的基准，再乘以某一百分比作为财务报表整体的重要性水平。

在审计实务中，很多汇总性财务数据可以用作确定财务报表整体重要性水平的基准，如总资产、净资产、销售收入、费用总额、毛利、营业利润、净利润等。在选择基准时，需要考虑的因素包括：财务报表要素（如资产、负债、所有者权益、收入和费用）；是否存在特定会计主体的财务报表使用者特别关注的项目（如为了评价财务业绩，使用者可能更关注利润、收入或净资产）；被审计单位的性质、所处的生命周期阶段以及所处行业和经济环境；被审计单位的所有权结构和融资方式（例如，如果被审计单位仅通过债务而非权益进行融资，财务报表使用者可能更关注资产及资产的索偿权，而非被审计单位的收益）；基准的相对波动性。审计实务中较为常用的基准见表3-2。

表 3-2　　审计实务中较为常用的基准

被审计单位的情况	可能选择的基准
1.企业的盈利水平保持稳定	经常性业务的税前利润（营业利润）
2.企业近年来经营状况大幅度波动，盈利和亏损交替发生	过去三到五年经常性业务的税前利润或亏损绝对数的平均值
3.企业为新设企业，处于开办期，尚未开始经营，目前正在建造厂房及购买机器设备	总资产
4.企业处于新兴行业，目前侧重于抢占市场份额、扩大企业知名度和影响力	主营业务收入
5.为某开放式基金，致力于优化投资组合、提高基金净值、为基金持有人创造投资价值	净资产
6.为某国际企业集团设立在中国的研发中心，主要为集团下属各企业提供研发服务，并向相关企业收取成本	成本与营业费用总额
7.为公益性质的基金会	捐赠收入或捐赠支出总额

为选定的基准确定百分比需要运用职业判断。百分比和选定的基准之间存在一定的联系，如营业利润对应的百分比通常比销售收入对应的百分比要高。百分比无论是高一些还是低一些，只要符合具体情况，都是适当的。常用的基准可能选择的百分比见表 3-3。

表 3-3　　常用的基准可能选择的百分比

选择的基准	通常可能选择的百分比
经常性业务的税前利润（营业利润）	不超过 10%
主营业务收入	不超过 2%
总资产	不超过 2%
非营利机构：收入或费用总额	不超过 2%

（2）特定类别交易、账户余额或披露的重要性水平

根据被审计单位的特定情况，下列因素可能表明存在一个或多个特定类别的交易、账户余额或披露，其发生的错报金额虽然低于财务报表整体的重要性水平，但合理预期将影响财务报表使用者依据财务报表做出的经济决策：

①法律法规或适用的财务报告编制基础是否影响财务报表使用者对特定项目（如关联方交易、管理层和治理层的薪酬及对具有较高估计不确定性的公允价值会计估计的敏感性分析）计量或披露的预期；

②与被审计单位所处行业相关的关键性披露（如高新技术企业的研究与开发成本）；

③财务报表使用者是否特别关注财务报表中单独披露的业务的特定方面（如关于

分部或重大企业合并的披露）。

在根据被审计单位的特定情况考虑是否存在上述交易、账户余额或披露时，了解治理层和管理层的看法和预期通常是有用的。

由于财务报表提供的信息由各类交易、账户余额、披露认定层次的信息汇集加工而成，注册会计师只有通过对各类交易、账户余额、披露认定实施审计，才能得出财务报表是否公允反映的结论。因此，注册会计师还应当考虑各类交易、账户余额、披露的重要性水平。

各类交易、账户余额、披露的重要性水平称为“可容忍错报”。可容忍错报的确定以注册会计师对财务报表整体重要性水平的初步评估为基础。它是在不导致财务报表存在重大错报的情况下，注册会计师对各类交易、账户余额、披露确定的可接受的最大错报。

在确定各类交易、账户余额、披露的重要性水平时，注册会计师应当考虑以下主要因素：第一，各类交易、账户余额、披露的性质及错报的可能性；第二，各类交易、账户余额、披露的重要性水平与财务报表整体重要性水平的关系。

【例3-2】某注册会计师对ABC公司2022年的财务报表进行审计，确定资产负债表的重要性水平为14万元，利润表的重要性水平为20万元。ABC公司的总资产构成见表3-4。

表3-4　**ABC公司的总资产构成**　单位：万元

账户	金额
银行存款	20
应收账款	200
存货	600
固定资产	500
无形资产	80
总计	1 400

请回答：ABC公司2022年可接受的财务报表整体重要性水平是多少？如果按资产所占比例将财务报表整体重要性水平分配到各账户，有无缺陷？为什么？

【解析】

在制订计划时，注册会计师应使用被认为对任何一张财务报表都重要的最小的错报总体水平。所以应选择14万元作为财务报表整体重要性水平。

按资产所占比例将财务报表整体重要性水平分配到各账户存在缺陷。在确定各类交易、账户余额、披露的重要性水平时，注册会计师应当考虑以下主要因素：第一，各类交易、账户余额、披露的性质及错报的可能性；第二，各类交易、账户余额、披露的重要性水平与财务报表整体重要性水平的关系。

2.实际执行重要性水平的确定：以错报汇总数的影响为基础

仅为发现单项重大的错报而计划审计工作将忽视这样一个事实，即单项非重大错报的汇总数可能导致财务报表出现重大错报，更不用说还没有考虑可能存在的未发现错报。注册会计师应当确定实际执行的重要性水平，以评估重大错报风险并确定进一步审计程序的性质、时间安排和范围。

实际执行的重要性水平包括实际执行的财务报表整体重要性水平及实际执行的特定类别交易、账户余额或披露的重要性水平。

实际执行的财务报表整体重要性水平，指注册会计师确定的低于财务报表整体重要性水平的一个或多个金额，旨在将未更正和未发现错报的汇总数超过财务报表整体重要性水平的可能性降至适当的低水平。

实际执行的特定类别交易、账户余额或披露的重要性水平，指注册会计师确定的低于特定类别交易、账户余额或披露的重要性水平的一个或多个金额，旨在将这些交易、账户余额或披露中未更正与未发现错报的汇总数超过这些交易、账户余额或披露的重要性水平的可能性降至适当的低水平。

确定实际执行的重要性水平并非简单机械的计算，需要注册会计师运用职业判断，并考虑下列因素的影响：（1）对被审计单位的了解；（2）前期审计工作中识别出的错报的性质和范围；（3）根据前期识别出的错报对本期错报做出的预期。

实际执行的重要性水平通常为财务报表整体重要性水平的50%～75%。

通常在下列情况下，注册会计师可能考虑选择较低的百分比来确定实际执行的重要性水平：（1）连续审计项目，以前年度审计调整较多；（2）首次接受委托的审计项目；（3）项目总体风险较高，比如处于高风险行业，经常面临较大市场压力或管理能力欠缺；（4）存在或预期存在值得关注的内部控制缺陷。

通常在下列情况下，注册会计师可能考虑选择较高的百分比来确定实际执行的重要性水平：（1）连续审计项目，以前年度审计调整较少；（2）项目总体风险较低（如处于低风险行业，市场压力较小）；（3）以前期间的审计经验表明内部控制运行有效。

3.审计过程中对重要性水平的修改

由于存在下列原因，注册会计师可能需要修改财务报表层次和特定认定层次的重要性水平：（1）审计过程中发生重大变化（如被审计单位决定处置一个重要组成部分）；（2）获取了新信息；（3）通过实施进一步审计程序，对被审计单位及其经营的了解发生了重大变化（如在审计过程中发现，实际利润总额与计划阶段预期利润总额存在较大差异）。

如果注册会计师对重要性水平进行了修改并导致需要确定较低水平的重要性，则应重新考虑实际执行的重要性水平及进一步审计程序的性质、时间安排和范围的适当性，以获取充分、适当的审计证据，作为发表审计意见的基础。

（二）完成审计阶段：评价审计过程中识别的错报

在完成审计阶段，重要性被作为衡量审计所发现实际错报或漏报是否影响财务报表使用者判断或决策的标志。使用整体重要性水平和为了特定交易类别、账户余额及披露而确定的较低金额的重要性水平评价已识别的错报对财务报表的影响及对审计意见的影响。

1.错报的定义

错报，是指某一财务报表项目的金额、分类、列报或披露，与按照适用的财务报告编制基础应当列示的金额、分类、列报或披露之间存在的差异；或根据注册会计师的判断，为使财务报表在所有重大方面实现公允反映，需要对金额、分类、列报或披露做出的必要调整。

错报可能是由于错误或舞弊而导致的，具体包括：

（1）收集或处理用以编制财务报表的数据时出现错误；

（2）遗漏某项金额或披露；

（3）由于疏忽或明显误解有关事实导致做出不正确的会计估计；

（4）注册会计师认为管理层对会计估计做出不合理的判断或对会计政策做出不恰当的选择和运用。

2. 累计识别出的错报

注册会计师可能将低于某一金额的错报界定为明显微小的错报，对这类错报不需要累积，因为注册会计师认为这些错报的汇总数明显不会对财务报表产生重大影响。“明显微小”不等同于“不重大”。明显微小错报的金额的数量级非常小，无论单独或汇总起来，还是从规模、性质或其发生的环境来看都是明显微不足道的。

注册会计师需要在制定审计策略和审计计划时，确定一个明显微小错报的临界值，这个临界值可能被确定为财务报表整体重要性的3%~5%，也可能低一些或高一些，但通常不超过财务报表整体重要性的10%，除非注册会计师认为有必要单独为重分类错报确定一个更高的临界值。如果注册会计师不确定一个或多个错报是否明显微小，就不能认为这些错报是明显微小的。明显微小错报不需要累积，但其他错报是需要累积的。

为了帮助注册会计师评价审计过程中累积的错报的影响以及与管理层和治理层沟通错报事项，通常将错报区分为事实错报、判断错报和推断错报。

（1）事实错报

事实错报是毋庸置疑的错报。这类错报产生于被审计单位收集和处理数据的错误、对事实的忽略或误解，或故意舞弊行为。例如，注册会计师在审计测试中发现最近赊购存货的实际价值为15 000元，但账面记录的金额却为10 000元。因此，存货和应付账款分别被低估了5 000元，这里被低估的5 000元就是已识别的对事实的具体错报。

（2）判断错报

判断错报是注册会计师认为管理层对会计估计做出不合理的判断或不恰当地选择和运用会计政策而导致的差异。这类错报产生于两种情况：一是管理层和注册会计师对会计估计值的判断差异，例如，由于包含在财务报表中的管理层做出的估计值超出了注册会计师确定的合理范围而导致出现的判断差异；二是管理层和注册会计师对选择和运用会计政策的判断差异，例如，由于注册会计师认为管理层选用会计政策造成错报，管理层却认为选用会计政策适当而导致出现的判断差异。

知识点：重大错报风险

（3）推断错报

推断错报是注册会计师对不能明确、具体识别的其他错报的最佳估计数。推断错报通常包括：

CSA 1111 就审计业务约定条款达成一致意见

① 通过测试样本估计出的总体的错报减去在测试中发现的已经识别的具体错报。例如，应收账款年末余额为2 000万元，注册会计师抽查10%样本发现金额有100万元的高估，高估部分为账面金额的20%，据此注册会计师推断总体的错报金额为400万元

(2 000×20%)，那么上述100万元就是已识别的具体错报，其余300万元即推断错报。

② 通过实质性分析程序推断出的估计错报。例如，注册会计师根据客户的预算资料及行业趋势等要素，对客户年度销售费用独立做出估计，并与客户账面金额比较，发现两者间有50%的差异，考虑到估计的精确性有限，注册会计师根据经验认为10%的差异通常是可接受的，而剩余40%的差异需要有合理解释并取得佐证性证据；假定注册会计师对其中10%的差异无法得到解释或不能取得佐证，则该部分差异金额即为推断错报。

3. 未更正错报的评价

未更正错报，是指注册会计师在审计过程中累积的且被审计单位未予更正的错报。评价尚未更正错报汇总数的影响时，应区分以下情况处理：

（1）如果尚未更正错报汇总数低于重要性水平，注册会计师可以发表无保留意见的审计报告。

（2）如果尚未更正错报汇总数超过了重要性水平，对财务报表的影响可能是重大的，注册会计师应当考虑通过扩大审计程序的范围或要求管理层调整财务报表以降低审计风险。除非错报金额非常小且性质不严重，注册会计师都应当要求管理层就已识别的错报调整财务报表。如果管理层拒绝调整财务报表，并且扩大审计程序范围的结果不能使注册会计师认为尚未更正错报的汇总数不重大，注册会计师应当考虑出具非无保留意见的审计报告。

（3）如果已识别但尚未更正错报的汇总数接近重要性水平，注册会计师应当考虑该汇总数连同尚未发现的错报是否可能超过重要性水平，并考虑通过实施追加的审计程序或要求管理层调整财务报表以降低审计风险。

需要说明的是，注册会计师在评价未更正错报对财务报表的影响时，不仅要考虑错报金额的大小，还要考虑错报的性质以及错报发生的特定环境。

本章思维导图

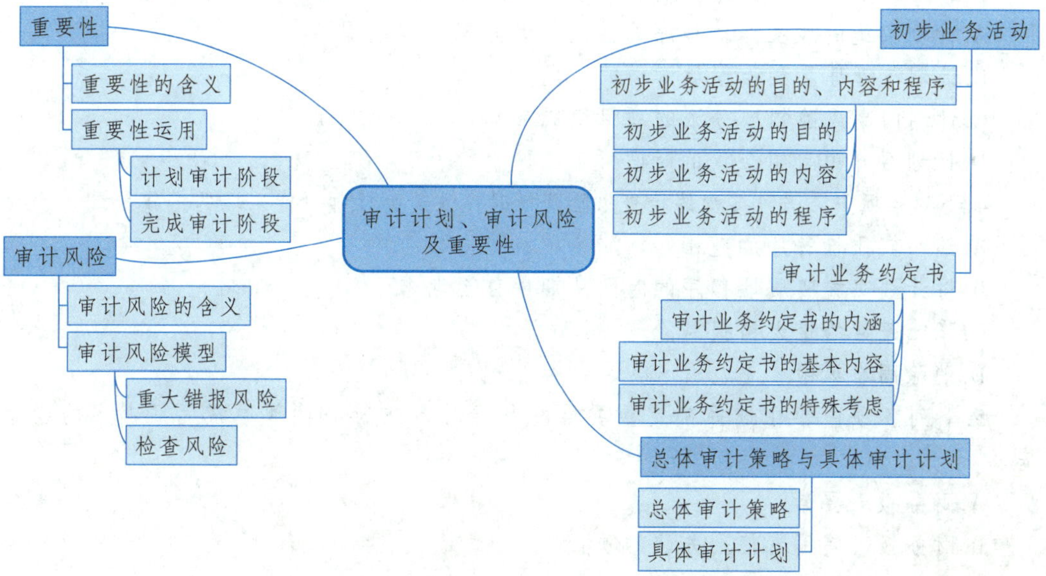

CSA 1111 应用指南

CSA 问题解答第8号 重要性及评价错报

CSA 1201 计划审计工作

CSA 1201 应用指南

CSA 1221 计划和执行审计工作时的重要性

CSA 1221 应用指南

CSA 1251 评价审计过程中识别出的错报

CSA 1251 应用指南

本章习题

一、思考题

1.简述初步业务活动的目的及内容。

2.制定总体审计策略时需要考虑哪些事项？

3.如何理解审计重要性？财务报表层次的重要性水平和认定层次的重要性水平如何确定？

4.尚未更正的错报包括哪些？尚未更正错报的汇总数对审计程序或审计意见有何影响？

5.扩大审计程序的范围、追加审计程序和替代审计程序之间有什么区别？

二、单项选择题

1.如果管理层或治理层在拟议的审计业务约定条款中对审计工作范围施加限制，并且这种限制将导致注册会计师无法对财务报表发表审计意见，注册会计师的正确做法是（　　）。

A.在实施审计程序后，出具无法表示意见的审计报告

B.在实施审计程序后，针对可审计部分出具审计报告

C.告知管理层，不能将该项业务作为审计业务承接

D.与管理层协商，将该项业务变更为简要财务报表审计业务

2.在制定总体审计策略时，下列各项交易、账户余额或披露的错报金额无论是否低于重要性水平，注册会计师通常认为会影响财务报表使用者经济决策的是（　　）。

A.被审计单位的存货

B.被审计单位的应收账款

C.被审计单位的所有者权益

D.被审计单位管理层和治理层的薪酬

3.下列各项中，在制订具体审计计划时，注册会计师应当考虑的内容是（　　）。

A.计划实施的风险评估程序的性质、时间安排和范围

B.计划与管理层和治理层沟通的日期

C.计划向高风险领域分派的项目组成员

D.计划召开项目组会议的时间

4.下列各项中，当可接受的检查风险降低时，注册会计师可能采取的措施是（　　）。

A.缩小实质性程序的范围

B.将计划实施实质性程序的时间从期中移至期末

C.降低评估的重大错报风险

D.消除固有风险

5.下列各项中，在选择确定重要性的基准时，注册会计师通常无须考虑的因素是（　　）。

A.财务报表要素

B.财务报表使用者特别关注的项目

C.被审计单位所处行业和经营环境

D.财务报表个别使用者对财务信息的特殊需求

三、多项选择题

1.下列各项中，属于注册会计师开展初步业务活动目的的有（　　）。

A.具备执行业务所需的独立性和能力

B.不存在因管理层诚信问题而可能影响注册会计师保持该项业务的意愿的事项

C.评价遵守职业道德要求的情况

D.确定重要性水平

2.下列各项中，关于总体审计策略中审计资源的规划和调配，表述正确的有（　　）。

A.向高风险领域分派有适当经验的项目组成员，就复杂的问题利用专家工作

B.增加重要存货存放地实施存货监盘的项目组成员的数量

C.确定在期中审计阶段还是在关键的截止日期调配资源

D.确定何时召开项目组预备会和总结会，项目负责人和经理如何进行复核，是否需要实施项目质量控制复核

3.下列各项中，属于具体审计计划内容的有（　　）。

A.计划的风险评估程序

B.审计范围、时间安排和方向

C.计划实施的进一步审计程序

D.计划实施的其他审计程序

4.下列各项中，关于重大错报风险，表述正确的有（　　）。

A.重大错报风险是指财务报表在审计后存在重大错报的可能性

B.重大错报风险包括财务报表层次和认定层次两个层次

C.财务报表层次的重大错报风险又可以进一步细分为固有风险和控制风险

D.审计风险模型中固有风险、控制风险、重大错报风险都是针对认定层次而言的

5.下列各项中，关于被审计单位的错报产生原因，表述正确的有（　　）。

A.被审计单位的错误或舞弊会导致错报

B.被审计单位收集或处理用以编制财务报表的数据时出现错误

C.由于疏忽或明显误解有关事实导致做出不正确的会计估计

D.注册会计师认为管理层对会计估计做出不合理的判断或对会计政策做出不恰当的选择和运用

四、案例分析题

甲会计师事务所承接了乙上市公司2022年度财务报表审计业务，该公司2022年度利润总额为150万元。甲会计师事务所在审计过程中，关于重要性水平确定和修订的工作底稿的内容如下：

（1）在确定重要性水平时，注册会计师既要根据具体环境对错报的金额进行判断，也要对错报的性质进行判断。同时，还要满足个别财务报表使用者对财务信息的特殊需求。

（2）财务报表使用者非常重视公司的盈利能力，虽然乙公司本年经营情况不稳

定，注册会计师还是决定将本年税前利润作为重要性水平的基准。

（3）在审计过程中，注册会计师发现一些应收账款金额高估的错报，由于每笔金额都接近并小于重要性水平，单独考虑影响不大，注册会计师认为无须提请乙公司调整，因此将这些错报视为明显微小错报。

（4）注册会计师将乙公司财务报表整体重要性水平确定为200万元，在审计过程中注册会计师发现营业收入被高估100万元，营业成本被低估80万元，由于每项错报都低于重要性水平，注册会计师没有将其认定为重大错报。

要求：针对上述四种情况，指出注册会计师做出的与重要性有关的决策或结论是否合理，简要说明理由。

学思践悟

一、目标

1.全面贯彻党的教育方针，落实立德树人根本任务，培养学生严格遵守注册会计师职业道德基本原则（良好的职业行为）的职业意识。

2.深刻理解注册会计师确定重要性水平时良好的职业行为的意义。

二、材料

重要性是注册会计师从财务报表使用者的角度，对财务报表错报重大程度的判断。对于注册会计师而言，明确审计重要性水平的数量标准可以方便其具体操作，但当对审计重要性水平的判断变成数量化的门槛，难免会导致其误用或者滥用，成为不正当处理会计的护身符。所以，注册会计师还应从性质上衡量审计重要性水平。有一些错报即使其金额是不重要的，但从性质来看可能是重要的。比如错报或者漏报涉及违反相关法律法规和公司规章制度、某一小额业务的超权限或不按规定处理，违法和违规说明管理层的诚信和可信度存在问题，而业务的超权限或越规办理往往说明业务的内部控制存在失效；相对于会计人员在非主观意愿中发生的金额错报或漏报，报表信息使用者更为关注企业在主观层面上的蓄意违规。因此，在审计实务中，注册会计师应当依据实际情况予以判断，如果该错报或漏报涉及违法或者舞弊、或影响收益趋势、或影响关键考核指标变动、或引起合同履约义务变动时，不管事件的金额大小，都必须将其视为重要的。

资料来源：冯弋洋，宋夏云.审计重要性的衡量标准和应用对策研究［J］.商业会计，2021（4）.

三、思考题

基于遵循职业道德基本原则的视角，分析注册会计师在运用审计重要性时为什么要从数量和性质两方面考虑？在审计的不同阶段应该如何应用重要性？

本章案例

联区金融集团租赁审计案例

本章案例

宇佳公司审计案例

重要知识点讲解

审计重要性的内涵、特征

重要知识点讲解

审计风险的内涵及构成

本章测评

单选题

本章测评

多选题

第四章

审计证据

学习目标：掌握审计证据搜集的方法；熟悉审计证据的内涵、特征；了解审计证据的整理与分析。

重　　点：审计证据的特征、种类；审计证据的搜集方法。

难　　点：审计证据的搜集方法。

第四章

视频预习

第一节　审计证据的内涵、特征及种类

一、审计证据的含义

音频：琼民源公司审计案例

审计证据，是指注册会计师为了得出审计结论和形成审计意见而使用的信息。审计证据包括构成财务报表基础的会计记录含有的信息和其他信息。

1.会计记录中含有的信息

会计记录主要包括原始凭证、记账凭证、总分类账、明细分类账、对财务报表予以调整但未在账簿中反映的其他分录；支持成本分配、计算、调节和披露的手工计算表和电子数据表。依据会计记录编制财务报表是被审计单位管理层的责任，注册会计师应当测试会计记录以获取审计证据。

知识点：审计证据的含义

2.其他信息

会计记录中含有的信息本身并不足以提供充分的审计证据作为对财务报表发表审计意见的基础，注册会计师还应当获取用作审计证据的其他信息。可用作审计证据的其他信息包括注册会计师从被审计单位内部或外部获取的会计记录以外的信息，如被审计单位会议记录、内部控制手册、询证函的回函、分析师的报告、与竞争者的比较数据等；通过询问、观察和检查等审计程序获取的信息，如通过检查存货获取的存货存在性的证据等；以及自身编制或获取的可以通过合理推断得出结论的信息，如注册会计师编制的各种计算表、分析表等。

财务报表依据的会计记录中包含的信息和其他信息共同构成了审计证据，两者缺一不可。如果没有前者，审计工作将无法进行；如果没有后者，可能无法识别重大错报风险。只有将两者结合在一起，才能将审计风险降至可接受的低水平，为注册会计师发表审计意见提供合理基础。

二、审计证据的特征

注册会计师应当保持职业怀疑态度，运用职业判断，评价所获取审计证据的充分性和适当性。

知识点：审计证据的特征

（一）审计证据的数量特征——充分性

审计证据的充分性是对审计证据数量的衡量，主要与注册会计师确定的样本量有关。

注册会计师需要获取的审计证据的数量受其对重大错报风险评估的影响（评估的重大错报风险越高，需要的审计证据就越多），并受审计证据质量的影响（审计证据质量越高，需要的审计证据可能越少）。

（二）审计证据的质量特征——适当性

审计证据的适当性，是对审计证据质量的衡量，即审计证据在支持审计意见所依据的结论方面具有的相关性和可靠性。

1.审计证据的相关性

相关性，是指用作审计证据的信息与审计程序的目的和所考虑的相关认定之间存在逻辑联系。

用作审计证据的信息的相关性可能受测试方向的影响。例如，如果某审计程序的目的是测试应付账款的计价是否存在高估，则测试已记录的应付账款可能是相关的审计程序；如果某审计程序的目的是测试应付账款的计价是否存在低估，则测试已记录的应付账款不是相关的审计程序，相关的审计程序可能是测试期后支出、未支付发票、供应商结算单以及发票未到的收货报告单等。

特定的审计程序可能只为某些认定提供相关的审计证据，而与其他认定无关。例如，检查期后应收账款收回的记录和文件可以提供有关存在和计价的审计证据，但未必提供与截止测试相关的审计证据。类似地，有关某一特定认定（如存货的存在认定）的审计证据，不能替代与其他认定（如该存货的准确性、计价和分摊认定）相关的审计证据。但另一方面，不同来源或不同性质的审计证据可能与同一认定相关。

2.审计证据的可靠性

审计证据的可靠性是指证据的可信程度。审计证据的可靠性受其来源和性质的影响，并取决于获取审计证据的具体环境。判断审计证据可靠性的一般原则包括：

（1）从被审计单位外部独立来源获取的审计证据比从其他来源获取的审计证据更可靠；

（2）相关控制有效时内部生成的审计证据比控制薄弱时内部生成的审计证据更可靠；

（3）直接获取的审计证据比间接获取或推论得出的审计证据更可靠；

（4）以文件记录形式（包括纸质、电子或其他介质）存在的审计证据比口头形式的审计证据更可靠；

（5）从原件获取的审计证据比从复印、传真或通过拍摄、数字化或其他方式转化成电子形式的文件获取的审计证据更可靠。

通常情况下，注册会计师以函证方式直接从被询证者处获取的审计证据，比被审计单位内部生成的审计证据更可靠。通过函证等方式从独立来源获取的相互印证的信息，可以提高注册会计师从会计记录或管理层书面声明中获取的审计证据的保证水平。

【例4-1】L注册会计师在对F公司2022年度财务报表进行审计时，收集到以下六组审计证据：

（1）收料单与购货发票；

（2）销货发票副本与产品出库单；

（3）领料单与材料成本计算表；

（4）工资计算单与工资发放单；

（5）存货盘点表与存货监盘记录；

（6）银行询证函回函与银行对账单。

要求：请分别说明每组审计证据中哪项审计证据较为可靠，并简要说明理由。

【解析】

（1）购货发票较为可靠。购货发票是注册会计师从被审计单位以外的单位获取的审计证据，比被审计单位提供的收料单更可靠。

（2）销货发票副本较为可靠。销货发票副本属于被审计单位在外部流转的证据，比仅在被审计单位内部流转的产品出库单更可靠。

（3）领料单较为可靠。材料成本计算表所依据的原始凭证是领料单，因此，领料单较材料成本计算表更可靠。

（4）工资发放单较为可靠。工资发放单上有受领人的签字，所以，工资发放单较工资计算单更可靠。

（5）存货监盘记录较为可靠。存货盘点表是被审计单位对存货盘点的记录，而存货监盘记录是注册会计师实施存货监盘程序的记录。所以，存货监盘记录较存货盘点表更可靠。

（6）银行询证函回函较为可靠。注册会计师直接获取的银行存款函证的回函较被审计单位提供的银行对账单更可靠。

（三）充分性和适当性之间的关系

充分性和适当性是审计证据的两个重要特征，两者缺一不可，只有充分且适当的审计证据才具有证明力。审计证据的适当性会影响审计证据的充分性。审计证据质量越高，需要的审计证据数量可能越少。

需要注意的是，尽管审计证据的充分性和适当性相关，但如果审计证据的质量存在缺陷，那么注册会计师仅靠获取更多的审计证据可能无法弥补其质量上的缺陷。

（四）评价充分性和适当性时的特殊考虑

（1）对文件记录可靠性的考虑。审计工作通常不涉及鉴定文件记录的真伪，注册会计师也不是鉴定文件记录真伪的专家，但应当考虑用作审计证据的信息的可靠性，并考虑与这些信息生成和维护相关控制的有效性。如果在审计过程中识别出的情况使其认为文件记录可能是伪造的，或文件记录中的某些条款已发生变动，注册会计师应当做出进一步调查，包括直接向第三方询证，或考虑利用专家的工作以评价文件记录的真伪。

（2）使用被审计单位生成信息时的考虑。注册会计师为获取可靠的审计证据，实施审计程序时使用的被审计单位生成的信息需要足够完整和准确。

（3）证据相互矛盾时的考虑。如果针对某项认定从不同来源获取的审计证据或获取的不同性质的审计证据能够相互印证，与该项认定相关的审计证据则具有更强的说服力。如果从不同来源获取的审计证据或获取的不同性质的审计证据不一致，表明某项审计证据可能不可靠，注册会计师应当追加必要的审计程序。

（4）获取审计证据时对成本的考虑。注册会计师可以考虑获取审计证据的成本与所获取信息的有用性之间的关系，但不应将获取审计证据的成本高低和难易程度作为减少不可替代的审计程序的理由。

三、审计证据的种类

审计证据按其存在形式可分为实物证据、书面证据、口头证据和环境证据。

1.实物证据

实物证据是指注册会计师通过检查有形资产或观察程序所获取的、用以证明有关实物资产是否存在的证据。实物证据对鉴证某项实物资产的存在认定的证明力最强，

知识点：审计证据的种类

效果最为显著。但实物证据并不能完全鉴证该项实物资产的计价认定及所有权认定。

2. 书面证据

书面证据是注册会计师获取的以书面资料为存在形式的审计证据。书面证据是注册会计师收集的数量最多、范围最广的一种证据，是注册会计师发表审计意见的基础。

3. 口头证据

口头证据是经注册会计师询问而由被审计单位有关人员或其他人员进行口头答复所形成的审计证据。注册会计师获取口头证据的目的主要有两个：其一，为了印证某一结果是否与注册会计师的判断相一致。其二，发掘一些新的重要审计线索，从而有利于对有关事项进行进一步调查取证。

4. 环境证据

环境证据是指影响被审计事项的各种环境事实。环境证据一般不属于基本证据，不能用于直接证实有关被审计事项，但它可以帮助注册会计师了解被审计事项所处的环境或发展的状况，为判断被审计事项和确证已收集其他证据的程度提供依据。环境证据包括：有关行业和宏观经济运行情况；有关内部控制情况；被审计单位管理人员的素质；各种管理条件和管理水平等。

第二节　审计证据的搜集、整理与分析

知识点：审计证据的搜集

一、审计证据的搜集

在审计过程中，审计人员可根据需要单独或综合运用以下审计程序，以获取充分、适当的审计证据。

1. 检查

检查，是指注册会计师对被审计单位内部或外部生成的，以纸质、电子或其他介质形式存在的记录和文件进行审查，或对资产进行实物审查。检查记录或文件可以提供可靠程度不同的审计证据，审计证据的可靠性取决于记录或文件的性质和来源。检查有形资产可为鉴证其存在认定提供可靠的审计证据，但不一定能够为鉴证权利和义务或计价等认定提供可靠的审计证据。

2. 观察

观察，是指注册会计师察看相关人员正在从事的活动或实施的程序。观察可以提供执行有关过程或程序的审计证据，但观察所提供的审计证据仅限于观察发生的时点，而且被观察人员的行为可能因被观察而受到影响，这也会使观察提供的审计证据受到限制。

3. 询问

询问，是指注册会计师以书面或口头方式，向被审计单位内部或外部的知情人员获取财务信息和非财务信息，并对答复进行评价的过程。知情人员对询问的答复可能为注册会计师提供尚未获悉的信息或佐证证据。同时，知情人员对询问的答复也可能提供与注册会计师已获取的其他信息存在重大差异的信息。在某些情况下，对询问的

答复为注册会计师修改审计程序或实施追加的审计程序提供了基础。

4.函证

知识点：函证

函证，是指注册会计师直接从第三方（被询证者）获取书面答复以作为审计证据的过程，书面答复可以采用纸质、电子或其他介质等形式。函证可以为某些认定提供审计证据，但是对不同的认定，函证的证明力是不同的。

注册会计师应当对银行存款（包括零余额账户和在本期内注销的账户），借款及与金融机构往来的其他重要信息实施函证程序，除非有充分证据表明某一银行存款、借款及与金融机构往来的其他重要信息对财务报表不重要且与之相关的重大错报风险很低。如果不对这些项目实施函证程序，注册会计师应当在审计工作底稿中说明理由。

注册会计师应当对应收账款实施函证程序，除非有充分证据表明应收账款对财务报表不重要，或函证很可能无效。如果认为函证很可能无效，注册会计师应当实施替代审计程序，以获取相关、可靠的审计证据。如果不对应收账款函证，注册会计师应当在审计工作底稿中说明理由。

5.重新计算

重新计算，是指注册会计师对记录或文件中的数据计算的准确性进行核对。重新计算可通过手工方式或电子方式进行。

6.重新执行

重新执行，是指注册会计师独立执行原本作为被审计单位内部控制组成部分的程序或控制。

7.分析程序

知识点：分析程序

分析程序，是指注册会计师通过分析不同财务数据之间以及财务数据与非财务数据之间的内在关系，对财务信息做出评价。分析程序还包括在必要时对识别出的、与其他相关信息不一致或与预期值差异重大的波动或关系进行调查。

二、审计证据的整理与分析

（一）审计证据整理与分析的原则

审计人员在对审计证据进行整理与分析的过程中，应遵循以下原则：

（1）关注审计证据的充分性和适当性。

（2）分清现象与本质。

（3）排除伪证。

（二）审计证据整理与分析的方法

1.分类和排序

一般对证据的分类是将各种审计证据按其证明力的强弱，或按与审计目标的关系是否直接等因素分门别类排列成序，也可以按照审计事项分类、按照审计证据与审计事项相关程度排序，从而使审计方案确定的审计事项脉络清楚、重点突出。

2.比较

知识点：审计证据的整理与分析

比较包括两方面的内容：一是将各种审计证据进行反复对比，从中分析出被审计单位财务状况或经营成果的变动趋势及特征；二是与审计目标进行对比，判断其是否符合要求、是否与审计目标相关。

3.取舍

取舍的标准包括两个方面：一是金额大小，对于涉及的违规事项金额较大、足以对被审计单位的财务状况或者经营成果的反映产生重大影响的证据，应当作为重要的审计证据在审计报告中反映；二是问题性质的严重程度，有的审计证据本身所揭露问题的金额也许并不很大，但这类问题的性质较为严重，它可能导致其他重要问题的产生或与其他可能存在的重要问题有关，这类审计证据也应作为重要的证据在审计报告中反映。当同一审计事项有不同形式和来源的审计证据时，应注意选取保留证明力较强的审计证据。

知识点：监盘

4.汇总和分析

汇总和分析即对审计证据在上述分类、比较和取舍的基础上，注册会计师通过审计工作底稿对其进行综合、汇总，去粗取精、去伪存真、填平补缺、相互印证，得出具有说服力的各个审计事项的结论。在此基础上，注册会计师对各类审计证据及其所形成的局部的审计结论进行综合分析，最终形成整体的审计结论。

CSA 1301 审计证据

CSA 1301 应用指南

CSA 1312 函证

CSA 1313 分析程序

CSA 问题解答第2号 函证

本章思维导图

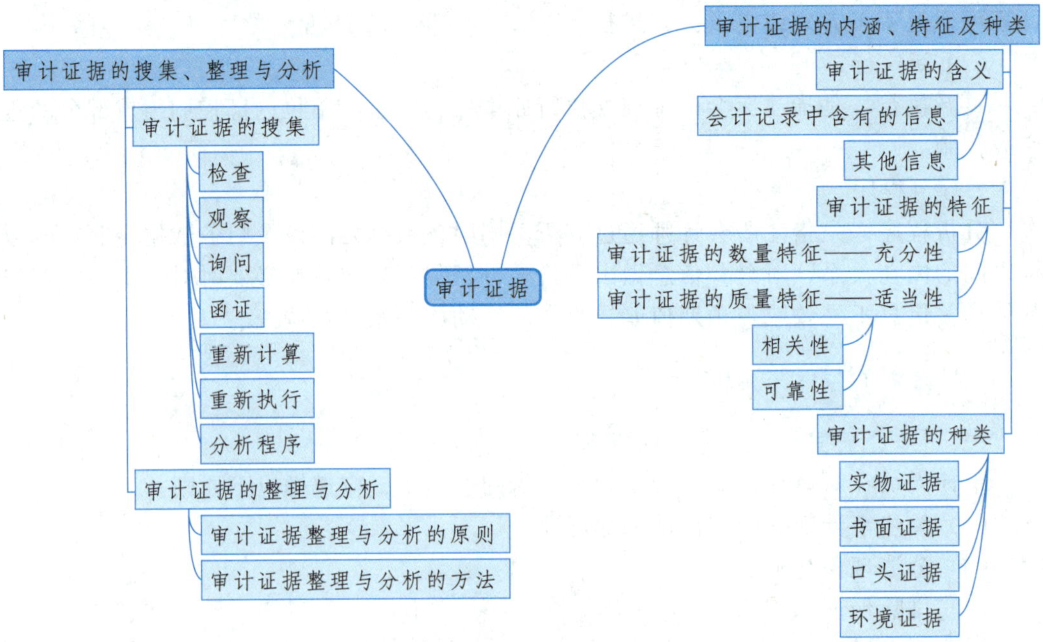

本章习题

一、思考题

1.什么是审计证据？审计证据有何特征？

2.如何理解审计证据的充分性？如何评价审计证据的可靠性？

3.什么是分析程序？实施分析程序的目的是什么？

4.什么是函证？函证的基本内容有哪些？

5.如何整理、分析审计证据？

二、单项选择题

1.下列各项中，注册会计师在确定审计证据的数量时表述错误的是（　　）。

A.错报风险越大，需要的审计证据可能越多

B.审计证据质量越高，需要的审计证据可能越少

C.审计证据的质量存在缺陷，可能无法通过获取更多的审计证据予以弥补

D.通过调高重要性水平，可以降低所需获取的审计证据的数量

2.下列各项中，注册会计师在确定审计证据的相关性时表述错误的是（　　）。

A.特定的审计程序可能只为某些认定提供相关的审计证据，而与其他认定无关

B.针对某项认定从不同来源获取的审计证据存在矛盾，表明审计证据不存在说服力

C.只与特定认定相关的审计证据并不能替代与其他认定相关的审计证据

D.针对同一项认定可以从不同来源获取审计证据或获取不同性质的审计证据

3.下列各项中，注册会计师在确定审计证据的可靠性时表述错误的是（　　）。

A.以电子形式存在的审计证据比口头形式的审计证据更可靠

B.从外部独立来源获取的审计证据比从其他来源获取的审计证据更可靠

C.从复印件获取的审计证据比从传真件获取的审计证据更可靠

D.直接获取的审计证据比推论得出的审计证据更可靠

4.下列各项中，注册会计师获取的审计证据可靠性最强的是（　　）。

A.被审计单位连续编号的采购订单

B.被审计单位编制的成本分配计算表

C.被审计单位提供的银行对账单

D.被审计单位管理层提供的声明书

5.下列各项中，为获取适当审计证据所实施的审计程序与审计目标最相关的是（　　）。

A.从被审计单位销售发票中选取样本，追查至对应的发货单，以确定销售的完整性

B.实地观察被审计单位固定资产，以确定固定资产的所有权

C.对已盘点的被审计单位存货进行检查，将检查结果与盘点记录相核对，以确定存货计价的正确性

D.复核被审计单位编制的银行存款余额调节表，以确定银行存款余额的正确性

三、多项选择题

1.下列各项中，关于审计证据中构成财务报表基础的会计记录所包含的信息和其他信息的表述正确的有（　　）。

A.会计记录中含有的信息本身足以提供充分的审计证据作为对财务报表发表审计意见的基础，注册会计师可以不获取用作审计证据的其他信息

B.构成财务报表基础的会计记录中所包含的信息和其他信息共同构成了审计证据

C.如果没有会计记录中含有的信息，审计工作将无法进行；如果没有其他信息，可能无法识别重大错报风险

D.如果没有其他信息，审计工作将无法进行；如果没有会计记录中含有的信息，可能无法识别重大错报风险

2.审计证据是否相关必须结合具体审计目标考虑。下列各项中，注册会计师的考

虑正确的有（　　）。

A.检查期后应收账款收回的记录和文件可以提供有关存在和准确性、计价和分摊的审计证据，但不一定与完整性相关

B.分析应收账款的账龄和应收账款的期后收款情况，以获取与坏账准备准确性、计价和分摊有关的审计证据

C.从销售发票副本中选取样本，并追查至与每张发票相应的发货单，由此所获得的证据与完整性目标相关

D.有关存货实物存在性的审计证据并不能替代与存货准确性、计价和分摊相关的审计证据

3.下列各项中，关于审计程序的相关表述正确的有（　　）。

A.检查可以用于检查记录和文件，也可用于对资产进行实物审查

B.检查记录或文件提供的审计证据的可靠程度取决于记录或文件的性质和来源

C.观察是指注册会计师查看相关人员正在从事的活动或实施的程序，也指查看记录和文件或者实物资产

D.注册会计师可以向被审计单位的管理层和治理层获取书面声明，以证实对口头询问的答复

4.下列各项中，关于函证内容表述正确的有（　　）。

A.函证银行存款余额仅仅是为了了解银行存款余额正确与否

B.对于零余额银行存款必须函证

C.对于本期内注销的银行存款账户必须函证

D.函证交易量大、交易频繁但余额较小的情形时可能发现银行存款或借款被隐瞒的事实

5.下列各项中，注册会计师通常认为适合运用分析程序的有（　　）。

A.存款利息收入　　B.借款利息支出　　C.营业外收入　　D.房屋租赁收入

四、案例分析题

甲注册会计师在对A公司2022年度财务报表进行审计时，发现该公司财务报表、期末账户余额及各类交易和事项可能存在下列导致重大错报的情形：

（1）已列入资产负债表“存货”项目的委托B公司代销的商品可能并不存在。

（2）期末存货的盘点可能存在较大的差错。

（3）当年应收账款所提的坏账准备可能不正确。

（4）可能存在未入账的应付账款。

（5）长期借款中可能有一部分资产负债表日后1年内将要到期。

（6）在销售交易中，可能将现销记录为赊销。

（7）在销售交易中（针对主营业务收入），发出商品的数量与账单上的数量可能不符。

（8）其他债权投资摊余成本的计算可能存在较大的差错。

要求：根据上述资料，回答下列问题。

（1）上述情形涉及管理层的哪些认定？

（2）为证实上述问题，注册会计师应当分别实施什么审计程序？这些审计程序分别可能获取何种审计证据？

学思践悟

一、目标

1. 全面贯彻党的教育方针，落实立德树人根本任务，培养学生严格遵守注册会计师职业道德基本原则（专业胜任能力和勤勉尽责）的职业意识。

2. 深刻理解注册会计师职业道德基本原则中专业胜任能力和勤勉尽责的意义及重要性。

二、材料

审计证据是审计的灵魂。审计学的开山鼻祖蒙哥马利曾经说过，收集和评价审计证据是审计的核心。《中华人民共和国证券法》第一百六十条规定："会计师事务所、律师事务所以及从事证券投资咨询、资产评估、资信评级、财务顾问、信息技术系统服务的证券服务机构，应当勤勉尽责、恪尽职守，按照相关业务规则为证券的交易及相关活动提供服务。"对注册会计师而言何谓勤勉尽责？核心就是保持应有的职业关注，具体包含三个方面：一是是否遵循中国注册会计师审计准则的规定，实施了必要的审计程序；二是如何辨识审计所获取证据的真伪和瑕疵；三是发表审计意见时，是否获得了恰当的、足够的证据支撑。显然，这三个方面都是以证据为核心的整体，体现了证据的来龙去脉。审计程序是获取审计证据的途径和方法，得到的审计证据需要进行整理分析和筛查辨识，发表审计意见是审计证据的运用，也就是审计结果的证明问题。概括起来，勤勉尽责就是分析注册会计师在审计证据获取、辨识与证明上的专业能力是否具备、职责是否到位。这也说明，注册会计师的取证能力、证据辨识能力以及证明能力是审计能力的重中之重，应当引起各方面的足够重视。

资料来源：白晓红.法律视角下审计证据短板与完善路径［J］.财会月刊，2021（23）.

三、思考题

基于注册会计师职业道德基本原则需要遵循的专业胜任能力要求，结合实际审计案例谈谈审计人员在搜集审计证据时如何做到恪尽职守。

本章案例
"琼民源"公司审计案例

本章案例
中国证券市场中的第一份拒绝表示意见的审计报告

重要知识点讲解
审计证据的含义及特征

本章测评
单选题

本章测评
多选题

第五章

审计工作底稿

学习目标： 掌握审计工作底稿的编撰；熟悉审计工作底稿的复核与归档；了解审计工作底稿的内涵、编制目的及编制要求。

重　　点： 审计工作底稿的编撰、复核及归档。

难　　点： 审计工作底稿的编撰。

第五章

视频预习

第一节　审计工作底稿的内涵、编制目的及编制要求

一、审计工作底稿的内涵

音频：审计工作底稿的编撰目的与责任

（一）审计工作底稿的含义

审计工作底稿是注册会计师对制订的审计计划、实施的审计程序、获取的相关审计证据，以及得出的审计结论做出的记录。审计工作底稿是审计证据的载体，是注册会计师在审计过程中形成的审计工作记录和获取的资料。它形成于审计过程，也反映整个审计过程。

（二）审计工作底稿存在的形式

知识点：审计工作底稿的内涵

审计工作底稿可以纸质、电子或其他介质形式存在。

无论审计工作底稿以哪种形式存在，会计师事务所都应当针对审计工作底稿设计和实施适当的控制，以实现下列目的：

（1）使审计工作清晰地显示其生成、修改及复核的时间和人员；

（2）在审计业务的所有阶段，尤其是在项目组成员共享信息或通过互联网将信息传递给其他人员时，保护信息的完整性和安全性。

（3）防止未经授权改动审计工作底稿。

（4）允许项目组和其他经授权的人员为适当履行职责而接触审计工作底稿。

为便于会计师事务所内部进行质量控制和外部执业质量检查或调查，以电子或其他介质形式存在的审计工作底稿，应与其他纸质形式的审计工作底稿一并归档，并应能通过打印等方式转换成纸质形式的审计工作底稿。

（三）审计工作底稿通常包括的内容

审计工作底稿通常包括总体审计策略、具体审计计划、分析表、问题备忘录、重大事项概要、询证函回函和声明、核对表、有关重大事项的往来函件（包括电子邮件）、被审计单位文件记录的摘要或复印件（如重大的或特定的合同和协议）、业务约定书、管理建议书、项目组内部或项目组与被审计单位举行的会议记录、与其他人士（如其他注册会计师、律师、专家等）的沟通文件及错报汇总表等。

二、审计工作底稿的编制目的

知识点：审计工作底稿的编制目的

注册会计师应当及时编制审计工作底稿，以实现下列目的：

（1）提供证据，作为注册会计师得出实现总体目标结论的基础；

（2）提供证据，证明注册会计师按照审计准则和相关法律法规的规定计划和执行了审计工作。

除上述目的外，编制审计工作底稿还可以实现下列目的：

（1）有助于项目组计划和执行审计工作；

（2）有助于负责督导的项目组成员按照《中国注册会计师审计准则第1121号——对财务报表审计实施的质量控制》的规定，履行指导、监督与复核审计工作的

责任；

（3）便于项目组说明其执行审计工作的情况；

（4）保留对未来审计工作持续产生重大影响的事项的记录；

（5）便于会计师事务所按照《会计师事务所质量管理准则第5101号——业务质量管理》的规定，实施质量控制复核与检查；

（6）便于监管机构和注册会计师协会根据相关法律法规或其他相关要求，对会计师事务所实施执业质量检查。

三、审计工作底稿的编制要求

知识点：审计工作底稿的编制要求

注册会计师编制的审计工作底稿，应当使未曾接触该项审计工作的有经验的专业人士（是指会计师事务所内部或外部具有审计实务经验，并且对审计过程、审计准则和相关法律法规的规定、被审计单位所处的经营环境、被审计单位所处行业相关的会计和审计问题有合理了解的人士）清楚地了解：

（1）按照审计准则和相关法律法规的规定实施的审计程序的性质、时间安排和范围；

（2）实施审计程序的结果和获取的审计证据；

（3）审计中遇到的重大事项和得出的结论，以及在得出结论时做出的重大职业判断。

第二节　审计工作底稿编撰、复核与归档

一、审计工作底稿的编撰

知识点：审计工作底稿的编撰

（一）审计工作底稿的基本内容（构成要素）

1.审计工作底稿的标题

每张底稿都应当包括被审计单位的名称、审计项目的名称以及资产负债表日或底稿覆盖的会计期间（如果与交易相关）。

2.审计过程记录

在记录审计的过程时，应当特别注意以下几个重点方面：

其一，在记录实施审计程序的性质、时间安排和范围时，注册会计师应当记录测试的具体项目或事项的识别特征。识别特征是指被测试的项目或事项表现出的征象或标志。识别特征因审计程序的性质和测试的项目或事项不同而不同。对某一个具体项目或事项而言，其识别特征通常具有唯一性，这种特性可以使其他人员根据识别特征在总体中识别该项目或事项并重新执行该测试。例如：（1）在对被审计单位生成的订购单进行细节测试时，注册会计师可以以订购单的日期和其唯一的编号作为测试订购单的识别特征。（2）对于需要选取或复核既定总体内一定金额以上的所有项目的程序，注册会计师可以记录实施程序的范围并指明该总体（如银行存款日记账中一定金额以上的所有会计分录）。（3）对于需要从文件记录的总体中进行系统选样的审计程

序，注册会计师可以通过记录样本的来源、抽样的起点及抽样间隔识别已选取的样本。例如，如果被审计单位对发运单顺序编号，测试发运单的识别特征可以是，对4月1日至9月30日的发运记录，从第12345号发运单开始每隔125号系统抽取发运单。(4) 对于需要询问被审计单位中特定人员的程序，注册会计师可以以询问的时间、被询问人的姓名和岗位名称作为识别特征。(5) 对于观察程序，注册会计师可以以观察的对象或观察过程、相关被观察人员及其各自的责任、观察的地点和时间作为识别特征。

其二，注册会计师应当记录与管理层、治理层和其他人员对重大事项的讨论，包括所讨论的重大事项的性质以及讨论的时间、地点和参加人员。重大事项通常包括：(1) 引起特别风险的事项。(2) 实施审计程序的结果表明财务报表可能存在重大错报的情形，或需要修正以前对重大错报风险的评估和针对这些风险拟采取的应对措施的情形。(3) 导致注册会计师难以实施必要审计程序的情形。(4) 可能导致在审计报告中发表非无保留意见或增加强调事项段的事项。注册会计师应当根据具体情况判断某一事项是否属于重大事项，同时应当考虑编制重大事项概要（重大事项的记录汇总）并将其作为审计工作底稿的组成部分，以有效地复核和检查审计工作底稿，评价重大事项的影响。

注册会计师在执行审计工作和评价审计结果时运用职业判断的程度，是决定记录重大事项的审计工作底稿的格式、内容和范围的一项重要因素。在审计工作底稿中对重大职业判断进行记录，能够解释注册会计师得出的结论并提高职业判断的质量。当涉及重大事项和重大职业判断时，注册会计师需要编制与运用职业判断相关的审计工作底稿。

其三，如果识别出的信息与针对某重大事项得出的最终结论不一致，注册会计师应当记录如何处理不一致的情况。

3. 审计结论

审计工作的每一部分都应包含与已实施审计程序的结果及其是否实现既定审计目标相关的结论，还应包括审计程序识别出的例外情况和重大事项如何得到解决的结论。注册会计师需要根据所实施的审计程序及获取的审计证据得出结论，并以此作为对财务报表发表审计意见的基础。

4. 审计标识及其说明

审计工作底稿中可使用各种审计标识，但应说明其含义，并保持前后一致，如：

Λ：纵加核对

<：横加核对

B：与上年结转数核对一致

T：与原始凭证核对一致

G：与总分类账核对一致

S：与明细账核对一致

T/B：与试算平衡表核对一致

C：已发询证函

C\：已收回询证函

5.索引号及编号

为保持清晰的钩稽关系，审计工作底稿需要注明索引号及顺序编号。为了汇总及便于交叉索引和复核，每个事务所都会制定特定的审计工作底稿归档流程。因此，每张表或记录都应有一个索引号，例如，A1，D6，等等，以说明其在审计工作底稿中的放置位置。

6.编制人员和复核人员及执行日期

为了明确责任，在各自完成与特定工作底稿相关的任务之后，编制者和复核者都应在工作底稿上签名并注明编制日期和复核日期。在需要项目质量控制复核的情况下，还需要注明项目质量控制复核人员及复核的日期。

（二）审计工作底稿编撰案例——以库存现金业务为例

1.确定库存现金审计目标

根据财务报表总体审计目标的要求，结合被审计单位管理层的认定，确定库存现金审计目标为：

（1）确定被审计单位资产负债表货币资金项目中的库存现金在资产负债表日是否确实存在。（鉴证存在认定）

（2）确定被审计单位所有应当记录的库存现金收支业务是否均已记录完毕，有无遗漏。（鉴证完整性认定）

（3）确定记录的库存现金是否为被审计单位所拥有或控制。（鉴证权利和义务认定）

（4）确定库存现金是否以恰当的金额包括在财务报表的货币资金项目中，与之相关的计价调整是否已恰当记录。（鉴证准确性、计价和分摊认定）

（5）确定库存现金是否已按照企业会计准则的规定在财务报表中做出恰当列报。（鉴证列报与披露相关的认定）

2.确定库存现金审计程序

根据库存现金审计目标，确定库存现金审计程序如下：

（1）核对库存现金日记账与总账的余额是否相符；

（2）会同被审计单位主管会计人员盘点库存现金，编制“库存现金盘点核对表”；

（3）抽查大额现金收支或存有疑点的现金收支的原始凭证；

（4）抽查资产负债表日前后若干天的大额现金收支凭证；

（5）如有外币，检查非记账本位币折合为记账本位币所采用的折算汇率是否正确；

（6）验明库存现金的披露是否恰当。

3.执行库存现金审计程序，编制相关审计工作底稿

（1）执行“核对库存现金日记账与总账的余额是否相符”的审计程序

A公司2022年库存现金期初余额为8 000元，本期借方发生额为150 000元，本期贷方发生额为149 000元，期末余额为9 000元，客户设置了库存现金日记账，具体数据见“库存现金明细余额表”（底稿见索引A1-2-1）。

向客户索取库存现金日记账，与总账金额进行核对，确定是否相符，并编制“库存现金明细余额表”（底稿见索引 A1-2-1）。

查验结果：核对一致，审计人员在库存现金明细余额表审计说明栏中打勾。

（2）执行“会同被审计单位主管会计人员盘点库存现金，编制‘库存现金盘点核对表’”的审计程序

在资产负债表日后（2023年2月15日）实施了现金盘点，在被审计单位主管会计人员陪同下，由出纳盘点了现金，审计人员在旁监盘，盘点结果如下：人民币100元60张、50元40张、20元30张、10元30张、5元20张，美元2张计200美元。将现金分不同的面额和数量填列在“库存现金盘点核对表”中（底稿见索引 A1-2-2）。

汇总了盘点日尚未入账的收入、支出原始单据及金额，将换算后的余额与现金盘点数进行核对。库存现金上一日账面余额为人民币10 000元、美元200美元，盘点日已收款未入账凭证2 000元，盘点日已付款未入账凭证1 000元。

汇总了资产负债表日至盘点日的收入、支出总额，将换算后的金额与资产负债表日库存现金日记账余额进行核对。报表日至盘点日现金付出总额为80 000元，报表日至盘点日现金收入总额为83 200元。报表日美元对人民币的汇率为6.0500。

发现问题：盘点实有现金数额与盘点日账面应有金额存在差异。经询问是职工的暂支差旅费（有一张暂支单保管在出纳处未入账）。

进一步追查、取证，并予以调整（底稿见索引 A1-2-2-1）。

（3）执行“抽查大额现金收支或存有疑点的现金收支的原始凭证”的审计程序

未见异常（底稿见索引 A1-2-3 至 A1-2-5）。

（4）执行“抽查资产负债表日前后若干天的大额现金收支凭证”的审计程序

未见异常（底稿见索引 A1-2-6）。

（5）执行“如有外币，检查非记账本位币折合为记账本位币所采用的折算汇率是否正确”的审计程序

发现问题：汇率折算有误。

审计人员予以调整（底稿见索引 A1-2-7）。

ABC会计师事务所有限责任公司

审计程序表

被审计单位：A公司　　审核员：××　日期：2023.2.15　索引号：A1-2

审查项目：库存现金　会计期间：2022.12.31　复核员：××　日期：2023.2.25　页次：

一、审计目标：

①确定被审计单位资产负债表货币资金项目中的库存现金在资产负债表日是否确实存在。②确定被审计单位所有应当记录的库存现金收支业务是否均已记录完毕，有无遗漏。③确定记录的库存现金是否为被审计单位所拥有或控制。④确定库存现金是否以恰当的金额包括在财务报表的货币资金项目中，与之相关的计价调整是否已恰当记录。⑤确定库存现金是否已按照企业会计准则的规定在财务报表中做出恰当列报。

二、审计程序：

序号	内　容	执行情况	索引号
1	核对库存现金日记账与总账的余额是否相符	执行	A1-2-1
2	会同被审计单位主管会计人员盘点库存现金，编制“库存现金盘点核对表”	执行	A1-2-2
3	抽查大额现金收支或存有疑点的现金收支的原始凭证	执行	A1-2-3至A1-2-5
4	抽查资产负债表日前后若干天的大额现金收支凭证	执行	A1-2-6
5	如有外币，检查非记账本位币折合为记账本位币所采用的折算汇率是否正确	执行	A1-2-7
6	验明现金的披露是否恰当	执行	见报表及其附注

三、调整事项说明及调整分录：（注：分录请写到二级科目，并注明底稿索引；如篇幅不够，请另加页附后）

详见现金调整分录汇总表（底稿索引A1-2-0）

四、余额：

期初余额		期末余额	
上年审定数（或未审数）	本期审定数	未审数	本期审定数
8 000	8 000	9 000	7 010

五、审计结论：

1.本科目经审计后无调整事项，余额可以确认：☐

2.本科目经审计调整后，审定数可以确认：☑ √

3.因　　　　原因，本科目余额不能确认：☐

库存现金明细余额表

索引号：A1-2-1

被审计单位：A公司　　　　2022年12月31日　　　　页次：

被审计单位提供				审计人员填写							
币种	日记账余额			T/F	查验索引	调整数		调整索引	审定数		
	原币金额	汇率	本位币金额			借	贷		原币金额	汇率	本位币金额
RMB			7 800		略		2 000	略			5 800
美元	200	6.0000	1 200		略	10		略	200	6.0500	1 210
合计			9 000			10	2 000				7 010

审计说明：总账与明细账核对一致（ √ ）　　不一致（　）

资料提供人：　　　审核人员：××　　日期：2023.2.15　复核员：××　日期：2023.2.25

库存现金盘点核对表

索引号：A1-2-2

被审计单位：A公司　　　　盘点日期：2023年2月15日　　　　页次：

检查核对记录						实有现金盘点记录						
项目		行次	人民币	美元	元	面额	人民币		美元		元	
上一日账面库存余额		1	10 000	200			数量	金额	数量	金额	数量	金额
盘点日未记账传票收入金额		2	2 000			1 000						
盘点日未记账传票支出金额		3	1 000			500						
盘点日账面应有金额		4=1+2-3	11 000			100	60	6 000	2	200		
盘点实有库存现金数额		5	9 000	200		50	40	2 000				
盘点日应有与实际金额差异		6=4-5	2 000			20	30	600				
差异原因分析	差异原因系××业务员暂借的差旅费					10	30	300				
						5	20	100				
						2						
						1						
						0.5						
						0.2						
追溯至报表日结存额	报表日至盘点日现金付出总额（+）	7	80 000			0.1						
						0.05						
	报表日至盘点日现金收入总额（-）	8	83 200			0.02						
						0.01						
	报表日库存现金应有余额	9=4+7-8	7 800	200		合计		9 000		200		
	报表日账面汇率			6.0500		情况说明及审计意见：见索引A1-2-2-1						
	报表日余额折合本位币金额			1 210								
本位币合计				9 010								

盘点人（出纳）：××　　　　主管会计：××　　　　监盘人：××　　　　复核员：××

ABC会计师事务所有限责任公司

审计程序表

被审计单位：A公司　　　　审核员：××　　日期：2023.2.15　　索引号：A1-2-2-1

审查项目：库存现金　　会计期间：2022.12.31　　复核员：××　　日期：2023.2.25　　页次：

盘点差异情况查验记录

盘点结果：A公司盘点实有现金数额与盘点日账面应有金额差异2 000元。

查验：经询问是职工的暂支差旅费（有一张暂支单保管在出纳处未入账）。

审计意见：应调整入账。

借：其他应收款——差旅暂借款——××　　　　2 000

　贷：库存现金　　　　2 000

审计结论：调整后与盘点数一致。

ABC会计师事务所有限责任公司

审计程序表

被审计单位：A公司　审核员：××　日期：2023.2.18　索引号：A1-2-3至A1-2-5

审查项目：库存现金　会计期间：2022.12.31　复核员：××　日期：2023.2.28　页次：

大额、异常现金收支的查验记录

测试1：

2022年10月30日　总号50凭证　支付佣金

借：销售费用——佣金　10 000

贷：库存现金　10 000

附件：内部审批单、自制的佣金计算清单、×××公司佣金收据（有税务局专用章）

注：（内部审批单由销售部提出申请、分管副总审核签字、总经理批准签字，符合授权审批制度）

√

测试2：

2022年12月5日　总号5凭证　出差人员暂借款

借：其他应收款——差旅暂借款——×××　8 000

贷：库存现金　8 000

附件：内部借款单（经办人、部门负责人、总经理签字）

注：（内部借款单由经办人提出申请、部门负责人和分管副总审核签字、总经理批准签字，符合授权审批制度）

√

测试3：

2022年12月22日　总号30凭证　临时工工资

借：应付职工薪酬　8 000

贷：库存现金　8 000

附件：部门自制临时工工资清单（人事部主管签字）、签收单

注：（工资清单由部门负责人和人事部负责人审核，分管副总签字批准，符合授权审批制度）

√

标识符说明："√"表示测试结果未见异常。

ABC会计师事务所有限责任公司

审计程序表

被审计单位：A公司　审核员：××　日期：2023.2.15　索引号：A1-2-6

审查项目：库存现金　会计期间：2022.12.31　复核员：××　日期：2023.2.25　页次：

截止日前后的大额现金收支凭证查验记录

测试1：对资产负债表日后10天的大额现金收支进行凭证测试

2023年1月5日　总号10　报销差旅费

借：管理费用——差旅费　12 000

贷：库存现金　12 000

附件：车票、飞机票、住宿费发票（发票日期均为2023年1月2日）

注：（内部审批单由经办人提出申请，部门负责人、行政部、财务部审核，分管副总签字批准，符合授权审批制度）

测试结果：截止期正确。

测试2：

2023年1月10日　总号20　购买办公用品

借：管理费用——办公费　2 560

贷：库存现金　2 560

附件：内部审批单、发票（内容注明为办公用品，发票日期为2023年1月6日）

注：（内部审批单由经办人提出申请，部门负责人、行政部、财务部审核，分管副总签字批准，符合授权审批制度）

测试结果：截止期正确。

ABC会计师事务所有限责任公司

审计程序表

被审计单位：A公司　　审核员：××　日期：2023.2.15　索引号：A1-2-7

审查项目：库存现金　会计期间：2022.12.31　复核员：××　日期：2023.2.25　页次：________

库存现金外币折算查验记录

查验：年末外币汇率折算的正确性

年末美元	200
年末折算汇率	6.0500
年末美元应折合人民币	1 210
年末账面美元折合人民币	1 200
差异	10

审计意见：应调整

审计调整分录：　借：库存现金——美元　10

　　贷：财务费用——汇兑收益　10

知识点：审计工作底稿的复核

二、审计工作底稿的复核

（一）项目组内部复核

1.复核人员

项目组成员实施的复核一般由项目组内经验较多的人员（包括项目合伙人）复核经验较少人员的工作，或应当由至少具备同等专业胜任能力的人员完成。

对一些较为复杂、审计风险较高的领域，例如，舞弊风险的评估与应对、重大会计估计及其他复杂的会计问题、审核会议记录和重大合同、关联方关系和交易、持续经营存在的问题等，需要指派经验丰富的项目组成员执行复核，必要时可以由项目合伙人执行复核。

2.复核范围

复核范围因审计规模、审计复杂程度以及工作安排的不同而存在显著差异。复核时应当考虑以下内容：

（1）是否已按照适用的法律法规和执业准则的规定执行工作；

（2）重大事项是否已提请进一步考虑；

（3）相关事项是否已进行适当咨询、由此形成的结论是否得到记录和执行；

（4）是否需要修改已执行工作的性质、时间安排和范围；

（5）已执行的工作是否支持形成的结论，并已得到适当记录；

（6）已获取的证据是否充分、适当，足以支持报告；

（7）业务程序的目标是否已经实现。

3.复核时间

审计项目复核贯穿审计全过程，随着审计工作的开展，复核人员在审计计划阶段、执行阶段和完成阶段及时复核相应的工作底稿。例如，在审计计划阶段复核记录审计策略和审计计划的工作底稿；在审计执行阶段复核记录控制测试和实质性程序的工作底稿；在审计完成阶段复核记录重大事项、审计调整及未更正错报的工作底稿等。

4.项目合伙人复核

根据审计准则的规定：项目合伙人应当对管理和实现审计项目的高质量承担总体责任。项目合伙人应当在审计过程中的适当时点复核审计工作底稿，包括与下列方面相关的工作底稿：

（1）重大事项。

（2）重大判断，包括与在审计中遇到的困难或有争议事项相关的判断，以及得出的结论。

（3）根据项目合伙人的职业判断，与项目合伙人的职责有关的其他事项。在审计报告日或审计报告日之前，项目合伙人应当通过复核审计工作底稿与项目组讨论，确信已获取充分、适当的审计证据，支持得出的结论和拟出具的审计报告。此外，项目合伙人应当在签署审计报告前复核财务报表、审计报告以及相关的审计工作底稿，包括对关键审计事项的描述（如适用），项目合伙人应当在与管理层、治理层或相关监管机构签署正式书面沟通文件之前对其进行复核。

对工作底稿实施的复核必须留下证据，一般由复核者在相关审计工作底稿上签名并注明日期。

（二）项目质量控制复核

为了保证特定业务执行的质量，除了需要项目组实施组内复核外，会计师事务所还应当制定政策和程序，要求对特定业务实施项目质量控制复核，以客观评价项目组做出的重大判断以及在编制报告时得出的结论，并在出具报告前完成项目质量控制复核。

项目质量控制复核，是指会计师事务所挑选不参与该业务的人员，在出具报告前，对项目组做出的重大判断和在准备报告时形成的结论做出客观评价的过程。

会计师事务所应当制定项目质量控制复核政策和程序，并对下列业务实施项目质量控制复核：

（1）对所有上市实体财务报表审计实施项目质量控制复核；

（2）法律法规要求实施项目质量控制复核的审计业务或其他业务；

（3）会计师事务所认为，为应对一项或多项质量风险有必要实施项目质量控制复核的审计业务或其他业务。

在对上市公司财务报表审计实施项目质量控制复核时，复核人员还应当考虑：

（1）对事务所独立性做出的评价；

（2）在审计过程中识别的特别风险（包括舞弊风险）以及采取的应对措施；

（3）做出的判断，尤其是关于重要性和特别风险的判断；

（4）是否已就存在的意见分歧、其他疑难问题或争议事项进行适当咨询，以及咨询得出的结论；

（5）在审计中识别的已更正和尚未更正的错报的重要程度及处理情况；

（6）拟与管理层、治理层以及其他方面沟通的事项；

（7）审计工作底稿是否反映了针对重大判断执行的工作，是否支持得出的结论；

（8）拟出具审计报告的适当性。

三、审计工作底稿的归档

知识点：审计工作底稿的归档

审计档案，是指一个或多个文件夹或其他存储介质，以实物或电子形式存储构成某项具体业务的审计工作底稿的记录。

1.审计工作底稿归档工作的性质

在审计报告日后将审计工作底稿归整为最终审计档案是一项事务性的工作，不涉及实施新的审计程序或得出新的结论。

如果在归档期间对审计工作底稿做出的变动属于事务性的，注册会计师可以做出变动，主要包括：

（1）删除或废弃被取代的审计工作底稿；

（2）对审计工作底稿进行分类、整理和交叉索引；

（3）对审计档案归整工作的完成核对表签字认可；

（4）记录在审计报告日前获取的、与项目组相关成员进行讨论并达成一致意见的审计证据。

2.审计工作底稿归档的期限

审计工作底稿的归档期限为审计报告日后60天内。如果注册会计师未能完成审计业务，审计工作底稿的归档期限为审计业务中止后的60天内。

3.审计工作底稿归档后的变动

在完成最终审计档案的归整工作后，注册会计师不应在规定的保存期限届满前删除或废弃任何性质的审计工作底稿。

注册会计师发现有必要修改现有审计工作底稿或增加新的审计工作底稿的情形主要有两种：第一，注册会计师已实施了必要的审计程序，取得了充分、适当的审计证据并得出了恰当的审计结论，但审计工作底稿的记录不够充分。第二，审计报告日后，发现例外情况要求注册会计师实施新的或追加审计程序，或导致注册会计师得出新的结论。例外情况主要是指审计报告日后发现与已审计财务信息相关，且在审计报告日前已经存在的事实，该事实如果被注册会计师在审计报告日前获知，可能影响审计报告。

在完成最终审计档案归整工作后，如果注册会计师发现有必要修改现有审计工作底稿或增加新的审计工作底稿，无论修改或增加的性质如何，注册会计师均应当记录：修改或增加审计工作底稿的理由；修改或增加审计工作底稿的时间和人员，以及复核的时间和人员。

4.审计工作底稿的保存期限

会计师事务所应当自审计报告日起，对审计工作底稿至少保存10年。如果注册会计师未能完成审计业务，会计师事务所应当自审计业务中止日起，对审计工作底稿至少保存10年。

本章思维导图

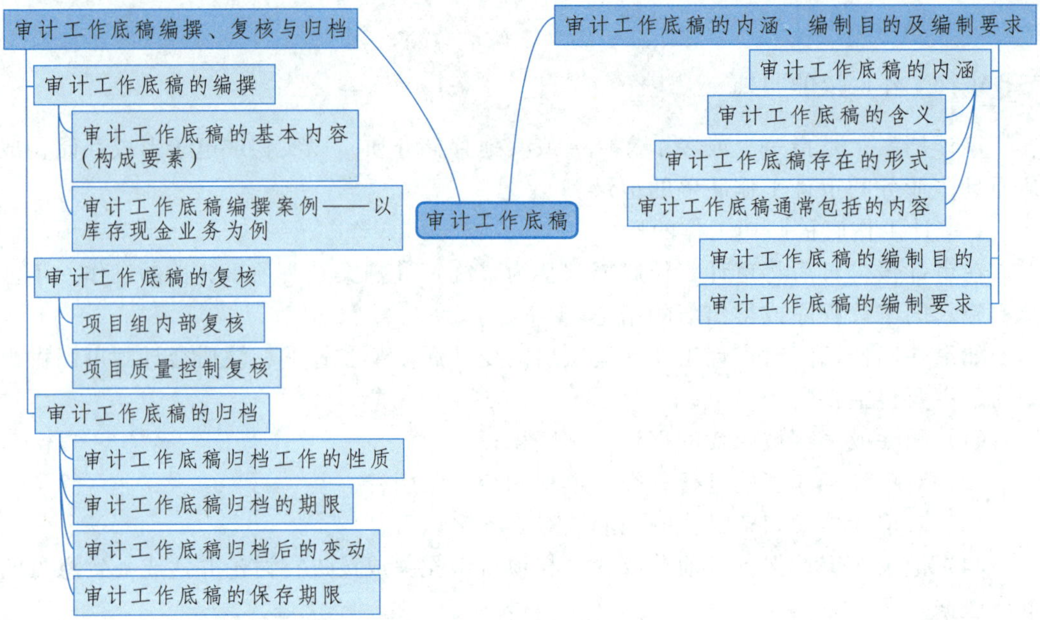

CSA1131 审计工作底稿

CSA 1131 应用指南

本章习题

一、思考题

1. 什么是审计工作底稿？
2. 简述审计工作底稿的编制目的。
3. 简述审计工作底稿的基本内容。
4. 如何对审计工作底稿进行复核？
5. 什么是审计档案？审计档案如何分类？

二、单项选择题

1. 下列各项中，关于审计工作底稿的存在形式及控制，表述正确的是（　　）。

A. 审计工作底稿只能以纸质形式存在，不能以电子或其他介质形式存在

B. 对于以电子或其他介质形式存在的工作底稿，可以销毁其纸质工作底稿

C. 审计工作底稿包括业务约定书、管理建议书、项目组内部或项目组与被审计单位举行的会议记录、与其他人士（如其他注册会计师、律师、专家等）的沟通文件及错报汇总表等

D. 审计工作底稿应当包括已被取代的审计工作底稿的草稿或财务报表的草稿、对不全面或初步思考的记录

2. 下列各项中，有关审计工作底稿归档期限的表述正确的是（　　）。

A. 如果完成审计业务，归档期限为审计报告日后60天内

B. 如果完成审计业务，归档期限为外勤审计工作结束日后60天内

C. 如果未能完成审计业务，归档期限为外勤审计工作中止日后30天内

D. 如果未能完成审计业务，归档期限为审计业务中止日后30天内

3.下列各项中，注册会计师在审计过程中形成的审计工作底稿的所有权应当属于（　　）。

A.被审计单位　　　　B.会计师事务所

C.关键合伙人　　　　D.责任方和预期使用者

4.B注册会计师对乙公司2022年度财务报表出具审计报告的日期为2023年2月15日，乙公司对外报出财务报表的日期为2023年2月20日。下列各项中，在完成审计档案的归整工作后，可以变动审计工作底稿的是（　　）。

A.2023年5月5日，乙公司发生火灾，烧毁一生产车间，导致生产全部停工

B.2023年5月10日，法院对乙公司涉讼的专利侵权案做出最终判决，乙公司赔偿原告2 000万元。2022年12月31日，该案件尚在审理过程中，由于无法合理估计赔偿金额，乙公司在2022年度财务报表中对这一事项作了充分披露，未确认预计负债

C.2023年5月15日，B注册会计师知悉乙公司2022年12月31日已存在的、可能导致修改审计报告的舞弊行为

D.2023年5月20日，乙公司收回一笔2021年已经注销的应收账款，金额为1 000万元

5.下列各项中，关于项目质量控制复核的表述不正确的是（　　）。

A.项目负责人的责任包括确定会计师事务所已委派项目质量控制复核人员

B.项目负责人要与项目质量控制复核人员讨论在审计过程中遇到的重大事项，包括项目质量控制复核中识别的重大事项

C.项目质量控制复核评价的事项包括了项目组做出的重大判断和项目组在准备审计报告时得出的结论

D.在项目质量控制复核完成前，能出具审计报告

三、多项选择题

1.注册会计师编制的审计工作底稿应当能使未曾接触该项审计工作的有经验的专业人士清楚地了解审计程序、审计证据和重大审计结论。下列各项中，有经验的专业人士应当具备的条件有（　　）。

A.了解相关法律法规和审计准则的规定

B.在会计师事务所长期从事审计工作

C.了解与被审计单位所处行业相关的会计和审计问题

D.了解注册会计师的审计过程

2.下列各项中，在编制审计工作底稿重大事项概要时，属于重大事项的有（　　）。

A.重大关联方交易

B.异常或超出正常经营过程的重大交易

C.导致注册会计师难以实施必要审计程序的情形

D.导致注册会计师出具非无保留意见审计报告的事项

3.下列各项中，注册会计师及时编制审计工作底稿的目的有（　　）。

A.提供充分、适当的记录，作为出具审计报告的基础

B.便于项目组说明其执行审计工作的情况

C.有助于项目组计划和实施审计工作

D.保留对未来审计工作持续产生重大影响的事项的记录

4.下列各项中，在归档期间对审计工作底稿进行的事务性变动主要有（　　）。

A.删除或废弃被取代的审计工作底稿

B.对审计工作底稿进行分类、整理和交叉索引

C.对审计档案归整工作的完成核对表签字认可

D.记录在审计报告日前获取的、与审计项目组相关成员进行讨论并取得一致意见的审计证据

5.下列各项中，在完成最终审计档案的归整工作后，如果发现有必要修改现有审计工作底稿或增加新的审计工作底稿，无论修改或增加的性质如何，注册会计师应当记录的事项有（　　）。

A.修改或增加审计工作底稿的时间

B.修改或增加审计工作底稿的具体理由

C.修改或增加审计工作底稿的人员

D.修改或增加审计工作底稿复核的时间和人员

四、案例分析题

ABC会计师事务所的A注册会计师负责对甲公司2021年度财务报表进行审计。2022年2月15日，A注册会计师完成审计业务，并于5月15日将审计工作底稿归整为最终审计档案。2022年5月20日，A注册会计师意识到甲公司存在舞弊行为，私下修改了部分审计工作底稿。2022年6月1日，甲公司财务舞弊案爆发，A注册会计师擅自销毁了甲公司审计工作底稿。

要求：根据审计工作底稿准则和会计师事务所质量控制准则，回答下列问题：

（1）简述A注册会计师在归整审计档案时是否存在问题，并简要说明理由。

（2）简述在归整审计档案后，A注册会计师私下修改审计工作底稿是否存在问题，并简要说明理由。

（3）简述ABC会计师事务所在保存审计工作底稿方面是否存在问题，简要说明理由，并简要说明ABC会计师事务所应当对审计工作底稿实施哪些控制程序。

本章案例
安然公司审计案例

本章案例
嘉禾公司审计工作底稿编撰案例

重要知识点讲解
审计工作底稿的内涵、编制目的及要求

本章测评
单选题

本章测评
多选题

第六章

风险评估

学习目标：掌握风险评估的概念及作用、风险评估的内容、内部控制的概念及要素；熟悉现代风险导向审计的基本原理。

重　　点：风险评估的内容；内部控制要素。

难　　点：内部控制要素。

第六章

视频预习

第一节 风险评估概述

一、风险评估的概念及作用

音频：银广夏公司财务舞弊案例

1.风险评估的概念

风险评估是以了解被审计单位及其环境为过程，以识别财务报表层次和认定层次重大错报风险、评估重大错报发生的可能性和后果严重程度为目的所实施的审计程序。

在风险导向审计模式下，注册会计师以重大错报风险的识别、评估和应对为审计工作的主线，最终将审计风险控制在可接受的低水平。

知识点：风险评估的概念及作用

2.风险评估的作用

《中国注册会计师审计准则第1211号——通过了解被审计单位及其环境识别和评估重大错报风险》作为专门规范风险评估的准则，规定注册会计师应当了解被审计单位及其环境，以充分识别和评估财务报表重大错报风险，为注册会计师在下列关键环节的职业判断中提供重要基础：

（1）评估重大错报风险；

（2）按照《中国注册会计师审计准则第1221号——计划和执行审计工作时的重要性》的规定确定重要性；

（3）考虑选择和运用会计政策的恰当性和财务报表披露的充分性；

（4）识别与财务报表中金额或披露相关的需要特别考虑的领域，如关联方交易、管理层对被审计单位持续经营能力的评估或考虑交易是否具有合理的商业目的；

（5）确定在实施分析程序时使用的预期值；

（6）应对评估的重大错报风险，包括设计和实施进一步审计程序以获取充分、适当的审计证据；

（7）评价已获取审计证据的充分性和适当性，如假设的适当性以及管理层口头声明和书面声明的适当性。

了解被审计单位及其环境是一个连续和动态地收集、更新与分析信息的过程，贯穿于整个审计过程的始终。注册会计师应当运用职业判断确定需要了解被审计单位及其环境的程度。

二、风险评估程序

知识点：风险评估程序

注册会计师了解被审计单位及其环境，目的是识别和评估财务报表重大错报风险。为了解被审计单位及其环境而实施的审计程序称为“风险评估程序”。

注册会计师可实施的风险评估程序有：

1.询问管理层和被审计单位内部其他人员

注册会计师可以考虑向管理层和财务负责人询问：管理层所关注的主要问题；被审计单位最近的财务状况、经营成果和现金流量；可能影响财务报告的交易和事项，或者目前发生的重大会计处理问题；被审计单位发生的其他重要变化。注册会计师也可以询问被审计单位内部其他不同层级人员以获取信息，或为识别重大错报风险提供不同的视角。例如：直接询问治理层，可能有助于注册会计师了解编制财务报表的环境；询问参与生成、处理或记录复杂或异常交易的员工，可能有助于注册会计师评价被审计单位选择和运用某项会计政策的恰当性；直接询问内部法律顾问，可能有助于注册会计师了解有关信息，如诉讼、遵守法律法规的情况、影响被审计单位的舞弊或舞弊嫌疑、产品保证、售后责任、与业务合作伙伴的安排（如合营企业）和合同条款的含义等；直接询问营销或销售人员，可能有助于注册会计师了解被审计单位营销策略的变化、销售趋势或与客户的合同安排；直接询问风险管理职能部门（或担任该角色的人员），可能有助于注册会计师了解可能影响财务报告的运营和监管风险；直接询问信息系统人员，可能有助于注册会计师了解系统变更、系统或控制失效情况，或与系统相关的其他风险。如果被审计单位设有内部审计，询问适当的内部审计人员可能有助于注册会计师了解被审计单位及其环境、识别和评估财务报表层次和认定层次的重大错报风险。

2.实施分析程序

分析程序是指注册会计师通过研究不同财务数据之间以及财务数据与非财务数据之间的内在关系，对财务信息做出评价。分析程序还包括调查识别出的、与其他相关信息不一致或与预期数据严重偏离的波动和关系。注册会计师实施分析程序有助于识别异常的交易或事项，以及对财务报表和审计产生影响的金额、比率和趋势。在实施分析程序时，注册会计师应当预期可能存在的合理关系，并与被审计单位记录的金额、依据记录金额计算的比率或趋势相比较；如果发现未预期到的关系，注册会计师应当在识别重大错报风险时考虑这些比较结果。注册会计师将分析程序用作风险评估程序，可能有助于识别未注意到的被审计单位的情况，并可能有助于评估重大错报风险，以为针对评估的风险设计和实施应对措施提供基础。注册会计师实施分析程序可以使用财务信息和非财务信息，如销售额与卖场的面积或已出售商品数量之间的关系。注册会计师实施分析程序可能有助于识别异常的交易或事项，以及对审计产生影响的金额、比率和趋势。识别出的异常或未预期到的关系可以帮助注册会计师识别重大错报风险，特别是由于舞弊导致的重大错报风险。

3.观察和检查

观察和检查程序可以印证对管理层和其他相关人员的询问结果，注册会计师应当观察被审计单位的经营活动；检查文件、记录和内部控制手册；阅读由管理层和治理层编制的报告；实地察看被审计单位的生产经营场所和厂房设备；追踪交易在财务报告信息系统中的处理过程（穿行测试）。

除了采用上述程序从被审计单位内部获取信息以外，如果根据职业判断认为从被审计单位外部获取的信息有助于识别重大错报风险，注册会计师应当实施其他审计程序以获取这些信息，如查阅从外部来源获取的信息，如贸易与经济方面的期刊，分析师、银行或评级机构的报告，法规或金融出版物等；询问被审计单位聘请的外部法律顾问或评估专家。

知识点：风险评估内容

三、风险评估内容

注册会计师应当从下列方面了解被审计单位及其环境：

（1）相关行业状况、法律环境和监管环境及其他外部因素；

（2）被审计单位的性质；

（3）被审计单位对会计政策的选择和运用；

（4）被审计单位的目标、战略以及可能导致重大错报风险的相关经营风险；

（5）对被审计单位财务业绩的衡量和评价；

（6）被审计单位的内部控制。

上述第（1）项是被审计单位的外部环境，第（2）、（3）、（4）项及第（6）项是被审计单位的内部因素，第（5）项则既有外部因素也有内部因素。

注册会计师针对上述六个方面实施的风险评估程序的性质、时间安排和范围取决于审计业务的具体情况。

知识点：了解被审计单位所处的行业状况、法律环境和监管环境及其他外部因素

第二节　了解被审计单位及其环境

一、了解被审计单位所处的行业状况、法律环境和监管环境及其他外部因素

1. 了解被审计单位所处的行业状况

了解行业状况有助于注册会计师识别与被审计单位所处行业有关的重大错报风险。

注册会计师应当了解的行业状况主要包括：所处行业的市场供求与竞争，包括市场需求、生产能力和价格竞争；生产经营的季节性和周期性；与被审计单位产品相关的生产技术；能源供应与成本；行业的关键指标和统计数据等。

2. 了解被审计单位所处的法律环境与监管环境

注册会计师应当了解的被审计单位的法律环境与监管环境主要包括：会计原则和行业特定惯例；受管制行业的法规框架，包括披露要求；对被审计单位经营活动产生重大影响的法律法规，包括直接的监管活动；税收政策（关于企业所得税和其他税种的政策）；目前对被审计单位开展经营活动产生影响的政府政策，如货币政策（包括外汇管制）、财政政策、财政刺激措施（如政府援助项目）、关税或贸易限制政策等；影响行业和被审计单位经营活动的环保要求。

3. 了解其他外部因素

注册会计师应当了解的其他外部因素主要包括总体经济情况、利率、融资的可获得性、通货膨胀水平或币值变动等。

注册会计师对行业状况、法律环境与监管环境以及其他外部因素了解的范围和程度会因被审计单位所处行业、规模以及其他因素（如在市场中的地位）的不同而不同。注册会计师应当考虑将了解的重点放在对被审计单位的经营活动可能产生重要影响的关键外部因素以及与前期相比发生的重大变化上。

二、了解被审计单位的性质

知识点：了解被审计单位的性质

了解被审计单位的性质使注册会计师能够了解如下事项：

1.被审计单位的组织结构是否复杂。例如，是否在多个地区拥有子公司或其他组成部分。复杂的组织结构通常产生可能导致重大错报风险的问题。这些问题可能包括对商誉、合营企业、投资或特殊目的实体的会计处理是否恰当，以及财务报表是否已对这些问题作了充分披露。

2.所有权结构，所有者与其他人员或实体之间的关系。了解这些方面有助于确定关联方交易是否已得到恰当识别和处理，并在财务报表中得到充分披露。

在了解被审计单位的性质时，注册会计师可能需要考虑的事项举例如下：

1.经营活动，例如：

（1）收入来源、产品或服务以及市场的性质（包括电子商务，如网上销售和营销活动）；

（2）业务的开展情况（如生产阶段与生产方法，易受环境风险影响的活动）；

（3）联盟、合营与外包情况；

（4）地区分布与行业细分；

（5）生产设施、仓库和办公室的地理位置，存货存放地点和数量；

（6）关键客户及货物和服务的重要供应商，劳动用工安排（包括是否存在工会合同、退休金和其他退休福利、股票期权或激励性奖金安排以及与劳动用工事项相关的政府法规）；

（7）研究与开发活动及其支出；

（8）关联方交易。

2.投资与投资活动，例如：

（1）计划实施或近期已实施的并购或资产处置；

（2）证券与贷款的投资和处置；

（3）资本性投资活动；

（4）对未纳入合并范围的实体的投资，包括合伙企业、合营企业和特殊目的实体。

3.筹资与筹资活动，例如：

（1）主要子公司和联营企业（无论是否处于合并范围内）；

（2）债务结构和相关条款，包括资产负债表外融资和租赁安排；

（3）实际受益方（实际受益方是国内的，还是国外的，其商业声誉和经验可能对被审计单位产生的影响）及关联方；

（4）衍生金融工具的使用。

4.财务报告实务，例如：

（1）会计政策和行业特定惯例，包括特定行业各类重要的交易、账户余额及财务报表相关披露（如银行业的贷款和投资、医药行业的研究与开发活动）；

（2）收入确认；

（3）公允价值会计核算；

（4）外币资产、负债与交易；

（5）异常或复杂交易（包括在有争议或新兴领域的交易）的会计处理（如对以股票为基准的薪酬的会计处理）。

知识点：了解被审计单位对会计政策的选择和应用

三、了解被审计单位对会计政策的选择和应用

注册会计师应当了解被审计单位对会计政策的选择和运用情况，具体包括：重大和异常交易的会计处理方法；在缺乏权威性标准或共识、有争议的或新兴领域采用重要会计政策产生的影响；会计政策的变更；新颁布的财务报告准则、法律法规，以及被审计单位何时采用、如何采用这些规定等。

知识点：了解被审计单位的目标、战略及相关经营风险

四、了解被审计单位的目标、战略及相关经营风险

目标是企业经营活动的指针。战略是管理层为实现经营目标采用的方法。经营风险是指可能对被审计单位实现目标和实施战略的能力产生不利影响的重要状况、事项、情况、作为（或不作为）而导致的风险，或由于制定不恰当的目标和战略而导致的风险。

经营风险与财务报表重大错报风险是既有联系又相互区别的两个概念。多数经营风险最终都会产生财务后果，从而影响财务报表，但并非所有经营风险都会导致重大错报风险。注册会计师了解被审计单位的经营风险有助于识别财务报表重大错报风险。

注册会计师应当了解被审计单位是否存在与下列方面有关的目标和战略，并考虑相应的经营风险：

（1）行业发展（潜在的相关经营风险可能是被审计单位不具备足以应对行业变化的人力资源和业务专长）；

（2）开发新产品或提供新服务（潜在的相关经营风险可能是被审计单位产品责任增加）；

（3）业务扩张（潜在的相关经营风险可能是被审计单位对市场需求的估计不准确）；

（4）新的会计要求（潜在的相关经营风险可能是被审计单位执行不当或不完整，或会计处理成本增加）；

（5）监管要求（潜在的相关经营风险可能是被审计单位法律责任增加）；

（6）本期及未来的融资条件（潜在的相关经营风险可能是被审计单位由于无法满足融资条件而失去融资机会）；

（7）信息技术的运用（潜在的相关经营风险可能是被审计单位信息系统与业务流程难以融合）；

（8）实施战略的影响，特别是由此产生的需要运用新的会计要求的影响（潜在的相关经营风险可能是被审计单位执行新要求不当或不完整）。

知识点：了解被审计单位财务业绩的衡量和评价

五、了解被审计单位财务业绩的衡量和评价

在了解被审计单位财务业绩的衡量和评价情况时，注册会计师应当关注：关键业

绩指标（财务或非财务的）、关键比率、趋势和经营统计数据；同期财务业绩比较分析；预算、预测、差异分析，分部信息与分部、部门或其他不同层次的业绩报告；员工业绩考核与激励性报酬政策；被审计单位与竞争对手的业绩比较等。

注册会计师应当关注被审计单位内部财务业绩衡量所显示的未预期到的结果或趋势、管理层的调查结果和纠正措施，以及相关信息是否显示财务报表可能存在重大错报。如果拟利用被审计单位内部信息系统生成的财务业绩衡量指标，注册会计师应当考虑相关信息是否可靠，以及利用这些信息是否足以实现审计目标。

需要强调的是，注册会计师了解被审计单位财务业绩的衡量与评价，是为了考虑管理层是否面临实现某些关键财务业绩指标的压力。此外，了解管理层认为重要的关键业绩指标，有助于注册会计师深入了解被审计单位的目标和战略。

六、了解被审计单位的内部控制

（一）内部控制概述

知识点：了解被审计单位的内部控制

1.内部控制的含义

内部控制是指由企业董事会、监事会、经理层和全体员工共同实施的，旨在合理保证企业经营管理合法合规、资产安全、财务报告及相关信息真实完整，提高经营效率和效果，促进企业实现发展战略的政策及程序。

内部控制的目标是合理保证：（1）财务报告的可靠性，这一目标与管理层履行财务报告编制责任密切相关；（2）经营的效率和效果，即经济有效地使用企业资源，以最优方式实现企业的目标；（3）遵守适用的法律法规的要求，即在法律法规框架下从事经营活动。

设计和实施内部控制的责任主体是治理层、管理层和其他人员，组织中的每一个人都对内部控制负有责任。

实现内部控制目标的手段是设计和执行控制政策及程序。

2.内部控制的基本要素

内部控制的基本要素包括：

（1）控制环境。控制环境是影响、制约企业内部控制建立与执行的各种内部因素的总称，是实施内部控制的基础。控制环境主要包括对诚信和道德价值观念的沟通与落实、对胜任能力的重视程度、治理层的参与程度、管理层的理念和经营风格、组织结构及职权与责任的分配、人力资源政策与实务等。

（2）风险评估。风险评估是及时识别、科学分析和评价影响企业内部控制目标实现的各种不确定因素并采取应对策略的过程，是实施内部控制的重要环节。风险评估主要包括目标设定、风险识别、风险分析和风险应对。

（3）信息与沟通。信息与沟通是及时、准确、完整地收集与企业经营管理相关的各种信息，并使这些信息以适当的方式在企业有关层级之间进行及时传递、有效沟通和正确应用的过程，是实施内部控制的重要条件。信息与沟通主要包括信息的收集机制及在企业内部、企业与外部之间的沟通机制等。

（4）控制活动。控制活动是根据风险评估结果、结合风险应对策略所采取的确保企业内部控制目标得以实现的方法和手段，是实施内部控制的具体方式。控制活动主要包括不相容职务分离控制、授权审批控制、会计系统控制、财产保护控制、预算控制、运营分析控制和绩效考评控制等。

（5）对控制的监督。监督是企业对其内部控制的健全性、合理性和有效性进行监督检查与评估，形成书面报告并做出相应处理的过程，是实施内部控制的重要保证。通常，管理层通过持续的监督活动、单独的评价活动或两者相结合实现对控制的监督。

3.内部控制的局限性

内部控制无论如何有效，都只能为被审计单位实现财务报告目标提供合理保证。内部控制实现目标的可能性受其固有限制的影响。这些限制包括：在决策时人为判断可能出现错误和因人为失误而导致内部控制失效；控制可能由于两个或更多的人员串通或管理层不当地凌驾于内部控制之上而被规避；被审计单位内部行使控制职能的人员素质不适应岗位要求；被审计单位实施内部控制成本效益的考虑；内部控制一般都是针对经常且重复发生的业务设置的，如果出现不经常发生或未预计到的业务，原有控制就可能不适用。另外，小型被审计单位拥有的员工通常较少，限制了其职责分离的程度。

（二）对被审计单位内部控制的了解

1.了解的深度

（1）与审计相关的内部控制

内部控制的目标旨在合理保证财务报告的可靠性、经营的效率和效果以及对法律法规的遵守。注册会计师审计的目标是对财务报表是否不存在重大错报发表审计意见，尽管执业准则要求注册会计师在财务报表审计中考虑与财务报表编制相关的内部控制，但目的并非对被审计单位内部控制的有效性发表意见。因此，注册会计师需要了解和评价的内部控制只是与财务报表审计相关的内部控制，而并非被审计单位所有的内部控制。

（2）对内部控制了解的深度

对内部控制了解的深度，是指在了解被审计单位及其环境时对内部控制了解的程度。

注册会计师在了解被审计单位内部控制时，应当通过实施询问被审计单位人员、观察特定控制的运用、检查文件和报告、追踪交易在财务报告信息系统的处理过程（穿行测试）等风险评估程序，获取有关控制设计和执行的审计证据，以评价控制的设计并确定其是否得到执行。除非存在某些可以使控制得到一贯运行的自动化控制，否则注册会计师对控制的了解不足以测试控制运行的有效性。

2.了解的内容

（1）了解被审计单位的控制环境

控制环境设定了被审计单位的内部控制基调，影响员工对内部控制的认识和态度。良好的控制环境是实施有效内部控制的基础。防止或发现并纠正舞弊和错误是被审计单位治理层和管理层的责任。在评价控制环境的设计和实施情况时，注册会计师应当了解管理层在治理层的监督下，是否营造并保持了诚实守信和合乎道德的文化，以及是否建立了防止或发现并纠正舞弊和错误的恰当控制。

注册会计师对被审计单位控制环境的了解主要包括：被审计单位诚信和道德价值观念的沟通与落实；被审计单位对胜任能力的重视情况；被审计单位治理层的参与程度；被审计单位管理层的理念和经营风格；被审计单位组织结构和职权与责任的分配；被审计单位人力资源政策与实务等。

注册会计师在了解和评估被审计单位诚信和道德价值观念的沟通与落实时，考虑的主要因素包括：被审计单位是否有书面的行为规范并向所有员工传达；被审计单位的企业文化是否强调诚信和道德价值观念的重要性；管理层是否身体力行，高级管理人员是否起表率作用；对违反有关政策和行为规范的情况，管理层是否采取适当的惩罚措施。

注册会计师在了解和评估被审计单位对胜任能力的重视情况时，考虑的主要因素包括：财会人员以及信息管理人员是否具备与被审计单位业务性质和复杂程度相称的足够的胜任能力和培训，在发生错误时，是否通过调整人员或系统来加以处理；管理层是否配备足够的财会人员以适应业务发展和有关方面的需要；财会人员是否具备理解和运用会计准则所需的技能。

注册会计师在了解和评估被审计单位治理层的参与程度时，考虑的主要因素包括：董事会是否建立了审计委员会或类似机构；董事会、审计委员会或类似机构是否与内部审计人员以及注册会计师有联系和沟通，联系和沟通的性质以及频率是否与被审计单位的规模和业务复杂程度相匹配；董事会、审计委员会或类似机构的成员是否具备适当的经验和资历；董事会、审计委员会或类似机构是否独立于管理层；审计委员会或类似机构会议的数量和时间是否与被审计单位的规模和业务复杂程度相匹配；董事会、审计委员会或类似机构是否充分地参与了监督编制财务报告的过程；董事会、审计委员会或类似机构是否对经营风险的监控有足够的关注，进而影响被审计单位和管理层的风险评估过程；董事会成员是否保持相对的稳定性。

注册会计师在了解和评估被审计单位管理层的理念和经营风格时，考虑的主要因素包括：管理层是否对内部控制，包括信息技术的控制，给予了适当的关注；管理层是否由一个或几个人所控制，董事会、审计委员会或类似机构对其是否实施了有效监督；管理层在承担和监控经营风险方面是风险偏好者还是风险规避者；管理层在选择会计政策和做出会计估计时是倾向于激进还是保守；管理层对于信息管理人员以及财会人员是否给予了适当关注；对于重大的内部控制和会计事项，管理层是否征询注册会计师的意见，或者经常在这些方面与注册会计师存在不同意见。

注册会计师在了解和评估被审计单位的组织结构和职权与责任的分配时，考虑的主要因素包括：在被审计单位内部是否有明确的职责划分，是否将业务授权、业务记录、资产保管和维护以及业务执行的责任尽可能地分离；数据处理和管理的职责划分是否合理；是否已针对授权交易建立适当的政策和程序。

注册会计师在了解和评估被审计单位人力资源政策与实务时，考虑的主要因素包括：被审计单位在招聘、培训、考核、咨询、晋升、薪酬、补救措施等方面是否都有适当的政策和实务（特别是在会计、财务和信息系统方面）；是否有书面的员工岗位职责手册，或者在没有书面文件的情况下，对于工作职责和期望是否做了适当的沟通和交流；人力资源政策与实务是否清晰，并且定期发布和更新；是否设定适当的程序，对分散在各地区和海外的经营人员建立和沟通人力资源政策与程序。

（2）了解被审计单位的风险评估

在评价被审计单位风险评估时，注册会计师应当确定管理层如何识别与财务报告相关的经营风险，如何估计该风险的重要性，如何评估风险发生的可能性，以及如何采取措施应对这些风险。

注册会计师在了解和评估被审计单位的风险评估过程时，考虑的主要因素包括：被审计单位是否已建立并沟通其整体目标，并辅以具体策略和业务流程层面的计划；被审计单位是否已建立风险评估过程，包括识别风险、估计风险的重大性、评估风险发生的可能性以及确定需要采取的应对措施；被审计单位是否已建立某种机制，识别和应对可能对被审计单位产生重大且普遍影响的变化；会计部门是否建立了某种流程，以识别会计准则的重大变化；当被审计单位业务操作发生变化并影响交易记录的流程时，是否存在沟通渠道以通知会计部门；风险管理部门是否建立了某种流程，以识别经营环境包括监管环境发生的重大变化。

（3）了解被审计单位的信息与沟通

与财务报告相关的信息系统，包括用以生成、记录、处理和报告交易、事项和情况，对相关资产、负债和所有者权益履行经营管理责任的程序和记录。与财务报告相关的信息系统通常包括下列职能：识别与记录所有的有效交易；及时、详细地描述交易，以便在财务报告中对交易做出恰当分类；恰当计量交易，以便在财务报告中对交易的金额做出准确记录；恰当确定交易生成的会计期间；在财务报表中恰当列报交易。

注册会计师应当了解与财务报告相关的信息系统，具体包括：在被审计单位经营过程中，对财务报表具有重大影响的各类交易；在信息技术和人工系统中，被审计单位的交易生成、记录、处理、必要的更正、结转至总账以及在财务报表中报告的程序；用以生成、记录、处理和报告（包括纠正不正确的信息以及信息如何结转至总账）交易的会计记录、支持性信息和财务报表中的特定账户；被审计单位的信息系统如何获取除交易以外的对财务报表重大的事项和情况；用于编制被审计单位财务报表（包括做出的重大会计估计和披露）的过程；与会计分录（包括用以记录非经常性的、异常的交易或调整的非标准会计分录）相关的控制。

与财务报告相关的沟通包括使员工了解各自在与财务报告有关的内部控制方面的角色和职责、员工之间的工作联系，以及向适当级别的管理层报告例外事项的方式。公开的沟通渠道有助于确保例外情况得到报告和处理。沟通可以采用政策手册、会计和财务报告手册及备忘录等形式进行，也可以通过发送电子邮件、口头沟通和管理层的行动来进行。

注册会计师应当了解被审计单位内部如何对财务报告的岗位职责以及与财务报告相关的重大事项进行沟通。注册会计师还应当了解管理层与治理层（特别是审计委员会）之间的沟通，以及被审计单位与外部（包括与监管部门）的沟通。具体包括：管理层就员工的职责和控制责任是否进行了有效沟通；针对可疑的不恰当事项和行为是否建立了沟通渠道；组织内部沟通的充分性是否能够使人员有效地履行职责；对于与客户、供应商、监管者和其他外部人士的沟通，管理层是否及时采取适当的进一步行动；被审计单位是否受到某些监管机构发布的监管要求的约束；外部人士如客户和供应商在多大程度上获知被审计单位的行为守则。

（4）了解被审计单位的控制活动

控制活动是指有助于确保管理层的指令得以执行的政策和程序，包括与授权、业绩评价、信息处理、实物控制和职责分离等相关的活动。

授权的目的在于保证交易在管理层授权范围内进行，包括一般授权和特别授权。一般授权是指管理层制定的要求组织内部遵守的普遍适用于某类交易或活动的政策。特别授权是指管理层针对特定类别的交易或活动逐一设置的授权，如重大资本支出和股票发行等。特别授权也可能用于超过一般授权限制的常规交易。例如，因某些特别原因，同意对某个不符合一般信用条件的客户赊销商品。

业绩评价主要包括被审计单位分析评价实际业绩与预算（或预测、前期业绩）的差异，综合分析财务数据与经营数据的内在关系，将内部数据与外部信息来源相比较，评价职能部门、分支机构或项目活动的业绩，以及对发现的异常差异或关系采取必要的调查与纠正措施。通过调查非预期的结果和非正常的趋势，管理层可以识别可能影响经营目标实现的情形。

信息处理包括信息技术的一般控制和应用控制。信息技术一般控制是指与多个应用系统有关的政策和程序，有助于保证信息系统持续恰当地运行（包括信息的完整性和数据的安全性），支持应用控制作用的有效发挥，通常包括数据中心和网络运行控制，系统软件的购置、修改及维护控制，接触或访问权限控制，应用系统的购置、开发及维护控制。信息技术应用控制是指主要在业务流程层面运行的人工或自动化程序，与用于生成、记录、处理、报告交易或其他财务数据的程序相关，通常包括检查数据计算的准确性，审核账户和试算平衡表，设置对输入数据和数字序号的自动检查，以及对例外报告进行人工干预。

实物控制主要包括对资产和记录采取适当的安全保护措施，对访问计算机程序和数据文件设置授权，以及定期盘点并将盘点记录与会计记录相核对等。

职责分离是指将交易授权、交易记录以及资产保管等职责分配给不同员工，以防范同一员工在履行多项职责时可能发生的舞弊或错误。

注册会计师在了解和评估被审计单位的控制活动中，考虑的主要因素包括：被审计单位的主要经营活动是否都有必要的控制政策和程序；管理层在预算、利润和其他财务及经营业绩方面是否都有清晰的目标，在被审计单位内部，是否对这些目标都加以清晰地记录和沟通，并且积极地对其进行监控；是否存在计划和报告系统，以识别与目标业绩的差异，并向适当层次的管理层报告该差异；是否由适当层次的管理层对差异进行调查，并及时采取适当的纠正措施；不同人员的职责应在何种程度上相分离，以降低舞弊和不当行为发生的风险；会计系统中的数据是否与实物资产定期核对；是否建立了适当的保护措施，以防止未经授权接触文件、记录和资产；是否存在信息安全职能部门负责监控信息安全政策和程序。

（5）了解被审计单位对控制的监督

监督是由适当的人员，在适当、及时的基础上，评估控制的设计和运行情况的过程。通常，管理层通过持续的监督活动、单独的评价活动或两者相结合实现对控制的监督。

注册会计师在了解和评估被审计单位对控制的监督时，考虑的主要因素包括：被审计单位是否定期评价内部控制；被审计单位人员在履行正常职责时，能够在多大程度上获得内部控制是否有效运行的证据；与外部的沟通能够在多大程度上证实内部产生的信息或者指出存在的问题；管理层是否采纳内部审计人员和注册会计师有关内部控制的建议；管理层是否及时纠正控制运行中的偏差；管理层是否根据监管机构的报告及建议及时采取纠正措施；是否存在协助管理层监督内部控制的职能部门（如内部审计部门）。

3.了解过程中考虑的因素：内部控制的人工和自动化特征及其影响

内部控制中采用的人工成分和自动化成分，将影响交易生成、记录、处理和报告的方式。

人工系统的控制可能包括对交易的批准和复核，编制调节表并对调节项目进行跟进。被审计单位也可能采用自动化程序生成、记录、处理和报告交易，在这种情况下以电子文档取代纸质文件。

信息技术系统中的控制是自动化控制（如嵌入计算机程序的控制）和人工控制的组合。人工控制可能独立于信息技术，可能利用信息技术生成的信息，或可能只限用于监督信息技术和自动化控制的有效运行或者处理例外事项。如果采用信息技术生成、记录、处理和报告交易和财务报表中包含的其他财务数据，系统和程序可能包括与财务报表重大账户认定相关的控制，或可能对依赖于信息技术的人工控制的有效运行非常关键。内部控制中人工成分和自动化成分的组合，因被审计单位使用信息技术的性质和复杂程度而异。

一般而言，信息技术对被审计单位内部控制的作用在于使被审计单位能够：在处理大量的交易或数据时，一贯运用事先确定的业务规则，并进行复杂运算；提高信息的及时性、可获得性及准确性；促进对信息的深入分析；提高对被审计单位的经营业绩及政策和程序执行情况进行监督的能力；降低控制被规避的风险；通过对应用程序系统、数据库系统和操作系统执行安全控制，提高不兼容职务分离的有效性。

信息技术也可能对被审计单位内部控制产生特定风险，这些风险包括：所依赖的系统或程序不能正确处理数据，或处理了不正确的数据，或两种情况并存；未经授权访问数据，可能导致数据的毁损或对数据不恰当的修改，包括记录未经授权或不存在的交易，或不正确地记录了交易。多个用户同时访问同一数据库可能会造成特定风险；信息技术人员可能获得超越其职责范围的数据访问权限，因此，破坏了系统应有的职责分工；未经授权改变主文档的数据；未经授权改变系统或程序；未能对系统或程序做出必要的修改；不恰当的人为干预；可能丢失数据或不能访问所需要的数据。

在处理下列需要主观判断或酌情处理的情形时，内部控制的人工成分可能更为适当：存在大额、异常或偶发的交易；存在难以界定、预计或预测的错误的情况；针对变化的情况，需要对现有的自动化控制进行人工干预；监督自动化控制的有效性。

内部控制中的人工成分可能比自动化成分的可靠性低，原因是人工成分可能更容易被规避、忽视或凌驾，以及更容易产生简单错误和失误。因此，不能假定人工控制能够一贯运用。人工控制在下列情形中可能是不适当的：存在大量或重复发生的交易，或者事先可预计或预测的错误能够通过自动化控制参数得以防止或发现并纠正；用特定方法实施控制的控制活动可得到适当设计和自动化处理。

知识点：内部控制

第三节 评估重大错报风险

一、重大错报风险的类别

知识点：重大错报风险的类别

（一）财务报表层次重大错报风险与认定层次重大错报风险

1.财务报表层次的重大错报风险

财务报表层次的重大错报风险与财务报表整体广泛相关，进而影响多项认定。财务报表层次的重大错报风险很可能源于薄弱的控制环境。薄弱的控制环境带来的风险可能对财务报表产生广泛影响，难以限于某类交易、账户余额和披露，注册会计师应当采取总体应对措施。

2.认定层次的重大错报风险

认定层次的重大错报风险与特定的某类交易、账户余额和披露的认定相关。例如，被审计单位存在复杂的联营或合资，这一事项表明长期股权投资账户的认定可能存在重大错报风险。又如，被审计单位存在重大的关联方交易，这一事项表明关联方及关联方交易的披露认定可能存在重大错报风险。

注册会计师应当考虑对识别的各类交易、账户余额和披露认定层次的重大错报风险予以汇总和评估，以确定进一步审计程序的性质、时间安排和范围。表6-1给出了评估认定层次的重大错报风险汇总。

表6-1 评估认定层次的重大错报风险汇总表

重大账户	认定	识别的重大错报风险	风险评估结果
列示重大账户	列示相关的认定	汇总实施审计程序识别出的与该重大账户的某项认定相关的重大错报风险	评估该项认定的重大错报风险水平

注：注册会计师也可以在该表中记录针对评估的认定层次重大错报风险而相应制订的审计方案。

以下是可能表明存在重大错报风险的情况和事项的示例。这些情况和事项涵盖范围广泛，然而，并非所有的情况和事项都与每项审计业务相关，下面所列情况和事项也不一定完整。

（1）在经济不稳定（如货币发生重大贬值或经济发生严重通货膨胀）的国家或地区开展业务；

（2）在高度波动的市场开展业务（如期货交易）；

（3）在高度复杂的监管环境中开展业务；

（4）持续经营和资产流动性出现问题，包括重要客户流失；
（5）获取资本或借款的能力受到限制；
（6）被审计单位经营所处的行业发生变化；
（7）供应链发生变化；
（8）开发新产品或提供新服务，或进入新的业务领域；
（9）开辟新的经营场所；
（10）被审计单位发生变化，如发生重大收购、重组或其他异常的事项；
（11）拟出售分支机构或业务分部；
（12）存在复杂的联营或合资企业；
（13）运用表外融资、特殊目的实体以及其他复杂的融资安排；
（14）从事重大的关联方交易；
（15）缺乏具备会计和财务报告技能的员工；
（16）关键人员变动（包括核心执行人员的离职）；
（17）内部控制存在缺陷，尤其是管理层未处理的内部控制缺陷；
（18）管理层和员工编制虚假财务报告的动机；
（19）信息技术战略与经营战略不协调；
（20）信息技术环境发生变化；
（21）安装新的与财务报告有关的重大信息技术系统；
（22）经营活动或财务业绩受到监管机构或政府机构的调查；
（23）以往发生的错报或错误，或者在本期期末出现重大会计调整；
（24）发生大额非常规或非系统性交易（包括公司间的交易和在期末发生大量收入的交易）；
（25）按照管理层特定意图记录的交易（如债务重组、资产出售和交易性债券的分类）；
（26）采用新的会计准则；
（27）涉及复杂过程的会计计量；
（28）涉及重大计量不确定性（包括会计估计）的事项或交易及相关披露；
（29）遗漏披露应包含的重大信息或信息晦涩难懂；
（30）存在未决诉讼和或有负债（如售后质量保证、财务担保和环境补救）。

（二）特别风险

特别风险，是指注册会计师识别和评估的、根据判断认为需要特别考虑的重大错报风险。

日常的、不复杂的、经正规处理的交易不太可能产生特别风险。特别风险通常与重大的非常规交易和判断事项有关。

非常规交易是指由于金额或性质异常而不经常发生的交易，如企业购并、债务重组、重大或有事项等。由于非常规交易具有下列特征，与重大非常规交易相关的特别风险可能导致更高的重大错报风险：（1）管理层更多地干预会计处理；（2）数据收集和处理进行更多的人工干预；（3）复杂的计算或会计处理方法；（4）非常规交易的性质可能使被审计单位难以对由此产生的特别风险实施有效控制。

判断事项通常包括做出的会计估计（具有计量的重大不确定性）。如资产减值准备金额的估计、需要运用复杂估值技术确定的公允价值计量等。由于下列原因，与重大判断事项相关的特别风险可能导致更高的重大错报风险：（1）对涉及会计估计、收入确认等方面的会计原则存在不同的理解；（2）所要求的判断可能是主观和复杂的，或需要对未来事项做出假设。

（三）仅通过实质性程序无法应对的重大错报风险

在被审计单位对日常交易采用高度自动化处理的情况下，审计证据可能仅以电子形式存在，其充分性和适当性通常取决于自动化信息系统相关控制的有效性，注册会计师应当考虑仅通过实施实质性程序不能获取充分、适当审计证据的可能性。

二、评估重大错报风险的审计程序

知识点：评估重大错报风险的审计程序

（1）在了解被审计单位及其环境（包括与风险相关的控制）的整个过程中，结合对财务报表中各类交易、账户余额和披露的考虑识别风险。例如：被审计单位因相关环境法规的实施需要更新设备，可能面临原有设备闲置或贬值的风险；宏观经济的低迷可能预示应收账款的回收存在问题；竞争者开发的新产品上市，可能导致被审计单位的主要产品在短期内过时，预示将可能出现存货的跌价和长期资产（如固定资产等）的减值。

（2）结合对拟测试的相关控制的考虑，将识别出的风险与认定层次可能发生错报的领域相联系。例如，销售困难使产品的市场价格下降，可能导致年末存货成本高于其可变现净值而需要计提存货跌价准备，这显示存货的准确性、计价和分摊认定可能发生错报。

（3）评估识别出的风险，并评价其是否更广泛地与财务报表整体相关，进而潜在地影响多项认定。

（4）考虑发生错报的可能性（包括发生多项错报的可能性），以及潜在错报的重大程度是否足以导致重大错报。

【例6-1】甲注册会计师负责对长江公司2022年度财务报表进行审计。在审计底稿中记录了所了解的长江公司的环境及相关情况，请逐项判断长江公司以下资料所述事项是否可能表明存在重大错报风险。如果认为存在重大错报风险，判断该风险属于财务报表层次还是认定层次。如果属于认定层次的风险，请指出所涉及的主要账户以及相关认定。假定每个事项独立存在且不考虑其他条件。

（1）长江公司主导产品A产品2022年和2021年销售数量、营业收入与营业成本见表6-2，该产品销售无明显淡旺季之分，市场需求稳定，原材料供应充足。

表6-2 A产品销售数量、营业收入与营业成本

未审数（2022年）			已审数（2021年）		
数量（件）	营业收入（万元）	营业成本（万元）	数量（件）	营业收入（万元）	营业成本（万元）
5 000	995 000	746 250	4 000	796 000	676 600

（2）2022年6月9日，长江公司购入某上市公司股票50万股，每股19元，长江公司将该股票划分为交易性金融资产。12月31日，该股票市场收盘价格为每股

11元。

（3）2020年动工的一栋管理用办公楼于2022年达到预定可使用状态，因种种原因该办公楼一直没有交付使用。

（4）因竞争者新产品开发上市，长江公司生产的C产品市场价格大幅下跌，毛利率为-7%。经了解，该产品占公司库存商品的1%，其销售收入所占比例很小。长江公司的其他产品销售毛利率为15%~25%。

（5）2022年年末因东南亚地区宏观经济持续低迷，长江公司在外的应收账款周转天数由原来的25天延长至90天。

（6）因2023年起将实施新的环境法规，长江公司因此面临更换原有设备的要求。

【解析】

答案见表6-3。

表6-3 评估重大错报风险

事项序号	是否可能表明存在重大错报风险	理由	重大错报风险类型	涉及的主要账户及相关认定
（1）	是	A产品2021年的销售毛利率为15%，在市场需求稳定、原材料供应充足的情况下，2022年的销售毛利率上升为25%，这种异常的增长说明长江公司可能存在高估收入、低估成本的重大错报风险	认定层次	营业收入（发生） 营业成本（完整性） 应收账款（存在） 存货（存在）
（2）	是	交易性金融资产应采用公允价值计量，资产负债表日，市场价格大幅下跌，存在没有及时调整公允价值变动损益的可能	认定层次	交易性金融资产（准确性、计价和分摊） 公允价值变动损益（完整性）
（3）	是	已经达到预定可使用状态但尚未办理竣工决算的固定资产，应当按照估计价值确定其成本，并计提折旧。因长江公司的该项固定资产一直没有交付使用，所以可能存在没有将在建工程转入固定资产以及漏提折旧的可能	认定层次	固定资产（完整性，准确性、计价和分摊） 在建工程（存在） 管理费用（完整性）
（4）	否	虽然产品市场价格大幅下降，导致毛利率为负，但因为该产品所占比重较小，且其他产品毛利率较高，所以存货发生重大跌价的风险较小		
（5）	是	宏观经济低迷，应收账款周转天数延长，预示坏账可能增加，所以该公司的坏账准备计提存在重大错报风险	认定层次	应收账款（准确性、计价和分摊） 资产减值损失（完整性）
（6）	是	新的环境法规的实施，导致长江公司面临原有设备闲置或贬值的风险，可能存在少计提固定资产减值损失的风险	认定层次	固定资产（准确性、计价和分摊） 资产减值损失（完整性）

本章思维导图

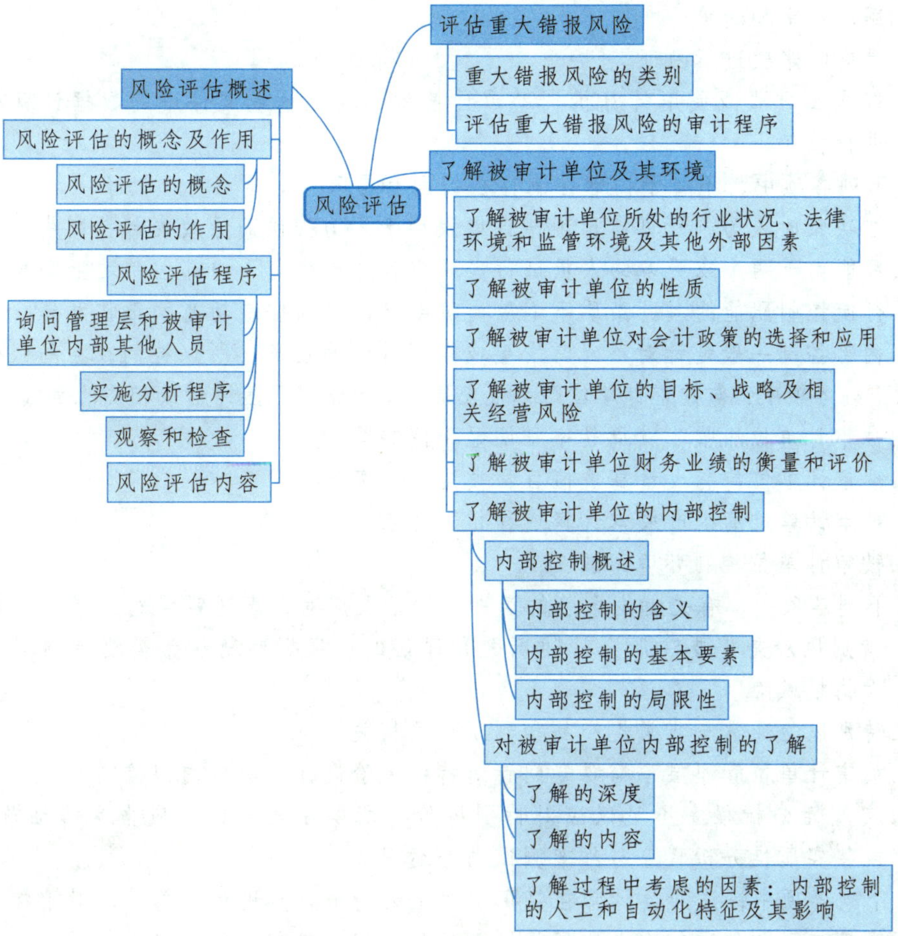

CSA 1211 通过了解被审计单位及其环境识别和评估重大错报风险

CSA 1211 应用指南

本章习题

一、思考题

1. 什么是风险评估？风险评估程序有哪些？

2. 什么是内部控制？内部控制要实现什么目标？内部控制有哪些要素？如何理解内部控制的局限性？

3. 什么是控制环境？注册会计师如何了解控制环境？什么是控制活动？注册会计师如何了解控制活动？

4. 什么是穿行测试？举例说明如何实施穿行测试。

5. 什么是重大错报风险？评估重大错报风险有哪些审计程序？什么是特别风险？确定特别风险时应考虑哪些事项？

二、单项选择题

1. 下列各项中，属于注册会计师在对被审计单位进行风险评估时可以采用的审计程序的是（　　）。

A.将财务报表与其所依据的会计记录相核对

B.实施分析程序以识别异常的交易或事项，以及对财务报表和审计产生影响的金额、比率和趋势

C.对应收账款进行函证

D.以人工方式或使用计算机辅助审计技术，对记录或文件中的数据计算准确性进行核对

2.下列各项中，不属于内部控制存在的固有局限性的是（　　）。

A.在决策时人为判断可能出现错误以及由于人为失误而导致内部控制失效

B.可能由于两个或更多的人员进行串通或管理层凌驾于内部控制之上而被规避

C.行使控制职能的人员素质不适应岗位要求，影响控制功能的正常发挥

D.内部控制一般是针对不经常发生或未预计到的业务，所以控制存在局限性

3.下列各项中，与被审计单位财务报表层次重大错报风险评估最相关的是（　　）。

A.被审计单位应收账款周转率呈明显下降趋势

B.被审计单位持有大量高价值且易被盗窃的资产

C.被审计单位的生产成本计算过程相当复杂

D.被审计单位控制环境薄弱

4.下列各项中，有关特别风险的识别、评估及应对，表述错误的是（　　）。

A.特别风险是需要注册会计师识别和评估的、根据判断认为需要特别考虑的重大错报风险

B.特别风险通常与非常规交易和判断事项相关

C.被审计单位管理层不需要专门针对特别风险设计和实施内部控制

D.实质性分析程序不足以应对特别风险，所以注册会计师应当实施细节测试，或将实质性分析程序与细节测试结合运用

5.下列各项中，注册会计师在将识别的重大错报风险进行汇总时，对于在日常交易采用高度自动化处理的企业中所识别的风险，应将其列入的是（　　）。

A.财务报表层次重大错报风险

B.认定层次重大错报风险

C.特别风险

D.仅通过实质性程序无法应对的重大错报风险

三、多项选择题

1.下列各项中，属于注册会计师执行穿行测试可以实现的目的的有（　　）。

A.确认对业务流程的了解

B.识别可能发生错报的环节

C.评价控制设计的有效性

D.确定控制是否得到执行

2.下列各项中，在了解被审计单位及其环境时，注册会计师可能实施的风险评估程序有（　　）。

A.询问被审计单位管理层和内部其他人员

B.实地查看被审计单位生产经营场所和设备

C.检查文件、记录和内部控制手册

D.重新执行内部控制

3.下列各项中，在识别和评估重大错报风险时，注册会计师可能实施的审计程序有（　　）。

A.识别被审计单位的所有经营风险

B.考虑识别的错报风险导致财务报表发生重大错报的可能性

C.考虑识别的错报风险是否重大

D.将识别的错报风险与认定层次可能发生错报的领域相联系

4.下列各项中，在应对仅通过实质性程序无法应对的重大错报风险时，注册会计师应当考虑的主要因素有（　　）。

A.被审计单位是否针对这些风险设计了控制

B.相关控制是否可以信赖

C.相关交易是否采用高度自动化的处理

D.会计政策是否发生变更

5.下列各项中，在对内部控制进行初步评价并进行风险评估后，注册会计师通常需要在审计工作底稿中形成结论的有（　　）。

A.控制本身的设计是否合理

B.控制是否得到执行

C.是否信赖控制并实施控制测试

D.是否实施实质性程序

四、案例分析题

Y公司为主要从事高科技电子产品生产和销售的上市公司。W注册会计师负责审计Y公司2022年度财务报告。W注册会计师在审计工作底稿中记录了所了解的Y公司情况及其环境，部分内容摘录如下：

（1）在2021年实现销售收入增长10%的基础上，Y公司董事会确定的2022年销售收入增长目标为20%。Y公司管理层实行年薪制，总体薪酬水平根据上述目标的完成情况上下浮动。Y公司所处行业2022年的平均销售增长率是15%。

（2）Y公司财务总监已经在Y公司工作超过8年，于2022年10月劳动合同到期后被Y公司竞争对手高薪聘请。由于工作压力大，Y公司会计部门人员流动频繁，除了会计主管服务期超过4年外，其余人员的平均服务期少于2年。

（3）2022年年初，Y公司启用新的财务信息系统，并计划同时使用原系统6个月。由于同时运行两个系统的工作量很大，Y公司相关部门人员无法应对，2个月后，Y公司决定提前停用原系统。

（4）Y公司于2022年7月发现在2021年6月购入的无形资产（管理用）没有记录，由于涉及金额1 000万元，所以在管理层审批前先进行了会计调整，管理层于2022年12月予以批准。

（5）2022年年末，Y公司所在地政府环境管理部门根据收到的群众投诉和调查结果，可能对Y公司做出停业整顿1年的处理。

要求：假定不考虑其他条件，逐项指出所列事项是否可能表明存在重大错报风险。如果认为存在，简要说明理由，并分别说明该风险属于财务报表层次还是认定层次。如果认为属于认定层次，指出相关事项主要与哪些财务报表项目的哪些认定相关。

本章案例
银广夏会计造假案

重要知识点讲解
风险评估的内涵、作用及程序

本章测评
单选题

本章测评
多选题

第七章

风险应对

学习目标： 掌握控制测试及实质性程序的内涵、方法；熟悉现代风险导向审计的基本原理；熟悉总体应对措施。

重　　点： 控制测试及实质性程序。

难　　点： 控制测试及实质性程序。

第七章

视频预习

第一节　风险应对概述

一、风险应对的概念

知识点：风险应对的概念

风险应对是指注册会计师针对评估的财务报表层次重大错报风险确定总体应对措施，针对评估的认定层次重大错报风险设计和实施进一步审计程序，以将审计风险降至可接受的低水平。

《中国注册会计师审计准则第1101号——注册会计师的总体目标和审计工作的基本要求》明确注册会计师在审计过程中贯彻风险导向审计的理念，围绕重大错报风险的识别、评估和应对，计划和实施审计工作。《中国注册会计师审计准则第1211号——通过了解被审计单位及其环境识别和评估重大错报风险》规范了注册会计师通过实施风险评估程序，识别和评估财务报表层次以及各类交易、账户余额和披露认定层次的重大错报风险。《中国注册会计师审计准则第1231号——针对评估的重大错报风险实施的程序》规范了注册会计师应当针对评估的重大错报风险确定总体应对措施，设计和实施进一步审计程序。

二、风险应对的措施

注册会计师应当针对评估的重大错报风险实施审计程序，即针对评估的财务报表层次重大错报风险确定总体应对措施、针对评估的认定层次重大错报风险设计和实施进一步审计程序，以将审计风险降至可接受的低水平。

第二节　针对财务报表层次重大错报风险的总体应对措施

一、总体应对措施的内容

知识点：总体应对措施的内容

注册会计师应当针对评估的财务报表层次重大错报风险确定下列总体应对措施：

（1）向项目组强调保持职业怀疑的必要性。

（2）指派更有经验或具有特殊技能的审计人员，或利用专家的工作。由于各行业在经营业务、经营风险、财务报告、法规要求等方面具有特殊性，审计人员的专业分工细化成为一种趋势。审计项目组成员中应有一定比例的人员曾经参与过被审计单位以前年度的审计，或具有被审计单位所处特定行业的相关审计经验。必要时，要考虑利用信息技术、税务、评估、精算等方面的专家的工作。

（3）提供更多的督导。对于财务报表层次重大错报风险较高的审计项目，审计项目组的高级别成员，如项目合伙人、项目经理等经验较丰富的人员，要对其他成员提供更详细、更经常、更及时的指导和监督并加强项目质量复核。

（4）在选择拟实施的进一步审计程序时融入更多的不可预见的因素。被审计单位人员，尤其是管理层，如果熟悉注册会计师的审计套路，就可能采取种种规避手段，掩盖财务报告中的舞弊行为。因此，在设计拟实施审计程序的性质、时间安排和范围时，为了避免既定思维对审计方案的限制，避免对审计效果的人为干涉，从而使得针对重大错报风险的进一步审计程序更加有效，注册会计师要考虑使某些程序不被被审计单位管理层预见或事先了解。

在审计实务中，注册会计师可以通过以下方式提高审计程序的不可预见性：

（1）对某些以前未测试的低于设定的重要性水平或风险较小的账户余额和认定实施实质性程序。注册会计师可以关注以前未曾关注过的审计领域，尽管这些领域可能重要程度比较低。如果这些领域有可能被用于掩盖舞弊行为，注册会计师就要针对这些领域实施一些具有不可预见性的测试。

（2）调整实施审计程序的时间，使其超出被审计单位的预期。例如，如果注册会计师在以前年度的大多数审计工作都围绕着12月或在年底前后进行，那么被审计单位就会了解注册会计师这一审计习惯，由此可能会把一些不适当的会计调整放在年度的9月、10月或11月等，以避免引起注册会计师的注意。因此，注册会计师可以考虑调整实施审计程序时测试项目的时间，从测试12月的项目调整到测试9月、10月或11月的项目。

（3）采取不同的审计抽样方法，使当年抽取的测试样本与以前有所不同。

（4）选取不同的地点实施审计程序，或预先不告知被审计单位所选定的测试地点。例如，在存货监盘程序中，注册会计师可以到未事先通知被审计单位的盘点现场进行监盘，使被审计单位没有机会事先清理现场，隐藏一些不想让注册会计师知道的情况。

表7-1为审计程序不可预见性示例。

表7-1 审计程序不可预见性示例

审计领域	一些可能适用的具有不可预见性的审计程序
存货	向以前审计过程中接触不多的被审计单位员工询问，例如，采购、销售、生产人员等
	在不事先通知被审计单位的情况下，选择一些以前未曾到过的盘点地点进行存货监盘
销售和应收账款	向以前审计过程中接触不多或未曾接触过的被审计单位员工询问，例如，负责处理大客户账户的销售人员
	改变实施实质性分析程序的对象，例如，对收入按细类进行分析
	针对销售和销售退回延长截止测试期间
	实施以前未曾考虑过的审计程序，例如： ①函证确认销售条款或者选定销售额较不重要、以前未曾关注过的销售交易，例如，对出口销售实施实质性程序； ②实施更细致的分析程序，例如，使用计算机辅助审计技术复核销售及客户账户； ③测试以前未曾函证过的账户余额，例如，金额为负或是零的账户，或者余额低于以前设定的重要性水平的账户； ④改变函证日期，即把所函证账户的截止日期提前或者推迟； ⑤对关联公司销售和相关账户余额，除了进行函证外，再实施其他审计程序进行验证

续表

审计领域	一些可能适用的具有不可预见性的审计程序
采购和应付账款	如果以前未曾对应付账款余额普遍进行函证，可考虑直接向供应商函证确认余额。如果经常采用函证方式，可考虑改变函证的范围或者时间
	对以前由于低于设定的重要性水平而未曾测试过的采购项目，进行细节测试
	使用计算机辅助审计技术审阅采购和付款账户，以发现一些特殊项目，例如，是否有不同的供应商使用相同的银行账户
现金和银行存款	多选几个月的银行存款余额调节表进行测试
	对有大量银行账户的，考虑改变抽样方法
固定资产	对以前由于低于设定的重要性水平而未曾测试过的固定资产进行测试，例如，考虑实地盘查一些价值较低的固定资产，如汽车和其他设备等
集团审计项目	修改组成部分审计工作的范围或者区域（如增加某些不重要的组成部分的审计工作量，或实地去组成部分开展审计工作）

（5）对拟实施审计程序的性质、时间安排或范围做出总体修改。财务报表层次的重大错报风险很可能源于薄弱的控制环境。薄弱的控制环境带来的风险可能对财务报表产生广泛影响，难以限于某类交易、账户余额和披露，注册会计师应当采取总体应对措施。相应地，注册会计师对控制环境的了解也影响其对财务报表层次重大错报风险的评估。有效的控制环境可以使注册会计师增强对内部控制和被审计单位内部产生的证据的信赖程度。如果控制环境存在缺陷，注册会计师在对拟实施审计程序的性质、时间安排和范围做出总体修改时应当考虑以下内容：

① 在期末而非期中实施更多的审计程序。控制环境的缺陷通常会削弱期中获得的审计证据的可信赖程度。

② 通过实施实质性程序获取更广泛的审计证据。良好的控制环境是其他控制要素发挥作用的基础。控制环境存在缺陷通常会削弱其他控制要素的作用，导致注册会计师可能无法信赖内部控制，而主要依赖实施实质性程序获取审计证据。

③ 增加拟纳入审计范围的经营地点的数量。

二、总体应对措施对拟实施的进一步审计程序总体审计方案的影响

知识点：总体应对措施对拟实施的进一步审计程序总体审计方案的影响

财务报表层次重大错报风险难以限于某类交易、账户余额和披露的特点，意味着此类风险可能对财务报表的多项认定产生广泛影响，并相应增加注册会计师对认定层次重大错报风险的评估难度。因此，注册会计师评估的财务报表层次重大错报风险以及采取的总体应对措施，对拟实施进一步审计程序的总体审计方案具有重大影响。

拟实施进一步审计程序的总体审计方案包括实质性方案和综合性方案。其中，实质性方案是指注册会计师实施的进一步审计程序以实质性程序为主；综合性方案是指注册会计师在实施进一步审计程序时，将控制测试与实质性程序结合使用。当评估的财务报表层次重大错报风险属于高风险水平（并相应采取更强调审计程序不可预见性

以及重视调整审计程序的性质、时间安排和范围等总体应对措施）时，拟实施进一步审计程序的总体方案往往更倾向于实质性方案。

第三节 针对认定层次重大错报风险的进一步审计程序

知识点：控制测试

进一步审计程序相对于风险评估程序而言，是指注册会计师针对评估的各类交易、账户余额和披露认定层次重大错报风险实施的审计程序，包括控制测试和实质性程序。

一、控制测试

（一）控制测试的含义及要求

控制测试是指用于评价内部控制在防止或发现并纠正认定层次重大错报方面的运行有效性的审计程序。

“控制测试”需要与“了解内部控制”进行区分。

其一，内涵不同。“了解内部控制”包含两层含义：一是评价控制的设计；二是确定控制是否得到执行。“控制测试”则是测试控制运行的有效性（控制在所审计期间的相关时点是如何运行的；控制是否得到一贯执行；控制由谁或以何种方式执行）。

其二，获取的审计证据的相关性不同。“了解内部控制”获取的审计证据与确定某项控制是否存在、被审计单位是否正在使用相关。“控制测试”获取的审计证据与评价控制在所审计期间的相关时点如何运行、控制是否得到一贯执行、控制由谁或以何种方式执行等相关。

其三，获取的审计证据的充分性不同。“了解内部控制”要求注册会计师只需抽取少量的交易进行检查或观察某几个时点。“控制测试”要求注册会计师抽取足够数量的交易进行检查或对多个不同时点进行观察。

“控制测试”与“了解内部控制”虽然在所需获取的审计证据方面存在差异，但两者也有联系。为评价控制设计和确定控制是否得到执行而实施的某些风险评估程序并非专为控制测试而设计，但可能提供有关控制运行有效性的审计证据，注册会计师可以考虑在评价控制设计和获取其得到执行的审计证据的同时测试控制运行有效性，以提高审计效率；同时，注册会计师应当考虑这些审计证据是否足以实现控制测试的目的。

作为进一步审计程序的类型之一，控制测试并非在任何情况下都需要实施。当存在下列情形之一时，注册会计师应当实施控制测试：（1）在评估认定层次重大错报风险时，预期控制的运行是有效的；（2）仅实施实质性程序并不能够提供认定层次充分、适当的审计证据。

（二）控制测试的审计程序

虽然控制测试与了解内部控制的目的不同，但两者采用的审计程序通常相同，包括询问、观察、检查和重新执行。

1.询问

注册会计师可以向被审计单位适当员工询问，获取与内部控制运行情况相关的信息。需要说明的是，仅通过询问不能为控制运行的有效性提供充分的证据，注册会计师通常需要印证被询问者的答复，如向其他人员询问和检查执行控制时所使用的报告、手册或其他文件等。因此，虽然询问是一种有用的手段，但它必须和其他测试手段结合使用才能发挥作用。在询问过程中，注册会计师应当保持职业怀疑。

2.观察

观察是测试不留下书面记录的控制（如职责分离）运行情况的有效方法。通常情况下，注册会计师通过观察直接获取的证据比间接获取的证据更可靠。但是，注册会计师还要考虑其所观察到的控制在注册会计师不在场时可能未被执行的情况。

3.检查

对运行情况留有书面证据的控制，检查非常适用。书面说明、复核时留下的记号，或其他记录在偏差报告中的标志，都可以被当作控制运行情况的证据。

4.重新执行

通常只有当询问、观察和检查程序结合在一起仍无法获得充分的证据时，注册会计师才考虑通过重新执行来证实控制是否有效运行。

（三）控制测试的时间

控制测试的时间包含两层含义：一是何时实施控制测试；二是测试所针对的控制适用的时点或期间。

一个基本的原理是：如果测试特定时点的控制，注册会计师仅得到该时点控制运行有效性的审计证据；如果测试某一期间的控制，注册会计师可获取控制在该期间有效运行的审计证据。因此，注册会计师应当根据控制测试的目的确定控制测试的时间，并确定拟信赖的相关控制的时点或期间。

1.对期中控制测试获取的审计证据的考虑

控制测试可以在期中实施。如果注册会计师已获取有关控制在期中运行有效性的审计证据，需要考虑如何能够将控制在期中运行有效性的审计结论合理延伸至期末。

如果已获取有关控制在期中运行有效性的审计证据，并拟利用该证据，注册会计师应当实施下列审计程序：

（1）获取这些控制在剩余期间发生重大变化的审计证据

针对期中已获取审计证据的控制，考察这些控制在剩余期间的变化情况（包括是否发生了变化以及如何变化）。

① 如果这些控制在剩余期间没有发生变化，注册会计师可以决定信赖期中获取的审计证据及控制有效性的审计结论。

② 如果这些控制在剩余期间发生了变化（如信息系统、业务流程或人事管理等方面发生变动），注册会计师需要了解并测试控制的变化对期中审计证据的影响。

（2）确定针对剩余期间还需获取的补充审计证据

获取期中证据以外的、剩余期间的补充证据，应当考虑下列因素：评估的认定层次重大错报风险的重要程度；在期中测试的特定控制，以及自期中测试后发生的重大变动；在期中对有关控制运行有效性获取的审计证据的程度；剩余期间的长度；在信赖控制的基础上拟缩小实质性程序的范围；控制环境等。

除了上述测试剩余期间控制的运行有效性，测试被审计单位对控制的监督也能够提供有益的补充证据，以便更有把握地将控制在期中运行有效性的审计证据延伸至期末。

2. 对以前期间控制测试获取的审计证据的考虑

内部控制中的诸多要素对于被审计单位而言，往往是相对稳定的（相对于具体的交易、账户余额和披露），因此，注册会计师在本期审计时可以适当考虑利用以前审计获取的有关控制运行有效性的审计证据。

如果拟信赖以前审计获取的有关控制运行有效性的审计证据，注册会计师应当通过实施询问并结合观察或检查程序，获取这些控制是否已经发生变化的审计证据。

① 如果控制在本期发生变化，注册会计师应当考虑以前审计获取的有关控制运行有效性的审计证据是否与本期审计相关并在本期审计中测试这些控制的运行有效性。

② 如果拟信赖的控制自上次测试后未发生变化，且不属于旨在减轻特别风险的控制，注册会计师应当运用职业判断确定是否在本期审计中测试其运行有效性，以及本次测试与上次测试的时间间隔，但每3年至少对控制测试一次。鉴于特别风险的特殊性，对于旨在减轻特别风险的控制，不论该控制在本期是否发生变化，注册会计师都不应依赖以前审计获取的证据，而应在本期审计中测试这些控制的运行有效性（如图7-1所示）。

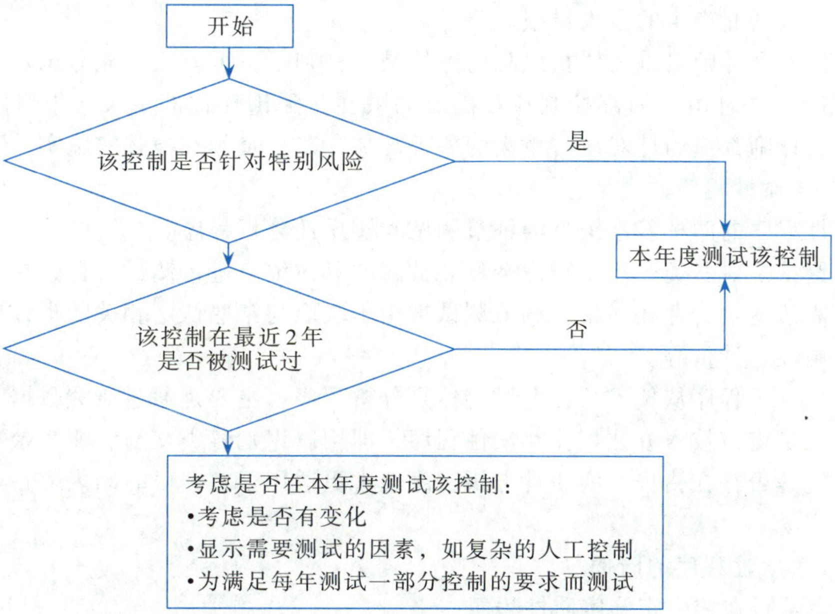

图7-1　本审计期间测试某项控制的决策

（四）控制测试的范围

控制测试的范围是指某项控制活动的测试次数。在确定控制测试的范围时，除考虑对控制的信赖程度外，注册会计师还需要考虑以下因素：

（1）在拟信赖期间，被审计单位执行控制的频率。控制执行的频率越高，控制测试的范围越大。

（2）在所审计期间，注册会计师拟信赖控制运行有效性的时间长度。拟信赖期间越长，控制测试的范围越大。

（3）控制的预期偏差率。控制的预期偏差率越高，需要实施控制测试的范围越大。

（4）通过测试与同一认定相关的其他控制获取的审计证据的范围。针对同一认定，可能存在不同的控制。当针对其他控制获取审计证据的充分性和适当性较高时，测试该控制的范围可适当缩小。

（5）拟获取的有关认定层次控制运行有效性的审计证据的相关性和可靠性。

二、实质性程序

知识点：实质性程序

（一）实质性程序的含义及要求

实质性程序是用于发现认定层次重大错报的审计程序，包括对各类交易、账户余额和披露的细节测试以及实质性分析程序。

注册会计师实施的实质性程序应当包括下列与财务报表编制完成阶段相关的审计程序：

（1）将财务报表与其所依据的会计记录进行核对或调节。

（2）检查财务报表编制过程中做出的重大会计分录和其他调整。注册会计师对会计分录和其他会计调整检查的性质和范围，取决于被审计单位财务报告过程的性质和复杂程度以及由此产生的重大错报风险。

由于注册会计师对重大错报风险的评估是一种判断，可能无法充分识别所有的重大错报风险，并且由于内部控制存在固有局限性，无论评估的重大错报风险结果如何，注册会计师都应当针对所有重大的各类交易、账户余额和披露实施实质性程序。

（二）实质性程序的类型

实质性程序的两种基本类型为细节测试和实质性分析程序。

细节测试是对各类交易、账户余额和披露的具体细节进行测试，目的在于直接识别财务报表认定是否存在错报。细节测试被用于获取与某些认定相关的审计证据，如存在、准确性、计价等。

实质性分析程序从技术特征上讲仍然是分析程序，主要是通过研究数据间关系评价信息，只是将该技术方法用作实质性程序，即用以识别各类交易、账户余额和披露及相关认定是否存在错报。实质性分析程序通常更适用于在一段时间内存在可预期关系的大量交易。

（三）实质性程序的时间

1.考虑是否在期中实施实质性程序

注册会计师在考虑是否在期中实施实质性程序时应当关注以下因素：

（1）控制环境和其他相关的控制。控制环境和其他相关的控制越薄弱，注册会计师越不宜在期中实施实质性程序。

（2）实施审计程序所需信息在期中之后的可获得性。如果实施实质性程序所需信息在期中之后难以获取（如系统变动导致某类交易记录难以获取），注册会计师应考虑在期中实施实质性程序；如果实施实质性程序所需信息在期中之后的获取并不存在明显困难，该因素不应成为注册会计师在期中实施实质性程序的重要影响因素。

（3）实质性程序的目的。如果针对某项认定实施实质性程序的目的就包括获取该认定的期中审计证据（从而与期末比较），注册会计师应在期中实施实质性程序。

（4）评估的重大错报风险。注册会计师评估的某项认定的重大错报风险越高，针对该认定所需获取的审计证据的相关性和可靠性要求也就越高，注册会计师越应当考虑将实质性程序集中于期末（或接近期末）实施。

（5）特定类别交易或账户余额以及相关认定的性质。例如，某些交易或账户余额以及相关认定的特殊性质（如收入截止认定、未决诉讼）决定了注册会计师必须在期末（或接近期末）实施实质性程序。

（6）针对剩余期间，能否通过实施实质性程序或将实质性程序与控制测试相结合，降低期末存在错报而未被发现的风险。如果针对剩余期间注册会计师可以通过实施实质性程序或将实质性程序与控制测试相结合，较有把握地降低期末存在错报而未被发现的风险，注册会计师可以考虑在期中实施实质性程序；如果针对剩余期间注册会计师认为还需要消耗大量审计资源才有可能降低期末存在错报而未被发现的风险，甚至没有把握通过适当的进一步审计程序降低期末存在错报而未被发现的风险，注册会计师就不宜在期中实施实质性程序。

如果在期中实施了实质性程序，注册会计师应当针对剩余期间实施进一步的实质性程序，或将实质性程序和控制测试结合使用，以将期中测试得出的结论合理延伸至期末。

如果已识别出由于舞弊导致的重大错报风险，为将期中得出的结论延伸至期末而实施的审计程序通常是无效的，注册会计师应当考虑在期末或者接近期末实施实质性程序。

2.考虑以前审计获取的审计证据

以前审计中实施实质性程序获取的审计证据，通常对本期只有很弱的证据效力或没有证据效力，不足以应对本期的重大错报风险。只有当以前获取的审计证据及其相关事项未发生重大变动时（例如，以前审计通过实质性程序测试过的某项诉讼在本期没有任何实质性进展），以前获取的审计证据才可能用作本期的有效审计证据。但即便如此，如果拟利用以前审计中实施实质性程序获取的审计证据，注册会计师应当在本期实施审计程序，以确定这些审计证据是否具有持续相关性。

（四）实质性程序的范围

在确定实质性程序的范围时，注册会计师应当考虑评估的认定层次的重大错报风险和实施控制测试的结果。注册会计师评估的认定层次的重大错报风险越高，需要实施实质性程序的范围越广。如果对控制测试结果不满意，注册会计师应当考虑扩大实质性程序的范围。

【例7-1】甲公司是ABC会计师事务所的常年审计客户，主要从事a、b和c三类石化产品的生产和销售。A注册会计师负责审计甲公司2022年度财务报表，按照税前利润的5%确定财务报表整体的重要性水平为60万元。

资料一：

A注册会计师在审计工作底稿中记录了所了解的甲公司情况及环境，部分内容摘录如下：

（1）甲公司利用ERP系统核算生产成本，在以前年度，利用ERP系统之外的G软件手工输入相关数据后进行存货账龄的统计和分析。2022年，信息技术部门在ERP系统中开发了存货账龄分析子模块，于每月末自动生成存货账龄报告。甲公司会计政策规定，应当结合存货账龄等因素确定存货期末可变现净值，计提存货跌价准备。

（2）与以前年度相比，甲公司2022年度固定资产未大幅变动，与折旧相关的会计政策和会计估计未发生变更。

（3）甲公司委托第三方加工生产a产品。自2022年2月起，新增乙公司为委托加工方。甲公司支付给乙公司的单位产品委托加工费较其他加工方高20%。管理层解释，由于乙公司加工的产品质量较高，因此，委托乙公司加工a产品并向其支付较高的委托加工费。A注册会计师发现，2022年a产品的退货大部分是由乙公司加工的产品。

（4）b产品5月至8月的直接人工成本总额较其他月份有明显增加，单位人工成本没有明显变化，销售部、生产部和人力资源部经理均解释由于b产品有季节性生产的特点，需要雇用大量临时工。这与A注册会计师在以前年度了解的情况一致。

（5）为方便安排盘点人员，甲公司将a和b产品的年度盘点时间确定为2022年12月31日，将c产品的年度盘点时间确定为2022年12月20日。自2022年12月25日起，由新入职的存货管理员负责管理c产品并在ERP系统中记录其数量变动。

（6）甲公司租用丙公司独立仓库储存部分产成品。2022年12月31日，该部分产成品的账面价值为300万元。甲公司与丙公司在年末对账时发现有80万元的差异。对此，丙公司解释，该差异是由于甲公司客户于2022年12月30日已提货，而相关单据尚未传至甲公司。

资料二：

A注册会计师在审计工作底稿中记录了有关制造费用的财务数据，部分内容见表7-2。

表7-2　**有关制造费用的财务数据**　单位：万元

明细项目	2022年（未审数）	2021年（已审数）
折旧费用	1 000	1 200
修理费	300	310
物料消耗	200	210
水电费	150	130
间接人工成本	100	90
其他	50	60
总计	1 800	2 000

资料三：

A注册会计师在审计工作底稿中记录了拟实施的进一步审计程序，部分内容摘录如下：

（1）测试信息技术一般性控制和与ERP系统中存货账龄分析子模块相关的信息技术应用控制。

（2）抽样检查各产品月度生产成本分配表，主要包括：①月末产品生产成本在产成品和在产品中分配的方法是否正确；②相关数据是否与产品成本计算表、会计记录一致；③是否经相关人员复核和批准等。

（3）对委托加工费实施实质性分析程序。

（4）对直接人工成本实施实质性分析程序。

（5）对a和b产品实施年末监盘程序。

（6）对2022年12月31日存放在丙公司的存货实施函证程序，并检查存货出库单、对账差异调节表等书面记录，确定差异原因是否为时间性差异。

要求：

（1）针对资料一第（1）至（6）项，结合资料二，假定不考虑其他条件，逐项指出资料一所列事项是否可能表明存在重大错报风险。如果认为存在重大错报风险，简要说明理由，并说明该风险主要与哪些财务报表项目（仅限于营业收入、营业成本、资产减值损失、应收账款、存货、固定资产和应付职工薪酬）的哪些认定相关。

（2）针对资料三第（1）至（6）项的审计程序，假定不考虑其他条件，逐项指出相关审计程序与根据资料一（结合资料二）识别的重大错报风险是否直接相关。如果不直接相关，指出与该审计程序直接相关的财务报表项目和认定。

【解析】

（1）评估重大错报风险（见表7-3）。

表7-3　**评估重大错报风险**

事项序号	是否可能表明存在重大错报风险	理由	财务报表项目名称及认定
（1）	是	存在信息技术控制薄弱导致账龄分析不准确的风险，影响存货跌价准备的准确性	存货（准确性、计价和分摊） 资产减值损失（准确性）
（2）	是	其他因素没有明显变化的情况下，折旧费用明显下降表明可能存在错报	固定资产（准确性、计价和分摊） 存货（准确性、计价和分摊） 营业成本（准确性）
（3）	是	委托加工费明显偏高，管理层的解释与A注册会计师了解的情况不符，以上情况可能表明乙公司为未披露的关联方	
（4）	否		
（5）	是	2022年12月20日盘点，其后负责存货记录的员工发生变更，存在盘点日至资产负债表日之间存货变动未得到恰当记录的风险	存货（存在、完整性）
（6）	是	存货对账差异可能表明存在收入截止错误	营业收入（截止） 应收账款（完整性） 营业成本（截止） 存货（存在）

（2）评估审计程序与识别出的重大错报风险的相关性（见表7-4）。

表7-4　**评估审计程序与识别出的重大错报风险的相关性**

审计程序序号	是否与根据资料一（结合资料二）识别出的重大错报风险直接相关	与该审计程序直接相关的财务报表项目和认定
（1）	是	
（2）	否	存货（准确性、计价和分摊） 营业成本（准确性）
（3）	否	存货（准确性、计价和分摊） 营业成本（准确性）
（4）	不适用/无	
（5）	否	存货（存在，完整性，准确性、计价和分摊，权利和义务）
（6）	是	

本章思维导图

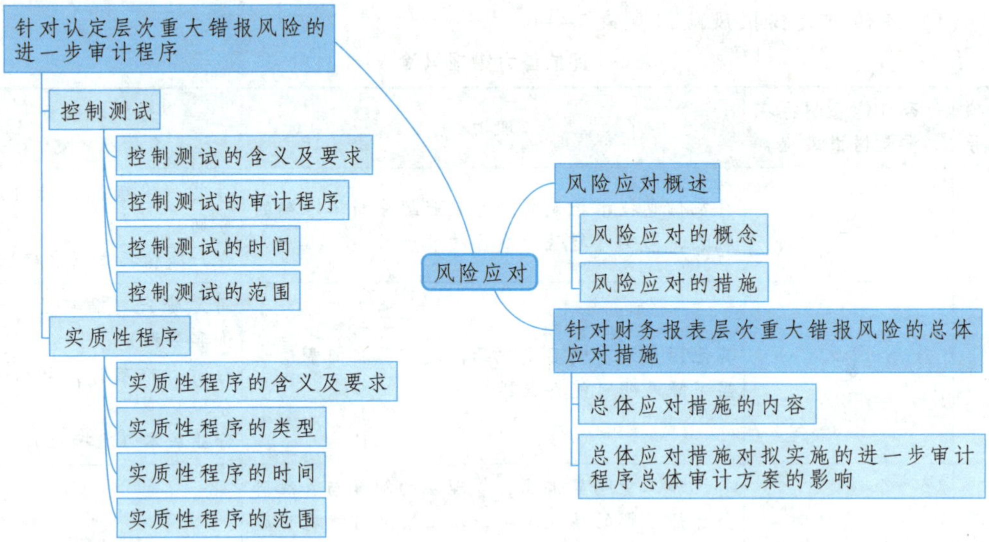

CSA 1231 针对评估的重大错报风险采取的应对措施

CSA 1231 应用指南

本章习题

一、思考题

1.针对财务报表层次重大错报风险和认定层次重大错报风险分别采取何种应对措施？

2.如何增加审计程序的不可预见性？

3.什么是进一步审计程序？设计进一步审计程序应考虑哪些因素？

4.什么是控制测试？如何考虑期中审计证据？如何考虑以前审计获取的证据？

5.什么是实质性程序？如何考虑在期中实施实质性程序？如何考虑以前审计获取

的审计证据？如何确定实质性程序的范围？

二、单项选择题

1.下列各项中，针对评估的财务报表层次重大错报风险，注册会计师应采取的应对措施是（　　）。

A.确定总体应对措施　　B.实施控制测试

C.实施细节测试　　D.实施实质性分析程序

2.下列各项中，注册会计师实施控制测试程序，通常能获取最可靠审计证据的是（　　）。

A.询问　　B.检查控制执行留下的书面证据

C.观察　　D.重新执行

3.下列各项中，针对特别风险的控制测试表述正确的是（　　）。

A.每2年至少对控制测试一次

B.每3年至少对控制测试一次

C.如果控制没有变化，可以不实施控制测试

D.无论控制是否发生变化，都不应依赖以前获取的审计证据

4.下列各项中，关于实质性程序的含义表述正确的是（　　）。

A.实质性程序是注册会计师针对财务报表层次的重大错报设计的审计程序

B.实质性程序是注册会计师针对认定层次的重大错报设计的审计程序

C.实质性程序是用于测试被审计单位内部控制有效性的审计程序

D.实质性程序包括控制测试和细节测试

5.下列各项中，如果注册会计师评估的财务报表层次重大错报风险属于高水平，则拟实施的进一步审计程序总体方案倾向的是（　　）。

A.实质性方案　　B.综合性方案

C.风险应对方案　　D.控制测试方案

三、多项选择题

1.下列各项中，可以提高审计程序不可预见性的有（　　）。

A.针对销售收入和销售退回延长截止测试期间

B.向以前没有询问过的被审计单位员工询问

C.对以前通常不测试的金额较小的项目实施实质性程序

D.对被审计单位银行存款年末余额实施函证

2.下列各项中，有关控制测试目的的表述不正确的有（　　）。

A.控制测试旨在评价内部控制在防止或发现并纠正认定层次重大错报方面的运行有效性

B.控制测试旨在发现认定层次发生错报的金额

C.控制测试旨在验证实质性程序结果的可靠性

D.控制测试旨在确定控制是否得到执行

3.下列各项中，如果注册会计师已获取有关控制在期中运行有效性的审计证据，通常还应实施的审计程序有（　　）。

A.获取这些控制在剩余期间变化情况的审计证据

B.仅获取这些控制在期末运行有效性的审计证据

C.获取信息技术一般控制变化情况的审计证据

D.确定针对剩余期间还需获取的补充审计证据

4.下列各项中，在确定控制测试的范围时，注册会计师通常考虑的主要因素有（　　）。

A.对控制运行的拟信赖程度

B.控制的预期偏差率

C.信息技术的应用程序

D.拟信赖控制运行有效性的时间长度

5.下列各项中，如果在期中实施了实质性程序，在确定对剩余期间实施实质性分析程序是否可以获取充分、适当的审计证据时，注册会计师通常考虑的因素有（　　）。

A.数据的可靠性　　B.预期的准确程度

C.可接受的差异额　　D.分析程序对特定认定的适用性

四、案例分析题

甲公司是ABC会计师事务所的常年审计客户，主要从事日用消费品的生产和销售。A注册会计师负责审计甲公司2022年度财务报表。2022年度甲公司财务报表整体重要性为税前利润的5%，即500万元。

资料一：

A注册会计师在审计工作底稿中记录了所了解的甲公司情况及环境，部分内容摘录如下：

（1）2022年度，甲公司主要原材料价格有所上涨。为稳定采购价格，甲公司适当增加部分新供应商，供应商数量由2021年年末的40家增加到2022年年末的45家。经审核批准后，所有新增供应商的信息被输入采购系统的供应商信息主文档。以前年度审计中对与供应商数据维护相关的控制测试未发现控制缺陷。

（2）2022年3月，甲公司向乙公司采购合同总价为1 000万元的原材料，原材料已入库。双方因原材料质量问题产生争议，甲公司未记录该笔采购交易。2022年11月，乙公司根据合同约定提出仲裁申请，要求甲公司全额支付货款并赔偿利息。截至2022年12月31日，该案件仍在听证过程中。

（3）2021年12月31日，甲公司采购的金额为800万元的原材料已入库，但因未收到供应商发票，未确认应付账款。A注册会计师在审计甲公司2021年度财务报表时，提出了相应的审计调整建议，甲公司予以采纳。

（4）由于原材料和人工成本的上涨，甲公司产品的生产成本较去年同期平均上涨10%。甲公司在2022年3月全线提高产品销售价格。为保持市场占有率，甲公司在2022年度加大了促销活动力度。甲公司董事会批准的2022年度销售费用预算比2021年度实际销售费用增长15%。

（5）甲公司举办的各类产品促销活动为期3个月到6个月。财务部根据市场部上报的经批准的促销活动预算按月预提促销费。甲公司的市场营销管理制度规定，市场部应当在每一项促销活动结束后1个月内统计该促销活动的实际支出，并办理核算手续，财务部据此补提或冲转其他应付款。

（6）甲公司内部审计部门2022年对甲公司各主要业务流程的控制执行了检查。内部审计报告指出，销售部门员工预支款长期挂账，未按公司规定定期结算，余额合计30万元。

（7）甲公司自2022年1月1日起推行新的付款预算管理制度，规定各部门必须在每月20日之前提交下月付款预算，超出预算的付款申请必须由部门经理、财务总监和总经理批准。

资料二：

A注册会计师在审计工作底稿中记录了所获取的甲公司的财务数据，部分内容见表7-5。

表7-5 **甲公司的财务数据** 单位：万元

项目	未审数（2022年）	已审数（2021年）
存货——原材料	8 400	7 700
应付账款		
——发票已收	5 000	4 500
——发票未收	200	800
其他应付款——促销活动费	6 300	3 900
销售费用	15 000	12 000

资料三：

A注册会计师在审计工作底稿中记录了拟实施的控制测试和实质性程序，部分内容摘录如下：

（1）对于2022年度新增的供应商，检查相关的审核批准手续是否按规定执行。

（2）从2022年度“应付账款——发票已收”明细账贷方发生额中选取60笔采购交易，测试三单核对（订购单、入库验收单和供应商发票）控制的运行是否有效，并检查订购单是否得到适当批准。

（3）获取2022年12月31日“应付账款——发票未收”账户明细清单，与相关订购单和入库验收单进行核对。

（4）获取2022年12月和2023年1月的原材料入库记录，抽样检查相关的应付账款是否计入正确的期间。

（5）获取期后销售费用明细账，检查是否存在与2022年度销售费用相关的调整事项。

（6）对2022年度按明细类别及按月列示的销售费用实施分析程序，评估销售费用的合理性，并调查异常情况。

（7）向甲公司的外部法律顾问发出法律意见询证函，询问诉讼、索赔及评估情况。

要求：

（1）针对资料一第（1）至（7）项，结合资料二，假定不考虑其他条件，逐项指出资料一所列事项是否可能表明存在重大错报风险。如果认为存在重大错报风险，简要说明理由，并说明该风险主要与哪些财务报表项目（仅限于存货、应付账款、预付款项、其他应收款、其他应付款、营业成本和销售费用）的哪些认定相关。

（2）针对资料三第（1）至（7）项，假定不考虑其他条件，逐项指出审计程序与根据资料一（结合资料二）识别的重大错报风险是否直接相关。如果直接相关，指出对应的是识别的哪一项重大错报风险；如果不直接相关，指出该审计程序与哪个财务报表项目的哪一项认定最相关。

学思践悟

一、目标

1.全面贯彻党的教育方针，落实立德树人根本任务，培养学生严格遵守注册会计师职业道德基本原则（良好的职业行为）的职业意识。

2.深刻理解注册会计师实施风险导向审计时良好的职业行为的意义及重要性。

二、材料

风险导向审计以对被审计单位重大错报风险的评估为起点，要求审计师更加注重对被审计单位及其经营环境的了解，更加注重对企业经营风险的评估和分析，以便将审计风险降到可接受的低水平。相关研究表明，上市公司面临的产品市场竞争越激烈，会计师事务所收取的审计费用越高。审计投入时间越长，审计师出具非标准审计意见的可能性越大。这表明上市公司面临的产品市场竞争越激烈，利润的波动性越大，借款及充分利用商业信用融资的难度加大，经营风险显著增加；同时，管理层实现预期业绩的压力增加，进行盈余管理的动机和强度会显著增加，被审计单位的重大错报风险显著增加。因此，会计师事务所会收取更高的审计费用；在深入被审计单位执行审计业务时，审计人员会增加审计工时投入以将审计风险降至可接受低水平并增大出具非标准审计意见的可能性。

资料来源：杜剑，李宏欣.产品市场竞争对审计风险应对策略的影响研究［J］.会计之友，2021（12）.

三、思考题

基于注册会计师职业道德基本原则需要遵循的良好的职业行为要求，针对资料中提到的产品市场竞争对重大错报风险的影响，请指出注册会计师应该如何应对。

本章案例
德勤在科龙事件中的角色分析

重要知识点讲解
风险应对概述及不同层次风险应对措施

本章测评
单选题

本章测评
多选题

第八章

审计抽样

学习目标： 掌握审计抽样在控制测试及细节测试中的应用；熟悉审计抽样的概念、种类、风险及过程；了解属性抽样及变量抽样方法。

重　　点： 审计抽样的概念；审计抽样在控制测试及细节测试中的应用。

难　　点： 审计抽样在控制测试及细节测试中的应用。

第八章

视频预习

第一节 审计抽样基本原理

一、审计抽样的内涵、特征及适用范围

知识点：审计抽样的内涵、特征及适用范围

（一）审计抽样的含义

审计抽样是注册会计师为针对整个总体得出结论提供合理基础，遵循随机原则（使所有抽样单元都有被选取的机会），对具有审计相关性的总体中低于100%的项目所实施的审计程序。

注册会计师在获取充分、适当的证据时，需要选取项目进行测试。选取方法包括三种：一是对某总体包含的全部项目进行测试；二是对选出的特定项目进行测试，但不推断总体特征；三是审计抽样，即在实施审计程序时，从审计对象总体中选取一定数量的样本进行测试，并根据测试结果，推断审计对象总体特征。

审计抽样能够使注册会计师获取和评价有关所选项目某一特征的审计证据，以形成或有助于形成有关总体的结论。

总体是指注册会计师从中选取样本并期望据此得出结论的整个数据集合；抽样单元是指构成总体的个体项目。

（二）审计抽样的特征

审计抽样应当具备三个基本特征：

（1）对具有审计相关性的总体中低于100%的项目实施审计程序；

（2）所有抽样单元都有被选取的机会；

（3）可以根据样本项目的测试结果推断出有关抽样总体的结论。

审计抽样时，注册会计师应确定适合于特定审计目标的总体，并从中选取低于100%的项目实施审计程序。在某些情况下，注册会计师可能决定测试某类交易或账户余额中的每一个项目，即对总体进行100%的测试，这不是审计抽样而是全查（详查）。

审计抽样时，所有抽样单元都应有被选取成为样本的机会，注册会计师不能存有偏向而只挑选具备某一特征的项目进行测试。如果只选取特定项目实施审计程序，不属于审计抽样。在这种情形下，注册会计师只能针对这些特定项目得出结论，而不能根据特定项目的测试结果推断总体的特征。

审计抽样时，注册会计师的目的并不是评价样本，而是针对整个总体得出结论。值得注意的是，只有当从抽样总体中选取的样本具有代表性时，注册会计师才能根据样本测试的结果推断出有关总体的结论。

（三）审计抽样的适用范围

审计抽样并非在所有审计程序中都可使用。

（1）风险评估程序通常不涉及审计抽样。

（2）控制测试过程中，当控制的运行留下轨迹时，注册会计师可以考虑使用审计抽样。而对于未留下运行轨迹的控制，注册会计师通常实施询问、观察等审计程序，此时不宜使用审计抽样。

（3）实质性程序过程中，在实施细节测试时，注册会计师可以使用审计抽样获取审计证据，以鉴证有关财务报表金额的一项或多项认定（如应收账款的存在性），或对某些金额做出独立估计（如陈旧存货的价值）；在实施实质性分析程序时，注册会计师不宜使用审计抽样。

审计抽样的适用范围归纳为表8-1。

表8-1　审计抽样的适用范围

审计程序	适用	不适用
风险评估程序	—	风险评估程序通常不涉及审计抽样
控制测试	已留下运行轨迹的控制	未留下运行轨迹的控制
实质性程序	细节测试	实质性分析程序

知识点：审计抽样的种类

二、审计抽样的种类

（一）统计抽样与非统计抽样

注册会计师在运用审计抽样时，既可以使用统计抽样方法，也可以使用非统计抽样方法。

统计抽样是指同时具备随机选取样本、运用概率论评价样本结果（包括计量抽样风险）两个特征的抽样方法。不同时具备上述两个特征的抽样方法即为非统计抽样。

统计抽样的优点在于能够客观地计量抽样风险，并通过调整样本规模精确地控制风险；有助于注册会计师高效地设计样本，计量所获取证据的充分性，以及定量评价样本结果。

统计抽样有可能发生额外的成本。首先，统计抽样需要特殊的专业技能，因此，使用统计抽样需要增加额外的支出对注册会计师进行培训。其次，统计抽样要求单个样本项目符合统计要求，这些也可能需要支出额外的费用。

尽管统计抽样有上述优点，但并不意味着它会完全取代非统计抽样。非统计抽样如果设计适当，也能提供与统计抽样方法同样有效的结果。注册会计师使用非统计抽样时，也必须考虑抽样风险并将其降至可接受水平，但无法精确地测定出抽样风险。

（二）属性抽样与变量抽样

知识点：审计抽样中的风险

1.属性抽样

属性抽样是指在精确度和可靠程度一定的条件下，为测定总体特征（或属性）的发生频率而采用的一种抽样方法。

2.变量抽样

变量抽样是用来对总体金额得出结论的一种抽样方法。

三、审计抽样中的风险

（一）抽样风险

抽样风险是指注册会计师根据样本得出的结论，可能不同于如果对整个总体实施与样本相同的审计程序得出的结论的风险。

1.控制测试中的抽样风险

控制测试中的抽样风险包括信赖过度风险和信赖不足风险。信赖过度风险是指注册会计师推断的控制有效性高于其实际有效性的风险；信赖不足风险是指注册会计师推断的控制有效性低于其实际有效性的风险。信赖过度风险影响审计效果，信赖不足风险影响审计效率。

2.细节测试中的抽样风险

细节测试中的抽样风险包括误受风险和误拒风险。误受风险是指注册会计师推断某一重大错报不存在而实际上存在的风险。误拒风险是指注册会计师推断某一重大错报存在而实际上不存在的风险。误受风险影响审计效果，可能导致注册会计师发表不恰当的审计意见；误拒风险影响审计效率，可能导致注册会计师执行额外的审计程序。

只要使用了审计抽样，抽样风险总会存在。抽样风险与样本规模反方向变动：样本规模越小，抽样风险越大；样本规模越大，抽样风险越小。无论是控制测试还是细节测试，注册会计师都可以通过扩大样本规模以降低抽样风险。如果对总体中的所有项目都实施检查，就不存在抽样风险，此时审计风险完全由非抽样风险产生。

（二）非抽样风险

非抽样风险是指注册会计师由于任何与抽样风险无关的原因而得出错误结论的风险。在审计过程中，导致非抽样风险的原因主要是人为错误，常见的情况有：

（1）注册会计师选择的总体不适合于测试目标。例如，注册会计师在测试销售收入完整性认定时将主营业务收入明细账界定为总体。

（2）注册会计师未能适当地定义误差（包括控制偏差或错报），致使未能发现样本中存在的偏差或错报。例如，注册会计师在测试现金支付授权控制的有效性时，未将签字人未得到适当授权的情况界定为控制偏差。

（3）注册会计师选择了不适于实现特定目标的审计程序。例如，注册会计师依赖应付账款函证来识别未入账的应付账款。

（4）注册会计师未能适当地评价审计发现的情况。例如，注册会计师错误解读审计证据可能导致没有发现误差。注册会计师对所发现误差的重要性的判断有误，从而忽略了性质十分重要的误差，也可能导致得出不恰当的结论。

非抽样风险是由人为错误造成的，因而可以降低、消除或防范。通过采取适当的质量控制政策和程序，对审计工作进行适当的指导、监督和复核，以及对注册会计师实务的适当改进，可以将非抽样风险降至可以接受的水平。

四、审计抽样的过程

知识点：审计抽样的过程

审计抽样过程一般分为样本设计、样本选取和抽样结果评价三个阶段。

样本设计阶段，旨在根据测试的目标和抽样总体，制订选取样本的计划。

样本选取阶段，旨在按照适当的方法从相应的抽样总体中选取所需的样本，并对其实施检查，以确定是否存在误差。

抽样结果评价阶段，旨在根据对误差的性质和原因的分析，将样本结果推断至总体，形成对总体的结论。

（一）样本设计阶段

样本设计是指注册会计师围绕样本的性质、样本量、抽样组织方式和抽样工作质量要求所进行的计划工作。样本设计阶段的工作主要包括：

1.确定测试目标

审计抽样必须紧紧围绕审计测试的目标展开，因此，确定测试目标是样本设计阶段的第一项工作。

一般而言，控制测试的测试目标是获取关于某项控制运行是否有效的证据；而细节测试的测试目标是确定某类交易或账户余额的金额是否正确，获取与存在的错报有关的证据。

2.定义（界定）总体与抽样单元

（1）定义（界定）总体

①总体的概念

总体是指注册会计师从中选取样本并期望据此得出结论的整个数据集合。

总体可以是构成某类交易或账户余额的所有项目，也可以只包括某类交易或账户余额中的部分项目。例如，在对应收账款实施审计抽样时，如果应收账款中没有单个重大项目，注册会计师直接对应收账款账面余额进行抽样，则总体包括构成应收账款期末余额的所有项目；如果注册会计师已使用选取特定项目的方法将应收账款中单个重大项目挑选出来单独进行测试，并只对剩余的应收账款余额进行抽样，则总体只包括构成应收账款期末余额的部分项目。

②总体的特征

注册会计师所定义的总体应具备下列两个特征：

其一，适当性。适当性是指注册会计师所定义的总体应符合于特定的审计目标(具体审计目标)，适合于特定的测试方向。例如，在控制测试中，如果审计目标是测试用以确保所有发运商品都已开单的控制是否有效运行，则注册会计师将已开单的项目定义为总体并从中抽取样本不能发现误差，因为该总体不包含那些已发运但未开单的项目。又如，在细节测试中，如果审计目标是测试应付账款是否高估，则总体可以定义为应付账款清单；而如果审计目标是测试应付账款是否低估，总体就不应定义为应付账款清单，而应是后来支付的证明、未付款的发票、供货商的对账单、没有销售发票对应的收货报告等。

其二，完整性。完整性是指注册会计师所定义的总体必须包括具有相关性的全部资料项目。注册会计师应当从总体项目内容和涉及时间等方面确定总体的完整性。例如，如果注册会计师从档案中选取付款证明，除非确信所有的付款证明都已归档，否则注册会计师不能对该期间的所有付款证明得出结论。又如，如果注册会计师对某一控制活动在财务报告期间是否有效运行得出结论，则总体应包括来自整个报告期间的所有相关项目。

注册会计师通常从代表总体的实物中选取样本项目。例如，如果注册会计师将总体定义为特定日期的所有应收账款余额，则代表总体的实物就是该日应收账款余额明细表。又如，如果总体是某一测试期间的销售收入，则代表总体的实物就可能是记录在销售明细账中的销售交易，也可能是销售发票。

③总体的分层

分层，是指将总体划分为多个子总体的过程，每个子总体由一组具有相同特征（通常为货币金额）的抽样单元组成。如果总体项目存在重大的变异性，注册会计师可以考虑将总体分层，以降低每一层中项目的变异性，从而在抽样风险没有成比例增加的前提下减小样本规模，提高审计效率。分层的标志可以是金额大小，也可以是表明更高错报风险的特定特征。例如，在应收账款函证过程中，注册会计师可以根据应收账款账户的金额进行分层，并依据各层的重要性分别采取不同的选样方法；在测试应收账款计价中的坏账准备时，注册会计师可以根据表明更高错报风险的特定特征（账龄）对应收账款余额进行分层。

分层后的每层构成一个子总体且可以单独检查。对某一层中的样本项目实施审计程序的结果，只能用于推断构成该层的项目。例如，在对某一账户余额进行测试时，占总体数量20%的项目，其金额可能占该账户余额的90%。注册会计师只能根据该样本的结果推断至上述90%的金额。对于剩余10%的金额，注册会计师可以抽取另一个样本或使用其他收集审计证据的方法，单独得出结论，或者认为其不重要而不实施审计程序。如果要对整个总体做出结论，注册会计师应当考虑与构成整个总体的其他层有关的重大错报风险。

如果注册会计师将某类交易或账户余额分成不同的层，则需要对每层分别推断错报。在考虑错报对该类别的所有交易或账户余额的可能影响时，注册会计师需要综合考虑每层的推断错报。

（2）定义（界定）抽样单元

抽样单元是指构成总体的个体项目。抽样单元可以是实物项目（如支票簿上列示的支票信息、银行对账单上的贷方记录、销售发票或应收账款余额明细表），也可以是货币单元。在定义抽样单元时，注册会计师应使其与审计测试目标保持一致。

3.定义（界定）误差构成条件

误差是根据审定样本所估计的总体特征与真实总体特征之间的差异。

在控制测试中，误差是指控制偏差，注册会计师要仔细定义所要测试的控制及可能出现偏差的情况；在细节测试中，误差是指错报，注册会计师要确定哪些情况构成错报。

4.确定审计程序

注册会计师必须确定能够最好地实现测试目标的审计程序组合。

（二）样本选取阶段

1.确定样本规模

样本规模是指从总体中选取样本项目的数量。在审计抽样中，如果样本规模过小，不能反映出审计对象总体的特征，注册会计师就无法获取充分的审计证据，其审计结论的可靠性就会大打折扣，甚至可能得出错误的审计结论。相反，如果样本规模过大，则会增加审计工作量，造成不必要的时间和人力上的浪费，加大审计成本，降低审计效率，就会失去审计抽样的意义。

影响样本规模的因素主要包括：

（1）可接受的抽样风险

可接受的抽样风险是指注册会计师愿意接受的抽样风险。可接受的抽样风险与样本规模呈反向变动关系。可接受的抽样风险越低，样本规模越大；可接受的抽样风险越高，样本规模越小。

（2）可容忍误差

可容忍误差是指注册会计师在认为测试目标已实现的情况下准备接受的总体最大误差。在控制测试中，可容忍误差是可容忍偏差率；在细节测试中，可容忍误差是可容忍错报。可容忍误差与样本规模呈反向变动关系。可容忍误差越小，为实现抽样保证程度所需的样本规模越大。

（3）预计总体误差

预计总体误差是指注册会计师根据以前对被审计单位的经验或实施风险评估程序的结果而估计总体中可能存在的误差。预计总体误差越大，可容忍误差也应当越大；但预计总体误差不应超过可容忍误差。预计总体误差与样本规模呈同向变动关系。在既定的可容忍误差下，预计总体误差越大，所需的样本规模越大。

（4）总体变异性

总体变异性是指总体的某一特征（如金额）在各项目之间的差异程度。在控制测试中，注册会计师在确定样本规模时一般不考虑总体变异性；在细节测试中，注册会计师在确定适当的样本规模时要考虑特征的变异性。总体变异性与样本规模呈同向变动关系。总体变异性越低，样本规模越小。注册会计师可以通过分层将总体分为相对同质的组，以尽可能降低每一组中变异性的影响，从而减小样本规模。

（5）总体规模

除非总体非常小，一般而言，总体规模对样本规模的影响几乎为零。

影响样本规模的因素可归纳为表8-2。

表8-2　**影响样本规模的因素**

影响因素	控制测试	细节测试	与样本规模的关系
可接受的抽样风险	可接受的信赖过度风险	可接受的误受风险	反向变动
可容忍误差	可容忍偏差率	可容忍错报	反向变动
预计总体误差	预计总体偏差率	预计总体错报	同向变动
总体变异性	—	总体变异性	同向变动
总体规模	总体规模	总体规模	影响很小

2.选取样本

选取样本的基本方法，包括使用随机数表或计算机辅助审计技术选样、系统选样和随意选样。

（1）使用随机数表或计算机辅助审计技术选样

使用随机数表或计算机辅助审计技术选样又称随机数选样。随机数是一组从长期来看出现概率相同且不会产生可识别模式的数码。使用随机数选样需以总体中的每一项目都有不同的编号为前提。注册会计师可以使用计算机生成的随机数，如电子表格程序、随机数码生成程序、通用审计软件程序等计算机程序产生的随机数，也可以使用随机数表获得所需的随机数。

随机数选样不仅使总体中每个抽样单元被选取的概率相等，而且使相同数量的抽样单元组成的每种组合被选取的概率相等。这种方法在统计抽样和非统计抽样中均适用。

使用随机数表选样的步骤如下：

首先，对总体中的抽样单元进行编号，建立总体中的抽样单元与表中数字的一一对应关系。一般情况下，编号可利用抽样单元原有的某些编号，如凭证号、支票号、发票号等。在没有事先编号的情况下，注册会计师需按一定的方法进行编号。

其次，确定连续选取随机数的方法。即从随机数表中选择一个随机起点和一个选号路线，随机起点和选号路线可以任意选择，但一经选定就不得改变。从随机数表中任选一行或一栏开始，按照一定的方向（上下左右均可）依次查找，符合抽样单元编号要求的数字，即为选中的号码，与此号码相对应的抽样单元即为选取的样本项目，一直到选足所需的样本量为止。

【例 8-1】甲和乙注册会计师负责对A公司2022年度财务报表进行审计，审计A公司2022年度营业收入时，为了确定A公司销售业务是否真实、完整，会计处理是否正确，甲和乙注册会计师拟从A公司2022年开具的销售发票的存根中选取若干张，核对销售合同和发运单，并检查会计处理是否符合规定。A公司2022年共开具连续编号的销售发票4 000张，销售发票号码为第2001号至第6000号，甲和乙注册会计师计划从中选取10张销售发票样本。

假定甲和乙注册会计师以随机数表（见表8-3）所列数字的后4位数与销售发票号码一一对应，确定第（2）列第（4）行为起点，选号路线为自上而下、自左而右。请问甲和乙注册会计师选取的10张销售发票样本的发票号码分别为多少？

表 8-3　　　　随机数表

行＼列	1	2	3	4	5	6	7	8	9	10
1	32044	69037	29655	92114	81034	40582	01584	77184	85762	46505
2	23821	96070	82592	81642	08971	07411	09037	81530	56195	98425
3	82383	94987	66441	28677	95961	78346	37916	09416	42438	48432
4	68310	21792	71635	86089	38157	95620	96718	79554	50209	17705
5	94856	76940	22165	01414	01413	37231	05509	37489	56459	52983
6	95000	61958	83430	98250	70030	05436	74814	45978	09277	13827
7	20764	64638	11359	32556	89822	02713	81293	52970	25080	33555
8	71401	17964	50940	95753	34905	93566	36318	79530	51105	26952
9	38464	75707	16750	61371	01523	69205	32122	03436	14489	02086
10	59442	59247	74955	82835	98378	83513	47870	20795	01352	89906

【解析】

选取的10张销售发票样本的发票号码分别为4638、5707、2592、2165、3430、4955、2114、2556、5753、2835。

（2）系统选样

系统选样也称等距选样，是指按照相同的间隔从审计对象总体中等距离地选取样本的一种选择方法。采用系统选样法，首先要计算选样间距，确定选样起点，然后再根据间距顺序地选取样本。

选样间距=总体规模÷样本规模

系统选样方法的主要优点是使用方便，比其他选样方法节省时间，并可用于无限总体。使用系统选样方法要求总体必须是随机排列的，否则容易发生较大的偏差，出现非随机的、不具代表性的样本。如果测试项目的特征在总体内的分布具有某种规律性，则采用系统选样所选取样本的代表性就可能较差。为克服系统选样法的这一缺点，可采用两种办法：一是增加随机起点的个数；二是在确定选样方法之前对总体特征的分布进行观察。如发现总体特征的分布呈随机分布，则采用系统选样法；否则，可考虑使用其他选样方法。

系统选样可以在非统计抽样中使用，在总体随机分布时也可适用于统计抽样。

（3）随意选样

随意选样也称任意选样，是指注册会计师不带任何偏见地选取样本，即注册会计师不考虑样本项目的性质、大小、外观、位置或其他特征而选取样本。在这种方法中，注册会计师选取样本不采用结构化的方法。尽管不使用结构化方法，注册会计师也要避免任何有意识的偏向或可预见性，从而保证总体中的所有项目都有被选中的机会。随意选样仅适用于非统计抽样。

3.对样本实施审计程序

注册会计师应当针对选取的每个项目，实施适合于具体审计目标的审计程序。对选取的样本项目实施审计程序旨在发现并记录样本中存在的误差。

如果选取的项目不适合实施审计程序，注册会计师应当针对替代项目实施该审计程序。例如，如果在测试付款授权时选取了一张作废的支票，并确信支票已经按照适当程序作废因而不构成偏差，注册会计师需要适当选择一个替代项目进行检查。

如果无法对选取的抽样单元实施计划的审计程序，若注册会计师对样本结果的评价不会因为未检查项目可能存在错报而改变，则不需对这些项目进行检查；若未检查项目可能存在的错报会导致该类交易或账户余额存在重大错报，注册会计师就要考虑实施替代程序，为形成结论提供充分的证据。如果未能对某个选取的项目实施设计的审计程序或适当的替代程序，注册会计师应当将该项目视为控制测试中对规定的控制的一项偏差，或细节测试中的一项错报。

（三）抽样结果评价阶段

1.分析样本误差

注册会计师应当调查识别出的所有偏差或错报的性质和原因，并评价其对具体审计目标和审计其他方面可能产生的影响。无论是统计抽样还是非统计抽样，对样本结果的定性评估和定量评估一样重要。即使样本的统计评价结果在可以接受的范围内，注册会计师也应对样本中的所有误差（包括控制测试中的控制偏差和细节测试中的金额错报）进行定性分析。

如果注册会计师发现许多误差具有相同的特征，如交易类型、地点、生产线或时期等，则应考虑该特征是不是引起误差的原因，是否存在其他尚未发现的具有相同特征的误差。此时，注册会计师应将具有该共同特征的全部项目划分为一层，并对层中的所有项目实施审计程序，以发现潜在的系统误差。同时，注册会计师仍需分析误差的性质和原因，考虑存在舞弊的可能性。如果将某一误差视为异常误差（指对总体中的错报或偏差明显不具有代表性的错报或偏差），注册会计师应当实施追加的审计程序，以高度确信该误差对总体误差不具有代表性。

2.推断总体误差

在实施控制测试时，由于样本偏差率就是总体偏差率的最佳估计，所以，注册会计师将样本偏差率直接视为推断的总体偏差率，但注册会计师必须考虑抽样风险。

在实施细节测试时，注册会计师应当根据样本中发现的错报金额推断总体错报金额，并考虑这一结果对特定审计目标及审计其他方面的影响。

3.形成审计结论

注册会计师应当评价样本结果，以确定对总体相关特征的评估是否得到证实或需要修正。

（1）控制测试中的样本结果评价

在控制测试中，注册会计师应当将总体偏差率与可容忍偏差率进行比较，但必须考虑抽样风险。

①控制测试中运用统计抽样方法进行样本结果评价

若控制测试采用统计抽样方法，注册会计师应当将总体偏差率上限（总体偏差率与抽样风险允许限度之和）与可容忍偏差率进行比较。

如果估计的总体偏差率上限低于可容忍偏差率，则总体可以接受。此时注册会计师可以对总体得出结论：样本结果支持计划评估的控制有效性，从而支持计划的重大错报风险评估水平。

如果估计的总体偏差率上限大于或等于可容忍偏差率，则总体不能接受。此时，注册会计师可以对总体得出结论：样本结果不支持计划评估的控制有效性，从而不支持计划的重大错报风险评估水平。注册会计师应当修正重大错报风险评估水平，并增加实质性程序的数量。注册会计师也可以对影响重大错报风险评估水平的其他控制进行测试，以支持计划的重大错报风险评估水平。

如果估计的总体偏差率上限低于但接近可容忍偏差率，注册会计师应当结合其他审计程序的结果，考虑是否接受总体，并考虑是否需要扩大测试范围，以进一步证实计划评估的控制有效性和重大错报风险水平。

②控制测试中运用非统计抽样方法进行样本结果评价

若控制测试采用非统计抽样方法，由于抽样风险无法直接计量，注册会计师通常将样本偏差率（即估计的总体偏差率）与可容忍偏差率进行比较，以判断总体是否可以接受。

如果样本偏差率大于可容忍偏差率，则总体不能接受。此时，注册会计师可以对总体得出结论：样本结果不支持计划评估的控制有效性，从而不支持计划的重大错报风险评估水平。注册会计师应当修正重大错报风险评估水平，并增加实质性程序的数量。注册会计师也可以对影响重大错报风险评估水平的其他控制进行测试，以支持计划的重大错报风险评估水平。

如果样本偏差率低于可容忍偏差率，注册会计师要考虑即使总体实际偏差率高于可容忍偏差率时仍出现这种结果的风险。如果样本偏差率大大低于可容忍偏差率，注册会计师通常认为总体可以接受。如果样本偏差率虽然低于可容忍偏差率，但两者很接近，注册会计师通常认为总体实际偏差率高于可容忍偏差率的抽样风险很高，因而总体不可接受。如果样本偏差率与可容忍偏差率之间的差额不是很大也不是很小，以至于不能认定总体是否可以接受，注册会计师则要考虑扩大样本规模，以进一步搜集证据。

（2）细节测试中的样本结果评价

在细节测试中，注册会计师应当根据样本中发现的错报推断总体错报。注册会计师首先必须根据样本中发现的实际错报要求被审计单位调整账面记录金额。将被审计单位已更正的错报从推断的总体错报金额中减掉后，注册会计师应当将调整后的推断总体错报与该类交易或账户余额的可容忍错报相比较，但必须考虑抽样风险。

①细节测试中运用统计抽样方法进行样本结果评价

若细节测试采用统计抽样方法，注册会计师应当将总体错报上限（推断的调整后总体错报与抽样风险允许限度之和）与可容忍错报进行比较。

如果计算的总体错报上限低于可容忍错报，则总体可以接受。此时，注册会计师可以对总体得出结论：所测试的交易或账户余额不存在重大错报。

如果计算的总体错报上限大于或等于可容忍错报，则总体不能接受。此时，注册会计师可以对总体得出结论：所测试的交易或账户余额存在重大错报。

②细节测试中运用非统计抽样方法进行样本结果评价

若细节测试采用非统计抽样方法，由于抽样风险无法直接计量，注册会计师通常将推断的总体错报（调整后）与可容忍错报进行比较，以判断总体是否可以接受。

如果调整后的总体错报大于可容忍错报，或虽小于可容忍错报但两者很接近，注册会计师通常得出总体实际错报大于可容忍错报的结论。也就是说，该类交易或账户余额存在重大错报，因而总体不能接受。

如果调整后的总体错报远远小于可容忍错报，注册会计师可以得出总体实际错报小于可容忍错报的结论，即该类交易或账户余额不存在重大错报，因而总体可以接受。

如果调整后的总体错报虽然小于可容忍错报但两者之间的差距很接近（既不很小又不很大），注册会计师必须特别仔细地考虑，总体实际错报超过可容忍错报的风险是否能够接受，并考虑是否需要扩大细节测试的范围，以获取进一步的证据。

知识点：
审计抽样在控制测试中的应用

第二节　审计抽样的应用

一、审计抽样在控制测试中的应用

在控制测试中应用审计抽样有两种方法。一种是发现抽样。这种方法适用于预计控制高度有效时。在发现抽样中，使用的预计总体偏差率是零。检查样本时，一旦发现一个偏差就立即停止抽样。如果在样本中没有发现偏差，则可以得出总体偏差率可以接受的结论。另一种是属性估计抽样，用以估计被测试控制的偏差发生率，或控制未有效运行的频率。本节以第二种方法为主。

（一）在控制测试中使用统计抽样方法

1.样本设计阶段

（1）确定测试目标

注册会计师实施控制测试的目标是提供关于控制运行有效性的审计证据，以支持计划的重大错报风险评估水平。只有认为控制设计合理、能够防止或发现并纠正认定层次的重大错报时，注册会计师才有必要对控制运行的有效性实施测试。

（2）定义（界定）总体和抽样单元

①定义（界定）总体

在定义（界定）总体时，注册会计师必须考虑总体的同质性。同质性是指总体中的所有项目应该具有相同的特征。例如，如果被审计单位的出口和内销业务的处理方式不同，注册会计师应按照两个独立的总体分别评价两种不同的控制情况。

在定义（界定）总体时，注册会计师必须确保总体的适当性。适当性是指总体应适合于特定的审计目标。例如，如果测试现金支付授权控制是否有效运行，将已得到授权的项目定义（界定）为总体是不适当的，因为该总体不包含那些已支付但未得到授权的项目，注册会计师无法从该总体中发现控制偏差。

在定义（界定）总体时，注册会计师必须考虑总体的完整性。完整性是总体必须包括具有相关性的全部资料项目，包括代表总体的所有实物。例如，如果注册会计师将总体定义为特定时期的所有现金支付，代表总体的实物就是该时期的所有现金支付单据。

②定义（界定）抽样单元

在控制测试中，抽样单元通常是能够提供控制运行证据的一份文件资料、一个记录或其中一行。注册会计师定义（界定）的抽样单元应与审计测试目标相适应。例如，如果测试目标是确定付款是否得到授权，且设定的控制要求付款之前授权人在付款单据上签字，则抽样单元可以被定义为每一张付款单据。如果一张付款单据包含了对几张发票的付款，且设定的控制要求每张发票分别得到授权，那么付款单据上与发票相对应的一行就可以被定义为抽样单元。

（3）定义（界定）偏差

在控制测试中，误差是指控制偏差。注册会计师应根据对内部控制的理解，确定哪些特征能够显示被测试控制的运行情况，然后据此定义误差构成条件。例如，设定的控制要求每笔支付都应附有发票、收据、验收报告和订购单等证明文件，且均盖上“已付”戳记。注册会计师认为盖上“已付”戳记的发票和验收报告足以显示控制的适当运行。在这种情况下，误差可以被定义为缺乏盖有“已付”戳记的发票和验收报告等证明文件的款项支付。

（4）定义（界定）测试期间

注册会计师通常在期中实施控制测试。由于期中测试获取的证据只与控制截至期中测试时点的运行有关，注册会计师需要确定如何获取关于剩余期间的证据。

①将总体定义（界定）为整个被审计期间的交易

注册会计师可能将总体定义为包括整个被审计期间的交易，但在期中实施初始测试。在这种情况下，注册会计师需要估计总体中剩余期间将发生的交易的数量，并在期末审计时对所有发生在期中测试之后的被选取交易进行检查。例如，如果被审计单位在当年的前10个月开具了编号从1到10 000的发票，注册会计师可能估计，根据企业的经营周期，剩下2个月中将开具2 500张发票，因此，注册会计师在选取所需的样本时用1到12 500作为编号。所选取的发票中，编号小于或等于10 000的样本项目在期中审计时进行检查，剩余的样本项目将在期末审计时进行检查。

注册会计师可能高估剩余项目的数量。年底，如果部分被选取的编号对应的交易没有发生（由于实际发生的交易数量低于预计数量），可以用其他交易代替。

注册会计师也可能低估剩余项目的数量。年底，如果剩余项目的数量被低估，一些交易将没有被选取的机会，因此，样本不能代表注册会计师所定义的总体。在这种情况下，注册会计师可以重新定义总体，以将样本中未包含的项目排除在外。对未包含在重新定义总体中的项目，注册会计师可以实施替代程序。

在对选取的交易进行期中测试时，如果注册会计师发现的误差足以使其得出结论：即使在发生于期中测试以后的交易中未发现任何误差，控制也不能支持计划评估的重大错报风险水平，注册会计师可以决定不将样本扩展至期中测试以后发生的交易，而是相应地修正计划的重大错报风险评估水平和实质性程序。

②将总体定义为从年初到期中测试日为止的交易

注册会计师可以将总体定义为从年初到期中测试日为止的交易，并确定是否需要针对剩余期间获取额外证据。

在确定是否需要针对剩余期间获取额外证据以及获取哪些证据时应考虑下列因素：所涉及的认定的重要性；期中进行测试的特定控制；自期中以来控制发生的任何变化；控制改变实质性程序的程度；期中实施控制测试的结果；剩余期间的长短；对剩余期间实施实质性程序所产生的、与控制的运行有关的证据。

2.样本选取阶段

（1）确定样本规模

①控制测试（统计抽样）样本规模的影响因素

可接受的信赖过度风险：与样本规模反向变动。控制测试中选取的样本旨在提供关于控制运行有效性的证据，可接受的信赖过度风险一般应确定在相对较低的水平上。通常，相对较低的水平在数量上是指5%~10%的信赖过度风险。注册会计师一般将信赖过度风险确定为10%，特别重要的测试则可以将信赖过度风险确定为5%。

可容忍偏差率：与样本规模反向变动。在确定可容忍偏差率时，注册会计师应考虑计划评估的控制有效性。计划评估的控制有效性越低，注册会计师确定的可容忍偏差率通常越高，所需的样本规模就越小。在实务中，注册会计师通常认为，当偏差率为3%~7%时，控制有效性的估计水平较高；可容忍偏差率最高为20%，偏差率超过20%时，由于估计控制运行无效，注册会计师不需进行控制测试。可容忍偏差率和计划评估的控制有效性之间的关系见表8-4。

表8-4 可容忍偏差率和计划评估的控制有效性之间的关系

计划评估的控制有效性	可容忍偏差率（近似值）
高	3%~7%
中	6%~12%
低	11%~20%
最低	不需进行控制测试

预计总体偏差率：与样本规模同向变动。对于控制测试，注册会计师在考虑总体特征时，可以根据上年测试结果和控制环境等因素对预计总体偏差率进行评估。如果预计总体偏差率高得无法接受，则意味着控制有效性很低，注册会计师通常决定不实施控制测试，而实施更多的实质性程序。

总体规模：对样本规模的影响较小。如果总体规模很大，注册会计师可以忽略总体规模对样本规模的影响。

此外，控制测试的样本规模还要受控制运行相关期间长短、所测试的控制类型等因素的影响。

②控制测试（统计抽样）样本规模的确定

在统计抽样中，注册会计师可以使用样本量表确定样本规模。表8-5提供了在控制测试中确定的可接受信赖过度风险为10%时所用的样本量表。使用样本量表确定样本规模的基本步骤为：根据可接受的信赖过度风险选择相应的抽样规模表；读取预计总体偏差率栏，找到适当的比率；确定与可容忍偏差率对应的列；可容忍偏差率所在列与预计总体偏差率所在行的交点就是所需的样本规模。

依据表8-5，如果注册会计师确定的可接受信赖过度风险为10%，可容忍偏差率为7%，预计总体偏差率为1.75%，可容忍偏差率与预计总体偏差率的交叉处为55，即所需的样本规模为55个。

（2）选取样本

在控制测试中使用统计抽样方法时，注册会计师必须使用随机数表（或计算机辅助审计技术选样）或系统选样方法选取样本。

（3）实施审计程序

注册会计师应当针对选取的每个项目，实施适合于具体审计目标的审计程序。对选取的样本项目实施审计程序旨在发现并记录样本中存在的偏差。

表 8-5 **控制测试统计抽样样本规模**

——信赖过度风险为10%（括号内是可接受的偏差数）

预计总体偏差率（%）	可容忍偏差率									
	2%	3%	4%	5%	6%	7%	8%	9%	10%	15%	20%
0.00	114(0)	76(0)	57(0)	45(0)	38(0)	32(0)	28(0)	25(0)	22(0)	15(0)	11(0)
0.25	194(1)	129(1)	96(1)	77(1)	64(1)	55(1)	48(1)	42(1)	38(1)	25(1)	18(1)
0.50	194(1)	129(1)	96(1)	77(1)	64(1)	55(1)	48(1)	42(1)	38(1)	25(1)	18(1)
0.75	265(2)	129(1)	96(1)	77(1)	64(1)	55(1)	48(1)	42(1)	38(1)	25(1)	18(1)
1.00	*	176(2)	96(1)	77(1)	64(1)	55(1)	48(1)	42(1)	38(1)	25(1)	18(1)
1.25	*	*	*	*	64(1)	55(1)	48(1)	42(1)	38(1)	25(1)	18(1)
1.50	*	*	*	*	64(1)	55(1)	48(1)	42(1)	38(1)	25(1)	18(1)
1.75	*	*	*	*	88(2)	55(1)	48(1)	42(1)	38(1)	25(1)	18(1)
2.00	*	*	*	*	88(2)	75(2)	48(1)	42(1)	38(1)	25(1)	18(1)
2.25	*	*	*	*	88(2)	75(2)	48(1)	42(1)	38(1)	25(1)	18(1)
2.50	*	*	*	*	110(3)	75(2)	65(2)	42(2)	38(2)	25(1)	18(1)
2.75	*	*	*	*	132(4)	94(3)	65(2)	58(2)	38(2)	25(1)	18(1)
3.00	*	*	*	*	132(4)	94(3)	65(2)	58(2)	52(2)	25(1)	18(1)
3.25	*	*	*	*	153(5)	113(4)	82(3)	58(2)	52(2)	25(1)	18(1)
3.50	*	*	*	*	194(7)	113(4)	82(3)	73(3)	52(2)	25(1)	18(1)
3.75	*	*	*	*	*	131(5)	98(4)	73(3)	52(2)	25(1)	18(1)
4.00	*	*	*	*	*	149(6)	98(4)	73(3)	65(3)	25(1)	18(1)
5.00	*	*	*	*	*	*	160(8)	115(6)	78(4)	34(2)	18(1)
6.00	*	*	*	*	*	*	*	182(11)	116(7)	43(3)	25(2)
7.00	*	*	*	*	*	*	*	*	199(14)	52(4)	25(2)

注：*表示样本规模太大，因而在大多数情况下不符合成本效益原则。本表假设总体为大总体。

3.样本结果评价阶段

（1）计算总体偏差率

将样本中发现的偏差数量除以样本规模，即可计算出样本偏差率。样本偏差率就是注册会计师对总体偏差率的最佳估计。但注册会计师还必须考虑抽样风险，计算总体偏差率上限。

（2）分析偏差的性质和原因

除了评价偏差发生的频率之外，注册会计师还要对偏差进行定性分析，即分析偏差的性质和原因：是有意的还是无意的？是误解了规定还是粗心大意？是经常发生还是偶然发生？是系统的还是随机的？

如果对偏差的分析表明是故意违背了既定的内部控制政策或程序，注册会计师应考虑存在重大舞弊的可能性。在这种情况下，注册会计师应当确定实施的控制测试能否提供适当的审计证据，是否需要增加控制测试，或是否需要使用实质性程序应对潜在的错报风险。

在控制测试中考虑已识别的偏差对财务报表的直接影响时，注册会计师应当注意，控制偏差并不一定导致财务报表中的金额错报。控制偏差虽然增加了金额错报的风险，但两者不是一一对应的关系。如果某项控制偏差更容易导致金额错报，则该项控制偏差就更加重要。

（3）得出总体结论

若控制测试采用统计抽样方法，注册会计师应当将总体偏差率上限（总体偏差率与抽样风险允许限度之和）与可容忍偏差率进行比较。具体方法如下：

①使用统计公式评价样本结果

$$总体偏差率上限（MDR）=\frac{风险系数(R)}{样本量(n)}$$

控制测试中常用的风险系数表见表8-6。

表8-6 **控制测试中常用的风险系数表**

样本中发现偏差的数量	信赖过度风险	
	5%	10%
0	3.0	2.3
1	4.8	3.9
2	6.3	5.3
3	7.8	6.7
4	9.2	8.0
5	10.5	9.3
6	11.9	10.6
7	13.2	11.8
8	14.5	13.0
9	15.7	14.2
10	17.0	15.4

【例8-2】如果注册会计师确定的可接受信赖过度风险为10%，可容忍偏差率为7%，预计总体偏差为1.75%，根据样本量表，可容忍偏差率与预计总体偏差率的交叉处为55，即所需的样本规模为55个。

假定注册会计师对56个项目实施了既定的审计程序，且未发现偏差，则在控制测试常用的风险系数表（见表8-6）中查得风险系数为2.3。

总体偏差率上限=2.3÷56×100%=4.1%

这意味着，如果样本量为56个且无一例偏差，总体实际偏差率超过4.1%的风险为10%，即有90%的把握保证总体实际偏差率不超过4.1%。如果注册会计师确定的可容忍偏差率为7%，就可以得出结论：总体的实际偏差率超过可容忍偏差率的风险很小，总体可以接受。也就是说，样本结果证实注册会计师对控制运行有效性的估计和评估的重大错报风险水平是适当的。

如果在56个样本中有2个偏差，则在既定的可接受信赖过度风险下，按照公式计算的总体偏差率上限如下：

总体偏差率上限=5.3÷56×100%=9.46%

这意味着，如果样本量为56个且有2个偏差，总体实际偏差率超过9.46%的风险为10%。在可容忍偏差率为7%的情况下，注册会计师可以得出结论：总体的实际偏差率超过可容忍偏差率的风险很大，因而不能接受总体。

②使用样本结果评价表评价样本结果

注册会计师也可以使用样本结果评价表评价统计抽样的结果。表8-7列示了可接受的信赖过度风险为10%时的总体偏差率上限。

表8-7　**控制测试中统计抽样结果评价**

——信赖过度风险为10%时的总体偏差率上限

样本规模	实际发现的偏差数										
	0	1	2	3	4	5	6	7	8	9	10
20	10.9	18.1	*	*	*	*	*	*	*	*	*
25	8.8	14.7	19.9	*	*	*	*	*	*	*	*
30	7.4	12.4	16.8	*	*	*	*	*	*	*	*
35	6.4	10.7	14.5	18.1	*	*	*	*	*	*	*
40	5.6	9.4	12.8	16.0	19.0	*	*	*	*	*	*
45	5.0	8.4	11.4	14.3	17.0	19.7	*	*	*	*	*
50	4.6	7.6	10.3	12.9	15.4	17.8	*	*	*	*	*
55	4.1	6.9	9.4	11.8	14.1	16.3	18.4	*	*	*	*
60	3.8	6.4	8.7	10.8	12.9	15.0	16.9	18.9	*	*	*
70	3.3	5.5	7.5	9.3	11.1	12.9	14.6	16.3	17.9	19.6	*
80	2.9	4.8	6.6	8.2	9.8	11.3	12.8	14.3	15.8	17.2	18.6
90	2.6	4.3	5.9	7.3	8.7	10.1	11.5	12.8	14.1	15.4	16.6
100	2.3	3.9	5.3	6.6	7.9	9.1	10.3	11.5	12.7	13.9	15.0
120	2.0	3.3	4.4	5.5	6.6	7.6	8.7	9.7	10.7	11.6	12.6
160	1.5	2.5	3.3	4.2	5.0	5.8	6.5	7.3	8.0	8.8	9.5

注：*表示超过20%。本表以百分比表示偏差率上限；本表假设总体足够大。

假设样本规模为56个，注册会计师可以选择样本规模为55的那一行。当样本中未发现偏差时，应选择偏差数为0的那一列，两者交叉处的4.1%即为总体偏差率上限，与利用公式计算的结果4.1%相等。当样本中发现2个偏差时，应选择偏差数为2的那一列，两者交叉处的9.4%即为总体偏差率上限，与利用公式计算的结果相近。

控制测试中使用统计抽样的样本结果评价见表8-8。

表8-8　**控制测试中使用统计抽样的样本结果评价**

<table>
<tr><th>计算总体偏差率</th><th colspan="2">总体偏差率=样本偏差率=样本偏差数量÷样本规模</th></tr>
<tr><td rowspan="2">计算总体偏差率上限（考虑抽样风险）</td><td colspan="2">公式法：
总体偏差率上限=风险系数÷样本规模=总体偏差率+抽样风险允许限度</td></tr>
<tr><td colspan="2">查表法：使用样本结果评价表</td></tr>
<tr><td rowspan="4">统计抽样结果评价与结论</td><td>评价</td><td>结论</td></tr>
<tr><td>总体偏差率上限“低于”可容忍偏差率</td><td>总体“可以接受”</td></tr>
<tr><td>总体偏差率上限“低于但接近”可容忍偏差率</td><td>“考虑是否接受总体”，并考虑是否需要扩大测试范围</td></tr>
<tr><td>总体偏差率上限“大于或等于”可容忍偏差率</td><td>总体“不能接受”，修正重大错报风险评估水平，并增加实质性程序的数量；或对其他控制进行测试，以支持计划的重大错报风险评估水平</td></tr>
</table>

【例8-3】ABC会计师事务所承接了W上市公司的2022年度财务报表审计业务，A注册会计师负责该项目。A注册会计师拟对存货内部控制进行测试，部分做法摘录如下：

（1）为测试2022年度库存商品发出控制是否有效运行，将2022年2月1日到2022年11月30日的出库单界定为测试总体。

（2）为测试2022年度销售单的信用审批控制是否有效运行，将销售单缺乏信用部门人员签字或虽有签字但未按制度审批的界定为控制偏差。

（3）在使用随机数表选取样本项目时，由于所选中的1张凭证金额较小，改用别的凭证代替。

（4）在对选取的样本项目进行检查后，A注册会计师将样本中发现的偏差数量除以样本规模得出的数值作为该项控制运行总体偏差率的最佳估计，同时考虑抽样风险。

（5）在测试存货验收控制时，假设A注册会计师确定的存货验收控制可接受的信赖过度风险为10%，样本规模为45个。测试样本后，发现1例偏差。当信赖过度风险为10%、样本中发现的偏差为1时，控制测试的风险系数为3.9，A注册会计师确定的可容忍偏差率为3%，注册会计师决定接受该控制运行有效。

要求：针对上述资料的每个事项，逐项指出A注册会计师的做法是否正确。如不正确，简要说明理由。

【解析】

（1）存货发出控制测试总体的确定不完整。

理由：注册会计师为了获取证据表明W上市公司2022年度库存商品发出控制是否运行有效，应当将该公司2022年1月1日至12月31日期间所有开具的出库单作为测试总体。

（2）A注册会计师关于偏差的定义正确。

（3）注册会计师直接另选1张凭证代替金额较小的凭证的做法不正确。

理由：注册会计师采用随机数表选择样本，如果因为金额较小就选用其他凭证，会破坏样本选取的随机性。

（4）正确。

（5）注册会计师认定存货验收控制运行有效不正确。

理由：注册会计师还应当考虑抽样风险，总体偏差率上限为8.67%（3.9÷45×100%），超出可容忍偏差率3%，说明总体不能接受，该项控制运行无效。

（二）在控制测试中使用非统计抽样方法

在控制测试中使用非统计抽样时，抽样的基本流程和主要步骤与使用统计抽样时相同，只是在确定样本规模、选取样本和推断总体的具体方法上有所差别。

1.确定样本规模的方法

在控制测试中使用非统计抽样时，注册会计师应当根据对被审计单位的初步了解，运用职业判断确定样本规模。在非统计抽样中，注册会计师也必须考虑可接受的信赖过度风险、可容忍偏差率、预计总体偏差率，以及总体规模等，但可以不对其量化，而只进行定性的估计。

在控制测试中使用非统计抽样时，注册会计师可以根据表8-9确定所需的样本规模。同时，注册会计师由于考虑可接受的信赖过度风险、可容忍偏差率、预计总体偏差率，以及总体规模等因素，往往可能需要测试比表格中所列更多的样本。

表8-9 人工控制最低样本规模表

控制执行频率	控制发生次数	最低样本数量
1次/年度	1次	1
1次/季度	4次	2
1次/月度	12次	3
1次/周	52次	5
1次/日	250次	20
每日数次	大于250次	25

有些控制可能执行次数很多，但不是每天都执行。例如，如果某公司实施一种按月执行的控制，该控制针对多个事项（某人每月对该公司的所有50个银行账户编制银行存款余额调节表）。在此情况下，首先把信息换算成对应的控制发生总次数，也就是12个月乘以50个，即600个，然后从表格中选择对应的行。此时，600个是个大

规模的抽样总体，应采用“每日数次”这一行来确定样本规模。

2.样本选取方法

注册会计师可以使用随机数表或计算机辅助审计技术选样、系统选样，也可以使用随意选样。非统计抽样只要求选出的样本具有代表性，并不要求必须是随机样本。

3.样本结果评价方法

在非统计抽样中，注册会计师同样将样本偏差率作为总体偏差率的最佳估计。但在非统计抽样中，抽样风险无法直接计量。注册会计师通常将样本偏差率（即估计的总体偏差率）与可容忍偏差率相比较，以判断总体是否可以接受。

控制测试中使用非统计抽样的样本结果评价见表8-10。

表8-10　　控制测试中使用非统计抽样的样本结果评价

计算总体偏差率	总体偏差率=样本偏差率=样本偏差数量÷样本规模	
非统计抽样结果评价与结论（无法量化抽样风险）	评价	结论
	样本偏差率“大于”可容忍偏差率	总体“不能接受”
	样本偏差率“低于但接近”可容忍偏差率	总体“不可接受”
	样本偏差率“低于”可容忍偏差率，其差额“不大不小”	“考虑是否接受”总体，考虑扩大样本规模以进一步搜集证据
	样本偏差率“大大”低于可容忍偏差率	总体“可以接受”

二、审计抽样在细节测试中的应用

知识点：审计抽样在细节测试中的应用

（一）在细节测试中使用非统计抽样方法

1.样本设计阶段

（1）确定测试目标

注册会计师实施细节测试的目标是通过对各类交易、账户余额或披露的相关认定进行测试，确定相关认定是否存在重大错报。审计抽样通常用来为有关财务报表项目的一项或多项认定提供特定水平的合理保证。

（2）定义（界定）总体和抽样单元

①定义（界定）总体

在定义（界定）总体时，注册会计师应当考虑总体的适当性，确信抽样总体适合于特定的审计目标。

在定义（界定）总体时，注册会计师应当考虑总体的完整性，确保代表总体的实物包括了总体内所有项目。

在定义（界定）总体时，注册会计师应当识别单个重大项目和极不重要的项目。单个重大项目包括那些潜在错报可能超过可容忍错报的所有单个项目，以及异常的余额或交易。对于单个重大项目，注册会计师应当单独测试，逐一实施检查，而不纳入抽样总体。

②定义（界定）抽样单元

在细节测试中，注册会计师应根据审计目标和所实施审计程序的性质，定义（界定）抽样单元。抽样单元可以是一个账户余额、一笔交易或交易中的一个记录（如销售发票中的单个项目），甚至是每个货币单元。例如，如果抽样的目标是测试应收账款是否存在，注册会计师可以选择各应收账款明细账余额、发票或发票上的单个项目作为抽样单元。

③定义（界定）错报

在细节测试中，误差是指错报。审计抽样过程中，注册会计师应根据审计目标界定错报。如果错报被定义为账面金额与注册会计师审定金额之间的差异，那么不符合相关特征的差异就不是错报。例如，在登记明细账时发生的差错如果不导致账户余额合计数发生错误，就不属于错报。

2.样本选取阶段

（1）确定样本规模

①细节测试（非统计抽样）样本规模的影响因素

总体变异性：与样本规模同向变动。总体变异性越低，通常样本规模越小。

可接受的误受风险：与样本规模反向变动。可接受的误受风险越低，样本规模越大。在确定可接受的误受风险水平时，注册会计师需要考虑愿意接受的审计风险水平（期望审计风险）、评估的重大错报风险水平、针对同一审计目标（财务报表认定）的其他实质性程序（包括分析程序）的检查风险等因素。

可容忍错报：与样本规模反向变动。对特定的账户余额或交易类型而言，当可接受的误受风险一定时，注册会计师确定的可容忍错报越低，为实现审计目标所需的样本规模就越大。

预计总体错报：与样本规模同向变动。预计总体错报的规模或频率降低，所需的样本规模也降低。相反，预计总体错报的规模或频率增加，所需的样本规模也增加。如果预计总体错报很高，注册会计师在实施细节测试时对总体进行100%检查或使用较大的样本规模可能较为适当。

总体规模：在细节测试中对样本规模的影响很小。

②细节测试（非统计抽样）样本规模的确定

注册会计师在细节测试中可以采用如下模型确定样本规模：

样本规模=总体账面金额÷可容忍错报×保证系数

使用本模型时确定样本规模的步骤如下：

第一，考虑重大错报风险，将其评估为最高、高、中和低四个等级。

第二，确定可容忍错报。

第三，评估用于测试相同认定的其他实质性程序（如分析程序）未能发现该认定中重大错报的风险。

最高——没有实施其他实质性程序测试相同认定。

高——预计用于测试相同认定的其他实质性程序不能有效地发现该认定中的重大错报。

中——预计用于测试相同认定的其他实质性程序发现该认定中重大错报的有效程

度适中。

低——预计用于测试相同认定的其他实质性程序能有效地发现该认定中的重大错报。

第四，剔除100%检查的所有项目后估计总体的账面金额。

第五，从表8-11中选择适当的保证系数，并使用公式估计样本规模。

表8-11 **保证系数表**

评估的重大错报风险	其他实质性程序未能发现重大错报的风险			
	最高	高	中	低
最高	3.0	2.7	2.3	2.0
高	2.7	2.4	2.0	1.6
中	2.3	2.1	1.6	1.2
低	2.0	1.6	1.2	1.0

第六，调整估计的样本规模，以反映非统计抽样方法与本模型使用统计抽样方法在效率上的差异。在实务中，如果样本不是以统计抽样的方式选取的，注册会计师调整样本规模的幅度通常在10%~50%。

（2）选取样本并实施审计程序

在非统计抽样方法中，注册会计师可以使用随机数表或计算机辅助审计技术选样、系统选样，也可以使用随意选样。注册会计师应当仔细选取样本，以使样本能够代表抽样总体的特征。在选取样本之前，注册会计师通常先识别单个重大项目。然后，从剩余项目中选取样本，或者对剩余项目分层，并将样本规模相应分配给各层。

3.样本结果评价阶段

（1）考虑错报的性质和原因

除了评价错报的频率和金额之外，注册会计师还要对错报进行定性分析，分析错报的性质和原因，判断其对财务报表重大错报风险的影响。

（2）推断总体错报

在非统计抽样中，根据样本中发现的错报金额推断总体错报金额的方法主要有两种：

①比率法

推断的总体错报金额=样本错报金额÷（样本账面金额÷总体账面金额）

即用样本中的错报金额除以该样本中包含的账面金额占总体账面金额的比例。

例如，注册会计师选取的样本包含了应收账款账户账面金额的10%。如果注册会计师在样本中发现了100元的错报，其对总体错报的最佳估计为1 000元（100÷10%）。

比率估计法在错报金额与抽样单元金额相关时最为适用，是大多数审计抽样中注册会计师首选的总体推断方法。

②差异法

推断的总体错报金额=样本错报金额÷样本规模×总体规模

即计算样本中所有项目审定金额和账面金额的平均差异，并推断至总体的全部项目。

例如，注册会计师从5 000个项目中使用非统计抽样选取了100个样本。如果注册会计师在样本中发现的错报为200元，样本项目审定金额和账面金额的平均差异则为2元（200÷100）。注册会计师可以用总体规模（本例中为5 000个）乘以样本项目的平均差异2元，估计总体的错报金额为10 000元（5 000×2）。

差异法通常更适用于错报金额与抽样单元本身而不是与其金额相关的情况。

如果注册会计师在设计样本时将进行抽样的项目分为几层，则要在每层分别推断错报，然后将各层推断的金额加总，计算估计总体错报。注册会计师还要将在进行100%检查的个别重大项目中发现的所有错报与推断的错报金额汇总。

（3）考虑抽样风险并得出总体结论

注册会计师应当将推断的总体错报金额与100%检查的项目中所发现的错报加总，并要求被审计单位调整已经发现的错报。依据被审计单位已更正的错报对推断的总体错报额进行调整后，注册会计师要将其与该类交易或账户余额的可容忍错报相比较，并适当考虑抽样风险，以评价样本结果。

细节测试中使用非统计抽样的样本结果评价见表8-12。

表8-12　**细节测试中使用非统计抽样的样本结果评价**

<table>
<tr><th>确定样本规模</th><th colspan="2">样本规模=总体账面金额÷可容忍错报×保证系数</th></tr>
<tr><td>选取样本</td><td colspan="2">可以使用随机数表或计算机辅助审计技术选样、系统选样，也可以使用随意选样</td></tr>
<tr><td rowspan="2">推断总体错报</td><td colspan="2">比率法（错报金额与抽样单元的金额相关）
总体错报金额=样本错报金额÷（样本账面金额÷总体账面金额）</td></tr>
<tr><td colspan="2">差异法（错报金额与抽样单元的多少相关）
总体错报金额=样本错报金额÷样本规模×总体规模</td></tr>
<tr><td rowspan="5">抽样结果评价与结论</td><td>评价</td><td>结论</td></tr>
<tr><td>调整后总体错报“大于”可容忍错报</td><td>总体“不能接受”，应建议被审计单位调整账面记录；修改进一步审计程序的性质、时间安排和范围；考虑对审计报告的影响</td></tr>
<tr><td>调整后总体错报“低于但接近”可容忍错报</td><td>总体“不能接受”，应建议被审计单位调查错报，调整账面记录；修改进一步审计程序的性质、时间安排和范围；考虑对审计报告的影响</td></tr>
<tr><td>调整后总体错报“小于”可容忍错报，其差额不大不小</td><td>“考虑是否接受总体”，并考虑是否需要扩大细节测试的范围，以获取进一步的证据</td></tr>
<tr><td>调整后总体错报“大大低于”可容忍错报</td><td>总体“可以接受”</td></tr>
</table>

【例 8-4】A注册会计师正在使用非统计抽样方法测试X公司2022年12月31日应收账款余额的存在性和总价值。X公司2022年度的销售收入大约为25 000 000元。当年12月31日共有905个借方余额的应收账款账户，借方余额共计4 250 000元。这些账户余额在10元到140 000元之间。总体中有5个金额超过50 000元的账户，共计500 000元；另有40个贷方余额账户，共计5 000元。注册会计师做出下列决定：

（1）根据控制测试的结果，将与应收账款的存在性和计价认定有关的重大错报风险评估为高水平，且没有对应的其他实质性程序；通过分析程序，注册会计师合理确信应收账款不存在重大的低估。

（2）将应收账款贷方余额作为预收账款单独测试。

（3）注册会计师决定对5个金额超过50 000元的账户进行100%检查，并将其排除在准备抽样的总体之外。

（4）注册会计师决定采用分组抽样。根据总体项目的账面金额，将总体分为两组：第一组由200个余额大于或等于5 000元的账户组成（账面金额总计2 500 000元）；第二组由余额小于5 000元的其余账户组成（账面金额总计1 250 000元）。确定的可容忍错报为125 000元，预计应收账款的错报为35 000元。注册会计师决定对这些账户的余额进行函证，除非有证据表明应收账款有重大错报，注册会计师拟不采用其他程序来验证应收账款的余额。

要求：

（1）注册会计师计算出的样本规模应是多少？

（2）若注册会计师最终确定的样本规模为99，请判断注册会计师最终确定的样本规模是否合理，并简要说明理由。

（3）请计算两组分配的样本规模分别是多少？

（4）注册会计师对其中抽取的账户与5个金额超过50 000元的账户的函证后审定结果见表8-13。

表8-13 **审定结果** 单位：元

组别	总体账面金额	样本账面金额	样本审定金额	高估金额
100%检查	500 000	500 000	446 000	54 000
5 000元及以上	2 500 000	739 000	729 000	10 000
5 000元以下	1 250 000	62 500	60 000	2 500
合计	4 250 000	1 301 500	1 235 000	66 500

注册会计师认为以上存在的错报是由会计流程中的普通错误所导致的。注册会计师考虑了所发现的错报，认为总体错报金额与总体规模相关的可能性比与总体项目的总金额相关的可能性更大。请计算根据样本项目推断的总体错报金额。

（5）X公司管理层同意更正5 000元及以上组和5 000元以下组中已发现的所有错

报，请计算确定注册会计师是否可接受抽样的总体？如果总体不能接受，注册会计师应采取哪些措施？

【解析】

（1）样本规模=（4 250 000−500 000）÷125 000×2.7=81

（2）注册会计师最终确定的样本规模是合理的，因为注册会计师调整样本规模的幅度通常在10%~50%，所以注册会计师调整样本规模的幅度=（99−81）÷81×100%=22.22%，在合理范围之内。

（3）两组分配的样本规模分别计算如下：

5 000元及以上组分配的样本规模=99×（2 500 000÷3 750 000）=66

5 000元以下组分配的样本规模=99×（1 250 000÷3 750 000）=33

（4）计算根据样本项目推断的总体错报金额如下：

5 000元及以上组推断的总体错报=10 000÷66×200=30 303.03（元）（差异法）

5 000元以下组推断的总体错报=2 500÷33×（905−5−200）=53 030.30（元）

全部推断的总体错报=30 303.03+53 030.30+54 000=137 333.33（元）

（5）尚未更正的总体错报=137 333.33−12 500=124 833.33（元）

尚未更正的总体错报接近可容忍错报，总体不能接受，注册会计师得出结论：应收账款存在重大错报。注册会计师应采取的措施如下：提请管理层对已识别的误差和存在更多误差的可能性进行调查，并在必要时予以调整；修改进一步审计程序的性质、时间安排和范围；考虑对审计报告的影响。

（二）在细节测试中使用统计抽样方法

细节测试中使用统计抽样方法和非统计抽样方法的流程和步骤完全一致，只是在确定样本规模、选取样本和推断总体的具体方法上有所差别。注册会计师在细节测试中使用的统计抽样方法主要包括传统变量抽样和概率比例规模抽样（简称PPS抽样）。两种统计抽样方法的区别主要体现在确定样本规模和推断总体两个方面。

1.传统变量抽样

传统变量抽样在确定样本规模时需要量化可接受的抽样风险、可容忍错报、预计总体错报等影响因素，并代入专门的统计公式中计算所需的样本数量。设计传统变量抽样所需的数学计算，包括样本规模的计算，对于手工应用来说显得复杂且困难。注册会计师在使用传统变量抽样时通常运用计算机程序确定样本规模，一般不需要懂得这些方法所用的数学公式，对此本书不作介绍。

根据推断总体的方法不同，传统变量抽样又可以分为三种具体的方法：均值估计抽样、差额估计抽样和比率估计抽样。

（1）均值估计抽样

均值估计抽样是指通过抽样审查确定样本的平均值，再根据样本平均值推断总体的平均值和总值的一种变量抽样方法。使用这种方法时，注册会计师先计算样本中所有项目审定金额的平均值，然后用这个样本平均值乘以总体规模，得出总体金额的估计值。总体估计金额和总体账面金额之间的差额就是推断的总体错报。

（2）差额估计抽样

差额估计抽样是以样本实际金额与账面金额的平均差额来估计总体实际金额与账面金额的平均差额，然后再以这个平均差额乘以总体规模，从而求出总体的实际金额与账面金额的差额（即总体错报）的一种抽样方法。使用这种方法时，注册会计师先计算样本项目的平均错报，然后根据这个样本平均错报推断总体。

（3）比率估计抽样

比率估计抽样是指以样本的实际金额与账面金额之间的比率关系来估计总体实际金额与账面金额之间的比率关系，然后再以这个比率乘以总体的账面金额，从而求出估计的总体实际金额的一种抽样方法。

细节测试中使用传统变量抽样的样本结果评价见表8-14。

表8-14　**细节测试中使用传统变量抽样的样本结果评价**

<table>
<tr><td rowspan="3">推断总体错报
（传统变量抽样）</td><td colspan="2">均值估计抽样：样本平均值=样本实际金额÷样本规模
总体金额估计值=样本平均值×总体规模
推断总体错报=总体金额估计值-总体账面金额</td></tr>
<tr><td colspan="2">差额估计抽样：平均错报=（样本实际金额-样本账面金额）÷样本规模
推断的总体错报=平均错报×总体规模</td></tr>
<tr><td colspan="2">比率估计抽样：比率=样本审定金额÷样本账面金额
估计的总体实际金额=总体账面金额×比率
推断的总体错报=估计的总体实际金额-总体账面金额</td></tr>
<tr><td rowspan="3">统计抽样结果
评价与结论</td><td>评价</td><td>结论</td></tr>
<tr><td>总体错报上限“大于或等于”可容忍错报</td><td>总体“不能接受”，所测试的交易或账户余额存在重大错报。注册会计师应建议被审计单位对错报进行调查，且在必要时调整账面记录</td></tr>
<tr><td>总体错报上限“低于”可容忍错报</td><td>总体“可以接受”</td></tr>
</table>

【例8-5】A&B会计师事务所的乙注册会计师对A股份有限公司2022年度财务报表进行审计，在对存货项目抽样时确定总体规模为1 000个，存货项目账面金额为1 000 000元，假设乙注册会计师拟抽取的样本规模为100个，经过对100个样本逐一实施审计程序后得到样本实际审定金额为90 000元，账面金额为100 000元。乙注册会计师在计划审计阶段评估的存货项目可容忍错报为20 000元。

要求：

（1）请代乙注册会计师采用均值估计抽样、差额估计抽样和比率估计抽样三种方法分别推断存货项目的总体金额；

（2）在均值估计抽样中，假如被审计单位不调整错报，请对抽样结果进行评价。

【解析】

（1）①均值估计抽样：

平均审定金额=90 000÷100=900（元）

估计的总体实际金额=900×1 000=900 000（元）

②差额估计抽样：

平均错报=（90 000−100 000）÷100=−100（元）

推断的总体错报=−100×1 000=−100 000（元）

估计的总体实际金额=1 000 000−100 000=900 000（元）

③比率估计抽样：

比率=90 000÷100 000=0.9

估计的总体实际金额=1 000 000×0.9=900 000（元）

（2）推断存货项目总体错报=1 000 000−900 000=100 000（元）

由于存货项目的可容忍错报为20 000元，注册会计师推断的总体错报为100 000元，总体错报上限超过可容忍错报，说明存货项目存在重大错报，总体不能接受。

如果未对总体进行分层，注册会计师通常不使用均值估计抽样，因为此时所需的样本规模可能太大，以至于对一般的审计而言不符合成本效益原则。比率估计抽样和差额估计抽样都要求样本项目存在错报。如果样本项目的审定金额和账面金额之间没有差异，这两种方法使用的公式所隐含的机理就会导致错误的结论。如果注册会计师决定使用统计抽样，且预计只发现少量差异，就不应使用比率估计抽样和差额估计抽样，而考虑使用其他的替代方法，如均值估计抽样或PPS抽样。

2.货币单元抽样

货币单元抽样是一种运用属性抽样原理对货币金额而不是对发生率得出结论的统计抽样方法，它是概率比例规模抽样方法的分支，有时也被称为金额单元抽样、累计货币金额抽样以及综合属性变量抽样等。

货币单元抽样以货币单元作为抽样单元，例如，总体中包含100个应收账款明细账户，共有余额200 000元。若采用货币单元抽样，则认为总体含有200 000个抽样单元，而不是100个。总体中的每个货币单元被选中的机会相同，所以总体中某一项目被选中的概率等于该项目的金额与总体金额的比率，项目金额越大，被选中的概率就越大，这样有助于注册会计师将审计重点放在较大金额的账户余额或交易上。但实际上注册会计师并不是对总体中的货币单元实施检查，而是对包含被选取货币单元的账户余额或交易实施检查。注册会计师检查的账户余额或交易被称为逻辑单元。

货币单元抽样的优点主要包括：

（1）以属性抽样原理为基础，便于计算样本规模和评价样本结果；

（2）确定样本规模时，无须直接考虑总体的特征（如变异性）；

（3）项目被选取的概率与其货币金额大小成比例，无须通过分层减少变异性；

（4）使用系统选样法选取样本时，如果项目金额等于或大于选样间隔，将自动识别单个重大项目，即该项目一定会被选中；

（5）如果预计不存在错报，货币单元抽样的样本规模通常比传统变量抽样方法更小；

（6）样本更容易设计，且可在能够获得完整的最终总体前开始选取样本。

货币单元抽样的缺点主要包括：

（1）不适用于测试总体的低估；

（2）零余额或负余额的选取需要在设计时予以特别考虑；

（3）当发现错报时，如果风险水平一定，可能会高估抽样风险的影响，从而导致注册会计师更可能拒绝一个可接受的总体账面金额；

（4）通常需要逐个累计总体金额，以确定总体是否完整并与财务报表一致；

（5）预计总体错报金额增加时，所需样本规模也会增加。

【例 8-6】A注册会计师负责审计甲公司2022年度财务报表。在针对销售费用的发生认定实施细节测试时，A注册会计师决定采用传统变量抽样方法实施统计抽样，相关事项如下：

（1）A注册会计师将抽样单元界定为销售费用总额中的每个货币单元。

（2）A注册会计师将总体分成两层，使每层的均值大致相等。

（3）A注册会计师在确定样本规模时不考虑销售费用账户的可容忍错报。

（4）A注册会计师采用系统选样的方式选取样本项目进行检查。

（5）在对选中的一个样本项目进行检查时，A注册会计师发现所附发票丢失，于是另选一个样本项目代替。

（6）甲公司2022年度销售费用账面金额合计为50 000 000元。A注册会计师决定采用传统变量抽样中的差额估计抽样方法，确定的总体规模为2 000个，样本规模为100个，样本账面金额合计为2 000 000元，样本审定金额合计为1 800 000元。

要求：

（1）针对上述事项（1）至（5），逐项指出A注册会计师的做法是否存在不当之处。如果存在不当之处，简要说明理由。

（2）在不考虑上述事项（1）至（5）的情况下，针对上述事项（6），计算销售费用错报金额的估计值。

【解析】

（1）事项（1）存在不当之处。在PPS抽样中，货币单元为抽样单元，在传统变量抽样中应以每一笔交易作为抽样单元。

事项（2）存在不当之处。分层应当分为金额大致相当的两层，而不是均值大致相等的两层。

事项（3）存在不当之处。在确定样本规模时，需要考虑可容忍错报、总体变异性、可接受的抽样风险、预计总体错报和总体规模等。

事项（4）不存在不当之处。

事项（5）存在不当之处。发票丢失应当视为一项错报。

（2）样本错报金额=2 000 000−1 800 000=200 000（元）

样本中的平均错报额=200 000÷100=2 000（元）

错报总额的估计值=2 000×2 000=4 000 000（元）

本章思维导图

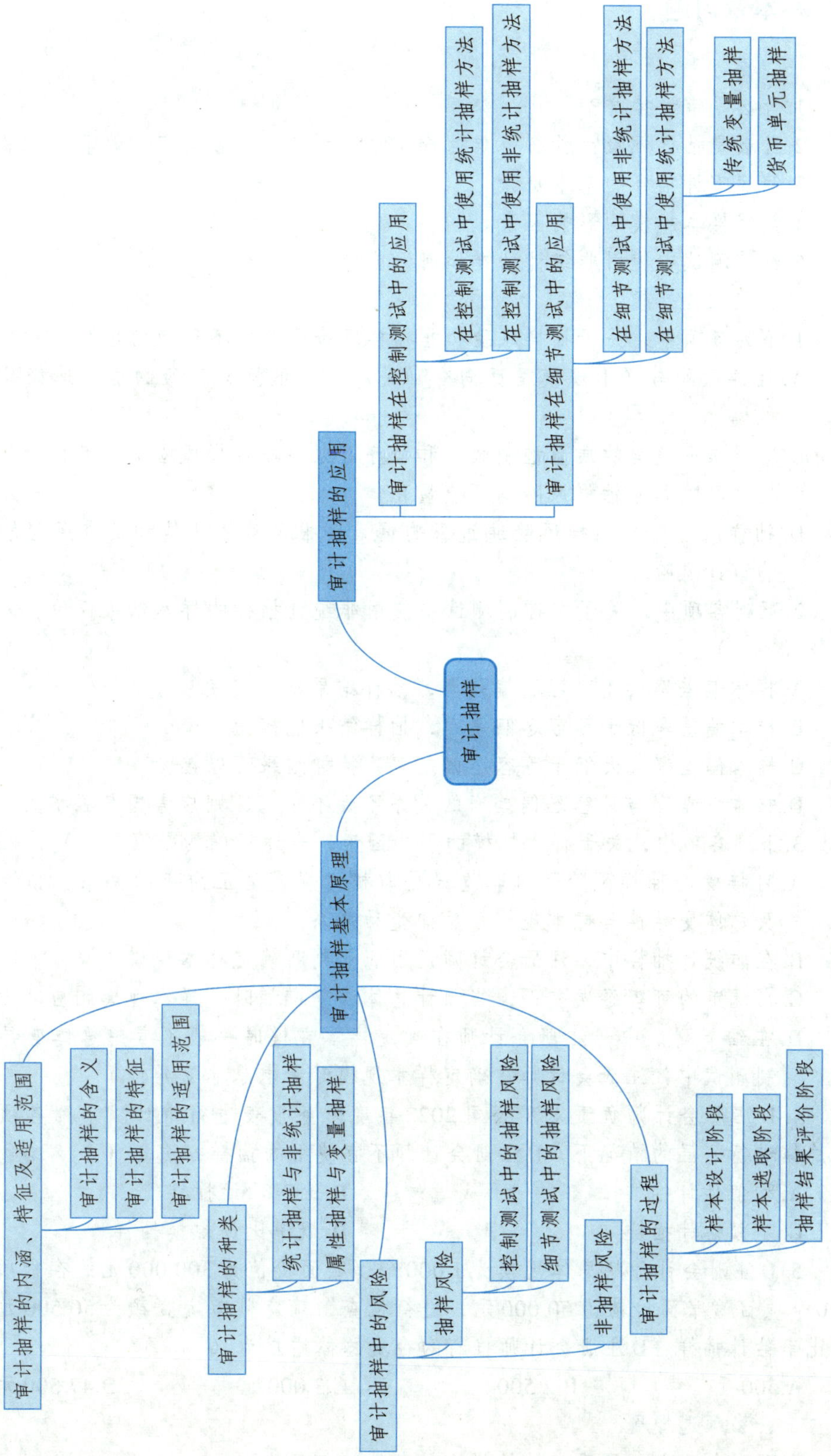

CSA1314
审计抽样

本章习题

一、思考题

1.什么是审计抽样?

2.什么是抽样风险?什么是非抽样风险?两者如何影响审计效率及效果?

3.简述审计抽样的基本步骤。

4.简述样本规模的影响因素。

5.细节测试中使用非统计抽样如何评价样本结果?

二、单项选择题

1.下列各项中,关于抽样风险和非抽样风险的表述不正确的是(　　)。

A.抽样风险与样本规模呈反向变动关系,降低抽样风险的唯一途径是扩大样本规模

B.通过采取适当的质量控制政策和程序可以将非抽样风险降至可接受的水平

C.抽样风险和非抽样风险均不能量化

D.抽样风险和非抽样风险通过影响重大错报风险的评估和检查风险的确定而影响审计风险

2.下列各项中,关于在控制测试中使用非统计抽样的样本结果评价,表述不正确的是(　　)。

A.样本偏差率大于可容忍偏差率,抽样结果不能接受

B.样本偏差率低于可容忍偏差率,抽样结果能接受

C.样本偏差率大大低于可容忍偏差率,抽样结果可以接受

D.样本偏差率与可容忍偏差率的关系不大不小时,则应考虑是否扩大样本规模

3.下列各项中,关于样本规模的影响因素,表述正确的是(　　)。

A.可接受的抽样风险及可容忍误差与样本规模呈正向变动关系,预计总体误差及总体变异性与样本规模呈反向变动关系

B.在非统计抽样中,注册会计师运用职业判断确定样本规模

C.在既定的可容忍误差下,当预计总体误差增加时,样本规模相应减少

D.在细节测试中,注册会计师在确定样本规模时一般不考虑总体变异性;在控制测试中,注册会计师在确定样本规模时考虑总体变异性

4.D注册会计师负责对丁公司2022年度财务报表进行审计。下列各项中,在未对总体进行分层的情况下,D注册会计师不宜使用的抽样方法是(　　)。

A.均值估计抽样　　B.比率估计抽样

C.差额估计抽样　　D.概率比例规模抽样

5.D注册会计师从总体规模为1 000个、账面价值为300 000元的存货项目中选取200个项目(账面价值为50 000元)进行检查,确定其审定金额为50 500元。如果采用比率估计抽样,D注册会计师推断的存货总体错报为(　　)。

A.500元　　B.2 500元　　C.3 000元　　D.47 500元

三、多项选择题

1.下列各项中,属于审计抽样应具备的特征的有(　　)。

A.对某类交易或账户余额中低于100%的项目实施审计程序

B.审计测试的目的是评价该交易类型或账户余额的某一特征

C.抽样风险应控制在可接受的低水平

D.所有抽样单元都有被选取的机会

2.下列各项中，影响审计效率，可能导致注册会计师执行额外的审计程序的抽样风险有（　　）。

A.信赖不足风险　B.信赖过度风险　C.误受风险　D.误拒风险

3.下列各项中，与细节测试样本规模同向变动的有（　　）。

A.预计总体错报　B.可容忍错报

C.总体变异性　D.可接受的误受风险

4.在样本设计阶段，需定义误差构成条件和确定审计程序，对审计抽样工作进行规划。下列各项中，表述正确的有（　　）。

A.在控制测试中，误差是指控制偏差；在细节测试中，误差是指错报

B.在对应收账款存在认定实施的细节测试中，客户在函证日前支付、被审计单位在函证日之后不久收到的款项也视为误差

C.在细节测试中，应收账款项目中如果被审计单位在不同客户之间误登明细账，构成误差

D.如果注册会计师的审计目标是通过测试某一阶段的适当授权证实交易的有效性，审计程序就是检查特定人员已在某文件上签字以示授权的书面证据

5.下列各项中，关于样本结果评价，表述正确的有（　　）。

A.在控制测试中，如果注册会计师采用的是非统计抽样，则评价的标准是“样本偏差率与可容忍偏差率的关系”

B.在控制测试中，如果注册会计师采用的是统计抽样，则评价的标准是“总体偏差率上限与可容忍偏差率的关系”

C.在细节测试中，如果注册会计师采用的是统计抽样，则评价的标准是“总体错报上限与可容忍错报的关系”

D.在细节测试中，如果注册会计师采用的是非统计抽样，则评价的标准是“调整后的总体错报与可容忍错报的关系”

四、案例分析题

为测试E公司2022年12月31日银行存款余额的真实性和总价值，丙注册会计师评估了该公司银行存款存在认定及准确性、计价和分摊认定有关的重大错报风险，确定重大错报风险为中水平。2022年12月31日，E公司银行存款明细账显示其有550个顾客，账面余额为40 000万元，其中有50个金额超过100万元的账户，共计8 000万元；其他明细账户的余额均在60万元~100万元。丙注册会计师决定对余额较大的50个账户进行100%检查，其他明细账户采用非统计抽样向银行函证银行存款账面余额，丙注册会计师拟不对银行存款的存在认定与准确性、计价和分摊认定实施与函证目标相同的其他实质性程序。丙注册会计师确定的可容忍错报为1 100万元，预计应收账款的错报为200万元。

要求：

（1）确定银行存款函证的样本量。

（2）假定丙注册会计师确定抽取150个账户（其中包括50个100%检查的样本）进行测试。审定结果见表8-15。

表8-15　　**审定结果**　　单位：万元

组别	总体账面金额	样本账面金额	样本审定金额	高估金额
100万元及以上	8 000	8 000	7 794	206
100万元以下	32 000	4 600	4 426	174
合计	40 000	12 600	12 220	380

丙注册会计师检查了所发现的错报，并认为这些错报都是由会计流程中的普通错误所导致的，且预计错报金额与抽样单元金额关系更紧密。请计算应收账款总体错报金额。如果丙注册会计师建议E公司调整已发现的错报，E公司管理层也接受了丙注册会计师的调整意见。

请回答丙注册会计师是否能接受总体，应当采取何种措施。

本章案例

罗宾斯公司审计案加速美国审计准则发展

本章案例

南方保健审计失败案例

重要知识点讲解

审计抽样在控制测试中的应用（统计抽样）

本章测评

单选题

本章测评

多选题

第九章

货币资金审计

学习目标： 掌握货币资金的实质性程序；熟悉货币资金的内部控制；了解货币资金的控制测试。

重　　点： 货币资金内部控制；货币资金实质性程序。

难　　点： 货币资金实质性程序。

第九章

视频预习

第一节　货币资金审计概述

货币资金主要包括库存现金、银行存款及其他货币资金。企业货币资金循环与其他各交易循环存在一定的关联，其中：销售与收款循环主要与货币资金的流入活动有关；采购与付款循环、生产与存货循环主要与货币资金的流出活动有关；筹资与投资循环与货币资金的流入和流出均相关（如图9-1所示）。

音频：虚荣心让出纳走向犯罪深渊

货币资金	
①销售与收款循环 ④筹资与投资循环	②采购与付款循环 ③生产与存货循环 ④筹资与投资循环

图9-1　货币资金循环与其他各交易循环的关联

知识点：货币资金审计概述

一、货币资金审计涉及的主要单据与会计记录

主要涉及的单据和会计记录文件包括：①现金盘点表；②银行对账单；③银行存款余额调节表；④相关会计科目的记账凭证；⑤相关会计账簿等。

二、货币资金审计涉及的主要业务活动

货币资金活动与日常的经营活动紧密关联且与各大业务循环相关，销售与收款循环主要与货币资金的流入有关，如现销产生的收入，应收账款的收回等。采购与付款循环、生产与存货循环主要与货币资金的流出活动有关，如应付账款的支付，工人工资的支付等。筹资与投资循环与货币资金的流入和流出均相关，如买卖股票、应收（付）利息等。

注册会计师在实施货币资金审计时一般通过询问、观察、检查、穿行测试等程序了解被审计单位的货币资金活动及相应的内部控制。

第二节　货币资金的风险评估

知识点：货币资金的风险评估

一、货币资金的内部控制

1.岗位分工及授权批准

（1）企业应当建立货币资金业务的岗位责任制，明确相关部门和岗位的职责权限，确保办理货币资金业务的不相容岗位相互分离、制约和监督。出纳人员不得兼任稽核、会计档案保管和收入、支出、费用、债权债务账目的登记工作。企业不得由一人办理货币资金业务的全过程。

（2）企业应当对货币资金业务建立严格的授权批准制度，明确审批人对货币资金业务的授权批准方式、权限、程序、责任和相关控制措施，规定经办人办理货币资金业务的职责范围和工作要求。审批人应当根据货币资金授权批准制度的规定，在授权范围内进行审批，不得超越审批权限。经办人应当在职责范围内，按照审批人的批准

意见办理货币资金业务。对于审批人超越授权范围审批的货币资金业务，经办人有权拒绝办理，并及时向审批人的上级授权部门报告。

(3) 企业应当按照规定的程序办理货币资金支付业务。

① 支付申请。企业有关部门或个人用款时，应当提前向审批人提交货币资金支付申请，注明款项的用途、金额、预算、支付方式等内容，并附有效经济合同或相关证明。

② 支付审批。审批人根据其职责、权限和相应程序对支付申请进行审批。对不符合规定的货币资金支付申请，审批人应当拒绝批准。

③ 支付复核。复核人应当对批准后的货币资金支付申请进行复核，复核货币资金支付申请的批准范围、权限、程序是否正确，手续及相关单证是否齐备，金额计算是否准确，支付方式、支付企业是否妥当等。复核无误后，交由出纳人员办理支付手续。

④ 办理支付。出纳人员应当根据复核无误的支付申请，按规定办理货币资金支付手续，及时登记库存现金和银行存款日记账。

(4) 企业对于重要货币资金支付业务，应当实行集体决策和审批，并建立责任追究制度，防范贪污、侵占、挪用货币资金等行为。

(5) 严禁未经授权的机构或人员办理货币资金业务或直接接触货币资金。

2.现金和银行存款的管理

(1) 企业应当加强现金库存限额的管理，超过库存限额的现金应及时存入银行。

(2) 企业必须根据《中华人民共和国现金管理暂行条例》(以下简称《现金管理暂行条例》) 的规定，结合本企业的实际情况，确定本企业现金的开支范围。不属于现金开支范围的业务应当通过银行办理转账结算。

(3) 企业现金收入应当及时存入银行，不得用于直接支付企业自身的支出。因特殊情况需坐支现金的，应事先报经开户银行审查批准。

企业借出款项必须执行严格的授权批准程序，严禁擅自挪用、借出货币资金。

(4) 企业取得的货币资金收入必须及时入账，不得私设"小金库"，不得账外设账，严禁收款不入账。

(5) 企业应当严格按照《支付结算办法》等国家有关规定，加强银行账户的管理，严格按照规定开立账户，办理存款、取款和结算。

企业应当定期检查、清理银行账户的开立及使用情况，发现问题，及时处理。

企业应当加强对银行结算凭证的填制、传递及保管等环节的管理与控制。

(6) 企业应当严格遵守银行结算纪律，不准签发没有资金保证的票据或远期支票，套取银行信用；不准签发、取得和转让没有真实交易和债权债务的票据，套取银行和他人资金；不准无理拒绝付款，任意占用他人资金；不准违反规定开立和使用银行账户。

(7) 企业应当指定专人定期核对银行账户（每月至少核对一次)，编制银行存款余额调节表，使银行存款账面余额与银行对账单调节相符。如调节不符，应查明原因，及时处理。

(8) 企业应当定期和不定期地进行现金盘点，确保现金账面余额与实际库存相符。发现不符，及时查明原因，做出处理。

3.票据及有关印章的管理

(1) 企业应当加强与货币资金相关的票据的管理，明确各种票据的购买、保管、领用、背书转让、注销等环节的职责权限和程序，并专设登记簿进行记录，防止空白票据的遗失和被盗用。

(2) 企业应当加强银行预留印鉴的管理。财务专用章应由专人保管，个人名章必须由本人或其授权人员保管。严禁一人保管支付款项所需的全部印章。

按规定需要有关负责人签字或盖章的经济业务，必须严格履行签字或盖章手续。

4.监督检查

(1) 企业应当建立对货币资金业务的监督检查制度，明确监督检查机构或人员的职责权限，定期和不定期地进行检查。

(2) 货币资金监督检查的内容主要包括：

① 货币资金业务相关岗位及人员的设置情况。重点检查是否存在货币资金业务不相容职务混岗的现象。

② 货币资金授权批准制度的执行情况。重点检查货币资金支出的授权批准手续是否健全，是否存在越权审批行为。

③ 支付款项印章的保管情况。重点检查是否存在办理付款业务所需的全部印章交由一人保管的现象。

④ 票据的保管情况。重点检查票据的购买、领用、保管手续是否健全，票据保管是否存在漏洞。

(3) 对监督检查过程中发现的货币资金内部控制中的薄弱环节，应当及时采取措施，加以纠正和完善。

二、与货币资金相关的重大错报风险

与货币资金相关的重大错报风险主要有：现金和银行存款比其他资产更易被偷盗或挪用；货币资金余额虽然不大，但其增减变动的数额往往超过其他账户，因而出错的可能性也较大；各种现金收入容易被截留，包括现销和应收账款的收现；现金容易被挪用和虚报冒领；被审计单位出借账号、非法违规出借货币资金等。

在实施货币资金审计的过程中，如果被审计单位存在以下事项或情形，注册会计师需要保持警觉：

(1) 被审计单位的现金交易比例较高，并与其所在的行业常用的结算模式不同；

(2) 库存现金规模明显超过业务周转所需资金；

(3) 银行账户开立数量与企业实际的业务规模不匹配；

(4) 在没有经营业务的地区开立银行账户；

(5) 企业资金存放于管理层或员工个人账户；

(6) 货币资金收支金额与现金流量表不匹配；

(7) 不能提供银行对账单或银行存款余额调节表；

(8) 存在长期或大量银行未达账项；

(9) 银行存款明细账存在非正常转账的“一借一贷”；

（10）违反货币资金存放和使用规定（如上市公司未经批准开立账户转移募集资金、未经许可将募集资金转作其他用途等）；

（11）存在大额外币收付记录，而被审计单位并不涉足外贸业务；

（12）被审计单位以各种理由不配合注册会计师实施银行函证。

除上述直接与货币资金项目相关的事项或情形外，还可能关注到其他一些亦需保持警觉的事项或情形，包括：存在没有具体业务支持或与交易不相匹配的大额资金往来；长期挂账的大额预付款项；存在大额自有资金的同时，向银行高额举债等。

注册会计师在识别和评估了货币资金的重大错报风险后，应将识别的风险与认定层次可能发生错报的领域相联系，包括但不限于：①被审计单位可能存在虚假的货币资金余额和交易的重大错报风险（存在/发生）；②大额外币交易和余额未被准确记录的风险（准确性、计价和分摊/准确性）；③银行存款期末收支存在大额截止性错误（截止）；④未按会计准则的规定对货币资金做出恰当披露风险等。

第三节 货币资金的控制测试

一、库存现金的控制测试

1.编制库存现金内部控制流程图

编制库存现金内部控制流程图是库存现金控制测试的重要步骤。注册会计师在编制之前应通过询问、观察等调查手段收集必要的资料，然后根据所了解的情况编制流程图。对中小企业，也可采用编写库存现金内部控制说明的方法。

若以前年度审计时已经编制了库存现金内部控制流程图，注册会计师可根据调查结果加以修正，以供本年度审计之用。

2.抽取并检查收款凭证

为测试库存现金收款的内部控制，注册会计师应选取适当样本的收款凭证，进行如下检查：①核对库存现金日记账的收入金额是否正确；②核对库存现金收款凭证与应收账款等相关明细账的有关记录是否相符；③核对实收金额与销货发票等相关凭据是否一致等。

3.抽取并检查付款凭证

为测试库存现金付款的内部控制，注册会计师应选取适当样本的付款凭证，进行如下检查：①检查付款的授权批准手续是否符合规定；②核对库存现金日记账的付出金额是否正确；③核对库存现金付款凭证与应付账款等相关明细账的记录是否一致；④核对实付金额与购货发票等相关凭据是否相符等。

4.抽取一定期间的库存现金日记账与总账核对

首先，注册会计师应抽取一定期间的库存现金日记账，检查其有无计算错误，加总是否正确无误。如果检查中发现问题较多，说明被审计单位库存现金的会计记录不够可靠。

其次，注册会计师应根据日记账提供的线索，核对总账中的库存现金、应收账款、应付账款等有关账户的记录。

5.检查外币库存现金的折算方法是否符合有关规定，是否与上年度一致

对于有外币货币资金的被审计单位，注册会计师应检查外币库存现金日记账及“财务费用”“在建工程”等账户的记录，确定企业有关外币现金的增减变动是否采用交易发生日的即期汇率将外币金额折算为记账本位币金额，或者采用按照系统合理的方法确定的、与交易发生日即期汇率近似的汇率折算为记账本位币，选择采用汇率的方法前后各期是否一致；检查企业的外币现金的期末余额是否采用期末即期汇率折算为记账本位币金额；折算差额的会计处理是否正确。

6.评价库存现金的内部控制

在对客户库存现金的内部控制进行了必要的了解与测试之后，注册会计师应当对控制风险做出评价，并对实质性程序的内容做出相应的调整。同时，注册会计师应当及时将注意到的被审计单位库存现金内部控制设计和执行方面的重大缺陷告知适当层次的管理层和治理层。

二、银行存款的控制测试

1.了解银行存款的内部控制

该步骤一般与了解库存现金内部控制同时进行，包括：①银行存款收支是否按规定的程序和权限办理；②银行账户是否存在与本单位经营无关的款项收支情况；③是否存在出租、出借银行账户的情况；④出纳与会计的职责是否分离；⑤是否定期取得银行对账单并编制银行存款余额调节表。

2.抽取并检查收款凭证

为测试银行存款收款的内部控制，注册会计师应选取适当样本的收款凭证，进行如下检查：①核对银行存款收款凭证与存入银行账户的日期和金额是否相符；②核对银行存款日记账的收入金额是否正确；③核对银行存款收款凭证与银行对账单是否相符；④核对银行存款收款凭证与应收账款等相关明细账的有关记录是否相符；⑤核对实收金额与销货发票等相关凭据是否一致等。

3.抽取并检查付款凭证

为测试银行存款付款的内部控制，注册会计师应选取适当样本的付款凭证，进行如下检查：①检查付款的授权批准手续是否符合规定；②核对银行存款日记账的付出金额是否正确；③核对银行存款付款凭证与银行对账单是否相符；④核对银行存款付款凭证与应付账款等相关明细账的记录是否一致；⑤核对实付金额与购货发票等相关凭据是否相符等。

4.抽取一定期间的银行存款日记账与总账核对

首先，注册会计师应抽取一定期间的银行存款日记账，检查其有无计算错误，加总是否正确无误。如果检查中发现问题较多，说明被审计单位银行存款的会计记录不够可靠。

其次，注册会计师应根据日记账提供的线索，核对总账中银行存款、应收账款、应付账款等有关账户的记录。

5.抽取一定期间银行存款余额调节表，查验其是否按月正确编制并经复核

为证实银行存款记录的正确性，注册会计师必须抽取一定期间的银行存款余额调

节表，将其同银行对账单、银行存款日记账及总账进行核对，确定被审计单位是否按月正确编制并复核银行存款余额调节表。

6.检查外币银行存款的折算方法是否符合有关规定，是否与上年度一致

对于有外币货币资金的被审计单位，注册会计师应检查外币银行存款日记账及“财务费用”“在建工程”等账户的记录，确定企业有关外币银行存款的增减变动是否采用交易发生日的即期汇率将外币金额折算为记账本位币金额，或者采用按照系统合理的方法确定的、与交易发生日即期汇率近似的汇率折算为记账本位币，选择采用汇率的方法前后各期是否一致；检查企业的外币银行存款的期末余额是否采用期末即期汇率折算为记账本位币金额；折算差额的会计处理是否正确。

7.评价银行存款的内部控制

在对客户银行存款的内部控制进行了必要的了解与测试之后，注册会计师应当对控制风险做出评价，并对实质性程序的内容做出相应的调整。同时，注册会计师应当及时将注意到的被审计单位银行存款内部控制设计和执行方面的重大缺陷告知适当层次的管理层和治理层。

第四节　货币资金的实质性程序

一、库存现金的实质性程序

知识点：库存现金的实质性程序

1.库存现金的审计目标

根据财务报表总体审计目标的要求，结合被审计单位管理层的认定，库存现金的审计目标为：

（1）确定被审计单位资产负债表货币资金项目中的库存现金在资产负债表日是否确实存在（鉴证存在）。

（2）确定被审计单位所有应当记录的现金收支业务是否均已记录完毕，有无遗漏（鉴证完整性）。

（3）确定记录的库存现金是否为被审计单位所拥有或控制（鉴证权利和义务）。

（4）确定库存现金是否以恰当的金额包括在财务报表的货币资金项目中，与之相关的计价调整已恰当记录（鉴证准确性、计价和分摊）。

（5）确定库存现金是否已按照企业会计准则的规定在财务报表中做出恰当列报（鉴证列报）。

2.库存现金的实质性程序

（1）核对库存现金日记账与总账的金额是否相符，检查非记账本位币库存现金的折算汇率及折算金额是否正确。如果不相符，应查明原因，必要时应建议做出适当调整。

（2）监盘库存现金。监盘库存现金是证实资产负债表中货币资金项目下所列库存现金是否存在的一项重要审计程序。

企业盘点库存现金，通常包括对已收到但未存入银行的现金、零用金、找换金等的盘点。盘点库存现金的时间和人员应视被审计单位的具体情况而定，但现金出纳员

和被审计单位会计主管人员必须参加，并由注册会计师进行监盘。盘点和监盘库存现金的步骤与方法主要有：

① 制订监盘计划，确定监盘时间。对库存现金的监盘最好实施突击性的检查，时间最好选择在上午上班前或下午下班时，盘点的范围一般包括被审计单位各部门经管的现金。在进行现金盘点前，应由出纳员将现金集中起来存入保险柜。必要时可加以封存，然后由出纳员把已办妥现金收付手续的收付款凭证登入库存现金日记账。如被审计单位库存现金存放部门有两处或两处以上，应同时进行盘点。

② 审阅库存现金日记账并同时与现金收付凭证相核对。一方面，检查库存现金日记账的记录与凭证的内容和金额是否相符；另一方面，了解凭证日期与库存现金日记账日期是否相符或接近。

③ 由出纳员根据库存现金日记账加计累计数额，结出现金结余额。

④ 盘点保险柜内的现金实存数，同时由注册会计师编制“库存现金监盘表”，分币种、面值列示盘点金额。

⑤ 将盘点金额与库存现金日记账余额进行核对，如有差异，应要求被审计单位查明原因，必要时应提请被审计单位做出调整；如无法查明原因，应要求被审计单位按管理权限批准后做出调整。

⑥ 若有冲抵库存现金的借条、未提现支票、未作报销的原始凭证，应在“库存现金监盘表”中注明，必要时应提请被审计单位做出调整。

⑦ 在非资产负债表日进行盘点和监盘时，应调整至资产负债表日的金额。

（3）抽查大额库存现金收支。检查大额现金收支的原始凭证是否齐全、原始凭证内容是否完整、有无授权批准、记账凭证与原始凭证是否相符、账务处理是否正确、是否记录于恰当的会计期间等项内容。

（4）检查库存现金是否在财务报表中做出恰当列报。根据有关规定，库存现金在资产负债表的“货币资金”项目中反映，注册会计师应在实施上述审计程序后，确定“库存现金”账户的期末余额是否恰当，进而确定库存现金是否在资产负债表中恰当披露。

二、银行存款的实质性程序

知识点：银行存款的实质性程序

1.银行存款的审计目标

根据财务报表总体审计目标的要求，结合被审计单位管理层的认定，银行存款的审计目标为：

（1）确定被审计单位资产负债表货币资金项目中的银行存款在资产负债表日是否确实存在（鉴证存在）。

（2）确定被审计单位所有应当记录的银行存款收支业务是否均已记录完毕，有无遗漏（鉴证完整性）。

（3）确定记录的银行存款是否为被审计单位所拥有或控制（鉴证权利和义务）。

（4）确定银行存款是否以恰当的金额包括在财务报表的货币资金项目中，与之相关的计价调整已恰当记录（鉴证准确性、计价和分摊）。

（5）确定银行存款是否已按照企业会计准则的规定在财务报表中做出恰当列报（鉴证列报）。

2.银行存款的实质性程序

（1）获取或编制银行存款余额明细表，复核加计是否正确，并与总账数和日记账合计数核对是否相符；检查非记账本位币银行存款的折算汇率及折算金额是否正确。如果不相符，应查明原因，必要时应建议做出适当调整。

（2）实施实质性分析程序。计算银行存款累计余额应收利息收入，分析比较被审计单位银行存款应收利息收入与实际利息收入的差异是否恰当，评估利息收入的合理性，检查是否存在高息资金拆借，确认银行存款余额是否存在，利息收入是否已经完整记录。

（3）检查银行存单。编制银行存单检查表，检查银行存单是否与账面记录金额一致，是否被质押或限制使用，是否为被审计单位所拥有。

（4）取得并检查银行存款余额对账单和银行存款余额调节表。取得并检查银行存款余额对账单和银行存款余额调节表是证实资产负债表中所列银行存款是否存在的重要程序。银行存款余额调节表通常应由被审计单位根据不同的银行账户及货币种类分别编制。

（5）函证银行存款余额，编制银行存款函证结果汇总表，检查银行回函。银行存款函证是指注册会计师在执行审计业务的过程中，以被审计单位的名义向有关单位发函询证，以验证被审计单位的银行存款是否真实、合法、完整。函证银行存款余额是证实资产负债表所列银行存款是否存在的重要程序。通过向往来银行函证，注册会计师不仅可以了解企业资产的存在，还可以了解企业账面反映所欠银行债务的情况，并有助于发现企业未入账的银行借款和未披露的或有负债。

注册会计师应当对银行存款（包括零余额账户和在本期内注销的账户）及与金融机构往来的其他重要信息实施函证程序，除非有充分的证据表明某一银行存款及与金融机构往来的其他重要信息对财务报表不重要且与之相关的重大错报风险很低。如果不对这些项目实施函证程序，注册会计师应当在审计工作底稿中说明理由。

注册会计师需要考虑是否对在本期内注销账户的银行进行函证，这通常是因为有可能存款账户已注销但仍有银行借款或其他负债存在。

（6）检查银行存款账户存款人是否为被审计单位。若存款人非被审计单位，应获取该账户户主和被审计单位的书面声明，确认资产负债表日是否需要提请被审计单位进行调整。

（7）关注是否存在质押、冻结等对变现有限制或存在境外的款项。如果存在，应提请被审计单位作必要的调整和披露。

（8）对不符合现金及现金等价物条件的银行存款在审计工作底稿中予以列明，以考虑对现金流量表的影响。

（9）抽查大额银行存款收支的原始凭证，检查原始凭证是否齐全、记账凭证与原始凭证是否相符、账务处理是否正确、是否记录于恰当的会计期间等项内容。检查是否存在非营业目的的大额货币资金转移，并核对相关账户的进账情况，如有与被审计单位生产经营无关的收支事项，应查明原因并作相应的记录。

（10）检查银行存款收支的截止是否正确。选取资产负债表日前后若干张、一定金额以上的凭证实施截止测试，关注业务内容及对应项目，如有跨期收支事项，应考虑是否提请被审计单位进行调整。

（11）检查银行存款是否在财务报表中做出恰当列报。根据有关规定，企业的银行存款在资产负债表的“货币资金”项目中反映，所以，注册会计师应在实施上述审计程序后，确定银行存款账户的期末余额是否恰当，进而确定银行存款是否在资产负债表中恰当披露。此外，如果企业的银行存款存在抵押、冻结等使用限制情况或者潜在回收风险，注册会计师应关注企业是否已经恰当披露有关情况。

本章思维导图

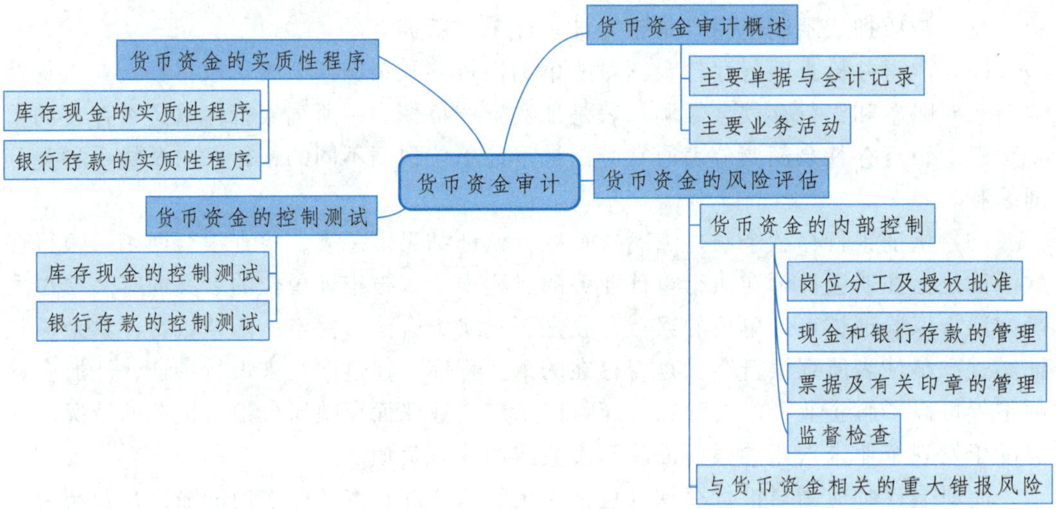

CSA问题解答第12号货币资金审计

本章习题

一、思考题

1. 良好的货币资金内部控制应达到哪些要求？
2. 如何实施库存现金的控制测试？
3. 如何实施库存现金的监盘程序？
4. 如何实施银行存款的控制测试？
5. 如何实施银行存款的实质性程序？

二、单项选择题

1. 下列各项中，属于银行存款控制测试程序的是（　　）。

A. 取得银行存款余额调节表并检查未达账项的真实性

B. 检查银行存款收支的正确截止

C. 检查是否定期取得银行对账单并编制银行存款余额调节表

D. 函证银行存款余额

2. 下列各项中，如果被审计单位某银行账户的银行对账单余额与银行存款日记账余额不符，最有效的审计程序是（ ）。

A.重新测试相关的内部控制

B.检查银行对账单中记录的资产负债表日前后的收付情况

C.检查银行存款日记账中记录的资产负债表日前后的收付情况

D.检查该银行账户的银行存款余额调节表

3.下列各项中，如果注册会计师要证实被审计单位在临近年度资产负债表日签发的支票是否已登记入账，最有效的审计程序是（ ）。

A.函证年度资产负债表日的银行存款余额

B.检查年度资产负债表日的银行对账单

C.检查年度资产负债表日的银行存款余额调节表

D.检查12月的支票存根和银行存款日记账

4.下列各项中，不违背“不相容岗位相互分离”原则的是（ ）。

A.出纳人员兼任会计档案保管工作

B.出纳人员保管签发支票所需全部印章

C.出纳人员兼任收入总账和明细账的登记工作

D.出纳人员兼任固定资产明细账的登记工作

5.下列各项中，关于库存现金监盘，表述不正确的是（ ）。

A.企业盘点库存现金，通常包括对已收到但未存入银行的现金、零用金、找换金等盘点

B.库存现金监盘表中应注明冲抵库存现金的借条、未提现支票和未作报销的原始凭证

C.对库存现金的监盘最好实施突击性的检查，时间最好选择在上午上班前或下午下班时

D.如果被审计单位库存现金存放部门有两处或两处以上，应分不同的时间进行盘点

三、多项选择题

1.下列各项中，属于良好的货币资金内部控制应包括的要求有（ ）。

A.货币资金收支与记账的岗位分离

B.按月盘点现金，编制银行存款余额调节表

C.控制现金坐支，当日收入现金应及时送存银行

D.加强对货币资金收支业务的内部审计

2.下列各项中，监盘库存现金可以证实的认定有（ ）。

A.存在　　B.截止

C.准确性、计价和分摊　　D.权利和义务

3.下列各项中，监盘存货与监盘库存现金的不同之处有（ ）。

A.盘点时间安排不同

B.盘点计划中与被审计单位管理层的沟通程度不同

C.因盘点对象特点而执行的盘点方式不同

D.盘点的参与人员不同

4.下列各项中，注册会计师实施的下列各项实质性审计程序中，能够证明银行存款是否存在的有（　　）。

A.检查银行存单　　B.检查银行存款余额调节表

C.函证银行存款余额　　D.获取或编制银行存款余额明细表

5.下列各项中，关于银行存款函证表述正确的有（　　）。

A.函证对象包括零余额账户和已经结清的银行存款账户

B.要求银行直接回函至会计师事务所

C.以被审计单位的名义发往开户银行

D.目的是验证被审计单位的银行存款是否真实、合法、完整

四、案例分析题

在对甲公司2022年度财务报表进行审计时，乙注册会计师负责审计货币资金项目。由于甲公司现金存放于不同营业部门，为顺利完成盘点工作，乙注册会计师在监盘前一天通知被审计单位会计主管人员做好准备，并决定亲自对被审计单位各营业部门的库存现金进行盘点。监盘时现场工作的人员只有注册会计师和被审计单位的出纳人员。出纳人员在将现金全部放入保险柜后上锁，由检查人员盖印章、贴上封条，并结出当日的库存现金日记账的应存余额。然后由注册会计师逐一监督出纳人员对不同营业部门的现金进行盘点，并由出纳人员将盘点结果与库存现金日记账核对相符后填制库存现金监盘表。最后由注册会计师签字盖章后形成审计工作底稿。

要求：请指出以上库存现金监盘工作中有哪些不妥之处，并提出建议。

学思践悟

一、目标

1.全面贯彻党的教育方针，落实立德树人根本任务，坚持“绿水青山就是金山银山”的理念，提高学生生态文明意识。

2.深刻理解注册会计师坚持“绿水青山就是金山银山”的理念，强化生态环保资金审计的意义。

二、材料

党的二十大报告指出：“尊重自然、顺应自然、保护自然，是全面建设社会主义现代化国家的内在要求。必须牢固树立和践行绿水青山就是金山银山的理念，站在人与自然和谐共生的高度谋划发展。”

生态环保资金是财政资金的组成内容之一。在财政体制深化改革的背景下，围绕构建现代化治理体系的政策要求，国家对生态环保资金管理制度也相应进行了调整。调整的内容主要涉及细化生态环保资金转移支付制度、生态环境财政事权与支出责任匹配、规范生态环保资金绩效管理制度等方面。生态环保资金审计的重点关注内容包括：生态功能区补助金额的分配及转移支付资金的使用情况；中央和地方生态环境财政事权与支出责任匹配情况；生态环保资金全面预算绩效管理制度的实施过程；流域

上下游横向生态保护补偿方式、资金保障、补偿基准、补偿机制等试点工作的推进情况；等等。

资料来源：张艳芳.深化财政体制改革背景下生态环保资金审计研究［J］审计观察，2022（6）.

三、思考题

从弘扬生态文明、建设美丽中国视角分析强化生态环保资金审计的必要性及具体举措。

本章案例
虚荣心让出纳走向犯罪深渊

本章案例
甲企业货币资金管理案

重要知识点讲解
库存现金的实质性程序

本章测评
单选题

本章测评
多选题

第十章

销售与收款循环审计

第十章

视频预习

学习目标：掌握销售与收款循环的实质性程序；熟悉销售与收款循环的重大错报风险；了解销售与收款循环的内部控制；了解销售与收款循环的控制测试。

重　　点：销售与收款循环的重大错报风险；销售与收款循环的实质性程序。

难　　点：销售与收款循环的实质性程序。

第一节　销售与收款循环审计概述

音频：昆明机床财务舞弊案例

知识点：销售与收款循环审计概述

一、销售与收款循环涉及的主要单据与会计记录

销售与收款循环涉及的主要单据和会计记录如下：

（1）客户订购单。被审计单位通过多种途径接受客户的订货，同时取得客户订购单。

（2）销售单。涉及与客户订购单有关信息的凭证，包括所订购产品名称、规格或型号、数量等信息。

（3）出库单。在发运货物时编制，包含发运货物的规格、数量等内容。

（4）销售发票，包含已经销售产品的开票日期、名称、类型、数量、单价、金额、运杂费等内容的重要单据。

（5）商品价目表。价目表一是表明该商品价格经授权批准，二是列示了各商品的价格。

（6）贷项通知单，主要用来表明应收货款的减少，如企业业务活动中出现的销售退回。

（7）应收账款账龄分析表。一般按月编制，能清晰反映企业客户应收账款账龄及金额变化。

（8）应收账款、主营业务收入明细账。分别记录对应客户的赊销、还款、销售退回、销售折让等情况的明细账以及销售交易情况的明细账。

（9）折扣与折让明细账。企业可以根据情况不设置该账簿，直接登记在上述主营业务收入明细账中即可。

（10）汇款通知书。一般和销售发票一起寄给客户，待客户付款时再寄回企业的凭证。

（11）库存现金和银行存款日记账，反映企业库存现金和银行存款的收入和支出的日记账。

（12）坏账审批表。应收账款发生坏账时的单据。

（13）月末对账单。按月寄送给客户的对账单，主要用于双方核对账目。

（14）转账凭证、收付款凭证。

二、销售与收款循环的主要业务活动

销售与收款的主要业务活动包括接受客户订购单、批准赊销信用、按销售单供货、按销售单装运货物、向客户开具账单、记录销售、办理和记录现金及银行存款收入、办理和记录销售退回及销售折扣与折让、注销坏账、提取坏账准备等。其中，批准赊销信用主要由企业相关的信用管理部门根据赊销政策在客户已授权的信用额度内进行，开具账单即为开具连续编号的销售发票，降低开具过程中的重开、漏开、误开等情况。记录销售主要体现为销售过程的记录，需要严格区分现销和赊销，编制相应记账凭证，登记对应账簿等过程。

知识点：销售与收款循环的风险评估

第二节 销售与收款循环的风险评估

一、销售与收款循环的内部控制

（一）销售交易的内部控制

1.适当的职责分离

企业有关销售与收款业务相关职责适当分离的基本要求通常包括：

（1）企业应当将办理销售、发货、收款三项业务的部门（或岗位）分别设立。

（2）企业在销售合同订立前，应当指定专门人员就销售价格、信用政策、发货及收款方式等具体事项与客户进行谈判。谈判人员至少应有两人，并与订立合同的人员相分离。

（3）编制销售发票通知单的人员与开具销售发票的人员应相互分离。

（4）销售人员应当避免接触销货现款。

（5）企业应收票据的取得和贴现必须经由保管票据以外的主管人员的书面批准。

2.恰当的授权审批

企业有关销售与收款业务相关授权审批的基本要求通常包括：

（1）在销售发生之前，赊销已经正确审批。

（2）非经正当审批，不得发出货物。

（3）销售价格、销售条件、运费、折扣等必须经过审批。

（4）审批人应当根据销售与收款授权批准制度的规定，在授权范围内进行审批，不得超越审批权限。对于超过企业既定销售政策和信用政策规定范围的特殊销售交易，企业应当进行集体决策。

3.充分的凭证和记录

只有具备充分的记录手续，才有可能实现各项控制目标。例如，企业在收到客户订购单后，立即编制一份预先编号的一式多联的销售单，分别用于批准赊销、审批发货、记录发货数量以及向客户开具账单和销售发票等。在这种制度下，只要定期清点销售单和销售发票，就会避免漏开账单情况的发生。

4.凭证的预先编号

对凭证预先进行编号，旨在防止销售以后遗漏向客户开具账单或登记入账，也可防止重复开具账单或重复记账。

5.按月寄出对账单

由不负责现金出纳和销售及应收账款记账的人员按月向客户寄发对账单，能促使客户在发现应付账款余额不正确后及时反馈有关信息。为了使这项控制更加有效，最好将账户余额中出现的所有核对不符的账项，指定一位既不掌管货币资金也不记录主营业务收入和应收账款账目的主管人员进行处理，然后由独立人员按月编制对账情况汇总报告交管理层审阅。

6.内部核查程序

由内部审计人员或其他独立人员核查销售与收款交易的处理和记录，是实现内部控制目标不可缺少的一项控制措施。销售与收款交易内部控制核查的主要内容包括：

(1) 销售与收款交易相关岗位及人员的设置情况。重点检查是否存在销售与收款交易不相容职务混岗的现象。

(2) 销售与收款交易授权批准制度的执行情况。重点检查授权批准手续是否健全，是否存在越权审批行为。

(3) 销售的管理情况。重点检查信用政策、销售政策的执行是否符合规定。

(4) 收款的管理情况。重点检查销售收入是否及时入账，应收账款的催收是否有效，坏账核销和应收票据的管理是否符合规定。

(5) 销售退回的管理情况。重点检查销售退回手续是否齐全，退回货物是否及时入库。

(二) 收款交易的内部控制

(1) 企业应当按照《现金管理暂行条例》《支付结算办法》等的规定，及时办理销售收款业务。

(2) 企业应将销售收入及时入账，不得账外设账，不得擅自坐支现金。销售人员应当避免接触销售现款。

(3) 企业应当建立应收账款账龄分析制度和逾期应收账款催收制度。销售部门应当负责应收账款的催收，财会部门应当督促销售部门加紧催收。对催收无效的逾期应收账款可通过法律程序予以解决。

(4) 企业应当按客户设置应收账款台账，及时登记每一客户应收账款余额增减变动情况和信用额度使用情况。对长期往来客户应当建立起完善的客户资料，并对客户资料实行动态管理，及时更新。

(5) 企业对于可能成为坏账的应收账款应当报告有关决策机构，由其进行审查，确定是否确认为坏账。企业发生的各项坏账，应查明原因，明确责任，并在履行规定的审批程序后做出会计处理。

(6) 企业注销的坏账应当进行备查登记，做到账销案存。已注销的坏账又收回时应当及时入账，防止形成账外资金。

(7) 企业应收票据的取得和贴现必须经由保管票据以外的主管人员的书面批准。应由专人保管应收票据；对于即将到期的应收票据，应及时向付款人提示付款；已贴现票据应在备查簿中登记，以便日后追踪管理；应制定逾期票据的冲销管理程序和逾期票据追踪监控制度。

(8) 企业应当定期与往来客户通过函证等方式核对应收账款、应收票据、预收款项等往来款项。如有不符，应查明原因，及时处理。

二、销售与收款循环的重大错报风险

(1) 管理层对收入造假的偏好和动因致使收入虚增的风险。例如，被审计单位管理层可能为了完成预算，满足业绩考核要求，保证从银行获得额外的资金，吸引潜在投资者，或影响公司股价，而在财务报告中虚增收入。

(2) 特殊交易安排的复杂性致使收入确认发生错误的风险。例如，被审计单位可能针对一些特定的产品或者服务提供一些特殊的交易安排（如特殊的退货约定、特殊的服务期限安排等），但管理层可能对这些不同安排下所涉及的交易风险的判断缺乏经验，在收入确认上发生错误。

（3）管理层操纵收入确认的风险。例如，被审计单位管理层为虚增利润，操纵收入确认，在年末编造虚假销售，然后在次年转回，可能导致当年收入以及当年年末应收账款余额、货币资金余额和应交税费余额的高估。

（4）收入截止不正确的风险。例如，将属于下一会计期间的收入有意或无意地计入本期，或者将属于本期的收入有意或无意地计入下一会计期间，可能导致本期收入以及本期期末应收账款余额、货币资金余额和应交税费余额的高估或低估。

（5）低估应收账款坏账准备的风险。例如，当欠款金额较大的几个主要客户面临财务困难，或者整体经济环境出现恶化时，企业未能充分计提坏账准备，可能导致资产负债表中应收账款余额的高估。

（6）舞弊和盗窃的风险。例如，如果被审计单位从事贸易业务，并且销售货款较多地以现金结算，被审计单位员工发生舞弊和盗窃的风险较高；如果被审计单位拥有多个资金端口，比如超市，由于每天通过多个端口采用人工方式处理大量货币资金，资金端口的安全问题和人工控制的风险便会增加。

（7）款项无法收回的风险。例如，企业向没有良好付款能力的客户销售产品，或客户用无效的支票或盗取的信用卡进行货款结算，可能导致应收账款的高估。

（8）发生错误的风险。例如，没有及时更新商品价目表，商品可能以错误的价格销售。又如，销售量较大时，扫描时没有读取商品条形码，收款员使用错误的手册，售出商品的数量发生错误，或收款员给客户的找零发生错误等。

（9）隐瞒盗窃的风险。例如，被审计单位员工利用销售调整和销售退回隐瞒盗窃现金，可能导致收入、应收账款的高估和货币资金的低估。

第三节　销售与收款循环的控制测试

一、销售交易的控制测试

销售交易的控制目标、关键内部控制和测试一览表见表10–1。

表10–1　销售交易的控制目标、关键内部控制和测试一览表

内部控制目标	关键内部控制	常用控制测试
登记入账的销售交易确系已经发货给真实的客户（发生）	销售交易是以经过审核的出库单及经过批准的客户订购单为依据登记入账的； 在发货前，客户的赊购已经被授权批准； 销售发票均经事先编号，并已恰当地登记入账； 每月向客户寄送对账单，对客户提出的意见作专门追查	检查销售发票副联是否附有出库单（或提货单）及销售单（或客户订购单）； 检查客户的赊购是否经授权批准； 检查销售发票连续编号的完整性； 观察是否寄发对账单，并检查客户回函档案

续表

内部控制目标	关键内部控制	常用控制测试
所有销售交易均已登记入账（完整性）	出库单（或提货单）均经事先编号，并已登记入账； 销售发票均经事先编号，并已登记入账	检查出库单连续编号的完整性； 检查销售发票连续编号的完整性
登记入账的销售数量确系已发货的数量，已正确开具账单并登记入账（准确性、计价和分摊）	销售价格、付款条件、运费和销售折扣的确定已经适当的授权批准； 由独立人员对销售发票的编制作内部核查	检查销售发票是否经适当的授权批准； 检查有关凭证上的内部核查标记
销售交易的分类恰当（分类）	采用适当的会计科目表； 内部复核和核查	检查会计科目表是否适当； 检查有关凭证上内部复核和核查的标记
销售交易的记录及时（截止）	采用尽量能在销售发生时开具收款账单和登记入账的控制方法； 内部核查	检查尚未开具收款账单的发货和尚未登记入账的销售交易； 检查有关凭证上内部核查的标记
销售交易已经正确地记入明细账，并经正确汇总（准确性、计价和分摊）	每月定期给客户寄送对账单； 由独立人员对应收账款明细账作内部核查； 将应收账款明细账余额合计数与其总账余额进行比较	观察对账单是否已经寄出； 检查内部核查标记； 检查将应收账款明细账余额合计数与其总账余额进行比较的标记

二、收款交易的控制测试

收款交易的控制目标、关键内部控制和测试一览表见表10-2。

表10-2　　**收款交易的控制目标、关键内部控制和测试一览表**

内部控制目标	关键内部控制	常用控制测试
登记入账的现金收入确实为企业已经实际收到的现金（存在或发生）	现金折扣必须经过适当的审批手续	观察； 检查现金折扣是否经过恰当的审批
收到的现金收入已全部登记入账（完整性）	现金出纳与现金记账的职务分离； 每日及时记录现金收入； 定期向客户寄送对账单； 现金收入记录的内部复核	观察； 检查是否存在未入账的现金收入； 检查是否向客户寄送对账单，了解是否定期执行； 检查复核标记
已经收到的现金确实为企业所有（权利和义务）	定期盘点现金并与账面余额核对	检查是否定期盘点； 检查盘点记录
每月核对实际收到的现金和登记入账的现金是否相符（准确性、计价和分摊）	定期取得银行对账单； 编制银行存款余额调节表	检查银行对账单； 检查银行存款余额调节表
现金收入在资产负债表中的披露正确（列报）	库存现金日记账与总账的登记职责分离	观察

【例 10-1】甲公司主要经营中小型机电类产品的生产和销售，采用手工会计系统，产品销售以甲公司仓库为交货地点。A和B注册会计师负责审计甲公司2022年度财务报表，于2022年12月1日至12月15日对甲公司的销售与收款循环的内部控制进行了解、测试与评价。

资料一：

A和B注册会计师在审计工作底稿中记录了所了解的有关销售与收款循环的控制程序，部分内容摘录如下：

（1）开具账单部门在收到发运单并与销售单核对无误后，依据授权批准的商品价目表编制预先连续编号的销售发票，并将其连同发运单和销售单及时送交会计部门。会计部门在核对无误后确认销售收入并登记应收账款账簿。会计部门定期向客户寄送对账单，并对客户提出的异议进行专门追查。

（2）每年年末，销售经理根据以往的经验、债务单位的实际财务状况和现金流量的情况，以及其他相关信息，编写应收账款可收回性分析报告和应收账款账龄报告，交财务部门复核。如有差异，由应收账款主管立即进行调查。

资料二：

B注册会计师负责对销售与收款循环的内部控制实施测试，并在审计工作底稿中记录了测试的情况，部分内容摘录如下：

（1）B注册会计师随机抽取2022年1—12月开出的销售发票，与销售合同、销售单、商品价目表、销售收入明细账和应收账款明细账等数量、价格和金额相核对，测试相符率为100%。

（2）B注册会计师抽查了2022年1月和2022年12月入账的30笔主营业务收入，其记账凭证均附有销售发票、发运单和销售单。但是，2022年1月入账的若干笔主营业务收入所附的销售发票日期虽均为入账当月，发运单日期却为上月最后几天；2022年12月入账的若干笔主营业务收入所附的销售发票日期虽均为入账当月，发运单日期却为下一年年初前几天。

（3）经查，1—12月份被审计单位未发生销售折扣、折让行为，有两笔销售退回。销售退回附有按顺序编号并经主管人员核准的贷项通知单、由仓库签发的退货验收报告、由税务部门开具的有关证明，会计处理正确。

要求：

（1）针对资料一，假定不考虑其他条件，请逐项判断甲公司上述控制程序在设计上是否存在缺陷。如果存在缺陷，请分别予以指出，并简要说明理由，提出改进建议。

（2）针对资料二，假定不考虑其他条件，请逐项指出上述事项是否表明相关内部控制得到有效执行。如果表明相关内部控制未能得到有效执行，请简要说明理由，并提出改进建议。

【解析】

（1）缺陷存在与否、缺陷的认定理由和相应的改进建议如下：

第（1）项，没有缺陷。

第（2）项，存在缺陷，应收账款可收回性分析报告和应收账款账龄报告不能由销售经理一个人编写。理由：编写应收账款可收回性分析报告和应收账款账龄报告没有分离，不能构成自动交互牵制。改进建议：由会计主管编制应收账款账龄报告。

（2）内部控制的有效性、理由和改进建议如下：

第（1）项表明相关内部控制得到了有效执行。

第（2）项表明相关内部控制未能得到有效执行。理由：甲公司人为推迟或提前确认了相关的主营业务收入。改进建议：在销售收入符合收入的确认条件时确认收入。

第（3）项表明相关内部控制得到了有效执行。

第四节　销售与收款循环的实质性程序

知识点：主营业务收入的实质性程序

一、主营业务收入的实质性程序

1.主营业务收入的审计目标

（1）确定利润表中记录的主营业务收入是否已发生，且与被审计单位有关（鉴证发生）。

（2）确定所有应当记录的主营业务收入是否均已记录（鉴证完整性）。

（3）确定与主营业务收入有关的金额及其他数据是否已恰当记录，包括对销售退回、销售折扣与折让的处理是否适当（鉴证准确性）。

（4）确定主营业务收入是否已记录于正确的会计期间（鉴证截止）。

（5）确定主营业务收入是否已按照企业会计准则的规定在财务报表中做出恰当的列报（鉴证列报）。

2.主营业务收入的实质性程序

（1）获取或编制主营业务收入明细表，复核加计是否正确，并与总账数和明细账合计数核对是否相符，结合其他业务收入科目与报表数核对是否相符；检查以非记账本位币结算的主营业务收入的折算汇率及折算是否正确。

（2）检查主营业务收入的确认条件、方法是否符合企业会计准则的要求，前后期是否一致；关注周期性、偶然性的收入是否符合既定的收入确认原则、方法。按照财政部2017年修订印发的《企业会计准则第14号——收入》第五条的要求，当企业与客户之间的合同同时满足下列条件时，应当在客户取得相关商品控制权时确认收入：①合同各方已批准该合同并承诺将履行各自义务；②该合同明确了合同各方与所转让商品或提供劳务（以下简称转让商品）相关的权利和义务；③该合同有明确的与所转让商品相关的支付条款；④该合同具有商业实质，即履行该合同将改变企业未来现金流量的风险、时间分布或金额；⑤企业因向客户转让商品而有权取得的对价很可能收回。因此，对主营业务收入的实质性程序，主要应测试被审计单位是否依据上述五个条件确认产品销售收入。具体来说，被审计单位采取的销售方式不同，确认销售的时点也不同。

①采用交款提货销售方式，通常应于货款已收到或取得收取货款的权利，同时

已将发票账单和提货单交给购货单位时确认收入。对此，注册会计师应着重检查被审计单位是否已经收到货款或取得收取货款的权利，发票账单和提货单是否已交付购货单位。应注意有无扣押结算凭证，将当期收入转入下期入账的现象，或者虚记收入、开具假发票、虚列购货单位，将当期未实现的收入虚转为收入记账，在下期予以冲销的现象。

② 采用预收账款销售方式，通常应于商品已经发出时确认收入。对此，注册会计师应重点检查被审计单位是否收到了货款，商品是否已经发出。应注意是否存在对已收货款并已将商品发出的交易不入账、转为下期收入，或开具虚假出库凭证、虚增收入等现象。

③ 采用托收承付结算方式，通常应于商品已经发出、劳务已经提供，并已将发票账单提交银行、办妥收款手续时确认收入。对此，注册会计师应重点检查被审计单位是否发货，托收手续是否办妥，货物出库单是否真实，托收承付结算回单是否正确。

④ 委托其他单位代销商品的，如果代销采用视同买断方式，若委托方和受托方之间的协议明确标明，将来受托方没有将商品售出时可以将商品退回委托方，或受托方因代销商品出现亏损时可以要求委托方补偿，应于代销商品已经销售并收到代销单位代销清单时，按企业与代销单位确定的协议确认收入，对此，注册会计师应注意查明有无商品未销售，编制虚假代销清单，虚增本期收入的现象；如果代销采用收取手续费方式，应在代销单位已经将商品售出，企业已收到代销单位代销清单时确认收入。

⑤ 销售合同或协议明确销售价款的收取采用递延方式，实质上具有融资性质的，应当按照应收合同或协议价款的公允价值确定销售商品收入金额。应收合同或协议价款与其公允价值之间的差额，应当在合同或协议期间内采用实际利率法进行摊销，计入当期损益。

⑥ 长期工程合同收入，若合同结果能可靠估计，通常应采用完工百分比法确认合同收入。注册会计师重点检查收入的计算，确认方法是否合乎规定，核对应计收入与实际收入是否一致，注意查明有无随意确认收入，虚构本期收入情况等。

【例 10-2】甲公司为境内上市公司，该公司系增值税一般纳税企业。2022年度财务报告于2023年4月30日批准报出。注册会计师在对该公司2022年度会计报表进行审计的过程中，发现以下事项：

（1）2022年6月12日，甲公司与丁公司签订产品委托代销合同。合同规定，采用视同买断方式进行代销，且将来丁公司没有将商品售出时可以将商品退回甲公司。丁公司代销A设备80台，每台销售价格（不含增值税价格，以下同）为40万元。至2022年12月31日，该公司向丁公司发出50台A设备，收到丁公司寄来的代销清单，代销清单上注明已销售30台A设备。该公司在2022年度确认销售50台A设备的销售收入，并结转了相应的成本。

（2）2022年7月10日，甲公司与乙公司签订协议，销售设备一批，取得收入360万元。按照销售协议的规定，售出设备的第1年免费维修，从第2年起5年内甲公司有偿维修，将该批设备销售收入的10%作为5年内修理费，款项已收到。甲公司当月确认销售收入360万元。

（3）2022年10月6日，甲公司将一栋写字楼销售给丙公司，总价款为250万元。甲公司已收到丙公司支付的款项，相关的成本可以计量。同时，甲公司接受丙公司的委托负责该写字楼的物业管理。甲公司确认了250万元的销售收入。

（4）2023年2月5日，因产品质量原因，甲公司收到退回的2022年度销售的B商品（销售时已收到现金且存入银行），并收到税务部门开具的进货退出证明单。该批商品原销售价格为1 000万元，销售成本为800万元。甲公司调整了2023年度销售收入、销售成本和增值税销项税额。

要求：分析判断甲公司上述有关的收入确认是否正确，并说明理由。

【解析】

事项（1），甲公司的处理不正确。理由：对于本事项，应当以收到的代销清单上注明的销售数量及销售价格确认代销商品的销售收入。本例中，甲公司向丁公司发出A设备50台，但丁公司寄来的代销清单上注明的销售数量为30台，因此，只能按30台确认收入，企业按发出商品50台确认收入是错误的。

事项（2），确认的收入额不正确。理由：甲公司应将销售商品售价中包含的可区分的售后维修费计入递延收益，应确认的收入额为324万元（360×（1-10%））。

事项（3），甲公司处理正确。理由：甲公司于10月6日向丙公司销售写字楼，已收到价款，商品所有权上的风险和报酬已经转移，该物业管理权与写字楼所有权之间没有关系，甲公司没有保留与所有权相联系的继续管理权或对其实施控制。因此，甲公司向丙公司销售的写字楼符合收入确认条件，甲公司应当确认收入。

事项（4），甲公司的处理不正确。理由：以前年度销售的商品在资产负债表日后发生的退回，属于调整事项，应按调整事项的原则调整报告年度（2022年度）资产负债表的期末数和利润表的本期数，不应调整2023年度的报表项目。

（3）必要时，实施以下实质性分析程序。

① 将本期的主营业务收入与上期的主营业务收入、销售预算或预测数等进行比较，分析主营业务收入及其构成的变动是否异常及异常变动的原因。

② 计算本期重要产品的毛利率，与上期、预算或预测数据比较，检查是否存在异常、各期之间是否存在重大波动及重大波动的原因。

③ 比较本期各月各类主营业务收入的波动情况，分析其变动趋势是否正常，是否符合被审计单位季节性、周期性的经营规律，查明异常现象和重大波动的原因。

④ 将本期重要产品的毛利率与同行业企业进行对比分析，检查是否存在异常。

⑤ 根据增值税发票申报表或普通发票，估算全年收入，与实际收入金额比较。

【例10-3】X公司系公开发行A股的上市公司，主要经营计算机硬件的开发、集成与销售。注册会计师于2023年年初对X公司2022年度会计报表进行审计。经初步了解，X公司2022年度的经营形势、管理及经营机构与2021年度比较未发生重大变化，且未发生重大重组行为。

X公司2022年度未审利润表及2021年度已审利润表见表10-3。

X公司2022年度1—12月未审主营业务收入、主营业务成本见表10-4。

表10-3　**2022年度未审利润表及2021年度已审利润表**　单位：万元

项目	2022年度（未审数）	2021年度（审定数）
一、营业收入	104 340	58 956
减：营业成本	91 845	53 599
税金及附加	560	350
销售费用	2 800	1 610
管理费用	2 380	3 260
财务费用	180	150
二、营业利润	6 575	（13）
加：补贴收入	980	
营业外收入	100	150
减：营业外支出	260	300
三、利润总额	7 395	（163）
减：所得税费用	800	
四、净利润	6 595	（163）

表10-4　**1—12月未审主营业务收入、主营业务成本**　单位：万元

月　份	主营业务收入	主营业务成本
1	7 800	7 566
2	7 600	6 764
3	7 400	6 512
4	7 700	6 768
5	7 840	6 981
6	7 850	6 947
7	7 950	7 115
8	7 700	6 830
9	7 600	6 832
10	7 900	7 111
11	8 100	7 280
12	18 900	15 139
合　计	104 340	91 845

要求：为确定重点审计领域，注册会计师拟实施分析程序。请对资料一进行分析后，指出利润表中的重点审计领域，并简要说明理由；对资料二进行分析后，指出主营业务收入和主营业务成本的重点审计领域，并简要说明理由。

【解析】

（1）比较：增减比例=（本年数-上年数）÷上年数，一般超过20%为重要。

（2）分析：××项目比上年增加了××万元，增幅为××%，理由是……

利润表中的重点审计领域如下：

① 营业收入。营业收入在2021年度的基础上增长了76.98%，而2022年度经营形势与2021年度相比并未发生重大变化。

② 营业成本。营业成本在2021年度的基础上增长了71.36%，而2022年度经营形势与2021年度相比并未发生重大变化。

③ 管理费用。在机构、人员未发生重大变化，且在销售收入大幅增长的情况下，管理费用由3 260万元下降到2 380万元，下降了26.99%。

④ 补贴收入。2021年度公司并未取得补贴收入，2022年度取得大额补贴收入。

⑤ 所得税费用。所得税费用占利润总额的比例（为10.82%）与25%的所得税税率存在较大差异。

在实施分析程序后，应将以下月份主营业务收入和主营业务成本作为重点审计领域：

① 1月份。该月份毛利率（为3%）远远低于全年平均毛利率和其他各月毛利率。

② 12月份。该月份主营业务收入占全年主营业务收入比例较高（达18.12%），毛利率相对较高（达19.90%）。

（4）获取产品价格目录，抽查售价是否符合价格政策，并注意销售给关联方或关系密切的重要客户的产品价格是否合理，有无以低价或高价结算的方法相互之间转移利润的现象。

（5）抽取本期一定数量的出库单，审查存货出库日期、品名、数量等是否与销售发票、销售合同、记账凭证等一致。

（6）抽取本期一定数量的记账凭证，审查入账日期、品名、数量、单价、金额等是否与销售发票、出库单、销售合同等一致。

（7）结合对应收账款实施的函证程序，选择主要客户函证本期销售额。

（8）对于出口销售，应当将销售记录与出口报关单、货运提单、销售发票等出口销售单据进行核对，必要时向海关函证。

（9）实施销售截止测试。

① 选取资产负债表日前后若干天一定金额以上的出库单，与应收账款和主营业务收入明细账进行核对；同时，从应收账款和主营业务收入明细账中选取在资产负债表日前后若干天一定金额以上的凭证，与出库单核对，以确定销售是否存在跨期现象。

② 复核资产负债表日前后销售和发货水平，确定业务活动水平是否异常，并考虑是否有必要追加实施截止测试程序。

③ 取得资产负债表日后所有的销售退回记录，检查是否存在提前确认收入的

情况。

④ 结合对资产负债表日应收账款的函证程序，检查有无未取得对方认可的大额销售。

⑤ 调整重大跨期销售。

对销售实施截止测试，其目的主要在于确定被审计单位主营业务收入的会计记录归属期是否正确：应记入本期或下期的主营业务收入是否被推延或提前确认。

注册会计师在审计中应该注意把握三个与主营业务收入确认有着密切关系的日期：一是发票开具日期；二是记账日期；三是发货日期（服务业则是提供劳务的日期）。发票开具日期是指开具增值税专用发票或普通发票的日期；记账日期是指被审计单位确认主营业务收入并将该笔经济业务记入主营业务收入账户的日期；发货日期是指仓库开具出库单并发出库存商品的日期。检查三者是否归属于同一适当会计期间是主营业务收入截止测试的关键所在。

围绕上述三个重要日期，在审计实务中，注册会计师可以考虑选择以下三条审计路径实施主营业务收入的截止测试：

一是以账簿记录为起点。从资产负债表日前后若干天的账簿记录查至记账凭证，检查发票存根与出库单，目的是证实已入账收入是否在同一期间已开具发票并发货，有无多计收入。这种方法的优点是比较直观，容易追查至相关凭证记录，以确定其是否应在本期确认收入，特别是在连续审计两个以上会计期间时，检查跨期收入十分便捷，可以提高审计效率。缺点是缺乏全面性和连贯性，只能查多计的收入，无法查漏记的收入，尤其是当本期漏记收入延至下期而审计时被审计单位尚未及时登账时，不易发现应记入而未记入报告期收入的情况。因此，使用这种方法主要是为了查实是否多计收入。

二是以销售发票为起点。从资产负债表日前后若干天的发票存根查至出库单与账簿记录，确定已开具发票的货物是否已发货并于同一会计期间确认收入。这种方法的优点是较全面、连贯，容易发现漏记的收入；缺点是较费时费力，有时难以查找相应的发货及账簿记录，而且不易发现多计的收入。使用该方法时应注意两点：①相应的出库单是否齐全，特别应注意有无报告期内已作收入而下期初用红字冲回，并且无发货、收货记录，以此来调节前后期利润的情况；②被审计单位的发票存根是否已全部提供，有无隐瞒。为此，应查看被审计单位的销售发票存根的连续编号是否完整，并考虑查看发票领购簿，尤其应关注普通发票的领购和使用情况。因此，使用这种方法主要是为了查实是否少计收入。

三是以出库单为起点。从资产负债表日前后若干天的出库单查至发票开具情况与账簿记录，确定主营业务收入是否已记入恰当的会计期间。该方法的优缺点与方法二类似，使用这种方法主要也是为了查实是否少计收入。

上述三条审计路径在实务中均被广泛采用，它们并不是孤立的，注册会计师可以考虑在同一被审计单位财务报表审计中并用这三条路径，甚至可以在同一主营业务收入科目审计中并用。

（10）存在销货退回的，检查相关手续是否符合规定，结合原始销售凭证检查其会计处理是否正确，结合存货项目审计关注其真实性。

（11）检查销售折扣与折让。

① 获取或编制折扣与折让明细表，复核加计正确，并与明细账合计数核对相符；

② 取得被审计单位有关折扣与折让的具体规定和其他文件资料，并抽查较大的折扣与折让发生额的授权批准情况，与实际执行情况进行核对，检查其是否经授权批准，是否合法、真实；

③ 检查销售折扣与折让是否及时足额提交对方，有无虚设中介、转移收入、私设账外“小金库”等情况；

④ 检查折扣与折让的会计处理是否正确。

（12）检查有无特殊的销售行为，如附有销售退回条件的商品销售、委托代销、售后回购、以旧换新、商品需要安装和检验的销售、分期收款销售、出口销售、售后租回等，选择恰当的审计程序进行审核。

（13）调查向关联方销售的情况，记录其交易品种、价格、数量、金额以及占主营业务收入总额的比例。对于合并范围内的销售活动，记录应予合并抵销的金额。

（14）调查集团内部销售的情况，记录其交易价格、数量和金额，并追查在编制合并财务报表时是否已予以抵销。

（15）确定主营业务收入的列报是否恰当。

【例 10-4】公开发行A股的乙股份有限公司（以下简称乙公司）系ABC会计师事务所的常年审计客户。C和D注册会计师负责对乙公司2022年度财务报表进行审计，在对乙公司的审计过程中，C和D注册会计师注意到以下事项：

（1）乙公司2022年1月1日售出大型设备一套，协议约定采用分期收款方式，从2022年起，分5年分期收款，每年1 000万元，于每年年末收取，合计5 000万元，成本为3 000万元。不考虑增值税。假定销货方在销售成立日应收金额的公允价值为4 000万元，银行同期贷款利率为5%。乙公司在2022年未确认收入，乙公司的会计处理如下：

借：银行存款	10 000 000	
贷：长期应收款		10 000 000
借：分期收款发出商品	30 000 000	
贷：库存商品		30 000 000

（2）乙公司于2022年10月20日与A公司签订一项购销合同，合同规定，乙公司为A公司建造安装两台电梯。合同价款为1 000万元，成本为800万元。合同规定，A公司在乙公司交付商品前预付价款的20%，其余价款将在乙公司将商品运抵A公司并安装检验合格后才予以支付，于发出商品时开出增值税专用发票。乙公司于2022年12月25日将完成的商品运抵A公司，并收到20%的款项，预计于次年1月31日全部安装完成。乙公司确认了1 000万元的收入，结转成本800万元。乙公司的会计处理如下：

借：银行存款	2 000 000	
贷：预收账款		2 000 000
借：预收账款	11 300 000	
贷：主营业务收入		10 000 000
应交税费——应交增值税（销项税额）		1 300 000

借：主营业务成本　　　　8 000 000

　贷：库存商品　　　　8 000 000

（3）2022年12月1日，乙公司与B公司签订销售合同，向B公司销售一批商品。合同规定：商品的销售价格为700万元，乙公司于2023年3月31日以740万元的价格购回该批商品。2022年12月1日，乙公司根据销售合同发出商品，开出的增值税专用发票上注明的商品销售价格为700万元，增值税税额为91万元；款项已收到并存入银行；该批商品的实际成本为600万元。

乙公司的会计处理如下：

借：银行存款　　　　7 910 000

　贷：主营业务收入　　　　7 000 000

　　应交税费——应交增值税（销项税额）　　　　910 000

借：主营业务成本　　　　6 000 000

　贷：库存商品　　　　6 000 000

（4）乙公司采用以旧换新方式销售给C公司产品4台，单位售价为50万元，单位成本为30万元；同时收回4台同类旧商品，每台回收价为5万元（不考虑增值税），款项尚未收到，乙公司的会计处理是：

借：应收账款　　　　2 260 000

　贷：主营业务收入　　　　2 000 000

　　应交税费——应交增值税（销项税额）　　　　260 000

借：主营业务成本　　　　1 000 000

　贷：库存商品　　　　1 000 000

要求：如果不考虑审计重要性水平，针对资料中的事项（1）至事项（4），请分别回答C和D注册会计师是否需要提出审计处理建议。若需提出审计调整建议，请直接列示审计调整分录（审计调整分录均不考虑对乙公司2022年度的企业所得税、期末结转损益及利润分配的影响）。

【解析】

（1）乙公司对分期收款销售按照约定的收款日期确认收入不正确。

分期收款销售实质上具有融资性质，应在发出商品时，按照应收的合同或协议价款的公允价值（现值）确定销售商品收入金额。应收的合同或协议价款与其公允价值之间的差额，应当在合同或协议期间采用实际利率法进行摊销，冲减财务费用。审计调整分录为：

借：长期应收款　　　　42 000 000

　贷：营业收入　　　　40 000 000

　　财务费用　　　　2 000 000

借：营业成本　　　　30 000 000

　贷：存货　　　　30 000 000

（2）该销售属于需要安装的销售。至2022年12月31日，安装尚未完成，商品所有权上的主要风险和报酬尚未转移，不能确认销售收入。审计调整分录为：

借：营业收入　　　　10 000 000

贷：应收账款 9 600 000

预收款项 400 000

借：存货 8 000 000

贷：营业成本 8 000 000

（3）该业务属于售后回购，不应确认销售收入。审计调整分录为：

借：营业收入 7 000 000

贷：其他应付款 7 000 000

借：存货 6 000 000

贷：营业成本 6 000 000

借：财务费用 80 000

贷：其他应付款 80 000

（4）以旧换新销售时，销售的商品应当按照销售商品收入确认条件确认收入，回收的旧商品作为购进商品处理。审计调整分录为：

借：营业成本 200 000

贷：应收账款 200 000

二、应收账款的实质性程序

知识点：应收账款的实质性程序

（一）应收账款的审计目标

（1）确定资产负债表中记录的应收账款是否存在（鉴证存在）。

（2）确定所有应当记录的应收账款是否均已记录（鉴证完整性）。

（3）确定记录的应收账款是否由被审计单位拥有或控制（鉴证权利和义务）。

（4）确定应收账款是否可收回，坏账准备的计提方法和比例是否恰当，计提是否充分（鉴证准确性、计价和分摊）。

（5）确定应收账款及坏账准备的期末余额是否正确（鉴证准确性、计价和分摊）。

（6）确定应收账款及坏账准备是否已按照企业会计准则的规定在财务报表中做出恰当列报（鉴证列报）。

（二）应收账款的实质性程序

1.取得或编制应收账款明细表

（1）复核加计是否正确，并与总账数和明细账合计数核对是否相符；结合坏账准备科目与报表数核对是否相符。

（2）检查非记账本位币应收账款的折算汇率及折算是否正确。

（3）分析有贷方余额的项目，查明原因，必要时，建议作重分类调整。

（4）结合其他应收款、预收款项等往来项目的明细余额，调查有无同一客户多处挂账、异常余额或与销售无关的其他款项（如关联方账户或员工账户）。如有，应作记录，必要时提出调整建议。

2.检查涉及应收账款的相关财务指标

（1）复核应收账款借方累计发生额与主营业务收入的关系是否合理，并将当期应收账款借方发生额占销售收入净额的百分比与管理层考核指标及被审计单位相关赊销政策相比较，如存在异常，应查明原因。

（2）计算应收账款周转率、应收账款周转天数等指标，并与被审计单位相关赊销政策、被审计单位以前年度相关指标、同行业同期相关指标进行对比分析，检查是否存在重大异常。

3.检查应收账款账龄分析是否正确

（1）获取或编制应收账款账龄分析表。

注册会计师可以通过获取或编制应收账款账龄分析表来分析应收账款的账龄，以便了解应收账款的可收回性。

应收账款账龄分析表参考格式见表10-5。

表10-5 应收账款账龄分析表

年 月 日 货币单位：

客户名称	期末余额	账龄			
		1年以内	1~2年	2~3年	3年以上
合计					

应收账款的账龄，通常是指资产负债表中的应收账款从销售实现、产生应收账款之日起，至资产负债表日止所经历的时间。编制应收账款账龄分析表时，可以考虑选择重要的客户及其余额单独列示，而将不重要的或余额较小的汇总列示。应收账款账龄分析表的合计数减去已计提的相应坏账准备后的净额，应该等于资产负债表中的应收账款项目余额。

（2）测试应收账款账龄分析表计算的准确性，将应收账款账龄分析表中的合计数与应收账款总分类账余额相比较，并调查重大调节项目。

（3）检查原始凭证，如销售发票、运输记录等，测试账龄划分的准确性。

4.向债务人函证应收账款

函证应收账款的目的在于证实应收账款账户余额的真实性、正确性，防止或发现被审计单位及其有关人员在销售交易中发生的错误或舞弊行为。通过函证应收账款，可以比较有效地证明被询证者（即债务人）的存在和被审计单位记录的可靠性。

注册会计师应当考虑被审计单位的经营环境、内部控制的有效性、应收账款账户的性质、被询证者处理询证函的习惯做法及回函的可能性等，以确定应收账款函证的范围、对象、方式和时间。

（1）函证的范围和对象。除非有充分证据表明应收账款对被审计单位财务报表而言是不重要的，或者函证很可能是无效的，否则，注册会计师都应当对应收账款进行函证。如果注册会计师不对应收账款进行函证，应当在审计工作底稿中说明理由。如果认为函证很可能是无效的，注册会计师应当实施替代审计程序，以获取相关、可靠的审计证据。

函证数量的多少、范围是由诸多因素决定的，主要有：

① 应收账款在全部资产中的重要性。应收账款在全部资产中所占的比重越大，函证的范围越大。

② 被审计单位内部控制的强弱。被审计单位内部控制制度越薄弱，函证的范围越大。

③ 以前期间的函证结果。若以前期间函证中发现过重大差异，或欠款纠纷较多，则函证范围应相应扩大。

一般情况下，注册会计师应选择以下项目作为函证对象：大额或账龄较长的项目；与债务人发生纠纷的项目；重大关联方项目；主要客户（包括关系密切的客户）项目；交易频繁但期末余额较小甚至余额为零的项目；可能产生重大错报或舞弊的非正常的项目。

（2）函证的方式。注册会计师可采用积极式函证或消极式函证实施函证，也可将两种方式结合使用。

如果采用积极式函证方式，注册会计师应当要求被询证者在所有情况下必须回函，确认询证函所列示信息是否正确，或填列询证函要求的信息。积极式函证方式又分为两种：一种是在询证函中列明拟函证的账户余额或其他信息，要求被询证者确认所函证的款项是否正确；另一种是在询证函中不列明账户余额或其他信息，而要求被询证者填写有关信息或提供进一步信息。

如果采用消极式函证方式，注册会计师只要求被询证者仅在不同意询证函列示信息的情况下才予以回函。

参考格式10-1　　积极式询证函（格式一）

企业询证函

编号：

××（公司）：

本公司聘请的××会计师事务所正在对本公司20××年度财务报表进行审计，按照中国注册会计师审计准则的要求，应当询证本公司与贵公司的往来账项等事项。下列数据出自本公司账簿记录，如与贵公司记录相符，请在本函下端“信息证明无误”处签章证明；如有不符，请在“信息不符”处列明不符金额。回函请直接寄至××会计师事务所。

回函地址：

邮编：　　　　电话：　　　　传真：　　　　联系人：

1.本公司与贵公司的往来账项列示如下：

单位：元

截止日期	贵公司欠	欠贵公司	备注

2.其他事项。

本函仅为复核账目之用，并非催款结算。若款项在上述日期之后已经付清，仍请及时函复为盼。

（公司盖章）　　年　月　日

结论：1.信息证明无误。

（公司盖章）　　年　月　日

经办人：

2.信息不符，请列明不符的详细情况：

（公司盖章）　　年　月　日

经办人：

参考格式10-2　　　　积极式询证函（格式二）

企业询证函

编号：

××（公司）：

本公司聘请的××会计师事务所正在对本公司20××年度财务报表进行审计，按照中国注册会计师审计准则的要求，应当询证本公司与贵公司的往来账项等事项。请列示截至20××年×月×日贵公司与本公司往来款项余额。回函请直接寄至××会计师事务所。

回函地址：

邮编：　　　　电话：　　　　传真：　　　　联系人：

本函仅为复核账目之用，并非催款结算。若款项在上述日期之后已经付清，仍请及时函复为盼。

（公司盖章）　　年　月　日

1.贵公司与本公司的往来账项列示如下：

单位：元

截止日期	贵公司欠	欠贵公司	备　注

2.其他事项。

（公司盖章）　　年　月　日

经办人：

参考格式10-3　　　　消极式询证函

企业询证函

编号：

××（公司）：

本公司聘请的××会计师事务所正在对本公司20××年度财务报表进行审计，按照中国注册会计师审计准则的要求，应当询证本公司与贵公司的往来账项等事项。下列数据出自本公司账簿记录，如与贵公司记录相符，则无须回复；如有不符，请直接通知会计师事务所，并请在空白处列明贵公司认为是正确的信息。回函请直接寄至××会计师事务所。

回函地址：

邮编：　　　　　电话：　　　　　传真：　　　　　联系人：

1.本公司与贵公司的往来账项列示如下：

单位：元

截止日期	贵公司欠	欠贵公司	备注

2.其他事项。

本函仅为复核账目之用，并非催款结算。若款项在上述日期之后已经付清，仍请及时核对为盼。

（公司盖章）　　年　月　日

××会计师事务所：

上面的信息不正确，差异如下：

（公司盖章）　　年　月　日

经办人：

（3）函证时间的选择。注册会计师通常以资产负债表日为截止日，在资产负债表日后适当时间内实施函证。如果重大错报风险评估为低水平，注册会计师可选择资产负债表日前适当日期为截止日实施函证，并对所函证项目自该截止日起至资产负债表日止发生的变动实施其他实质性程序。

（4）函证的控制。注册会计师通常利用被审计单位提供的应收账款明细账户名称及客户地址等资料编制询证函，但注册会计师应当对确定需要确认或填列的信息、选择适当的被询证者、设计询证函以及发出和跟进（包括收回）询证函保持控制。

注册会计师可通过函证结果汇总表的方式对询证函的收回情况加以控制。函证结果汇总表见表10-6。

表10-6　　应收账款函证结果汇总表

被审计单位名称：　　　　制表：　　　　日期：

结账日：　年　月　日　　复核：　　　　日期：

询证函编号	债务人名称	债务人地址及联系方式	账面金额	函证方式	函证日期		回函日期	替代程序	确认余额	差异金额及说明	备注
					第一次	第二次					
合计											

（5）对不符事项的处理。对应收账款而言，登记入账的时间不同而产生的不符事项主要表现为：①询证函发出时，债务人已经付款，而被审计单位尚未收到货款；

②询证函发出时，被审计单位的货物已经发出并已作销售记录，但货物仍在途中，债务人尚未收到货物；③债务人由于某种原因将货物退回，而被审计单位尚未收到；④债务人对收到的货物的数量、质量及价格等方面有异议而全部或部分拒付货款等。如果不符事项构成错报，注册会计师应当评价该错报是否表明存在舞弊，并重新考虑所实施审计程序的性质、时间安排和范围。

（6）对函证结果的总结和评价。注册会计师对函证结果可进行如下评价：

① 重新考虑对内部控制的原有评价是否适当；控制测试的结果是否适当；分析程序的结果是否适当；相关的风险评价是否适当等。

② 如果函证结果表明没有审计差异，则可以合理地推论，全部应收账款总体是正确的。

③ 如果函证结果表明存在审计差异，则应当估算应收账款总额中可能出现的累计差错是多少，估算未被选中进行函证的应收账款的累计差错是多少。为取得对应收账款累计差错更加准确的估计，也可以进一步扩大函证范围。

【例10-5】ABC会计师事务所接受委托审计东方公司2022年度会计报表，A注册会计师了解和测试了与应收账款相关的内部控制，并将控制风险评估为高水平。A注册会计师取得了2022年12月的应收账款明细账，并于2023年1月15日采用积极式函证方式对所有重要客户发了询证函。A注册会计师将与函证结果相关的重要异常情况汇总至表10-7。

表10-7 与函证结果相关的重要异常情况

异常情况	函证编号	客户名称	询证余额（元）	回函日期	回函内容
（1）	22	A	300 000	2023年1月22日	购买东方公司300 000元货物属实，但款项已于2022年12月25日用支票支付
（2）	56	B	500 000	2023年1月19日	因产品质量不符合要求，根据购货合同，于2022年12月28日将货物退回
（3）	64	C	640 000	2023年1月19日	2022年12月10日收到东方公司委托本公司代销的货物640 000元，尚未销售
（4）	134	D	600 000	因地址错误，被退回	

针对上述各种异常情况，请问A注册会计师应分别实施哪些重要审计程序？

【解析】

（1）注册会计师应检查2022年12月25日及以后的银行存款对账单和银行存款日记账，确定该货款收妥入账的日期，最终确定资产负债表日该应收账款是否存在。

（2）注册会计师应先检查销售退回的有关文件资料，再检查退回货物的验收入库，最后检查有关会计处理是否正确。

（3）注册会计师应检查代销合同和代销清单，确认是否为应收账款。若属于尚未售出，则提请被审计单位调整。

（4）注册会计师应首先查明退函的原因，其次执行替代程序或执行追查程序，以确认应收账款是否存在。

5.对函证未回函及未函证应收账款实施替代审计程序

通常，注册会计师可能未收到所有发放的应收账款积极式询证函的回函，并且注册会计师也不可能对所有应收账款进行函证，因此，对于函证未回函及未函证应收账款，注册会计师应抽查有关原始凭据，如销售合同、销售订购单、销售发票副本、出库单及回款单据等，以验证与其相关的应收账款的真实性。

6.确定已收回的应收账款金额

请被审计单位协助，在应收账款账龄分析表中标出至审计时已收回的应收账款金额，对已收回金额较大的款项进行常规检查，如核对收款凭证、银行对账单、销货发票等，并注意凭证发生日期的合理性，分析收款时间是否与合同相关要素一致。

7.检查坏账的确认和处理

首先，注册会计师应检查有无债务人破产或死亡，以其破产财产或遗产清偿后仍无法收回的应收账款，或债务人长期未履行清偿义务的应收账款；其次，应检查被审计单位坏账的处理是否经授权批准，有关会计处理是否正确。

8.抽查有无不属于结算业务的债权

不属于结算业务的债权，不应在应收账款中进行核算。因此，注册会计师应抽查应收账款明细账，并追查有关原始凭证，查证被审计单位有无不属于结算业务的债权。如有，应建议被审计单位作适当调整。

9.检查应收账款的贴现、质押或出售

检查银行存款和银行借款等询证函的回函、会议纪要、借款协议和其他文件，确定应收账款是否已被贴现、质押或出售，应收账款贴现业务是否满足金融资产转移终止确认条件，其会计处理是否正确。

10.对应收账款实施关联方及其交易审计程序

对标明应收关联方（包括持股5%以上（含5%）股东）的款项，实施关联方及其交易审计程序，并注明编制合并财务报表时应予抵销的金额。对关联企业、有密切关系的主要客户的交易事项作专门核查：

（1）了解交易事项目的、价格和条件，作比较分析；

（2）检查销售合同、销售发票、出库单等相关文件资料；

（3）检查收款凭证等货款结算单据；

（4）向关联方、有密切关系的主要客户或其他注册会计师函证，以确认交易的真实性、合理性。

11.确定应收账款的列报是否恰当

如果被审计单位为上市公司，则其财务报表附注通常应披露期初、期末余额的账龄分析，期末欠款金额较大的单位账款，以及持有5%以上（含5%）股份的股东单位账款等情况。

【例10-6】甲公司主要从事汽车轮胎的生产和销售，其销售收入主要来源于国内销售和出口销售。ABC会计师事务所负责甲公司2022年度财务报表审计，并委派A注册会计师担任项目负责人。

资料一：

（1）甲公司的收入确认政策为对于国内销售，在将产品交付客户并取得客户签字的收货确认单时确认收入；对于出口销售，在相关产品装船并取得装船单时确认收入。

（2）在甲公司的会计信息系统中，国内客户和国外客户的编号分别以D和E开头。

（3）假设2022年12月31日人民币对美元汇率为1美元=6.8元人民币。

资料二：

甲公司编制的应收账款账龄分析表（摘录）见表10-8。

表10-8 **应收账款账龄分析表（摘录）**

2022年12月31日账龄分析

客户类别	原币（万元）	人民币（万元）	账龄			
			1年以内	1~2年	2~3年	3年以上
国内客户		41 158	28 183	7 434	4 341	1 200
国外客户	美元2 046	15 345	10 981	2 164	2 200	0
合计		56 503	39 164	9 598	6 541	1 200

2021年12月31日账龄分析

客户类别	原币（万元）	人民币（万元）	账龄			
			1年以内	1~2年	2~3年	3年以上
国内客户		31 982	23 953	4 169	3 860	0
国外客户	美元2 006	14 046	11 337	2 539	170	0
合计		46 028	35 290	6 708	4 030	0

资料三：

A注册会计师选取4个应收账款明细账户，对截至2022年12月31日的余额实施函证，并根据回函结果编制了应收账款函证结果汇总表。有关内容摘录见表10-9。

表10-9 **应收账款账龄分析表（摘录）**

客户编号	客户名称	账面金额（原币万元）	回函金额（原币万元）	差异金额（原币万元）	回函方式	审计说明
D1	A公司	人民币7 616	5 000	2 616	原件	（1）
D2	B公司	人民币9 054	6 054	3 000	原件	（2）
D3	C公司	人民币7 618	7 618	0	传真件	（3）
E1	E公司	美元1 448	未回函	不适用	未回函	（4）

审计说明：

（1）回函直接寄回本所。经询问甲公司财务经理得知，回函差异是由于A公司的回函金额已扣除其在2022年12月31日以电汇的方式向甲公司支付的一笔2 616万元的货款。甲公司于2023年1月4日实际收到该笔款项，并记入2023年应收账款明细账中。该回函差异不构成错报，无须实施进一步的审计程序。

（2）回函直接寄回本所。经询问甲公司财务经理得知，回函差异是由于甲公司在2022年12月31日向B公司发出一批产品（合同价款3 000万元），同时确认了应收账款3 000万元及相应的销售收入。B公司于2023年1月5日收到这批产品。其回函未将该3 000万元款项包括在回函金额中，经检查相关的销售合同、销售发票、出库单以及相关记账凭证，没有发现异常。该回函差异不构成错报，无须实施进一步的审计程序。

（3）回函由C公司直接传真至本所。回函没有差异，无须实施进一步的审计程序。

（4）未收到回函。执行替代测试程序，从应收账款借方发生额选取样本，检查相关的销售合同、销售发票、出库单以及相关记账凭证，并确认这些文件中的记录是一致的。没有发现异常，无须实施进一步的审计程序。

要求：

（1）针对资料二，结合资料一，假定不考虑其他条件，指出资料二中应收账款账龄分析表存在哪些不当之处，并简要说明理由。

（2）针对资料三中的审计说明（1）至（4）项，结合资料一，假定不考虑其他条件，逐项指出A注册会计师实施的审计程序及结论是否存在不当之处。如果存在，简要说明理由并提出改进建议。

【解析】

（1）存在不当之处。

① 国内客户的2021年12月31日1~2年应收账款余额小于2022年12月31日2~3年余额。除非当存在合并收购债务重组等情况，不会出现2021年12月31日1~2年应收账款余额小于2022年12月31日2~3年余额的情况。

② 国外顾客2022年12月31日应收账款未按当日的汇率1∶6.8折算。

（2）A注册会计师实施的审计程序及结论是否存在不当之处、理由及改进建议见表10-10。

表10-10 实施的审计程序及结论是否存在不当之处、理由及改进建议

审计说明序号	实施的审计程序及结论是否存在不当之处	理由	改进建议
（1）	是	回函差异不能仅仅询问被审计单位财务经理就得出结论，应该进一步证实	应检查2023年1月4日收到该笔款项的原始资料（银行进账单）并检查明细账的入账情况
（2）	是	国内销售是在取得顾客签字的收货确认单时确认收入，所以该笔收入应在2023年确认	冲减2022年的销售收入及应收账款，并检查客户签字的收货确认单以及相关原始凭证及入账情况

续表

审计说明序号	实施的审计程序及结论是否存在不当之处	理由	改进建议
(3)	是	传真的可靠性不高，不能因此确认没有差异	要求对方寄回原件
(4)	是	替代程序不正确，不应该抽样检查，并且没有检查E公司的装船单	首先应该再次发函，再次发函无果的情况下检查E公司的装船单、销售合同、销售发票等相关原始凭证及记账凭证

（三）坏账准备的实质性程序

（1）取得或编制坏账准备明细表，复核加计是否正确，并与坏账准备总账数、明细账合计数核对是否相符。

（2）将应收账款坏账准备本期计提数与资产减值损失相应明细项目的发生额核对是否相符。

（3）检查应收账款坏账准备计提和核销的批准程序，取得书面报告等证明文件，评价计提坏账准备所依据的资料、假设及方法。

（4）实际发生坏账损失的，检查转销依据是否符合有关规定，会计处理是否正确。

（5）已经确认并转销的坏账重新收回的，检查其会计处理是否正确。

（6）检查函证结果。对债务人回函中反映的例外事项及存在争议的余额，注册会计师应查明原因并作记录。必要时，应建议被审计单位作相应的调整。

（7）实施分析程序。通过比较前期坏账准备计提数和实际发生数，以及检查期后事项，评价应收账款坏账准备计提的合理性。

（8）确定应收账款坏账准备的披露是否恰当。

CSA问题解答第2号函证

本章思维导图

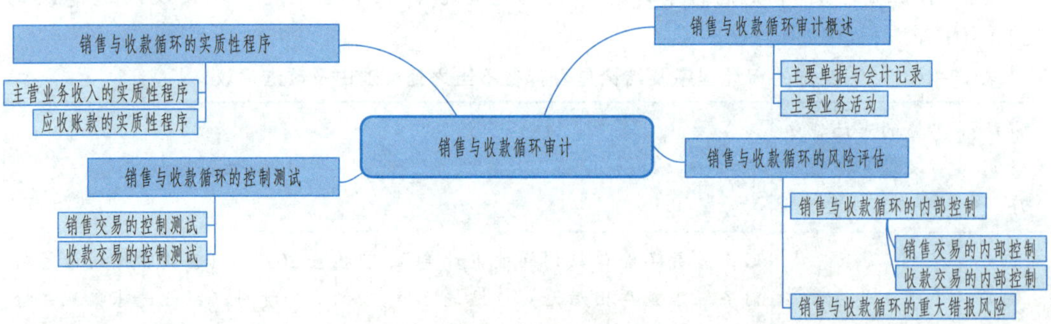

CSA问题解答第4号 收入确认

本章习题

一、思考题

1.销售与收款循环涉及哪些业务活动？举例说明在销售与收款循环中哪些岗位是

不相容的。正确的授权审批有哪几个关键控制点？

2.销售与收款交易可能存在的重大错报风险有哪些？如何以适当的细节测试来发现不真实的销售交易？

3.如何实施销售与收款循环的实质性分析程序？

4.什么是截止测试？销售截止测试有哪几种方法？

5.确定应收账款函证样本量时应考虑哪些因素？应收账款函证结果与被审计单位会计记录不一致的主要原因有哪些？

二、单项选择题

1.下列各项中，证实被审计单位“登记入账的销售是否均经正确计价”最有效的审计程序是（　　）。

A.将销售发票上的数量与出库单上的数量相核对

B.将销售发票上的单价与商品价目表上的价格相核对

C.将出库单上的数量与销售单上的数量相核对

D.将销售单上的金额与顾客订货单上的金额相核对

2.下列各项中，证实被审计单位是否存在“向虚构的顾客发货并作为销售业务入账”最有效的审计程序是（　　）。

A.复核主营业务收入总账、明细账以及应收账款明细账中的大额或异常项目

B.将主营业务收入明细账中的记录同销售单中的赊销审批和发运审批相核对

C.将出库单与存货永续盘存记录中的发运记录相核对

D.将出库单与相关的销售发票和主营业务收入明细账及应收账款明细账中的记录进行核对

3.下列各项中，注册会计师在对应收账款实施函证程序时，通常难以获取有效审计证据的是（　　）。

A.应收账款的存在性

B.应收账款的可变现净值

C.应收账款金额的准确性

D.应收账款是否归属于被审计单位

4.下列各项中，关于函证方式，表述不正确的是（　　）。

A.采用积极式函证，注册会计师应当要求被询证者在所有情况下必须回函

B.积极式函证通常比消极式函证提供的审计证据更可靠

C.采用消极式函证，注册会计师只要求被询证者仅在不同意询证函所列示信息的情况下才予以回函

D.采用积极式函证，注册会计师只要求被询证者仅在不同意询证函所列示信息的情况下才予以回函

5.下列各项中，在大额逾期应收账款无法获取询证函回函时，注册会计师应采取的措施是（　　）。

A.审查所审期间应收账款的回收情况

B.了解大额应收账款客户的信用情况

C.抽查与销货有关的订单、发票、出库单等文件

D.提请被审计单位提高坏账准备计提比例

三、多项选择题

1.下列各项中，关于销售与收款交易授权审批的关键控制点，表述恰当的有（　　）。

A.销售价格、销售条件、运费、折扣等必须经过审批

B.对于超过既定销售政策和信用政策规定范围的特殊销售业务，采用集体决策方式

C.在销售发生之前，赊销已经正确审批

D.非经正当审批，不得发出货物

2.下列各项中，关于被审计单位收款业务的相关内部控制，注册会计师应特别关注的有（　　）。

A.单位应当定期与往来客户通过核对账单等方式核对应收账款、应收票据、预收账款等往来款项，如有不符，应查明原因，及时处理

B.单位应将销售收入及时入账，不得账外设账，不得擅自坐支现金

C.单位应收票据的取得和贴现必须经由保管票据以外的主管人员的书面批准

D.单位注销的坏账应当进行备查登记，做到账销案存

3.下列各项中，针对鉴证销售交易发生认定的审计目标，注册会计师应关注的有（　　）。

A.向虚构的客户发货并登记入账

B.未曾发货却已将销售交易登记入账

C.已发货的交易未曾登记入账

D.销售交易重复入账

4.下列各项中，属于注册会计师对应收账款实施的实质性分析程序的有（　　）。

A.复核应收账款借方累计发生额与主营业务收入是否配比，如存在不匹配的情况应查明原因

B.在明细表上标注重要客户，并编制对重要客户的应收账款增减变动表，与上期比较分析是否发生变动，必要时，收集客户资料分析其变动合理性

C.计算应收账款周转率、应收账款周转天数等指标，并与被审计单位上年指标、同行业同期相关指标对比分析，检查是否存在重大异常

D.检查原始凭证，测试应收账款账龄划分的准确性

5.下列各项中，注册会计师采用消极式函证应包括的条件有（　　）。

A.重大错报风险评估为低水平

B.涉及大量余额较小的账户

C.预期不存在大量的错误

D.没有理由相信被询证者不认真对待函证

四、案例分析题

1.A和B注册会计师首次接受委托，负责审计上市公司甲公司2022年度财务报表。B注册会计师对主营业务收入的发生认定进行审计，编制了审计工作底稿，部分内容见表10-11。

表 10-11 **审计工作底稿** 金额单位：万元

记账凭证日期	记账凭证编号	记账凭证金额	发票日期	出库单日期
2022年1月5日	转字10号	12	2022年1月8日	2022年1月8日
2022年2月20日	转字30号	-120	2022年2月20日	不适用
2022年2月28日	转字45号	7	2022年2月27日	2022年2月27日
2022年3月20日	转字40号	8	2022年3月19日	2022年3月19日
（略）				
2022年11月3日	转字4号	10	2022年11月2日	2022年11月2日
2022年11月15日	转字28号	200	2022年11月14日	2022年11月14日
2022年12月10日	转字50号	250	2022年12月10日	2022年12月10日

审计说明：

（1）根据销售合同的约定，在客户收到货物、验收合格并签发收货通知后，甲公司取得收取货款的权利。审计中已检查销售合同。

（2）已检查记账凭证日期、发票日期和出库单日期，未发现异常。发票和出库单中的其他信息与记账凭证一致。

（3）11月转字28号和12月转字50号记账凭证反映的销售额较高，财务经理解释系调整售价所致。

（4）2月转字30号记账凭证反映，甲公司在2021年度销售并确认收入的一笔交易，于2022年2月发生销货退回。甲公司未按规定调整2021年度财务报表，前任注册会计师于2022年3月对甲公司2021年度财务报表出具了无保留意见审计报告。

要求：针对审计说明第（1）至（3）项，逐项指出B注册会计师实施的审计程序中存在的不当之处，并简要说明理由。

2. 按照审计业务约定书，甲会计师事务所委派注册会计师王刚等人对ABC集团股份有限公司2022年度财务报表进行审计。王刚对销售与应收账款内部控制进行测试的情况如下：

（1）运用调查表法，对内部控制进行了调查。为了获得可靠的信息，王刚向该公司5名相关的人员发放调查表进行了调查。调查结果见表10-12。

（2）运用检查、询问、穿行测试方法，对销售和应收账款内部控制进行测试，获得的情况与“调查表”反映的结果相近。

（3）对主要经营产品了解的情况如下：该公司经营产品或行业涉及房地产、旅游、纺织、服装、电力、金融等。其中，服装收入占公司营业收入的42.02%，从目前来看，此类产品竞争较为激烈；产品内销延期付款的客户近年有所增加。服装收入构成情况见表10-13。

表 10-12 **销售与应收账款内部控制调查表**

被调查单位：ABC集团股份有限公司　　调查时间：2023年1月16日　　调查人：王刚

序号	调查问题	5人回答结果			
		是	否		不经常
			轻	重	
1	是否有专门人员处理客户订单？	√√√√√			
2	销售前是否检查客户的信用情况，且赊销是否经过审批？	√√	√√		√
3	对已接受的客户订单，是否由业务部门编制已经连续编号的销售通知单？	√√√√√			
4	是否根据销售通知单填写出库单？	√√√√√			
5	主营业务收入总账、明细账与应收账款总账、明细账的登记人员是否岗位分离？	√√√√√			
6	主营业务收入明细账和应收账款明细账与其总账是否定期核对？	√√	√		√√
7	销售发票开具后，是否由其他人员对发票进行复核？	√√	√		√√
8	是否定期向主要客户寄送对账单核对，及时催收应收账款？	√	√	√	√√
9	销售折让和折扣是否事后核对？	√√		√	√√
10	坏账准备的计提、核销是否有专门的审批程序？	√√	√		√√
11	门卫是否检查销售发票（出门联），验证货物后放行并填写出门登记簿？	√√√√			√

注："5人回答结果"中，各栏标注的"√"，代表该结果统计的"人次"。

表 10-13 **服装收入分类** 金额单位：万元

产品	内销			外销		
	本年	上年	增长率	本年	上年	增长率
衬衫	109 284.23	90 579.86	20.65%	145 575.79	155 708.23	-6.51%
西服	96 204.74	87 170.88	10.36%	37 648.74	24 454.52	53.95%
休闲服	100 320.92	79 867.95	25.61%	114 815.65	114 879.32	-0.06%
小计	305 809.89	257 618.69	18.71%	298 040.18	295 042.07	1.02%
其他业务收入	5 931.58	3 560.56	66.59%	79.94	3 021.53	-97.35%
合计	311 741.47	261 179.25	19.36%	298 120.12	298 063.60	0.02%

要求：

(1) 王刚准备抽取一种产品进行测试，请帮助选定并说明理由。

(2) 分析认定层次可能存在的风险并设计其实质性程序。

学思践悟

一、目标

1.全面贯彻党的教育方针，落实立德树人根本任务，强化学生对习近平生态文明思想的认知与理解。

2.深刻理解习近平生态文明思想对开展领导干部自然资源资产离任审计的启示。

二、材料

党的二十大报告指出："我们要推进美丽中国建设，坚持山水林田湖草沙一体化保护和系统治理，统筹产业结构调整、污染治理、生态保护、应对气候变化，协同推进降碳、减污、扩绿、增长，推进生态优先、节约集约、绿色低碳发展。"

2013年11月，党的十八届三中全会提出，探索编制自然资源资产负债表，对领导干部实行自然资源资产离任审计；2015年，审计署在湖南省娄底市开展试点审计；2016年，审计署组织18个特派办和32个地方审计机关在40个地区扩大和深化试点审计；2017年，审计署组织全面开展试点审计工作；在827个试点审计项目（涉及被审计领导干部1 210人）探索的基础上《领导干部自然资源资产离任审计规定（试行）》于2017年9月印发，标志着这项工作由试点转为全面推开，向着制度化、规范化和科学化迈进。自全面推开以来，全国共开展离任审计项目8 400多个，涉及领导干部1.24万余名，审计机关在离任审计的审计重点确定、审计组织方式、审计技术方法、审计评价标准和指标体系建立、审计报告体例、审计结果运用等方面进行了卓有成效的探索。党的十九届四中全会通过的《中共中央关于坚持和完善中国特色社会主义制度推进国家治理体系和治理能力现代化若干重大问题的决定》，在"严明生态环境保护责任制度"中专列"开展领导干部自然资源资产离任审计"，强调这项审计制度是中国特色社会主义生态文明制度体系的重要组成部分。

资料来源：郭鹏飞.领导干部自然资源资产离任审计的理论基础与发展路径［J］.审计观察，2022（3）.

三、思考题

从生态文明理论创新、实践创新、制度创新视角分析开展领导干部自然资源资产离任审计的必要性及其路径。

本章案例

*ST昆机会计造假案

重要知识点讲解

应收账款函证

本章测评

单选题

本章测评

多选题

第十一章

采购与付款循环审计

学习目标： 掌握采购与付款循环的实质性程序；熟悉采购与付款循环的重大错报风险；了解采购与付款循环的内部控制；了解采购与付款循环的控制测试。

重　　点： 采购与付款循环的重大错报风险；采购与付款循环的实质性程序。

难　　点： 采购与付款循环的实质性程序。

第十一章

视频预习

第一节　采购与付款循环审计概述

音频：巨人零售公司案例

一、采购与付款循环涉及的主要单据与会计记录

采购与付款循环的主要单据和会计记录包括采购计划、供应商清单、请购单、订购单、验收单、卖方发票、付款凭单、转账及付款凭证、应付账款明细账、库存现金及银行存款日记账、供应商对账单。其中：请购单主要由生产、仓库等相关部门填写后送交采购部门；订购单主要由采购部门填写；卖方发票由供应商开具同时载明货物、金额等信息；付款凭单主要由采购方的应付凭单部门编制；供应商对账单一般按月编制，主要用于核对与采购企业往来款项情况。

知识点：采购与付款循环审计概述

二、采购与付款循环的主要业务活动

采购与付款循环的主要业务活动包括制订采购计划、供应商认证与信息维护、请购商品和劳务、编制订购单、验收商品、存储商品、编制付款凭单、确认与记录负债、办理付款、记录库存现金及银行存款支出、定期对账等。其中，编制付款凭单主要由应付凭单部门根据核对一致的订购单、验收单、卖方发票编制。

第二节　采购与付款循环的风险评估

知识点：采购与付款循环的风险评估

一、采购与付款循环的内部控制

（一）采购交易的内部控制

1.适当的职责分离

企业应当建立采购与付款交易的岗位责任制，明确相关部门和岗位的职责、权限，确保办理采购与付款交易的不相容岗位相互分离、制约和监督。

采购与付款交易不相容岗位至少包括：请购与审批；询价与确定供应商；采购合同的订立与审批；采购与验收；采购、验收与相关会计记录；付款审批与付款执行。

2.恰当的授权审批

企业应当建立采购与付款业务的授权制度和审核批准制度，并按照规定的权限和程序办理采购与付款业务。

3.充分的凭证和记录

企业应当按照请购、审批、采购、验收、付款等规定的程序办理采购与付款业务，并在采购与付款各环节设置相关的记录、填制相应的凭证，建立完整的采购登记制度，加强请购手续、采购订单（或采购合同）、验收证明、入库凭证、采购发票等文件和凭证的相互核对工作。

4.凭证的预先编号

企业应当对采购与付款业务的各类原始凭证预先进行编号，以确保采购与付款业务记录的完整性及真实性。

5. 内部核查程序

企业应当建立对采购与付款交易内部控制的监督检查制度。采购与付款交易内部控制监督检查的主要内容通常包括：

（1）采购与付款交易相关岗位及人员的设置情况。重点检查是否存在采购与付款交易不相容职务混岗的现象。

（2）采购与付款交易授权批准制度的执行情况。重点检查大宗采购与付款交易的授权批准手续是否健全，是否存在越权审批的行为。

（3）应付账款和预付账款的管理。重点审查应付账款和预付账款支付的正确性、时效性和合法性。

（4）有关单据、凭证和文件的使用和保管情况。重点检查凭证的登记、领用、传递、保管、注销手续是否健全，使用和保管制度是否存在漏洞。

（二）付款交易的内部控制

（1）企业应当按照《现金管理暂行条例》《支付结算办法》等有关货币资金内部控制的规定办理采购付款交易。

（2）企业财会部门在办理付款交易时，应当对采购发票、结算凭证、验收证明等相关凭证的真实性、完整性、合法性及合规性进行严格审核。

（3）企业应当建立预付账款和定金的授权批准制度，加强对预付账款和定金的管理。

（4）企业应当加强对应付账款和应付票据的管理，由专人按照约定的付款日期、折扣条件等管理应付款项。已到期的应付款项需经有关授权人员审批后方可办理结算与支付。

（5）企业应当建立退货管理制度，对退货条件、退货手续、货物出库、退货货款回收等做出明确规定，及时收回退货款。

（6）企业应当定期与供应商核对应付账款、应付票据、预付款项等往来款项。如有不符，应查明原因，及时处理。

二、采购与付款循环的重大错报风险

1. 管理层错报费用支出的偏好和动因致使费用虚减（或虚增）的风险

被审计单位管理层可能为了完成预算，满足业绩考核要求，保证从银行获得额外的资金，吸引潜在投资者，误导股东，影响公司股价，或通过把私人费用计入公司费用进行个人牟利而错报支出。常见的方法可能有：

（1）把通常应当及时计入损益的费用资本化，然后通过资产的逐步摊销予以消化。这对增加当年的利润和留存收益都将产生影响。

（2）平滑利润。通过多计准备或少计负债和准备，把损益控制在被审计单位管理层希望的程度内。

（3）利用特别目的实体把负债从资产负债表中剥离，或利用关联方间的费用定价优势制造虚假的收益增长趋势。

（4）通过复杂的税务安排推延或隐瞒所得税和增值税。

（5）被审计单位管理层把私人费用计入企业费用，把企业资金当作私人资金运作。

2.交易安排的复杂性致使费用支出分配或计提存在错误的风险

例如，被审计单位以复杂的交易安排购买一定期间的多种服务，而管理层对于服务受益与付款安排所涉及的复杂性缺乏足够的了解。这可能导致费用支出分配或计提的错误。

3.管理层和员工舞弊的风险

例如，通过与第三方串通，把私人费用计入企业费用支出，或有意无意地重复付款。

4.费用支出截止不正确的风险

例如，将本期采购并收到的商品计入下一会计期间，或者将下一会计期间采购的商品提前计入本期，未及时计提尚未付款的已经购买的服务支出等。

5.应付款项及资产减值准备低估的风险

例如，在承受反映较高盈利水平和营运资本的压力下，被审计单位管理层可能试图低估资产减值准备和应付账款，包括低估对存货、应收账款应计提的减值准备以及对已售商品提供的担保（例如售后服务承诺）应计提的预计负债。

6.外币交易记录不正确的风险

例如，当被审计单位进口用于出售的商品时，可能由于采用不恰当的外币汇率而导致该项采购的记录出现差错。此外，还存在未能将诸如运费、保险费和关税等与存货相关的进口费用进行正确分摊的风险。

7.舞弊和盗窃的固有风险

如果被审计单位经营大型零售业务，由于所采购商品和固定资产的数量及支付的款项庞大，交易复杂，容易造成商品发运错误，员工和客户发生舞弊和盗窃的风险较高。如果那些负责付款的会计人员有权接触应付账款主文档，并能够通过在应付账款主文档中擅自添加新的账户来虚构采购交易，风险也会增加。

8.存货的采购成本没有按照适当的计量属性确认的风险

如果存货的采购成本没有按照适当的计量属性确认，可能导致存货成本和销售成本核算不正确。

9.存在未记录的权利和义务的风险

这可能导致资产负债表分类错误以及财务报表附注不正确或披露不充分。

总之，当被审计单位管理层具有高估利润的动机时，注册会计师应当主要关注费用支出和应付账款的低估。重大错报风险集中体现在遗漏交易、采用不正确的费用支出截止期，以及错误划分资本性支出和费用性支出。这些将对完整性、截止、发生、存在、准确性和分类认定产生影响。

第三节 采购与付款循环的控制测试

一、采购交易的控制测试

采购交易的控制目标、关键内部控制和测试一览表见表11-1。

表 11-1　　采购交易的控制目标、关键内部控制和测试一览表

内部控制目标	关键内部控制	常用的控制测试
所记录的采购都确已收到商品或已接受劳务（存在）	请购单、订购单、验收单和卖方发票一应俱全，并附在付款凭单后； 采购经适当级别批准； 注销凭证以防止重复使用； 对卖方发票、验收单、订购单和请购单作内部核查	查验付款凭单后是否附有完整的相关单据； 检查批准采购的标记； 检查注销凭证的标记； 检查内部核查的标记
已发生的采购交易均已记录（完整性）	订购单均经事先连续编号并将已完成的采购登记入账； 验收单均经事先连续编号并已登记入账； 应付凭单均经事先连续编号并已登记入账	检查订购单连续编号的完整性； 检查验收单连续编号的完整性； 检查应付凭单连续编号的完整性
所记录的采购交易估价正确（准确性、计价和分摊）	对计算准确性进行内部核查； 采购价格和折扣的批准	检查内部核查的标记； 检查批准采购价格和折扣的标记
采购交易的分类正确（分类）	采用适当的会计科目表； 分类的内部核查	检查工作手册和会计科目表； 检查有关凭证上内部核查的标记
采购交易按正确的日期记录（截止）	要求收到商品或接受劳务后及时记录采购交易； 内部核查	检查工作手册并观察有无未记录的卖方发票存在； 检查内部核查的标记
采购交易被正确记入应付账款和存货等明细账中，并正确汇总（准确性、计价和分摊）	应付账款明细账内容的内部核查	检查内部核查的标记

二、付款交易的控制测试

付款交易的控制测试主要是抽取付款凭证，检查其是否经会计主管复核和审批，并检查款项支付是否得到适当人员的复核和审批。具体内容可参考第九章第二节“货币资金的控制测试”。

第四节　采购与付款循环的实质性程序

知识点：应付账款的实质性程序

一、应付账款的实质性程序

1.应付账款的审计目标

（1）确定所有应当记录的应付账款是否均已记录（鉴证完整性）。

（2）确定资产负债表中记录的应付账款是否存在（鉴证存在）。

(3) 确定资产负债表中记录的应付账款是否为被审计单位应当履行的现时义务(鉴证权利和义务)。

(4) 确定应付账款是否以恰当的金额包括在财务报表中，与之相关的计价调整是否已恰当记录（鉴证准确性、计价和分摊)。

(5) 确定应付账款是否已按照企业会计准则的规定在财务报表中做出恰当的列报(鉴证列报)。

2.应付账款的实质性程序

(1) 获取或编制应付账款明细表。复核加计是否正确，并与报表数、总账数和明细账合计数核对是否相符；检查非记账本位币应付账款的折算汇率及折算是否正确；分析出现借方余额的项目，查明原因，必要时，建议作重分类调整；结合预付账款、其他应付款等往来项目的明细余额，调查有无同挂的项目、异常余额或与购货无关的其他款项（如关联方账户或雇员账户)，如有，应做出记录，必要时建议作调整。

(2) 根据被审计单位实际情况，选择以下方法对应付账款执行实质性分析程序。

① 将期末应付账款余额与期初余额进行比较，分析波动原因。

② 分析长期挂账的应付账款，要求被审计单位做出解释，判断被审计单位是否缺乏偿债能力或利用应付账款隐瞒利润，并注意其是否可能无须支付。对确实无须支付的应付账款的会计处理是否正确，依据是否充分；关注账龄超过3年的大额应付账款在资产负债表日后是否偿付，检查偿付记录、单据及披露情况。

③ 计算应付账款与存货的比率、应付账款与流动负债的比率，并与以前年度相关比率对比分析，评价应付账款整体的合理性。

④ 分析存货和营业成本等项目的增减变动，判断应付账款增减变动的合理性。

(3) 函证应付账款。一般情况下，并非必须函证应付账款，这是因为函证不能保证查出未记录的应付账款，况且注册会计师能够取得采购发票等外部凭证来证实应付账款的余额。但如果控制风险较高，某应付账款明细账户金额较大，则应考虑进行应付账款的函证。

进行函证时，注册会计师应选择较大金额的债权人，以及那些在资产负债表日金额不大甚至为零但为被审计单位重要供应商的债权人，作为函证对象。函证最好采用积极函证方式，并具体说明应付金额。与应收账款的函证一样，注册会计师必须对函证的过程进行控制，要求债权人直接回函，并根据回函情况编制与分析函证结果汇总表，对未回函的，应考虑是否再次函证。

如果存在未回函的重大项目，注册会计师应采用替代审计程序。比如，可以检查决算日后应付账款明细账及库存现金和银行存款日记账，核实其是否已支付，同时检查该笔债务的相关凭证资料，如合同、发票、验收单，核实应付账款的真实性。

(4) 检查应付账款是否计入了正确的会计期间，是否存在未入账的应付账款。

① 检查债务形成的相关原始凭证，如供应商发票、验收报告或入库单等，查找有无未及时入账的应付账款，确认应付账款期末余额的完整性。

② 检查资产负债表日后应付账款明细账贷方发生额的相应凭证，关注其购货发票的日期，确认其入账时间是否合理。

③ 获取被审计单位与其供应商之间的对账单，并将对账单和被审计单位财务记

录之间的差异进行调节（如在途款项、在途商品、付款折扣、未记录的负债等），查找有无未入账的应付账款，确定应付账款金额的准确性。

④ 针对资产负债表日后付款项目，检查银行对账单及有关付款凭证（如银行汇款通知、供应商收据等），询问被审计单位内部或外部的知情人员，查找有无未及时入账的应付账款。

⑤ 结合存货监盘程序，检查被审计单位在资产负债表日前后的存货入库资料（验收报告或入库单），检查是否有大额货到单未到的情况，确认相关负债是否计入了正确的会计期间。

如果注册会计师通过这些审计程序发现某些未入账的应付账款，应将有关情况详细记入审计工作底稿，并根据其重要性确定是否需建议被审计单位进行相应的调整。

（5）针对已偿付的应付账款，追查至银行对账单、银行付款单据和其他原始凭证，检查其是否在资产负债表日前真实偿付。

（6）针对异常或大额交易及重大调整事项（如大额的购货折扣或退回，会计处理异常的交易，未经授权的交易，或缺乏支持性凭证的交易等），检查相关原始凭证和会计记录，以分析交易的真实性、合理性。

（7）被审计单位与债权人进行债务重组的，检查不同债务重组方式下的会计处理是否正确。

（8）标明应付关联方（包括持5%以上（含5%）表决权股份的股东）的款项，执行关联方及其交易审计程序，并注明编制合并报表时应予抵销的金额。

（9）检查应付账款是否已按照企业会计准则的规定在财务报表中做出恰当列报。

如果被审计单位为上市公司，则通常在其财务报表附注中应说明有无欠持有5%以上（含5%）表决权股份的股东账款；说明账龄超过3年的大额应付账款未偿还的原因，并在期后事项中反映资产负债表日后是否偿还。

知识点：固定资产的实质性程序

二、固定资产的实质性程序

（一）固定资产的审计目标

（1）确定资产负债表中记录的固定资产是否存在（鉴证存在）。

（2）确定所有应记录的固定资产是否均已记录（鉴证完整性）。

（3）确定记录的固定资产是否由被审计单位拥有或控制（鉴证权利和义务）。

（4）确定固定资产是否以恰当的金额包括在财务报表中，与之相关的计价或分摊是否已恰当记录（鉴证准确性、计价和分摊）。

（5）确定固定资产原价、累计折旧和固定资产减值准备是否已按照企业会计准则的规定在财务报表中做出恰当列报（鉴证列报）。

（二）固定资产的实质性程序

1.固定资产——账面余额的实质性程序

（1）获取或编制固定资产和累计折旧分类汇总表，检查固定资产的分类是否正确并与总账数和明细账合计数核对是否相符，结合累计折旧、固定资产减值准备科目与报表数核对是否相符。

固定资产和累计折旧分类汇总表是审计固定资产和累计折旧的重要工作底稿，其参考格式见表11-2。

表11-2　　固定资产和累计折旧分类汇总表

年　月　日

被审计单位：____________　　编制人：　　日期：

复核人：　　日期：

固定资产类别	固定资产				累计折旧					
	期初余额	本期增加	本期减少	期末余额	折旧方法	折旧率	期初余额	本期增加	本期减少	期末余额
合计										

汇总表包括固定资产与累计折旧两部分，应按照固定资产类别分别填列。需要解释的是期初余额栏，注册会计师对其进行审计应分三种情况：

一是在连续审计情况下，应注意与上期审计工作底稿中的固定资产和累计折旧的期末余额审定数核对相符。

二是在变更会计师事务所时，后任注册会计师应查阅前任注册会计师有关工作底稿。

三是如果被审计单位以往未经注册会计师审计，即在首次接受审计情况下，注册会计师应对期初余额进行较全面的审计，尤其是当被审计单位的固定资产数量多、价值高、占资产总额比重大时，最理想的方法是全面审计被审计单位设立以来“固定资产”和“累计折旧”账户中的所有重要的借贷记录。这样，既可核实期初余额的真实性，又可从中加深对被审计单位固定资产管理和会计核算工作的了解。

（2）对固定资产实施实质性分析程序。

① 分类计算本期计提折旧额与固定资产原值的比率，并与上期比较；

② 计算固定资产修理及维护费用占固定资产原值的比例，并进行本期各月、本期与以前各期的比较。

（3）实地检查重要的固定资产，确定其是否存在，关注是否存在已报废但仍未核销的固定资产。

实施实地检查审计程序时，注册会计师可以固定资产明细分类账为起点，进行实地追查，以证明会计记录中所列固定资产是否确实存在及其目前的使用状况，也可以实地为起点，追查至固定资产明细分类账，以获取实际存在的固定资产是否均已入账的证据。

注册会计师实地检查的重点是本期新增加的重要固定资产，有时，检查范围也会扩展到以前期间增加的重要固定资产。检查范围的确定需要依据被审计单位内部控制的强弱、固定资产的重要性和注册会计师的经验来判断。如为首次接受审计，则应适当扩大检查范围。

（4）检查固定资产的所有权或控制权。

对于各类固定资产，注册会计师应获取、收集不同的证据以确定其是否确归被审计单位所有：对于外购的机器设备等固定资产，通常经审核采购发票、采购合同等予以确定；对于房地产类固定资产，需查阅有关的合同、产权证明、财产税单、抵押借款的还款凭据、保险单等书面文件；对于融资租入的固定资产，应验证有关融资租赁合同，证实其并非经营租赁；对于汽车等运输设备，应验证有关运营证件等；对于受留置权限制的固定资产，通常还应审核被审计单位的有关负债项目等予以证实。

（5）检查本期固定资产的增加。

①询问管理层当年固定资产的增加情况，并与获取或编制的固定资产明细表进行核对。

②检查本年度增加固定资产的计价是否正确，手续是否齐备，会计处理是否正确。

a.对于外购固定资产，通过核对采购合同、发票、保险单、发运凭证等资料，抽查测试其入账价值是否正确，授权批准手续是否齐备，会计处理是否正确；如果购买的是房屋建筑物，还应检查契税的会计处理是否正确；检查分期付款购买固定资产的入账价值及会计处理是否正确。

b.对于在建工程转入的固定资产，应检查在建工程转入固定资产的时点是否符合会计准则的规定，入账价值与在建工程的相关记录是否核对相符，是否与竣工决算、验收和移交报告等一致；对已经达到预定可使用状态但尚未办理竣工决算手续的固定资产，检查其是否已按估计价值入账，相关估价是否合理，是否按规定计提折旧。

c.对于投资者投入的固定资产，检查投资者投入的固定资产是否按投资各方确认的价值入账，并检查确认价值是否公允，交接手续是否齐全；涉及国有资产的，是否有评估报告并经国有资产管理部门评审备案或核准确认。

d.对于更新改造增加的固定资产，检查增加的原值是否符合资本化条件，是否真实，会计处理是否正确，重新确定的剩余折旧年限是否恰当。

e.对于融资租赁增加的固定资产，应获取融资租入固定资产的相关证明文件，检查融资租赁合同的主要内容，并结合长期应付款、未确认融资费用科目检查相关的会计处理是否正确。

f.对于企业合并、债务重组和非货币性资产交换增加的固定资产，检查产权过户手续是否齐备，检查固定资产入账价值及确认的损益是否符合规定。

g.对于通过其他途径增加的固定资产，应检查增加固定资产的原始凭证，核对其计价及会计处理是否正确，法律手续是否齐全。

③检查固定资产是否存在弃置费用，如果存在弃置费用，检查弃置费用的估计方法和弃置费用现值的计算是否合理，会计处理是否正确。

（6）检查本期固定资产的减少。

① 结合固定资产清理科目，抽查固定资产账面转销额是否正确。

② 检查出售、盘亏、转让、报废或毁损的固定资产是否经授权批准，会计处理是否正确。

③ 检查因修理、更新改造而停止使用的固定资产的会计处理是否正确。

④ 检查投资转出固定资产的会计处理是否正确。

⑤ 检查债务重组或非货币性资产交换转出固定资产的会计处理是否正确。

⑥ 检查转出的投资性房地产账面价值及会计处理是否正确。

⑦ 检查其他减少固定资产的会计处理是否正确。

（7）检查固定资产的后续支出，确定与固定资产有关的后续支出是否满足资产确认条件；如不满足，该支出是否在发生时直接计入当期损益。

（8）检查固定资产的租赁。

检查经营性租赁时，应查明：

① 固定资产的租赁是否签订了合同、租约，手续是否完备，合同内容是否符合国家规定，是否经相关管理部门审批。

② 租入的固定资产是否确属企业必需，或租出的固定资产是否确属企业多余、闲置不用，双方是否认真履行合同，是否存在不正当交易。

③ 租金收取是否签有合同，有无多收、少收现象。

④ 租入的固定资产有无久占不用、浪费损坏的现象；租出的固定资产有无长期不收租金、无人过问，是否有变相馈送、转让等情况。

⑤ 租入固定资产是否已登入备查簿。

⑥ 必要时，向出租人函证租赁合同及执行情况。

⑦ 租入固定资产改良支出的核算是否符合规定。

检查融资租赁时，除可参照经营租赁固定资产检查要点以外，还应补充实施以下审计程序：

① 复核租赁的折现率是否合理；

② 检查租赁相关税费、保险费、维修费等费用的会计处理是否符合企业会计准则的规定；

③ 检查融资租入固定资产的折旧方法是否合理；

④ 检查租赁付款情况；

⑤ 检查租入固定资产的成新程度；

⑥ 检查融资租入固定资产发生后续支出的会计处理是否遵循了自有固定资产发生后续支出的处理原则。

（9）获取暂时闲置固定资产的相关证明文件，并观察其实际状况，检查是否已按规定计提折旧，相关的会计处理是否正确。

（10）获取已提足折旧仍继续使用固定资产的相关证明文件，并作相应记录。

（11）获取持有待售固定资产的相关证明文件，并作相应记录，检查对其预计净残值调整是否正确、会计处理是否正确。

（12）检查固定资产保险情况，复核保险范围是否足够。

（13）检查有无与关联方的固定资产购售活动，是否经适当授权，交易价格是否公允。对于合并范围内的购售活动，记录应予合并抵销的金额。

（14）对应计入固定资产的借款费用，应根据企业会计准则的规定，结合长短期借款、应付债券或长期应付款的审计，检查借款费用（借款利息、折溢价摊销、汇兑差额、辅助费用）资本化的计算方法和资本化金额，以及会计处理是否正确。

（15）检查购置固定资产时是否存在与资本性支出有关的财务承诺。

（16）检查固定资产的抵押、担保情况。结合对银行借款等的检查，了解固定资产是否存在重大的抵押、担保情况。如存在，应取证，并作相应的记录，同时提请被审计单位作恰当披露。

（17）确定固定资产是否已按照企业会计准则的规定在财务报表中做出恰当列报。

如果被审计单位是上市公司，通常应在其财务报表附注中按类别分项列示固定资产期初余额、本期增加额、本期减少额及期末余额；说明固定资产中存在的在建工程转入、出售、置换、抵押或担保等情况；披露通过融资租赁租入的固定资产每类租入资产的账面原值、累计折旧、账面净值；披露通过经营租赁租出的固定资产每类租出资产的账面价值。

2.固定资产——累计折旧的实质性程序

（1）获取或编制累计折旧分类汇总表，复核加计是否正确，并与总账数和明细账合计数核对是否相符。

（2）检查被审计单位制定的折旧政策和方法是否符合相关会计准则的规定，确定其所采用的折旧方法能否在固定资产预计使用寿命内合理分摊其成本，前后期是否一致，预计使用寿命和预计净残值是否合理。

（3）复核本期折旧费用的计提和分配。

①了解被审计单位的折旧政策是否符合规定，计提折旧的范围是否正确，确定的使用寿命、预计净残值和折旧方法是否合理；如采用加速折旧法，是否取得批准文件。

②检查被审计单位折旧政策前后期是否一致。如果折旧政策或者相关会计估计（例如使用寿命、预计净残值）有变更，变更理由是否合理；如果没有变更，是否存在需要提请被审计单位关注的对折旧政策或者会计估计产生重大影响的事项（例如重大技术更新或者设备使用环境的恶化等）。

③复核本期折旧费用的计提是否正确。

a.已计提部分减值准备的固定资产，计提的折旧是否正确。按照《企业会计准则第4号——固定资产》的规定，已计提减值准备的固定资产的应计折旧额应当扣除已计提的固定资产减值准备累计金额，按照该固定资产的账面价值以及尚可使用寿命重新计算确定折旧率和折旧额。

b.已全额计提减值准备的固定资产，是否已停止计提折旧。

c.因更新改造而停止使用的固定资产是否已停止计提折旧，因大修理而停止使用的固定资产是否照提折旧。

d.对按规定予以资本化的固定资产装修费用是否在两次装修期间与固定资产尚可使用年限两者中较短的期间内，采用合理的方法单独计提折旧，并在下次装修时将该项固定资产装修余额一次全部计入了当期营业外支出。

e.对融资租入固定资产发生的、按规定可予以资本化的固定资产装修费用，是否在两次装修期间、剩余租赁期与固定资产尚可使用年限三者中较短的期间内，采用合理的方法单独计提折旧。

f.对采用经营租赁方式租入的固定资产发生的改良支出，是否在剩余租赁期与租赁资产尚可使用年限两者中较短的期间内，采用合理的方法单独计提折旧。

g.未使用、不需用和暂时闲置的固定资产是否按规定计提折旧。

h.持有待售的固定资产折旧计提是否符合规定。

④检查折旧费用的分配方法是否合理，是否与上期一致；分配计入各项目的金额

占本期全部折旧计提额的比例与上期比较是否有重大差异。

⑤注意固定资产增减变动时，有关折旧的会计处理是否符合规定，查明通过更新改造、接受捐赠或融资租入而增加的固定资产的折旧费用计算是否正确。

（4）将“累计折旧”账户贷方的本期计提折旧额与相应的成本费用中的折旧费用明细账户的借方相比较，以查明所计提折旧金额是否已全部摊入本期产品成本或费用。若存在差异，应追查原因，并考虑是否应建议作适当调整。

（5）检查累计折旧的减少是否合理、会计处理是否正确。

（6）确定累计折旧的披露是否恰当。

如果被审计单位是上市公司，通常应在其财务报表附注中按固定资产类别分项列示累计折旧期初余额、本期计提额、本期减少额及期末余额。

【例 11-1】甲注册会计师正在对ABC公司2022年度财务报表进行审计。相关资料如下。

资料一：

甲注册会计师在审计ABC公司2022年度财务报表的“固定资产”和“累计折旧”项目时，发现下列情况。

（1）“生产用固定资产”中固定资产——A设备已于2022年1月份停用，并转入“未使用固定资产”，同时也停止计提折旧。

（2）公司所使用的单冷空调，当年计提折旧仅按实际使用的月份（5—9月）提取。

（3）5月份购入设备一台，价值65万元，当月达到预定可使用状态，8月份交付使用，ABC公司从9月份起开始计提折旧。

（4）ABC公司对B设备采用平均年限法计提折旧。该设备预计使用年限为10年，预计净残值率为5%，公司确定的该设备的年折旧率为10%。

资料二：

注册会计师实施的审计程序摘录如下。

（1）检查2022年购入的固定资产的发票金额并追查至账簿记录；

（2）实地观察固定资产，并查明其产权的归属。

要求：

（1）针对资料一的情况，评价被审计单位的会计处理，并给出恰当的建议。

（2）针对资料二的情况，分别指出这些审计程序主要是针对固定资产的何种认定。

【解析】

（1）①未使用固定资产应当计提折旧，注册会计师应建议被审计单位对A设备补提折旧。

②季节性停用的固定资产仍应提取折旧，被审计单位的处理方法是错误的，注册会计师应建议其补提折旧。

③ABC公司购入的设备，应在其达到预定可使用状态时转入固定资产，从次月开始计提折旧。被审计单位应从6月份起计提折旧，注册会计师应建议ABC公司补提折旧。

④ABC公司计算的B设备的折旧率不正确，在计算折旧率时未考虑净残值的影响，注册会计师应建议ABC公司调整折旧率和已计提折旧额。

（2）①检查2022年购入的固定资产的发票金额并追查至账簿记录，涉及与期末账户余额相关的“完整性”认定。

②实地观察固定资产，并查明其产权的归属，涉及与期末账户余额相关的“存在”“完整性”“权利和义务”三项认定。

3. 固定资产——固定资产减值准备的实质性程序

（1）获取或编制固定资产减值准备明细表，复核加计是否正确，并与总账数和明细账合计数核对是否相符。

（2）检查被审计单位计提固定资产减值准备的依据是否充分，会计处理是否正确。

（3）获取闲置固定资产的清单，并观察其实际状况，识别是否存在减值迹象。

（4）检查资产组的认定是否恰当，计提固定资产减值准备的依据是否充分，会计处理是否正确。

（5）计算本期末固定资产减值准备占期末固定资产原值的比率，并与期初该比率比较，分析固定资产的质量状况。

（6）检查被审计单位处置固定资产时原计提的减值准备是否同时结转，会计处理是否正确。

（7）检查是否存在转回固定资产减值准备的情况。按照企业会计准则的规定，固定资产减值损失一经确认，在以后会计期间不得转回。

（8）确定固定资产减值准备的披露是否恰当。

如果企业计提了固定资产减值准备，根据《企业会计准则第8号——资产减值》的规定，企业应当在财务报表附注中披露：①当期确认的固定资产减值损失金额；②企业计提的固定资产减值准备累计金额。如果发生重大固定资产减值损失，还应当说明导致重大固定资产减值损失的原因，固定资产可收回金额的确定方法，以及当期确认的重大固定资产减值损失的金额。

如果被审计单位是上市公司，其财务报表附注中通常还应分项列示计提的固定资产减值准备金额、增减变动情况以及计提的原因。

【例11-2】经董事会批准，甲公司2022年9月30日与乙公司签订一项不可撤销的销售合同，将位于城区的办公用房转让给乙公司。合同约定，办公用房转让价格为3 100万元，乙公司应于2023年1月15日前支付上述款项；甲公司应协助乙公司于2023年2月1日前完成办公用房所有权的转移手续。

甲公司办公用房系2017年3月达到预定可使用状态并投入使用，成本为4 900万元，预计使用年限为20年，预计净残值为100万元，采用年限平均法计提折旧，至2022年9月30日签订销售合同时未计提减值准备。

2022年度，甲公司对该办公用房共计提了240万元折旧，相关会计处理如下：

借：管理费用　　2 400 000

　贷：累计折旧　　2 400 000

请问：企业的会计处理是否正确？如错误，如何编制审计调整分录？

【解析】

会计处理不正确。对于持有待售的固定资产，应当对其预计净残值进行调整。同时从划归为持有待售之日起停止计提折旧。

至2022年9月30日累计计提折旧=［（4 900−100）÷20］÷12×66=1 320（万元）

账面价值=4 900−1 320=3 580（万元）

1—9月份计提折旧=［（4 900−100）÷20］÷12×9=180（万元）

应计提减值准备=3 580−3 100=480（万元）

审计调整分录为：

借：资产减值损失　　　　4 800 000

　贷：固定资产——固定资产减值准备　　　　4 800 000

借：固定资产——累计折旧（2 400 000−1 800 000）　　　　600 000

　贷：管理费用　　　　600 000

本章思维导图

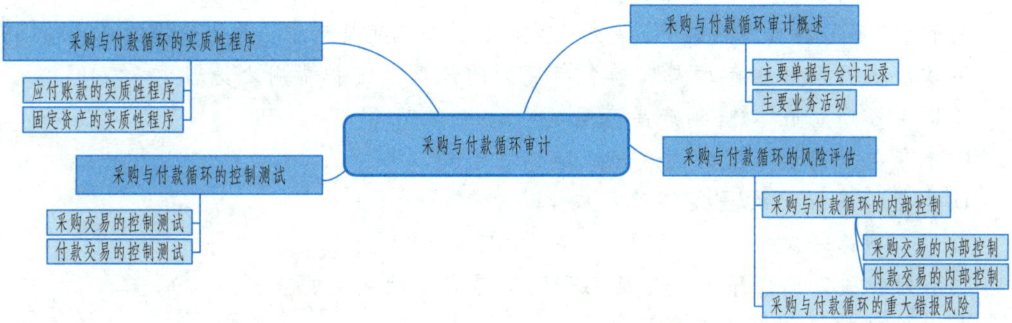

CSA 1331 首次审计业务涉及的期初余额

本章习题

一、思考题

1.采购与付款循环涉及哪些业务活动？举例说明在采购与付款循环中哪些岗位是不相容的？

2.采购与付款循环可能存在的重大错报风险有哪些？

3.如何实施采购与付款循环的实质性分析程序？

4.如何实施采购交易截止测试？

5.注册会计师如何查找未入账的应付账款？

二、单项选择题

1.下列各项中，属于采购交易“完整性”认定的关键内部控制是（　　）。

A.验收单均经事先连续编号并已登记入账

B.采购经适当级别批准

C.采购的价格和折扣均经适当批准

D.注销凭证以防止重复使用

2.下列各项中，注册会计师对被审计单位采购与付款交易实施截止测试能够证实的是（　　）。

A.年末应付账款的真实性

B.是否存在无法支付的应付账款

C.采购业务入账时间是否正确

D.应付账款是否全部登记入账

3.下列各项中，与鉴证固定资产存在认定最相关的审计程序是（　　）。

A.以固定资产明细分类账为起点，追查至采购合同和发票

B.以固定资产实物为起点，追查至固定资产明细分类账

C.以固定资产明细分类账为起点，追查至固定资产实物

D.获取或编制固定资产明细表，符合加计是否正确

4.下列各项中，与鉴证应付账款存在认定最相关的审计程序是（　　）。

A.从应付账款明细账追查至购货合同、购货发票和入库单等凭证

B.检查采购文件以确定是否使用预先编号的采购单

C.抽取购货合同、购货发票和入库单等凭证，追查至应付账款明细账

D.向供应商函证零余额的应付账款

5.下列各项分析程序测试中，可能会发现已减少固定资产未在账上注销的是（　　）。

A.本年各月间和本年度与以前各年度间的修理及维护费用之比较

B.固定资产总成本/全年产品产量

C.本年与以前各年度的固定资产增减之比较

D.本年计提折旧额/固定资产总成本

三、多项选择题

1.下列各项审计程序中，能证实采购交易完整性认定的有（　　）。

A.从有效的订购单追查至验收单

B.从验收单追查至采购明细账

C.从付款凭单追查至购货发票

D.从购货发票追查至采购明细账

2.下列各项中，属于采购交易“发生”认定的关键内部控制有（　　）。

A.采购经适当级别批准

B.采用适当的会计科目

C.要求收到商品后及时记录采购交易

D.对卖方发票、验收单、请购单和订购单作内部核查

3.下列各项审计程序中，对查找未入账应付账款有效的有（　　）。

A.从供应商发票、验收报告或入库单追查至应付账款明细账

B.结合存货监盘程序，检查资产负债表日前后的存货入库资料

C.从财务部门获取被审计单位与其供应商之间的对账单并与应付账款明细账进行核对

D.针对资产负债表日后付款项目，检查银行对账单及有关付款凭证

4.下列各项中，注册会计师在对被审计单位的应付账款进行审计时，一般应选择的函证对象有（　　）。

A.较大金额的债权人

B.所有的债权人

C.在资产负债表日金额不大甚至为零而且不是企业重要供货人的债权人

D.在资产负债表日金额不大甚至为零但为企业重要供货人的债权人

5.在对固定资产入账价值进行审计时，注册会计师发现被审计单位存在以下处理情况，其中不正确的有（ ）。

A.购置的不需要经过建造过程即可使用的固定资产，按实际支付的买价、包装费、运输费、安装成本、缴纳的有关税金等，作为入账价值

B.盘盈的固定资产，计入当期营业外收入

C.投资者投入的固定资产，以投资方原账面价值作为入账价值

D.接受捐赠的固定资产，以有关凭据上的金额加上相关税费作为入账价值

四、案例分析题

甲公司系股份有限公司，每年的年度财务报告均于次年的4月对外公布，2022年度发生的相关交易和事项及会计处理如下。

（1）甲公司会计政策规定，采用平均年限法计提固定资产折旧，每年年度终了对固定资产进行逐项检查，考虑是否计提固定资产减值准备。甲公司的办公大楼于2021年1月启用，原值4 000万元，预计使用年限为20年，预计净残值为400万元。2021年12月31日经审计的该项固定资产的净值为3 835万元，该项固定资产的减值准备余额为458万元。由于自2022年1月起该项固定资产因故停用，甲公司因此未计提其2022年度的折旧。

（2）甲公司2022年12月31日应付账款账户余额为贷方余额800万元，其明细组成如下：

应付账款——a公司	500万元
——b公司	350万元
——c公司	-150万元
——d公司	100万元
合计	800万元

（3）在建工程中有房屋建筑物（办公楼）2 000万元，本年6月已完工交付使用，但甲公司未结转固定资产（该公司房屋建筑物的预计残值率为3%，预计使用年限为30年）。

（4）甲公司与东方公司于2022年8月1日签订协议，东方公司同意甲公司以其持有的交易性金融资产支付所欠800万元货款。交易双方已于当月办妥相关的法律手续。甲公司交易性金融资产的账面余额为500万元。假定不考虑该交易应支付的相关税费，甲公司对该交易作了如下会计处理：

借：应付账款——东方公司	8 000 000	
贷：交易性金融资产		5 000 000
资本公积——其他资本公积		3 000 000

（5）2019年1月1日，甲公司以银行存款6 000万元购入一项无形资产。2019年年末未发生减值，2020年和2021年年末，公司预计该项无形资产的可收回金额分别为4 000万元和3 556万元。该项无形资产的预计使用年限为10年，按月采用直线法

摊销。甲公司于每年年末对无形资产计提减值准备；计提减值准备后，原预计使用年限不变。甲公司2022年未摊销该无形资产。

要求：针对上述交易事项，注册会计师应按年度分别提出何种审计处理建议？若应当建议做出审计调整的，请按年度直接列示全部相应的审计调整分录（包括重分类调整分录）。在编制审计调整分录时，不考虑调整分录对所得税和期末结转损益的影响。

学思践悟

一、目标

1. 全面贯彻党的教育方针，落实立德树人根本任务，强化学生对落实新时代党的建设总要求全面从严治党的认知与理解。

2. 深刻理解全面从严治党对开展党政领导干部经济责任审计的要求。

二、材料

经济责任审计是审计监督与干部管理监督相结合、推动全面从严治党的重要制度安排，是促进权力运行规范化的重要抓手。2019年3月，党中央修订印发《党政领导干部选拔任用工作条例》，其中有4条共5处与审计工作有关，明确考察党政领导职务拟任人选，根据需要可以听取巡视巡察机构、审计机关和其他相关部门意见；对需要进行经济责任审计的考察对象，应事先按照有关规定进行审计。这为经济责任审计更好发挥加强干部监督管理方面的作用提供了有力的制度保障。

资料来源：郝书辰.增强依法履职能力 不断深化经济责任审计工作［J］.审计观察，2019（5）.

三、思考题

从坚持党要管党、全面从严治党分析开展党政领导干部经济责任审计的意义及路径。

本章案例
巨人零售公司的应付账款问题

本章案例
*ST大江：公布关于出售闲置固定资产公告

重要知识点讲解
应付账款实质性程序（应付账款函证与未入账应付账款的检查）

本章测评
单选题

本章测评
多选题

第十二章

生产与存货循环审计

学习目标： 掌握生产与存货循环的实质性程序；熟悉生产与存货循环的重大错报风险；了解生产与存货循环的内部控制；了解生产与存货循环的控制测试。

重　　点： 生产与存货循环的重大错报风险；生产与存货循环的实质性程序。

难　　点： 生产与存货循环的实质性程序。

第十二章

视频预习

知识点：生产与存货循环审计概述

第一节 生产与存货循环审计概述

一、生产与存货循环涉及的主要单据与会计记录

生产与存货循环涉及的主要单据和会计记录包括生产指令、领发料凭证、产量和工时记录、工薪汇总表和工薪费用分配表、材料费用、制造费用分配表、成本计算单、产品入库出库单、存货明细账、存货盘点指令、盘点表及盘点标签、存货货龄分析表。其中，生产指令主要体现为生产通知单、存货货龄分析表可用于识别存货的流动情况以及是否出现囤积现象并结合经营环境确定是否计提存货跌价准备。

二、生产与存货循环的主要业务活动

生产与存货循环的主要业务活动包括计划和安排生产、发出原材料、生产产品、核算产品成本、储存产成品、发出产品、存货盘点、计提存货跌价准备等。其中，产成品的发出必须由独立发运部门进行。

知识点：生产与存货循环的风险评估

第二节 生产与存货循环的风险评估

一、生产与存货循环的内部控制

1.适当的职责分离

生产与存货循环涉及存货的请领、审批、生产、验收、保管与记账等环节。有关职责适当分离的基本要求通常包括：生产计划的编制与审批应相互分离；存货的验收与生产部门应相互分离；存货的保管与记录应相互分离；存货的盘点与存货的保管、使用及记录应相互分离等。

2.恰当的授权审批

生产与存货循环常见的授权审批程序包括：生产通知单必须经过授权审批；领用材料必须经过授权审批；职工薪酬必须经过授权审批；成本计算和费用分配方法的确定与变更必须经过授权审批；存货计价方法的确定和变更必须经过授权审批；存货的盘盈、盘亏、报废、毁损等处置必须经过授权审批等。

3.健全的成本会计制度和会计记录

生产与存货循环健全的成本会计制度和会计记录要求：采用适当的成本核算方法，且前后期保持一致；采用适当的费用分配方法，且前后期保持一致；成本核算要以经过审核的生产通知单、领料单、人工费用分配表和制造费用分配表等原始凭证为依据，月末车间未用的原材料要办理假退料手续；尽量采用永续盘存制；领料单、生产通知单、工资费用分配表、制造费用分配表等应顺序编号。

4.实物控制

生产与存货循环的实物控制要求：建立健全在产品、半成品、产成品的保管和移

交制度；仓库存货按种类、性质集中堆放并有醒目标记；严格控制存货及相关的文件、记录，只有经过授权的人员才能接触存货。

5.定期盘点或核对

生产与存货循环的定期盘点和核对要求：定期（或不定期）进行盘点，以进行账实核对；对于委托加工材料、委托代销商品、出租、出借的包装物等本企业的存货应定期与有关企业核对；在存货盘点清查过程中应及时发现存货减值迹象，并进行必要的账务处理。

二、生产与存货循环的重大错报风险

注册会计师应当清楚了解被审计单位管理层管理生产与存货交易的关键因素和关键业绩指标，以为识别潜在的重大错报风险寻找线索。本教材关于采购与付款交易重大错报风险的讨论内容，对生产与存货交易基本适用，本章不再赘述。当然，生产与存货交易也有其自身的特点，以制造类企业为例，影响生产与存货交易和余额的重大错报风险还可能包括：

（1）交易的数量庞大及业务复杂导致的错误或舞弊风险。制造业企业生产与存货交易的数量庞大，业务复杂，增加了错误和舞弊的风险。

（2）成本基础的复杂性导致费用分配出现错误的风险。制造业企业的成本基础比较复杂。虽然原材料和直接人工等直接费用的分配比较简单，但间接费用的分配就可能较为复杂，并且同一行业中的不同企业也可能采用不同的计量基础，导致费用分配及成本核算可能出现错误。

（3）产品的多元化致使其质量、数量、价值难以衡量的风险。产品的多元化，使注册会计师仅以个人的专业知识难以衡量某些特殊存货的质量、数量、价值，需要聘请专家来验证。例如，计量煤堆、筒仓里的谷物或糖、钻石或者其他贵重的宝石、化工品和药剂产品的数量或价值，往往需要专家配合。

（4）某些存货项目的可变现净值难以确定的风险。例如，价格受全球经济供求关系影响的存货，其可变现净值往往难以确定，直接影响着存货的期末计价。

（5）存货存放在不同地点致使毁损、遗失、重复列示或转移定价出现错误（或舞弊）的风险。例如，大型企业可能将存货存放在很多地点，且可以在不同地点之间配送存货，这可能会增加存货途中毁损或遗失的风险，或者导致存货在两个地点被重复列示，也可能产生转移定价的错误或舞弊。

（6）寄存存货致使所有权界定出现错误的风险。例如，在交款提货方式下，当已经收到货款或取得索取货款的凭据，且开出发票账单及提货单时，存货的所有权就已转移给购货方，但如果至期末时，购货方尚未提货，就有可能在资产负债表的存货项目中包含了这部分所有权不属于企业的存货。

第三节　生产与存货循环的控制测试

生产与存货循环的控制目标、关键内部控制和测试一览表见表12-1。

表12-1 生产与存货循环的控制目标、关键内部控制和测试一览表

内部控制目标	关键内部控制	常用的控制测试
生产业务是根据管理层一般或特定的授权进行的（发生）	对以下3个关键点，应履行恰当手续，经过特别审批或一般审批：（1）生产指令的授权批准；（2）领料单的授权批准；（3）工薪的授权批准	检查凭证中是否包括对这3个关键点的恰当审批；检查生产指令、领料单、工薪等是否经过授权
记录的成本为实际发生的而非虚构的（发生）	成本的核算是以经过审核的生产通知单、领发料凭证、产量和工时记录、工薪费用分配表、材料费用分配表、制造费用分配表为依据的	检查有关成本的记账凭证是否附有生产通知单、领发料凭证、产量和工时记录、工薪费用分配表、材料费用分配表、制造费用分配表等，原始凭证的顺序编号是否完整
所有耗费和物化劳动均已反映在成本中（完整性）	生产通知单、领发料凭证、产量和工时记录、工薪费用分配表、材料费用分配表、制造费用分配表均事先编号并已经登记入账	检查生产通知单、领发料凭证、产量和工时记录、工薪费用分配表、材料费用分配表、制造费用分配表的顺序编号是否完整
成本以正确的金额，在恰当的会计期间及时记录于适当的账户（发生，完整性，准确性、计价和分摊）	采用适当的成本核算方法，并且前后各期一致；采用适当的费用分配方法，并且前后各期一致；采用适当的成本核算流程和账务处理流程；内部核查	选取样本测试各种费用的归集和分配以及成本的计算；测试是否按照规定的成本核算流程进行核算和账务处理
对存货实施保护措施，保管人员与记录、批准人员相互独立（存在、完整性）	存货保管人员与记录人员职务相分离	询问和观察存货与记录的接触控制以及相应的批准程序
账面存货与实际存货定期核对相符（存在，完整性，准确性、计价和分摊）	定期进行存货盘点	询问和观察存货盘点程序

知识点：存货的实质性程序

第四节　生产与存货循环的实质性程序

一、存货的审计目标

（1）确定存货是否存在并归被审计单位所有（鉴证存在、权利和义务）。

（2）确定存货和存货跌价准备增减变动的记录是否完整（鉴证完整性）。

（3）确定存货的计价方法是否恰当（鉴证准确性、计价和分摊）。

（4）确定存货的品质状况，存货跌价损失是否真实、完整，跌价准备的计提方法是否合理（鉴证准确性、计价和分摊）。

（5）确定存货和存货跌价准备的期末余额是否正确（鉴证准确性、计价和分摊）。

（6）确定存货和存货跌价准备的披露是否恰当（鉴证列报）。

二、存货的实质性程序

（一）存货监盘

1.存货监盘的目的

存货监盘针对的主要是存货的存在认定、完整性认定以及权利和义务认定，注册会计师监盘存货的目的在于获取有关存货数量和状况的审计证据，以确证被审计单位记录的所有存货确实存在，已经反映了被审计单位拥有的全部存货，并属于被审计单位的合法财产。

2.存货监盘计划

（1）制订存货监盘计划的基本要求

存货存在认定与完整性认定具有较高的重大错报风险，而且注册会计师通常只有一次机会通过存货的实地监盘对有关认定做出评价。因此，注册会计师应当充分了解被审计单位存货的特点、盘存制度和存货内部控制的有效性等情况，在评价被审计单位管理层制定的存货盘点程序的基础上，编制存货监盘计划，对存货监盘做出合理安排。同时，为了避免误解并有助于有效地实施存货监盘，注册会计师通常需要与被审计单位就存货监盘等问题达成一致意见。

（2）制订存货监盘计划应考虑的相关事项

在编制存货监盘计划时，注册会计师需要考虑以下事项：

① 与存货相关的重大错报风险。存货通常具有较高水平的重大错报风险，影响重大错报风险的因素具体包括存货的数量和种类、成本归集的难易程度、陈旧过时的速度或易损坏程度、遭受失窃的难易程度。由于制造过程和成本归集制度的差异，制造企业的存货与其他企业（如批发企业）的存货相比往往具有更高的重大错报风险。外部因素也会对重大错报风险产生影响。例如，技术进步可能导致某些产品过时，从而导致存货价值更容易发生高估。

② 与存货相关的内部控制的性质。在制订存货监盘计划时，注册会计师应当了解被审计单位与存货相关的内部控制，并根据内部控制的完善程度确定进一步审计程序的性质、时间安排和范围。与存货相关的内部控制涉及被审计单位供、产、销各个环节，包括采购、验收、仓储、领用、加工、装运出库等诸多方面。

③ 对存货盘点是否制定了适当的程序，并下达了正确的指令。注册会计师一般需要复核或与管理层讨论存货盘点程序，以评价其能否合理地确定存货的数量和状况。考虑的因素有：盘点的时间安排；盘点范围和场所的确定；盘点人员的分工及胜任能力；盘点前的会议及任务布置；存货的整理和排列，对毁损、陈旧、过时、残次及所有权不属于被审计单位的存货的区分；存货的计量工具和计量方法；在产品完工程度的确定方法；存放在外单位的存货的盘点安排；存货收发截止的控制；盘点期间存货移动的控制；盘点表单的设计、使用与控制；盘点结果的汇总以及盘盈、盘亏的分析、调查与处理等。如果认为被审计单位的存货盘点程序存在缺陷，注册会计师应提请被审计单位调整。

④ 存货盘点的时间安排。如果存货盘点在财务报表日以外的其他日期进行，注册会计师除实施存货监盘相关审计程序外，还应当实施其他审计程序，以获取审计证据，确定存货盘点日与财务报表日之间的存货变动是否已得到恰当的记录。

⑤ 存货的盘存制度。存货的盘存制度一般为实地盘存制和永续盘存制。存货盘存制度不同，注册会计师需要做出的存货监盘安排也不同。

⑥ 存货的存放地点。注册会计师通常应当重点考虑被审计单位的重要存货存放地点，特别是金额较大或可能存在重大错报风险（如存货性质特殊）的存货存放地点，将这些存放地点列入监盘地点。对其他无法在存货盘点现场实施存货监盘的存货存放地点，注册会计师应当实施替代审计程序，以获取有关存货的存在和状况的充分、适当的审计证据。

⑦ 是否需要专家协助。注册会计师可能不具备其他专业领域的专长与技能。在确定资产数量或资产实物状况（如矿石堆），或在收集特殊类别存货（如艺术品、稀有玉石、房地产、电子器件、工程设计等）的审计证据时，注册会计师可以考虑利用专家的工作。

（3）存货监盘计划的主要内容

存货监盘计划应当包括以下内容：

①存货监盘的目标、范围及时间安排。存货监盘的主要目标包括获取被审计单位资产负债表日有关存货数量和状况以及有关管理层存货盘点程序可靠性的审计证据，检查存货的数量是否真实完整，是否归属被审计单位，存货有无毁损、陈旧、过时、残次和短缺等状况。

存货监盘范围的大小取决于存货的内容、性质以及与存货相关的内部控制的完善程度和重大错报风险的评估结果。

存货监盘的时间，包括实地察看盘点现场的时间、观察存货盘点的时间和对已盘点存货实施检查的时间等，应当与被审计单位实施存货盘点的时间相协调。

②存货监盘的要点及注意事项。存货监盘的要点主要包括注册会计师实施存货监盘程序的方法、步骤，各个环节应注意的问题以及所要解决的问题。

存货监盘需要重点关注的事项包括盘点期间的存货移动、存货的状况、存货的截止确认、存货的各个存放地点及金额等。

③参加存货监盘人员的分工。注册会计师应当根据被审计单位参加存货盘点人员分工、分组情况、存货监盘工作量的大小和人员素质情况，确定参加存货监盘的人员组成以及各组成人员的职责和具体的分工情况，并加强督导。

④检查存货的范围。注册会计师应当根据对被审计单位存货盘点和对被审计单位内部控制的评价结果确定检查存货的范围。在实施观察程序后，如果认为被审计单位内部控制设计良好且得到有效实施，存货盘点组织良好，可以相应缩小实施检查程序的范围。

3.存货监盘程序

在存货盘点现场实施监盘时，注册会计师应当实施下列审计程序：

（1）评价管理层用以记录和控制存货盘点结果的指令和程序。

（2）观察管理层制定的盘点程序（如对盘点时及其前后的存货移动的控制程序）

的执行情况。

如果在盘点过程中被审计单位的生产经营仍将持续进行，注册会计师应通过实施必要的检查程序，确定被审计单位是否已经对此设置了相应的控制程序，确保在适当的期间内对存货做出了准确记录。

另外，注册会计师此时应获取有关截止性信息（如存货移动的具体情况）的复印件。注册会计师在对期末存货进行截止测试时，通常应当关注：

① 所有在截止日以前入库的存货项目是否均已包括在盘点范围内，并已反映在截止日以前的会计记录中。任何在截止日以后入库的存货项目是否均未包括在盘点范围内，也未反映在截止日以前的会计记录中。

② 所有截止日以前装运出库的存货项目是否均未包括在盘点范围内，且未包括在截止日的存货账面余额中；任何在截止日以后装运出库的存货项目是否均已包括在盘点范围内，并已包括在截止日的存货账面余额中。

③ 所有已确认为销售但尚未装运出库的商品是否均未包括在盘点范围内，且未包括在截止日的存货账面余额中；所有已记录为购货但尚未入库的存货是否均已包括在盘点范围内，并已反映在会计记录中。

④ 在途存货和被审计单位直接向顾客发运的存货是否均已得到了适当的会计处理。

（3）检查存货。在存货监盘过程中检查存货，有助于确定存货的存在，以及识别过时、毁损或陈旧的存货。注册会计师应当把所有过时、毁损或陈旧存货的详细情况记录下来，这既便于进一步追查这些存货的处置情况，也能为测试被审计单位存货跌价准备计提的准确性提供证据。

（4）执行抽盘。在对存货盘点结果进行测试时，注册会计师可以从存货盘点记录中选取项目追查至存货实物，也可以从存货实物中选取项目追查至盘点记录，以获取有关盘点记录准确性和完整性的审计证据。

注册会计师在实施抽盘程序时发现差异，很可能表明被审计单位的存货盘点在准确性或完整性方面存在错误。一方面，注册会计师应当查明原因，并及时提请被审计单位更正；另一方面，注册会计师应当考虑错误的潜在范围和重大程度，在可能的情况下，扩大检查范围以减少错误的发生。注册会计师还可要求被审计单位重新盘点，重新盘点的范围可限于某一特殊领域的存货或特定盘点小组。

（5）存货监盘结束时的工作。在被审计单位存货盘点结束前，注册会计师应当：

① 再次观察盘点现场，以确定所有应纳入盘点范围的存货是否均已盘点。

② 取得并检查已填用、作废及未使用盘点表单的号码记录，确定其是否连续编号，查明已发放的表单是否均已收回，并与存货盘点的汇总记录进行核对。注册会计师应当根据自己在存货监盘过程中获取的信息对被审计单位最终的存货盘点结果汇总记录进行复核，并评估其是否正确地反映了实际盘点结果。

如果存货盘点日不是资产负债表日，注册会计师应当实施适当的审计程序，确定盘点日与资产负债表日之间存货的变动是否已得到恰当的记录。

4.特殊情况的处理

（1）在存货盘点现场实施存货监盘不可行

如果在存货盘点现场实施存货监盘不可行，注册会计师应当实施替代审计程序

（如检查盘点日后出售盘点日之前取得或购买的特定存货的文件记录），以获取有关存货的存在和状况的充分、适当的审计证据。

如果不能实施替代审计程序，或者实施替代审计程序可能无法获取有关存货的存在和状况的充分、适当的审计证据，注册会计师需要按照《中国注册会计师审计准则第1502号——在审计报告中发表非无保留意见》的规定发表非无保留意见。

（2）因不可预见的情况导致无法在存货盘点现场实施监盘

由于不可预见情况，导致无法在预定日期实施存货监盘，注册会计师应当另择日期实施监盘，并对间隔期内发生的交易实施审计程序。

（3）由第三方保管或控制的存货

如果由第三方保管或控制的存货对财务报表是重要的，注册会计师应当实施下列一项或两项审计程序，以获取有关该存货存在和状况的充分、适当的审计证据：①向持有被审计单位存货的第三方函证存货的数量和状况；②实施检查或其他适合具体情况的审计程序。

其他审计程序可以作为函证的替代程序，也可以作为追加的审计程序。其他审计程序主要包括：

第一，实施或安排其他注册会计师实施对第三方的存货监盘（如可行）；

第二，获取其他注册会计师或服务机构注册会计师针对用以保证存货得到恰当盘点和保管的内部控制的适当性而出具的报告；

第三，检查与第三方持有的存货相关的文件记录，如仓储单；

第四，当存货被作为抵押品时，要求其他机构或人员进行确认。

【例12-1】A注册会计师负责对甲公司2022年度财务报表进行审计。在对甲公司2022年12月31日的存货进行监盘时，发现部分存货的财务明细账、仓库明细账、实物监盘三者的数量不一致，相关资料见表12-2。

表12-2 **存货数量相关资料**

序号	存货名称	财务明细账数量	仓库明细账数量	实物监盘数量
1	A产品	35套	30套	30套
2	B产品	27套	25套	27套
3	C材料	1 600千克	1 600千克	1 700千克
4	D材料	1 200千克	1 200千克	1 000千克

要求：根据监盘结果，假定不考虑舞弊以及财务明细账串户登记、仓库明细账串户登记的情况，逐项分析存货数量差异可能存在的主要原因。

【解析】

根据监盘结果，分析存货数量差异可能存在的主要原因如下：

① A产品，仓库明细账数量和实物监盘数量相同，但是财务明细账数量大于实物监盘数量，可能是货物已经发出但仓库没有及时将出库单据或相关凭证送交财务部门登记入账，即没有及时确认收入、结转成本等原因所致。

② B产品，财务明细账数量和实物监盘数量相同，但是仓库明细账数量小于财

务明细账数量，可能是B产品入库后仓库部门没有及时登记仓库明细账等原因所致。

③ C材料，财务明细账数量和仓库明细账数量相同，但实物监盘数量大于财务明细账数量，可能是C材料入库后未及时记入财务明细账与仓库明细账，或C材料退库后没有及时记入财务明细账和仓库明细账等原因所致。

④ D材料，财务明细账数量和仓库明细账数量相同，但实物监盘数量小于财务明细账数量，可能是D材料报废后未及时进行账务处理、未及时登记仓库明细账，或D材料自然损耗、丢失、被盗等原因所致。

【例12-2】注册会计师负责对常年审计客户甲公司2022年度财务报表进行审计。甲公司从事商品零售业，存货占其资产总额的60%。除自营业务外，甲公司还将部分柜台出租，并为承租商提供商品仓储服务。根据以往的经验和期中测试的结果，注册会计师认为甲公司有关存货的内部控制有效。注册会计师计划于2022年12月31日实施存货监盘程序。注册会计师编制的存货监盘计划的部分内容摘录如下：

（1）在到达存货盘点现场后，监盘人员观察代柜台承租商保管的存货是否已经单独存放并予以标明，确定其未被纳入存货盘点范围。

（2）在甲公司开始盘点存货前，监盘人员在拟检查的存货项目上做出标识。

（3）对以标准规格包装箱包装的存货，监盘人员根据包装箱的数量及每箱的标准容量直接计算确定存货的数量。

（4）在存货监盘过程中，监盘人员除关注存货的数量外，还需要特别关注存货是否出现毁损、陈旧、过时及残次等情况。

（5）对存货监盘过程中收到的存货，要求甲公司单独码放，不纳入存货监盘的范围。

（6）在存货监盘结束时，监盘人员将除作废的盘点表单以外的所有盘点表单的号码记录于监盘工作底稿。

要求：

（1）针对上述（1）至（6）项，逐项指出是否存在不当之处。如果存在，简要说明理由。

（2）假设因雪灾导致监盘人员未能于原定存货监盘日到达盘点现场，指出注册会计师应当采取何种补救措施。

【解析】

（1）事项（1）不存在不当之处。

事项（2）存在不当之处。在甲公司开始盘点存货前，监盘人员不应当在拟检查的存货项目上做出标识，注册会计师检查的范围不应该让被审计单位知道。

事项（3）存在不当之处。注册会计师应当对标准规格包装箱包装的存货进行开箱查验，以防止内装存货弄虚作假。

事项（4）不存在不当之处。

事项（5）存在不当之处。存货监盘的时间定在12月31日，所以对存货监盘过程中收到的存货，需要纳入存货监盘的范围。

事项（6）存在不当之处。注册会计师应当将所有盘点表单的号码记录于监盘工作底稿中，包括作废的盘点表单。

(2) 注册会计师应当考虑改变存货监盘日期，并对预定监盘日与改变后的存货监盘日之间发生的交易进行测试。

(二) 存货计价测试

监盘程序主要是对存货的结存数量予以确认。为验证财务报表上存货余额的真实性，还必须对存货的计价进行审计。存货计价测试主要是针对被审计单位所使用的存货单位成本是否正确所做的测试，当然，广义地看，存货成本的审计也可以被视为存货计价测试的一项内容。存货计价审计表的参考格式见表12-3。

表12-3 存货计价审计表

日期	品名及规格	购入			发出			余额		
		数量	单价	金额	数量	单价	金额	数量	单价	金额

1.计价方法说明：

2.情况说明及审计结论：

1.样本的选择

计价审计的样本，应从存货数量已经盘点、单价和总金额已经计入存货汇总表的结存存货中选择。选择样本时应着重选择结存余额较大且价格变化比较频繁的项目，同时考虑所选样本的代表性。抽样方法一般采用分层抽样法，抽样规模应足以推断总体的情况。

2.计价方法的确认

存货的计价方法多种多样，被审计单位应结合企业会计准则的基本要求选择符合自身特点的方法。注册会计师除应了解掌握被审计单位的存货计价方法外，还应对这种计价方法的合理性与一贯性予以关注，没有足够理由，计价方法在同一会计年度内不得变动。

3.计价测试

进行计价测试时，注册会计师首先应对存货价格的组成内容予以审核，然后按照所了解的计价方法对所选择的存货样本进行计价测试。测试时，应尽量排除被审计单位已有计算程序和结果的影响，进行独立测试。测试结果出来后，应与被审计单位账面记录对比，编制对比分析表，分析形成差异的原因。如果差异过大，应扩大测试范围，并根据审计结果考虑是否应提出审计调整建议。

CSA 1311 对存货、诉讼和索赔、分部信息等特定项目获取审计证据的具体考虑

CSA 1311 应用指南

CSA 问题解答第3号 存货监盘

本章思维导图

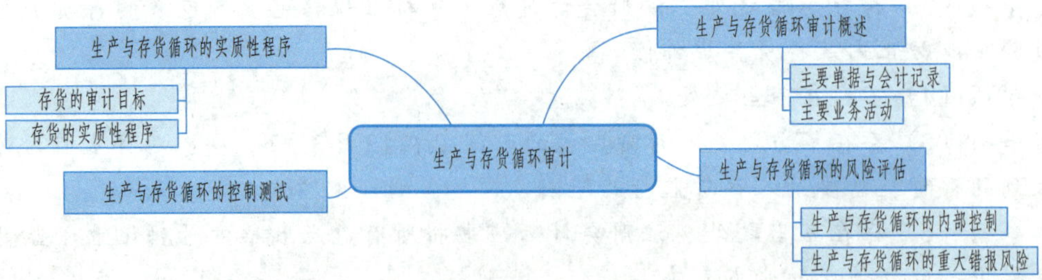

本章习题

一、思考题

1. 生产与存货循环涉及哪些业务活动？
2. 如何实施生产与存货循环的实质性分析程序？
3. 制订存货监盘计划需要考虑哪些事项？
4. 存货监盘计划包括哪些内容？
5. 如何实施存货计价测试？

二、单项选择题

1. 下列各项中，不属于存货监盘计划应当包括的内容是（ ）。

A. 存货监盘的目标、范围及时间安排

B. 产品成本的计算

C. 参加存货监盘人员的分工

D. 检查存货的范围

2. 下列各项中，在执行存货监盘程序时不正确的是（ ）。

A. 未将受托代管的存货纳入存货的盘点范围

B. 对于存放在公共仓库中的存货，注册会计师应通过函证进行查验

C. 对于在途存货，注册会计师将其排除在盘点范围之外

D. 对于由于性质特殊而无法实施监盘的存货，注册会计师应当实施替代审计程序

3. 对于注册会计师及所聘用的专家无法直接实施监盘的存货，下列各项中，可供注册会计师选择的替代审计程序，效果最好的是（ ）。

A. 检查被审计单位资产负债表日后发生的销货交易

B. 向被审计单位的顾客或供应商函证

C. 实施分析程序或利用被审计单位内部审计人员的工作

D. 检查被审计单位进货交易凭证并追查至生产、使用及处置报告

4. 下列各项中，关于存货监盘程序表述不正确的是（ ）。

A. 如果存货盘点日不是资产负债表日，注册会计师应当实施适当的审计程序，确定盘点日与资产负债表日之间存货的变动是否已得到恰当的记录

B. 如果被审计单位通过实地盘存制确定存货数量，则注册会计师参加此种盘点

C. 在实施观察程序后，如果认为被审计单位内部控制设计良好且得到有效实施、存货盘点组织良好，可以相应缩小实施检查程序的范围

D. 如果被审计单位采用永续盘存制，注册会计师只需在年末参加盘点

5. 下列各项中，有关存货计价测试表述不正确的是（ ）。

A. 抽样方法一般采用分层抽样法，抽样规模应足以推断总体的情况

B. 被审计单位的计价方法一经确定，在同一会计年度内不得随意变动

C. 选择样本时应着重选择结存余额较小且价格变动很小的项目

D. 选择样本时应着重选择结存余额较大且价格变化比较频繁的项目

三、多项选择题

1. 下列各项中，属于存货监盘计划内容的有（ ）。

A.存货监盘的目标、范围及时间安排

B.存货盘点计划及注意事项

C.参加存货监盘人员的分工

D.抽盘的范围

2.下列各项中，编制存货监盘计划时，注册会计师应考虑的事项有（　　）。

A.与存货相关的重大错报风险　　B.与存货相关的内部控制的性质

C.存货盘点的时间安排　　D.存货的存放地点

3.在对存货进行监盘过程中，下列各项中，表述错误的有（　　）。

A.注册会计师应当特别关注存货的状况，观察被审计单位是否已经恰当区分所有毁损、陈旧、过时及残次的存货

B.在检查已盘点的存货时，注册会计师应当从存货盘点记录中选取项目追查至存货实物，以测试盘点记录的完整性

C.注册会计师应当从存货实物中选取项目追查至存货盘点记录，以测试存货盘点记录的完整性

D.注册会计师无须特别关注存货的移动情况

4.因不可预见的因素导致无法在存货盘点现场实施存货监盘，注册会计师的下列做法正确的有（　　）。

A.提请被审计单位另择日期重新进行盘点

B.发表非无保留意见

C.测试检查日与资产负债表日之间发生的存货交易

D.查阅前任注册会计师工作底稿

5.对于被审计单位委托其他单位保管或已作质押的存货，注册会计师应实施的审计程序有（　　）。

A.向保管人或债权人函证

B.实施监盘

C.视审计范围受到限制考虑出具非无保留意见审计报告

D.获取委托代管存货的书面确认函

四、案例分析题

B注册会计师负责对乙公司2022年度财务报表进行审计。乙公司为玻璃制造企业，2022年年末存货余额占资产总额的比例重大。存货包括玻璃、煤炭、烧碱、石英砂，其中60%的玻璃存放在外地公用仓库。乙公司对存货核算采用永续盘存制，与存货相关的内部控制比较薄弱。乙公司拟于2022年11月25日至27日盘点存货，盘点工作和盘点监督工作分别由熟悉相关业务且具有独立性的人员执行。存货盘点计划的部分内容摘录如下：

（1）存货盘点范围、地点和时间安排（见表12-4）。

（2）存放在外地公用仓库存货的检查。

对存放在外地公用仓库的玻璃，检查公用仓库签收单，请公用仓库自行盘点，并提供2022年11月27日的盘点清单。

表 12-4　　存货盘点范围、地点和时间安排

地点	存货类型	估计占存货总额的比例	盘点时间
A仓库	烧碱、煤炭	烧碱10%、煤炭5%	2022年11月25日
B仓库	烧碱、石英砂	烧碱10%、石英砂10%	2022年11月26日
C仓库	玻璃	玻璃26%	2022年11月27日
外地公用仓库	玻璃	玻璃39%	—

（3）存货数量的确定方法。

对于烧碱、煤炭和石英砂等堆积型存货，采用观察以及检查相关的收、发、存凭证和记录的方法确定存货数量；对于存放在C仓库的玻璃，按照包装箱标明的规格和数量进行盘点，并辅以适当的开箱检查。

（4）盘点标签的设计、使用和控制。

对存放在C仓库玻璃的盘点，设计预先编号的一式两联的盘点标签。使用时，由负责盘点存货的人员将一联粘贴在已盘点的存货上，另一联由其留存；盘点结束后，连同存货盘点表交存财务部门。

（5）由仓库保管员调节盘盈或盘亏。

盘点结束后，对出现盘盈或盘亏的存货，由仓库保管员将存货实物数量和仓库存货记录调节相符。

要求：针对上述存货盘点计划（1）至（5）项，逐项判断是否存在缺陷。如果存在缺陷，简要提出改进建议。

学思践悟

一、目标

1.全面贯彻党的教育方针，落实立德树人根本任务，强化学生对实施乡村振兴战略、推动全体人民共同富裕的认知与理解。

2.深刻理解实施乡村振兴战略、推动全体人民共同富裕对开展金融服务乡村振兴政策跟踪审计的启示。

二、材料

党的二十大报告指出："全面建设社会主义现代化国家，最艰巨最繁重的任务仍然在农村。坚持农业农村优先发展，坚持城乡融合发展，畅通城乡要素流动。加快建设农业强国，扎实推动乡村产业、人才、文化、生态、组织振兴。"

全面推进乡村振兴是"十四五"时期我国现代化建设的重大战略政策，也是党中央、国务院赋予农村金融部门的首要政治任务，更是农村金融内审部门义不容辞的光荣职责。政策跟踪审计作为一种具有中国特色、符合我国审计发展实际状况需要的全过程审计方式，它能够克服传统审计被动、滞后、低效率等缺陷，及时发现和解决发展过程中的问题，有效避免资金浪费，提高使用效率。金融服务乡村振兴政策跟踪审计是以国家全面推进乡村振兴金融政策执行情况为审计对象而开展的一项全新的审计活动，是对银行全面执行落实国家推进乡村振兴金融政策情况及其全过程所进行的分

析评价和动态监督，其目的就是及时纠正银行在服务乡村振兴政策执行过程中存在的问题与缺陷，促进银行及时改进管理措施，推动银行不断完善服务乡村振兴政策的形成机制和执行机制，保障金融服务乡村振兴政策支持更加精准，服务更加有效，执行更加到位。

资料来源：中国农业银行审计局武汉分局课题组.金融服务乡村振兴政策跟踪审计研究［J］.审计观察，2022（5）.

三、思考题

从实施乡村振兴战略、推动全体人民共同富裕的视角分析开展金融服务乡村振兴政策跟踪审计的意义及路径。

本章案例

锌业股份存货案例

重要知识点讲解

存货监盘

本章测评

单选题

本章测评

多选题

第十三章

筹资与投资循环审计

学习目标：掌握筹资与投资循环的实质性程序；熟悉筹资与投资循环的重大错报风险；了解筹资与投资循环的内部控制；了解筹资与投资循环的控制测试。

重　　点：筹资与投资循环的重大错报风险；筹资与投资循环的实质性程序。

难　　点：筹资与投资循环的实质性程序。

第十三章

视频预习

知识点：筹资与投资循环审计概述

第一节 筹资与投资循环审计概述

一、筹资与投资循环涉及的主要单据与会计记录

筹资活动涉及的主要单据和会计记录包括公司债券（含债券存根）、股本凭证、债券契约、股东名册、承销包销协议、借款合同或协议等。投资活动涉及的主要单据和会计记录包括债券或股票投资凭证、股票证书、股利收取凭证、长期股权投资协议、投资相关的总账和明细账等。

二、筹资与投资循环的主要业务活动

筹资活动涉及的主要业务活动包括审批授权、签订合同和协议、取得资金、计算利息或鼓励、偿还本息或发放股利等。投资活动涉及的主要业务活动特别是对于权益性投资主要包括投资交易的发生、有价证券的收取和保存、投资收益的取得、相关的监控程序等。

知识点：筹资与投资循环的风险评估

第二节 筹资与投资循环的风险评估

一、筹资与投资循环的内部控制

（一）筹资交易的内部控制

1.适当的职责分离

筹资业务的职责分离一般包括：筹资计划的编制与审批应相互分离，以利于审批人从独立的立场来评判计划的优劣；业务执行与记录应相互分离，通常由独立的机构代理发行债券和股票；记录与证券保管应相互分离等。

2.恰当的授权审批

借款、发行债券及发行股票均应经过批准。筹资业务一般由董事会事先授权财务经理编制筹资计划，再由董事会批准。适当授权及审批可明显地提高筹资活动效率，降低筹资风险，防止由于缺乏授权、审批而出现的一系列舞弊现象。

3.详尽的合同和协议

借款、发行债券及发行股票应签订借款合同或协议、债券契约、承销协议等。

4.完善的账簿体系和会计记录

应建立完善的账簿体系和记录制度。必须保证及时按正确的金额、采用适当的方法在相应的账户中予以记录。对债券的溢价、折价，应选择适当的摊销方法。对发行在外的股票要设置股东明细账加以控制。利息、股利的支付必须在正确计算后记入对应账户，对未领利息、股利也必须全面反映、单独列示。除设立明细账和总账外，还应设置债券登记簿与股票登记簿，详细登记已核准发行的债券和股票的有关事项及其增减变动等情况。

（二）投资交易的内部控制

1.合理的职责分工

合法的投资业务，应在业务的授权、业务的执行、业务的会计记录以及投资资产的保管等方面都有明确的分工，不得由一人同时负责上述任何两项工作。

2.健全的资产保管制度

企业对投资资产（指股票和债券资产）一般有两种保管方式：一种方式是由独立的专门机构保管，如在企业拥有较大的投资资产的情况下，委托银行、证券公司、信托投资公司等机构进行保管。这些机构拥有专门的保存和防护措施，可以防止各种证券及单据的失窃或毁损，并且由于其与投资业务的会计记录工作完全分离，可以大大降低舞弊的可能性。另一种方式是由企业自行保管，在这种方式下，必须建立严格的联合控制制度，即至少要由两名人员共同控制，不得一人单独接触证券。对于任何证券的存入或取出，都要将证券名称、数量、价值及存取的日期、数量等详细记录于证券登记簿内，并由所有在场的经手人员签名。

3.详尽的会计核算制度

企业的投资资产无论是自行保管还是由他人保管，都要进行完整的会计记录，对其增减变动及投资收益进行相关会计核算。具体而言，应对每一种股票或债券分别设立明细分类账，并详细记录其名称、面值、证书编号、数量、取得日期、经纪人（证券商）名称、购入成本、收取的股息或利息等；对于联营投资类的其他投资，也应设置明细分类账，核算其他投资的投出和收回等业务，并对投资的形式（如流动资产、固定资产、无形资产等）、投向（即接受投资单位）、投资的计价以及投资收益等做出详细的记录。

4.严格的记名登记制度

除无记名证券外，企业在购入股票或债券时应在购入的当日尽快登记于企业名下，切忌登记于经办人员名下，防止冒名转移并借其他名义牟取私利的舞弊行为。

5.完善的定期盘点制度

对于企业所拥有的投资资产，应由内部审计人员或不参与投资业务的其他人员进行定期盘点，检查是否确实存在，并将盘点记录与账面记录相互核对以确认账实的一致性。

二、筹资与投资循环的重大错报风险

（一）筹资业务的重大错报风险

基于严格的监管环境及董事会针对筹资活动设计的严格控制，除非注册会计师对管理层的诚信产生疑虑，否则筹资业务的重大错报风险一般应评估为低水平。需要特别关注的是企业会计准则以及监管法规对借款和权益的披露要求，可能引起完整性、权利和义务、列报认定的潜在重大错报风险。例如，一个集团公司用资产为另一集团公司做抵押或担保的情况。

（二）投资业务的重大错报风险

投资业务的重大错报风险包括：管理层错误表述投资业务或衍生金融工具业务的偏见和动机致使投资业务确认、计量存在错误、舞弊的风险；所取得资产的复杂性致使确认和计量出现错误的风险；所持有投资的公允价值可能难以计量的风险；管理层凌驾于控制之上导致投资交易未经授权的风险；有价证券被舞弊或盗窃的风险；资产的所有权以及相关权利与义务难以界定的风险等。

第三节 筹资与投资循环的控制测试

一、筹资交易的控制测试

筹资交易的控制目标、关键内部控制和测试一览表见表13-1。

表13-1 筹资交易的控制目标、关键内部控制和测试一览表

内部控制目标	关键内部控制	常用控制测试
记录的筹资交易均系真实发生的交易（存在或发生）	借款经过授权审批； 签订借款合同或协议等相关法律文件	索取借款的授权批准文件，检查审批手续是否齐全； 检查借款合同或协议
筹资交易均已记录（完整性）	负责借款业务的信贷管理员根据综合授信协议或借款合同，逐笔登记借款备查簿，并定期与信贷记账员的借款明细账核对； 定期与债权人核对账目	询问借款业务的职责分工情况及内部对账情况； 检查被审计单位是否定期与债权人核对账目
筹资交易均已以恰当的金额计入恰当的期间	负责借款业务的信贷管理员根据综合授信协议或借款合同，逐笔登记借款备查簿，并定期与信贷记账员的借款明细账核对； 定期与债权人核对账目； 会计主管复核	询问借款业务的职责分工情况及内部对账情况； 检查被审计单位是否定期与债权人核对账目； 检查会计主管复核印记
筹资交易均已记入恰当的账户	使用会计科目核算说明； 会计主管复核	询问会计科目表的使用情况； 检查会计主管复核印记

二、投资交易的控制测试

投资交易的控制目标、关键内部控制和测试一览表见表13-2。

表13-2 投资交易的控制目标、关键内部控制和测试一览表

内部控制目标	关键内部控制	常用控制测试
记录的投资交易均系真实发生的交易（存在与发生）	投资经过授权审批	索取投资的授权批准文件，检查审批手续是否齐全
投资交易均已记录（完整性）	投资管理员根据交易流水单，对每笔投资交易记录进行核对、存档，并在交易结束后一个工作日内将交易凭证交投资记账员； 投资记账员编制转账凭证，并附相关单证，提交会计主管复核，复核无误后进行账务处理； 每周末，投资管理员与投资记账员就投资类别、资金统计进行核对，并编制核对表，分别由投资管理经理、财务经理复核并签字，如有差异，将立即调查； 对所投资的有价证券或金融资产定期盘点，并与账面记录相核对； 定期与被投资单位或交易对方核对账目	询问投资业务的职责分工情况及内部对账情况； 检查被审计单位是否定期与交易对方或者被投资方核对账目

续表

内部控制目标	关键内部控制	常用控制测试
记录的投资交易均系真实发生的交易（存在与发生）	投资经过授权审批	索取投资的授权批准文件，检查审批手续是否齐全
投资交易均已以恰当的金额计入恰当的期间	定期与被投资单位或交易对方核对账目； 会计主管复核	检查被审计单位是否定期与交易对方或者被投资方核对账目； 检查会计主管复核印记
投资交易均已记入恰当的账户	使用会计科目核算说明； 会计主管复核	询问会计科目表的使用情况； 检查会计主管复核印记

第四节　筹资与投资循环的实质性程序

知识点：筹资循环的实质性程序

一、筹资循环的实质性程序

（一）负债类筹资项目的实质性程序——以应付债券为例

1.应付债券的审计目标

（1）确定所有应当记录的应付债券业务是否均已记录（鉴证完整性）。

（2）确定资产负债表中记录的应付债券是否存在（鉴证存在）。

（3）确定所记录的应付债券是否为被审计单位应当履行的现时义务（鉴证权利和义务）。

（4）确定应付债券是否以恰当的金额包括在财务报表中，与之相关的计价调整是否已恰当记录（鉴证准确性、计价和分摊）。

（5）确定应付债券是否已按照企业会计准则的规定在财务报表中做出恰当列报（鉴证列报）。

2.应付债券的实质性程序

（1）取得或编制应付债券明细表，并与有关的明细分类账和总分类账核对相符。

（2）检查债券交易的有关原始凭证。检查企业现有债券副本，确定其发行是否合法，各项内容是否同相关的会计记录相一致；检查企业发行债券所收入现金的收据、汇款通知单、送款登记簿及相关的银行对账单；检查用以偿还债券的支票存根，并检查利息费用的计算；检查已偿还债券数额同应付债券借方发生额是否相符；如果企业发行债券时已作抵押或担保，注册会计师还应检查相关契约的履行情况。

（3）检查应计利息、债券折（溢）价摊销及其会计处理是否正确。

（4）函证“应付债券”账户期末余额。为了确定“应付债券”账户期末余额的真实性，注册会计师如果认为必要，可以直接向债权人及债券的承销人或包销人进行函证。函证内容应包括应付债券的名称、发行日、到期日、利率、已付利息期间、年内偿还的债券、资产负债表日尚未偿还的债券及注册会计师认为应包括的其他重要事项。

（5）检查到期债券的偿还。对到期债券的偿还，注册会计师应检查相关会计记录，检查其会计处理是否正确。对可转换公司债券持有人行使转换权利，将其持有的债券转换为股票的，应检查其转股的会计处理是否正确。

（6）检查借款费用的会计处理是否正确。

（7）检查应付债券是否已恰当列报。

（二）权益类筹资项目的实质性程序——以实收资本（股本）为例

1.实收资本（股本）的审计目标

（1）确定资产负债表中记录的实收资本（股本）是否存在（鉴证存在）。

（2）确定所有应当记录的实收资本（股本）是否均已记录（鉴证完整性）。

（3）确定实收资本（股本）是否以恰当的金额包括在财务报表中（鉴证准确性、计价和分摊）。

（4）确定实收资本（股本）是否已按照企业会计准则的规定在财务报表中做出恰当列报（鉴证列报）。

2.实收资本（股本）的实质性程序

（1）获取或编制实收资本（股本）增减变动情况明细表，复核加计是否正确，与报表数、总账数和明细账合计数核对是否相符。

（2）查阅公司章程、股东大会、董事会会议记录中有关实收资本（股本）的规定。收集与实收资本（股本）变动有关的董事会会议纪要、合同、协议、公司章程及营业执照、公司设立批文、验资报告等法律性文件，并更新永久性档案。

（3）检查实收资本（股本）增减变动的原因，查阅其是否与董事会会议纪要、补充合同、协议及其他有关法律性文件的规定一致，逐笔追查至原始凭证，检查其会计处理是否正确。

（4）对于以资本公积、盈余公积和未分配利润转增资本的，应取得股东（大）会等资料，并审核是否符合国家有关规定。

（5）以权益结算的股份支付，取得相关资料，检查是否符合相关规定。

（6）根据证券登记公司提供的股东名录，检查被审计单位及其子公司、合营企业与联营企业是否有违反规定的持股情况。

（7）以非记账本位币出资的，检查其折算汇率是否符合规定。

（8）检查认股权证及其有关交易，确定委托人及认股人是否遵守认股合约或认股权证中的有关规定。

（9）检查实收资本（股本）的列报是否恰当。

二、投资循环的实质性程序

知识点：投资循环的实质性程序

（一）金融资产的实质性程序——以交易性金融资产为例

1.交易性金融资产的审计目标

（1）确定资产负债表中列示的交易性金融资产是否确实存在（鉴证存在）。

（2）确定所有应当记录的交易性金融资产是否均已记录（鉴证完整性）。

（3）确定所有应当记录的交易性金融资产是否由被审计单位拥有或控制（鉴证权利和义务）。

（4）确定交易性金融资产是否以恰当的金额包括在财务报表中，与之相关的计价调整是否已恰当记录（鉴证准确性、计价和分摊）。

（5）确定交易性金融资产是否已按照企业会计准则的规定在财务报表中做出恰当列报（鉴证列报）。

2.交易性金融资产的实质性程序

（1）获取或编制交易性金融资产明细表，复核加计正确，并与报表数、总账数和明细账合计数核对相符。

（2）对期末结存的相关交易性金融资产，向被审计单位核实其持有目的，检查相关会计科目核算范围是否恰当。

（3）获取股票、债券及基金等交易流水单及被审计单位证券投资部门的交易记录，与明细账核对，检查会计记录是否完整、会计处理是否正确。

（4）监盘库存交易性金融资产，并与相关账户余额进行核对，如有差异，应查明原因，并做出记录或进行适当调整。

（5）向相关金融机构发函询证交易性金融资产期末数量以及是否存在变现限制，并记录函证过程，取得回函时应检查相关签章是否符合要求。

（6）抽取交易性金融资产增减变动的相关凭证，检查其原始凭证是否完整合法，会计处理是否正确：

① 抽取交易性金融资产增加的记账凭证，注意其原始凭证是否完整合法，成本、交易费用和相关利息或股利的会计处理是否符合规定。

② 抽取交易性金融资产减少的记账凭证，检查其原始凭证是否完整合法，会计处理是否正确，注意出售投资时其成本结转是否正确。

（7）复核与交易性金融资产相关的损益计算是否准确，并与公允价值变动损益及投资收益等有关数据核对。

（8）复核股票、债券及基金等交易性金融资产的期末公允价值是否合理，相关会计处理是否正确。

（9）关注交易性金融资产是否存在重大的变现限制。

（10）确定交易性金融资产的披露是否恰当。

（二）长期股权投资的实质性程序

1.长期股权投资的审计目标

（1）确定资产负债表中列示的长期股权投资是否确实存在（鉴证存在）。

（2）确定所有应当记录的长期股权投资是否均已记录（鉴证完整性）。

（3）确定所有应当记录的长期股权投资是否由被审计单位拥有或控制（鉴证权利和义务）。

（4）确定投资是否以恰当的金额包括在财务报表中，与之相关的计价调整是否已恰当记录（鉴证准确性、计价和分摊）。

（5）确定长期股权投资是否已按照企业会计准则的规定在财务报表中做出恰当列报（鉴证列报）。

2.长期股权投资的实质性程序

（1）获取或编制长期股权投资明细表，复核加计正确，并与总账数和明细账合计数核对相符；结合“长期股权投资减值准备”科目与报表数核对相符。

（2）根据有关合同和文件，确认股权投资的股权比例和持有时间，检查股权投资核算方法是否正确。

（3）对于重大的投资，向被投资单位函证被审计单位的投资额、持股比例及被投资单位发放股利等情况。

（4）对于应采用权益法核算的长期股权投资，获取被投资单位已经审计人员审计的年度财务报表，如果未经审计人员审计，则应考虑对被投资单位的财务报表实施适当的审计或审阅程序。

（5）对于采用成本法核算的长期股权投资，检查股利分配的原始凭证及分配决议等资料，确定会计处理是否正确；对被审计单位实施控制而采用成本法核算的长期股权投资，比照权益法编制变动明细表，以备合并报表使用。

（6）对于成本法和权益法、公允价值计量之间相互转换的，检查其投资成本的确定是否正确。

（7）确定长期股权投资的增减变动的记录是否完整。

（8）期末对长期股权投资进行逐项检查，以确定长期股权投资是否已经发生减值。

（9）结合银行借款等的检查，了解长期股权投资是否存在质押、担保情况。如有，则应详细记录，并提请被审计单位进行充分披露。

（10）确定长期股权投资在资产负债表上已恰当列报。

【例13-1】甲股份有限公司（以下简称甲公司）为上市公司，自2022年以来发生了下列有关事项：

（1）甲公司2022年10月10日自证券市场购入乙公司发行的股票1 000万股，共支付价款8 600万元，其中包括交易费用40万元。购入时，乙公司已宣告但尚未发放的现金股利为每股0.16元，甲公司于11月1日收到股利。甲公司将购入的乙公司股票作为交易性金融资产，确认的初始成本为8 600万元，确认应收股利160万元（1 000×0.16）。

2022年12月31日，该股票的公允价值为9 000万元，甲公司将公允价值变动计入资本公积。

（2）甲公司2023年1月1日发行面值总额为10 000万元的债券。该债券系分期付息、到期还本债券，期限为4年，票面年利率为10%，每年12月31日支付当年利息。该债券年实际利率为8%。债券发行价格总额为10 662.10万元，款项已存入银行。假设不考虑发行费用。

甲公司发行债券时，应付债券的初始确认金额为10 662.10万元，2023年年末计算的应付利息和利息费用均为1 000万元。

要求：分析、判断并指出甲公司对上述事项的会计处理是否正确，并说明理由。如不正确，请指出正确的会计处理办法。

【解析】

（1）①将交易费用计入交易性金融资产成本不正确。理由：应将购入交易性金融资产发生的交易费用计入当期损益（投资收益）。

②将交易性金融资产公允价值变动计入资本公积不正确。理由：应将交易性金融

资产公允价值变动计入当期损益（公允价值变动损益）。

正确的会计处理是：在取得交易性金融资产时，确认交易性金融资产成本为8 560万元，将交易费用40万元计入当期损益，确认应收股利160万元。2022年年末应将公允价值变动440万元（9 000-8 560）计入当期损益。

（2）①应付债券的初始确认金额正确。理由：在不考虑发行费用的情况下，应付债券的初始确认价格等于其发行价格总额。

②2023年年末确认的应付利息正确。理由：应付利息按照面值和票面利率计算。

③2023年年末确认的利息费用不正确。理由：利息费用应当按照摊余成本和实际利率计算。

利息费用=应付债券摊余成本×实际利率×期限=10 662.10×8%×1=852.97（万元）

正确的会计处理是：2023年年末计算的利息费用为852.97万元。

本章思维导图

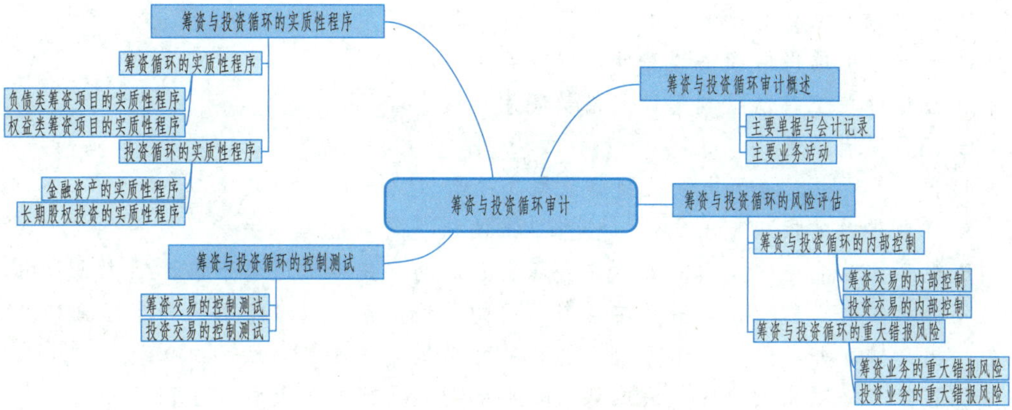

CSA 1632 衍生金融工具的审计

CSA 1322 公允价值计量和披露的审计

本章习题

一、思考题

1.筹资与投资循环涉及哪些业务活动？

2.筹资循环涉及哪些内部控制环节？

3.投资循环涉及哪些内部控制环节？

4.如何实施银行借款审计？

5.投资业务审计的基本实质性程序有哪些？

二、单项选择题

1.在筹资与投资循环内部控制中，实施授权审批可以证实的认定是（　　）。

A.存在　　B.完整性

C.准确性、计价和分摊　　D.权利和义务

2.下列各项审计程序中，属于应付债券控制测试的是（　　）。

A.检查企业发行债券所收入现金的收据、汇款通知单、送款登记簿及相关的银行对账单

B.检查用以偿还债券的支票存根，并检查利息费用的计算

C.如果企业发行债券时已作抵押或担保，注册会计师还应检查相关契约的履行情况

D.取得债券偿还和回购时的董事会决议，检查债券的偿还和回购是否按董事会的授权进行

3.注册会计师在审计应付债券时，如果被审计单位应付债券业务不多，可以直接实施的审计程序是（　　）。

A.实质性程序　　B.控制测试

C.穿行测试　　D.重新执行

4.注册会计师计算投资收益占利润总额的比例，并将其与以往各年比较，是为了证实（　　）。

A.被审计单位投资的真实性　　B.被审计单位投资的完整性

C.盈利能力的稳定性　　D.投资收益的正确性

5.下列各项中，注册会计师在审计借款费用时，应建议被审计单位调整的是（　　）。

A.被审计单位将发行的公司股票佣金计入借款费用

B.被审计单位将发行的公司债券佣金计入借款费用

C.被审计单位将借款手续费计入借款费用

D.被审计单位将借款利息计入借款费用

三、多项选择题

1.下列各项中，属于借款控制测试程序的有（　　）。

A.索取借款的授权批准文件，检查批准的权限是否恰当、手续是否齐全

B.观察借款业务的职责分工，并将职责分工的有关情况记录于审计工作底稿中

C.计算短期借款、长期借款在各个月份的平均余额，选取适用的利率匡算利息支出总额，并与财务费用等项目的相关记录核对

D.在期末短期借款余额较大或认为必要时向银行或其他债权人函证短期借款

2.下列各项中，关于应付债券的内部控制，表述正确的有（　　）。

A.应付债券的发行要有正式的授权程序，每次均要由股东会授权

B.记录应付债券业务的会计人员可以参与债券的发行

C.债券的承销、包销必须签订有关协议

D.未发行的债券必须由专人保管

3.下列各项中，关于投资业务的内部控制，表述正确的有（　　）。

A.为确保对外投资决策合理，应当对投资建议的提出、分析、论证、立项、可行性研究、评估、决策等做出明确的规定

B.单位应当通过投资合同的签订、投资计划的编制与实施等对资产投出业务实施控制

C.单位应针对不同的投资种类和方式拟定一套共同的管理方法，以加强对持有投资项目的安全完整、会计核算等环节的统一控制

D.单位应当加强对外投资处置的控制，对投资收回、转让、核销等的授权批准程序做出明确的规定

4.下列各项中，可以证实长期股权投资存在认定的审计程序有（　　）。

A.从长期股权投资明细账追查至相关原始凭证

B.查阅被审计单位董事会与长期股权投资有关的会议记录

C.检查长期股权投资核算方法是否正确

D.向被投资单位寄发询证函函证

5.下列各项中，对股票发行、回购等交易活动进行审计时，注册会计师应当审查的原始凭证有（　　）。

A.发行股票的登记簿、募股清单　　B.向外界回购的股票清单

C.银行收付款凭证　　D.银行存款对账单

四、案例分析题

甲公司关于长期借款和长期股权投资的部分内部控制设计与运行摘录如下：

（1）每月月末，信贷管理员与信贷记账员核对借款备查账与借款明细账，编制核对表报会计主管复核。如有任何差异，应立即调查。若出现需要进行调整的情况，会计主管将编写调整建议，连同有关支持文件一并交予财务经理复核和审批后进行账务处理。

（2）出纳员根据经复核无误的付款凭证登记银行存款日记账和银行存款总账。

（3）根据经批准的可行性研究报告，投资管理经理编写投资计划书并草拟投资合同，与被投资单位进行讨论。投资合同的重要条款应经律师、财务经理和总经理审核，由董事会授权总经理签署。

（4）投资管理员根据经批准的年度投资预算，就拟投资项目进行可行性研究，组织专家论证，编写可行性研究报告。经投资管理经理、财务经理复核后，交董事会批准后执行。其中，金额在人民币20万元以下的投资项目由总经理审批，金额超过人民币20万元的投资项目由董事长审批。

（5）年度终了后，投资管理员取得联营企业经审计的财务报表等资料。投资记账员复核被投资公司的财务信息，按成本法计算投资收益，经会计主管复核后进行账务处理。

要求：请指出甲公司上述内部控制在设计与运行方面是否存在缺陷。如果存在，请简要说明理由。

学思践悟

一、目标

1.全面贯彻党的教育方针，落实立德树人根本任务，强化学生贯彻高质量发展理念的认知与理解。

2.深刻理解贯彻高质量发展理念对开展投资审计的启示。

二、材料

实现投资审计转型发展是贯彻落实党中央对审计工作重大决策部署的必然要求，是助力实现依法治国、推进社会主义市场经济体制改革的现实需要，是公共投资审计行稳致远的必由之路。近年来，广东省广州市审计局坚持以习近平新时代中国特色社会主义思想为指导，牢牢把握投资审计服务“四个促进”原则，以实现大数据技术与审计业务相互融合为抓手，从制度建立、数据归集、人才队伍、方式方法等方面统筹谋划积极探索投资审计新模式，努力实现投资审计快速转型和高质量发展，有效发挥

投资审计在促进广州市重大公共工程项目建设、推进各项决策部署落地见效、推动广州市优化营商环境、实现经济高质量发展等方面的重要作用。

资料来源：黎子良.大数据与投资审计融合发展的实现路径［J］.审计观察，2021（1）.

三、思考题

从贯彻高质量发展理念视角分析实现大数据技术与审计业务相互融合、开展投资审计的意义及路径。

本章案例

一起公司虚假增资的案例

本章案例

上市公司并购审计风险研究——以合众思壮并购案例为例

重要知识点讲解

筹资循环的实质性程序

本章测评

单选题

本章测评

多选题

第十四章

完成审计工作与审计报告

学习目标： 掌握各种审计报告的适用条件、术语表达；熟悉审计报告编写的步骤和基本要求；了解完成审计工作阶段的主要内容和审计报告的意义、作用、基本结构及主要内容。

重　　点： 审计差异的调整；审计报告的内容；审计报告的编制。

难　　点： 审计意见的确定；审计报告的编制。

第十四章

视频预习

第一节　完成审计工作

完成审计工作是注册会计师按业务循环完成各财务报表项目的审计测试后，编制与签发审计报告前的综合性测试工作，是财务报表审计的最后阶段。这一阶段所做出的决定，对审计报告有着直接而重要的影响。完成审计工作通常由审计项目的负责人或高级经理来执行，其主要特点是在资产负债表日后执行，关注综合影响而不注重特定交易或账户余额，较多地涉及注册会计师的职业判断。在审计完成阶段应汇总审计测试结果，进行更具综合性的审计工作，如评价审计中的重大发现，汇总审计差异，考虑被审计单位持续经营假设的合理性，关注或有事项和期后事项对财务报表的影响，复核审计工作底稿和财务报表等。在此基础上，注册会计师应评价审计结果，在与客户沟通以后，获取管理层声明，确定应出具审计报告的意见类型和措辞，进而编制并致送审计报告，终结审计工作。

一、评价审计中的重大发现和审计过程中发现的错报

（一）评价审计中的重大发现

知识点：评价审计中的重大发现和审计过程中发现的错报

在审计完成阶段，项目合伙人和审计项目组考虑的重大发现和事项包括：

（1）期中复核中的重大发现及其对审计方法的影响；

（2）涉及会计政策的选择、运用和一贯性的重大事项，包括相关披露；

（3）就识别出的重大风险，对审计策略和计划的审计程序所做的重大修正；

（4）在与管理层和其他人员讨论重大发现和事项时得到的信息；

（5）与注册会计师的最终审计结论相矛盾或不一致的信息。

注册会计师在审计计划阶段对重要性的判断，与其在评估审计差异时对重要性的判断是不同的。如果在审计完成阶段确定的修订后的重要性水平远远低于在计划阶段确定的重要性水平，注册会计师应重新评估已经获得的审计证据的充分性和适当性。重要性的任何变化都要求注册会计师重新评估重大错报上限和审计策略。

（二）评价审计过程中发现的错报

1.错报的沟通和更正

注册会计师及时与适当层级的管理层沟通错报事项是重要的，因为这能使管理层评价这些事项是否为错报，并采取必要行动，如果管理层认为有异议则会告知注册会计师。适当层级的管理层通常是指有责任和权限对错报进行评价并采取必要行动的人员。

法律法规可能限制注册会计师向管理层或被审计单位内部的其他人员通报某些错报。在某些情况下，注册会计师的保密义务与通报义务之间存在的潜在冲突可能很复杂。此时，注册会计师可以考虑征询法律意见。

管理层更正所有错报（包括注册会计师通报的错报），能够保持会计账簿和记录的准确性，降低由于与本期相关的、非重大的且尚未更正的错报的累积影响而导致未来期间财务报表出现重大错报的风险。注册会计师对管理层不更正错报的理由的理解，可能影响其对被审计单位会计实务质量的考虑。

2.评价未更正错报的影响

未更正错报，是指注册会计师在审计过程中累积的且被审计单位未予更正的错报。在评价未更正错报的影响之前，注册会计师可能有必要依据实际的财务结果对重要性做出修改。如果注册会计师对重要性或重要性水平（如适用）进行的重新评价导致需要确定较低的金额，则应重新考虑实际执行的重要性和进一步审计程序的性质、时间安排和范围的适当性，以获取充分、适当的审计证据，作为发表审计意见的基础。

注册会计师需要考虑每一单项错报，以评价其对相关类别的交易、账户余额或披露的影响，包括评价该项错报是否超过特定类别的交易、账户余额或披露的重要性水平（如适用）。如果注册会计师认为某一单项错报是重大的，则该项错报不太可能被其他错报抵销。对于同一账户余额或同一类别的交易内部的错报，这种抵销可能是适当的。然而，在得出抵销非重大错报是适当的这一结论之前，需要考虑可能存在其他未被发现的错报的风险。

确定一项分类错报是否重大，需要进行定性评估。在某些情况下，即使某些错报低于财务报表整体的重要性，但因与这些错报相关的某些情况，在将其单独或连同在审计过程中累积的其他错报一并考虑时，注册会计师也可能将这些错报评价为重大错报。例如，某项错报的金额虽然低于财务报表整体的重要性，但对被审计单位的盈亏状况有决定性的影响，注册会计师应认为该项错报是重大错报。

下列情况也可能影响注册会计师对错报的评价：

（1）错报对遵守监管要求的影响程度。

（2）错报对遵守债务合同或其他合同条款的影响程度。

（3）错报与会计政策的不正确选择或运用相关，这些会计政策的不正确选择或运用对当期财务报表不产生重大影响，但可能对未来期间财务报表产生重大影响。

（4）错报掩盖收益的变化或其他趋势的程度（尤其是在结合宏观经济背景和行业状况进行考虑时）。

（5）错报对用于评价被审计单位财务状况、经营成果或现金流量的有关比率的影响程度。

（6）错报对财务报表中列报的分部信息的影响程度。

（7）错报对增加管理层薪酬的影响程度。

（8）相对于注册会计师所了解的以前向财务报表使用者传达的信息（如盈利预测），错报是重大的。

（9）错报对涉及特定机构或人员的项目的相关程度。

（10）错报涉及对某些信息的遗漏，尽管适用的财务报告编制基础未对这些信息做出明确规定，但是注册会计师根据职业判断认为这些信息对财务报表使用者了解被审计单位的财务状况、经营成果或现金流量是重要的。

（11）错报对其他信息（如包含在“管理层讨论与分析”或“经营与财务回顾”中的信息）的影响程度，这些信息与已审计财务报表一同披露，并被合理预期可能影响财务报表使用者做出的经济决策。

（三）书面声明

注册会计师应当要求管理层和治理层（如适用）提供有关未更正错报的书面声明，说明其是否认为未更正错报单独或汇总起来对财务报表整体的影响不重大。这些错报项目的概要应当包含在书面声明中或附在其后。在某些情况下，管理层和治理层（如适用）可能并不认为注册会计师提出的某些未更正的错报是错报。基于这一原因，他们可能在书面声明中增加以下表述："因为［描述理由］，我们不同意……事项和……事项构成错报。"然而，即使获取了这一声明，注册会计师仍需要对未更正错报的影响形成结论。

知识点：期后事项审计

二、期后事项审计

（一）期后事项的种类

期后事项是指财务报表日至审计报告日之间发生的事项，以及注册会计师在审计报告日后知悉的事实。

期后事项按其对财务报表影响方式和影响程度的不同可分为两类。

1.财务报表日后调整事项

这类事项是对财务报表日已经存在的情况提供证据的事项，即对财务报表日已经存在的情况提供了新的或进一步证据的事项，这类事项影响财务报表金额，需提请被审计单位管理层调整财务报表及与之相关的披露信息。

财务报表日后调整事项包括：

（1）财务报表日后诉讼案件结案，法院判决证实了企业在财务报表日已经存在现时义务，需要调整原先确认的与该诉讼案件相关的预计负债，或确认一项新负债。

（2）财务报表日后取得确凿证据，表明某项资产在财务报表日发生了减值或者需要调整该项资产原先确认的减值金额。

（3）财务报表日后进一步确定了财务报表日前购入资产的成本或售出资产的收入。

（4）财务报表日后发现了财务报表舞弊或差错。

2.财务报表日后非调整事项

这类事项是对财务报表日后发生的情况提供证据的事项，这类事项虽不影响财务报表金额，但可能影响对财务报表的正确理解，需提请被审计单位管理层在财务报表附注中做出适当披露。

财务报表日后非调整事项包括：

（1）财务报表日后发生重大诉讼、仲裁、承诺。

（2）财务报表日后资产价格、税收政策、外汇汇率发生重大变化。

（3）财务报表日后因自然灾害导致资产发生重大损失。

（4）财务报表日后发行股票和债券以及其他巨额举债。

（5）财务报表日后资本公积转增资本。

（6）财务报表日后发生巨额亏损。

（7）财务报表日后发生企业合并或处置子公司。

（8）财务报表日后企业利润分配方案中拟分配的以及经审议批准宣告发放的股利

或利润。

根据期后事项的上述定义，期后事项可以按时段分为三个：第一个时段是财务报表日后至审计报告日；第二时段是审计报告日后至财务报表报出日；第三个时段是财务报表报出日后。期后事项分段示意图如图14-1所示。

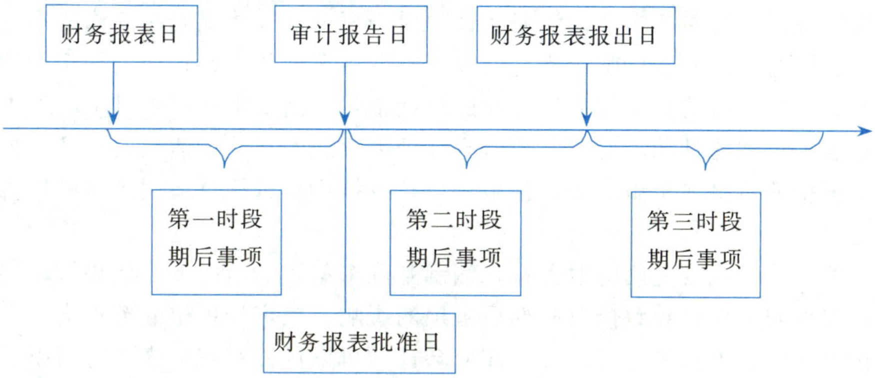

图14-1　期后事项分段示意

（二）注册会计师对期后事项的责任

1.财务报表日至审计报告日之间发生的事项（主动识别）

注册会计师应当设计和实施审计程序，获取充分、适当的审计证据，以确定所有在财务报表日至审计报告日之间发生的、需要在财务报表中调整或披露的事项是否均已得到识别。

用以识别第一时段期后事项的审计程序通常包括：①了解管理层为确保识别期后事项而建立的程序；②询问管理层和治理层（如适用），确定是否已发生可能影响财务报表的期后事项；③查阅被审计单位的所有者、管理层和治理层在财务报表日后举行会议的纪要，在不能获取会议纪要的情况下，询问此类会议讨论的事项；④查阅被审计单位最近的中期财务报表（如有）；⑤查阅被审计单位在财务报表日后最近期间内的预算、现金流量预测和其他相关的管理报告；⑥就诉讼和索赔事项询问被审计单位的法律顾问，或扩大之前口头或书面查询的范围；⑦考虑是否有必要获取涵盖特定期后事项的书面声明以支持其他审计证据。

在实施上述审计程序后，如果注册会计师识别出对财务报表有重大影响的期后事项，应当确定这些事项是否按照适用的财务报告编制基础的规定在财务报表中得到恰当反映。如果所知悉的期后事项属于调整事项，注册会计师应当考虑被审计单位是否已对财务报表做出适当的调整。如果所知悉的期后事项属于非调整事项，注册会计师应当考虑被审计单位是否在财务报表附注中予以充分披露。

2.审计报告日后至财务报表报出日前知悉的事实（被动识别）

在审计报告日后，注册会计师没有义务针对财务报表实施任何审计程序。但是，在这一阶段，被审计单位的财务报表并未报出，管理层有责任将发现的可能影响财务报表的事实告知注册会计师。当然，注册会计师还可能从媒体报道、举报信或者证券监管部门告知等途径获悉影响财务报表的期后事项。

在审计报告日后至财务报表报出日前，如果知悉了某事实，且若在审计报告日知悉可能导致修改审计报告，注册会计师应当与管理层和治理层（如适用）讨论该事项；确定财务报表是否需要修改；如果需要修改，询问管理层将如何在财务报表中处理该事项。

（1）管理层修改财务报表时的处理

如果管理层修改财务报表，注册会计师应当根据具体情况对有关修改实施必要的审计程序；同时，注册会计师应当将用以识别期后事项的审计程序延伸至新的审计报告日，并针对修改后的财务报表出具新的审计报告。新的审计报告日不应早于修改后的财务报表被批准的日期。此时，注册会计师需要获取充分、适当的审计证据，以验证管理层根据期后事项所做出的财务报表调整或披露是否符合适用的财务报告编制基础的规定。

在有关法律法规或适用的财务报告编制基础未禁止的情况下，如果管理层对财务报表的修改仅限于反映导致修改的期后事项的影响，被审计单位的董事会、管理层或类似机构也仅对有关修改进行批准，注册会计师可以仅针对有关修改将用以识别期后事项的上述审计程序延伸至新的审计报告日（以下简称特定情形）。在这种情况下，注册会计师应当选用下列处理方式之一：

①修改审计报告，针对财务报表修改部分增加补充报告日期，从而表明注册会计师对期后事项实施的审计程序仅限于财务报表相关附注所述的修改。

在这种处理方式下，注册会计师修改审计报告，针对财务报表修改部分增加补充报告日期，而对管理层做出修改前的财务报表出具的原审计报告日期保持不变。之所以这样处理是因为，原审计报告日期告知财务报表使用者针对该财务报表的审计工作何时完成，而补充报告日期告知财务报表使用者自原审计报告日之后实施的审计程序仅针对财务报表的后续修改。有关补充报告日期的示例如下："除附注×所述事项的日期为［仅针对附注×所述修改的审计程序完成日期］之外，［原审计报告日］。"

②出具新的或经修改的审计报告，在强调事项段或其他事项段中说明注册会计师对期后事项实施的审计程序仅限于财务报表相关附注所述的修改。

（2）管理层不修改财务报表且审计报告未提交时的处理

如果认为管理层应当修改财务报表而没有修改，并且审计报告尚未提交给被审计单位；注册会计师应当按照《中国注册会计师审计准则第1502号——在审计报告中发表非无保留意见》的规定发表非无保留意见，然后再提交审计报告。

（3）管理层不修改财务报表且审计报告已提交时的处理

如果认为管理层应当修改财务报表而没有修改，并且审计报告已经提交给被审计单位，注册会计师应当通知管理层和治理层在财务报表做出必要修改前不要向第三方报出。如果财务报表在未经必要修改的情况下仍被报出，注册会计师应当采取适当措施，以设法防止财务报表使用者依赖该审计报告。注册会计师采取的措施取决于自身的权利和义务以及所征询的法律意见。

3.财务报表报出后知悉的事实（没有义务识别）

财务报表报出日后发现的事实属于第三时段期后事项，注册会计师没有义务针对财务报表实施任何审计程序。但是，并不排除注册会计师通过媒体等其他途径获悉可能对财务报表产生重大影响的期后事项的可能性。

在财务报表报出后，如果知悉了某事实，且若在审计报告日知悉可能导致修改审计报告，注册会计师应当：与管理层和治理层（如适用）讨论该事项；确定财务报表是否需要修改；如果需要修改，询问管理层将如何在财务报表中处理该事项。

应当指出的是，需要注册会计师在知悉后采取行动的第三时段期后事项是有严格限制的：第一，这类期后事项应当是在审计报告日已经存在的事实。第二，该事实如果被注册会计师在审计报告日前获知，可能影响审计报告。只有同时满足这两个条件，注册会计师才需要采取行动。

（1）管理层修改财务报表时的处理

如果管理层修改了财务报表，注册会计师应当采取如下必要的措施：第一，根据具体情况对有关修改实施必要的审计程序。第二，复核管理层采取的措施能否确保所有收到原财务报表和审计报告的人士了解这一情况。第三，延伸实施审计程序，并针对修改后的财务报表出具新的审计报告。新的审计报告日不应早于修改后的财务报表被批准的日期。第四，在特殊情况下，修改审计报告或提供新的审计报告。注册会计师应当在新的或经修改的审计报告中增加强调事项段或其他事项段，提醒财务报表使用者关注财务报表附注中有关修改原财务报表的详细原因和注册会计师提供的原审计报告。

（2）管理层未采取任何行动时的处理

如果管理层没有采取必要措施确保所有收到原财务报表的人士了解这一情况，也没有在注册会计师认为需要修改的情况下修改财务报表，注册会计师应当通知管理层和治理层（除非治理层全部人员参与管理被审计单位），注册会计师将设法防止财务报表使用者信赖该审计报告。

如果注册会计师已经通知管理层或治理层，而管理层或治理层没有采取必要措施，注册会计师应当采取适当措施，以设法防止财务报表使用者信赖该审计报告。注册会计师采取的措施取决于自身的权利和义务。

三、审计工作底稿的复核

知识点：审计工作底稿的复核

会计师事务所应当建立完善的审计工作底稿分级复核制度。对审计工作底稿的复核可分为两个层次：项目组内部复核和独立的项目质量控制复核。

（一）项目组内部复核

项目组内部复核又分为两个层次：项目负责经理的现场复核和项目合伙人的复核。

1.项目负责经理的现场复核

由项目负责经理对工作底稿的复核属于第一级复核。该级复核通常在审计现场完成，以便及时发现和解决问题，争取审计工作的主动。审计项目复核贯穿审计全过程，随着审计工作的开展，复核人员在审计计划阶段、执行阶段和完成阶段及时复核相应的工作底稿。

2.项目合伙人的复核

根据审计准则的规定：项目合伙人应当对会计师事务所分派的每项审计业务的总体质量负责；项目合伙人应当对项目组按照会计师事务所复核政策和程序实施的复核

负责。项目合伙人对审计工作底稿实施复核是项目组内部最高级别的复核。该复核既是对项目负责经理复核的再监督，也是对重要审计事项的把关。

（二）项目质量控制复核

《会计师事务所质量管理准则第5101号——业务质量管理》要求，会计师事务所应当制定政策和程序，对特定业务（包括所有上市实体财务报表审计）实施项目质量控制复核，以客观评价项目组做出的重大判断以及在编制报告时得出的结论。

会计师事务所应当制定政策和程序，以明确项目质量控制复核的性质、时间安排和范围。这些政策和程序应当要求，只有完成项目质量控制复核，才可以签署业务报告。

1.质量控制复核人员

会计师事务所应当制定政策和程序，解决项目质量控制复核人员的委派问题，明确项目质量控制复核人员的资格要求，包括：履行职责需要的技术资格，包括必要的经验和权限；在不损害其客观性的前提下，项目质量控制复核人员能够提供业务咨询的程度。

会计师事务所在确定质量控制复核人员的资格要求时，需要充分考虑质量控制复核工作的重要性和复杂性，安排经验丰富的注册会计师担任项目质量控制复核人员。

2.质量控制复核范围

《中国注册会计师审计准则第1121号——对财务报表审计实施的质量控制》规定，项目质量控制复核人员应当客观地评价项目组做出的重大判断以及在编制审计报告时得出的结论。

评价工作应当涉及下列内容：与项目合伙人讨论重大事项；复核财务报表和拟出具的审计报告；复核选取的与项目组做出的重大判断和得出的结论相关的审计工作底稿；评价在编制审计报告时得出的结论，并考虑拟出具审计报告的恰当性。

对于上市实体财务报表审计，项目质量控制复核人员在实施项目质量控制复核时，还应当考虑：项目组就具体审计业务对会计师事务所独立性做出的评价；项目组是否已就涉及意见分歧的事项，或者其他疑难问题或争议事项进行适当咨询，以及咨询得出的结论；选取的用于复核的审计工作底稿，是否反映了项目组针对重大判断执行的工作，以及是否支持得出的结论。

3.质量控制复核时间

《中国注册会计师审计准则第1121号——对财务报表审计实施的质量控制》规定，只有完成了项目质量控制复核，才能签署审计报告。

按照《中国注册会计师审计准则第1501号——对财务报表形成审计意见和出具审计报告》的规定，审计报告的日期不得早于注册会计师获取充分、适当的审计证据，并在此基础上对财务报表形成审计意见的日期。对于上市实体财务报表审计业务或符合标准需要实施项目质量控制复核的其他业务，这种复核有助于注册会计师确定是否已获取充分、适当的审计证据。

项目质量控制复核人员在业务过程中的适当阶段及时实施项目质量控制复核，有助于重大事项在审计报告日之前得到迅速、满意的解决。

四、书面声明的取得

知识点：书面声明的取得

书面声明，是指管理层向注册会计师提供的书面陈述，用以确认某些事项或支持其他审计证据。书面声明是注册会计师在财务报表审计中需要获取的必要信息，是审计证据的重要来源。

（一）书面声明的类型

1.针对管理层责任的书面声明

针对财务报表的编制，注册会计师应当要求管理层提供书面声明，确认其根据审计业务约定条款，履行了按照适用的财务报告编制基础编制财务报表并使其实现公允反映（如适用）的责任。

针对提供的信息和交易的完整性，注册会计师应当要求管理层就下列事项提供书面声明：（1）按照审计业务约定条款，已向注册会计师提供所有相关信息，并允许注册会计师不受限制地接触所有相关信息以及被审计单位内部人员和其他相关人员；（2）所有交易均已记录并反映在财务报表中。

如果未从管理层获取其确认已履行的责任，注册会计师在审计过程中获取的有关管理层已履行这些责任的其他审计证据是不充分的。

2.其他书面声明

（1）关于财务报表的额外书面声明。除了针对财务报表的编制，注册会计师应当要求管理层提供基本书面声明以确认其履行了责任外，注册会计师还可能认为有必要获取有关财务报表的其他书面声明。其他书面声明可能是对基本书面声明的补充，但不构成其组成部分。

（2）与向注册会计师提供信息有关的额外书面声明。除了针对管理层提供的信息和交易的完整性的书面声明外，注册会计师还可能认为有必要要求管理层提供书面声明，确认其已将注意到的所有内部控制缺陷向注册会计师通报。

此外，注册会计师可能认为有必要要求管理层提供有关财务报表特定认定的书面声明，尤其是支持注册会计师就管理层的判断或意图或完整性认定从其他审计证据中获取的了解。

（二）书面声明的日期及涵盖的期间

书面声明的日期应当尽量接近对财务报表出具审计报告的日期，但不得在审计报告日后。书面声明应当涵盖审计报告针对的所有财务报表和期间。

由于书面声明是必要的审计证据，在管理层签署书面声明前，注册会计师不能发表审计意见，也不能签署审计报告。而且，由于注册会计师关注截至审计报告日发生的、可能需要在财务报表中做出相应调整或披露的事项，书面声明的日期应当尽量接近对财务报表出具审计报告的日期，但不得在其之后。

（三）书面声明的形式

书面声明应当以声明书的形式致送注册会计师。

书面声明的参考格式如下：（背景信息：（1）被审计单位采用企业会计准则编制财务报表；（2）《中国注册会计师审计准则第1324号——持续经营》中有关就被审计单位持续经营能力获取书面声明的要求不相关；（3）所要求的书面声明不存在例外情

况。如果存在例外情况，则需要对本参考格式列示的书面声明的内容予以调整，以反映这些例外情况）

参考格式 14-1

×××注册会计师：

本声明书是针对你们审计ABC公司截至20××年12月31日的年度财务报表而提供的。审计的目的是对财务报表发表意见，以确定财务报表是否在所有重大方面已按照企业会计准则的规定编制，并实现公允反映。

尽我们所知，并在做出了必要的查询和了解后，我们确认：

一、财务报表

1.我们已履行20××年×月×日签署的审计业务约定书中提及的责任，即根据企业会计准则的规定编制财务报表，并对财务报表进行公允反映。

2.在做出会计估计时使用的重大假设（包括与公允价值计量相关的假设）是合理的。

3.已按照企业会计准则的规定对关联方关系及其交易做出了恰当的会计处理和披露。

4.根据企业会计准则的规定，所有需要调整或披露的资产负债表日后事项都已得到调整或披露。

5.未更正错报，无论是单独还是汇总起来，对财务报表整体的影响均不重大。未更正错报汇总表附在本声明书后。

6.［插入注册会计师可能认为适当的其他任何事项］。

二、提供的信息

1.我们已向你们提供下列工作条件：

（1）允许接触我们注意到的、与财务报表编制相关的所有信息（如记录、文件和其他事项）。

（2）提供你们基于审计目的要求我们提供的其他信息。

（3）允许在获取审计证据时不受限制地接触你们认为必要的本公司内部人员和其他相关人员。

2.所有交易均已记录并反映在财务报表中。

3.我们已向你们披露了由于舞弊可能导致的财务报表重大错报风险的评估结果。

4.我们已向你们披露了我们注意到的、可能影响本公司的与舞弊或舞弊嫌疑相关的所有信息，这些信息涉及本公司的：

（1）管理层；

（2）在内部控制中承担重要职责的员工；

（3）其他人员（在舞弊行为导致财务报表重大错报的情况下）。

5.我们已向你们披露了从现任和前任员工、分析师、监管机构等方面获知的、影响财务报表的舞弊指控或舞弊嫌疑的所有信息。

6.我们已向你们披露了所有已知的、在编制财务报表时应当考虑其影响的违反或涉嫌违反法律法规的行为。

7.我们已向你们披露了我们注意到的关联方的名称和特征、所有关联方关系及其交易。

8.［插入注册会计师可能认为必要的其他任何事项］。

附：未更正错报汇总表

ABC公司　　　　ABC公司管理层

（盖章）　　　　（签名并盖章）

中国××市　　　　二〇××年×月×日

（四）注册会计师针对书面声明所采取的措施

1.注册会计师针对可靠性存在疑虑的书面声明所采取的措施

（1）对管理层的胜任能力、诚信、道德价值观或勤勉尽责存在疑虑

如果对管理层的胜任能力、诚信、道德价值观或勤勉尽责存在疑虑，或者对管理层在这些方面的承诺或贯彻执行存在疑虑，注册会计师应当确定这些疑虑对书面或口头声明和审计证据总体的可靠性可能产生的影响。注册会计师可能认为，管理层在财务报表中做出不实陈述的风险很大，以至于审计工作无法进行。在这种情况下，除非治理层采取适当的纠正措施，否则注册会计师可能需要考虑解除业务约定（如果法律法规允许）。很多时候，治理层采取的纠正措施可能并不足以使注册会计师发表无保留意见。

（2）书面声明与其他审计证据不一致

如果书面声明与其他审计证据不一致，注册会计师应当实施审计程序以设法解决这些问题。注册会计师可能需要考虑风险评估结果是否仍然适当。如果认为不适当，注册会计师需要修正风险评估结果，并确定进一步审计程序的性质、时间安排和范围，以应对评估的风险。如果问题仍未解决，注册会计师应当重新考虑对管理层的胜任能力、诚信、道德价值观或勤勉尽责的评估，或者重新考虑对管理层在这些方面的承诺或贯彻执行的评估，并确定书面声明与其他审计证据的不一致对书面或口头声明和审计证据总体的可靠性可能产生的影响。

如果认为书面声明不可靠，注册会计师应当采取适当措施，包括确定其对审计意见可能产生的影响。

2.注册会计师针对管理层不提供要求的书面声明所采取的措施

如果管理层不提供要求的一项或多项书面声明，注册会计师应当：（1）与管理层讨论该事项；（2）重新评价管理层的诚信，并评价该事项对书面或口头声明和审计证据总体的可靠性可能产生的影响；（3）采取适当措施，包括确定该事项对审计意见可能产生的影响。

如果存在下列情形之一，注册会计师应当对财务报表发表无法表示意见：

（1）注册会计师对管理层的诚信产生重大疑虑，以至于认为其做出的书面声明不可靠。

（2）管理层不提供下列书面声明。

① 针对财务报表的编制，管理层确认其根据审计业务约定条款，履行了按照适用的财务报告编制基础编制财务报表并使其实现公允反映（如适用）的责任。

② 针对提供的信息和交易的完整性，管理层就下列事项提供书面声明：

a.按照审计业务约定条款，已向注册会计师提供所有相关信息，并允许注册会计

师不受限制地接触所有相关信息以及被审计单位内部人员和其他相关人员。

b.所有交易均已记录并反映在财务报表中。

知识点：审计报告的内涵、作用及基本内容

第二节　审计报告

一、审计报告的含义、作用及基本内容

（一）审计报告的含义

审计报告是指注册会计师根据中国注册会计师审计准则的规定，在实施审计工作的基础上对被审计单位财务报表发表审计意见的书面文件。审计报告是注册会计师审计工作的最终产品，是向审计信息需求者传达所需信息的重要手段，也是证明注册会计师完成审计工作并愿意承担审计责任的书面文件。审计报告具有以下特征：（1）注册会计师应当按照审计准则的规定执行审计工作；（2）注册会计师在实施审计工作的基础上才能出具审计报告；（3）注册会计师通过对财务报表发表意见履行业务约定书约定的责任；（4）注册会计师应当以书面形式出具审计报告。

注册会计师应当根据由审计证据得出的结论，清楚表达对财务报表的意见。无论是出具何种类型的审计报告，注册会计师一旦在审计报告上签名并盖章，就表明对其出具的审计报告负责。

审计报告是注册会计师对财务报表是否在所有重大方面按照财务报告编制基础编制并实现公允反映发表审计意见的书面文件，因此，注册会计师应当将已审计的财务报表附于审计报告之后，以便于财务报表使用者正确理解和使用审计报告，并防止被审计单位替换、更改已审计的财务报表。

（二）审计报告的作用

注册会计师签发的审计报告，主要具有鉴证、保护和证明三方面的作用。

1.鉴证作用

注册会计师签发的审计报告是以超然独立的第三者身份，对被审计单位财务报表合法性、公允性发表意见。这种意见具有鉴证作用，得到了政府及其各部门和社会各界的普遍认可。政府有关部门，如财政部门、税务部门等需要通过企业提供的财务报表来了解、掌握企业的财务状况和经营成果。财务报表是否合法、公允，主要依据注册会计师的审计报告做出判断。股份制企业的股东，主要依据注册会计师的审计报告来判断被投资企业的财务报表是否公允地反映了财务状况和经营成果，以进行投资决策等。

2.保护作用

注册会计师通过审计，可以对被审计单位财务报表出具不同类型审计意见的审计报告，以提高或降低财务报表使用者对财务报表的信赖程度，能够在一定程度上对被审计单位的财产、债权人和股东的权益及企业利害关系人的利益起到保护作用。例如，投资者为了减少投资风险，在进行投资之前，需要查阅被投资企业的财务报表，了解被投资企业的经营情况和财务状况，根据注册会计师的审计报告做出投资决策，可以降低其投资风险。

3.证明作用

审计报告是对注册会计师审计任务完成情况及其结果所作的总结，它可以表明审计工作的质量并明确注册会计师的审计责任。因此，审计报告可以对审计工作质量和注册会计师的审计责任起证明作用。通过审计报告，可以证明注册会计师在审计过程中是否实施了必要的审计程序，是否以审计工作底稿为依据发表审计意见，发表的审计意见是否与被审计单位的实际情况相一致，审计工作的质量是否符合要求。通过审计报告，可以证明注册会计师对审计责任的履行情况。

（三）审计报告的基本内容

审计报告应当包括下列要素：

1.标题

审计报告应当具有标题，统一规范为“审计报告”，以突出业务性质，并与其他业务报告相区别。

2.收件人

审计报告的收件人是指注册会计师按照业务约定书的要求致送审计报告的对象，一般是指审计业务的委托人。注册会计师应当与委托人在业务约定书中约定致送审计报告的对象，以防止在此问题上发生分歧或审计报告被委托人滥用。针对整套通用目的财务报表出具的审计报告，审计报告的致送对象通常为被审计单位的股东或治理层。审计报告应当按照审计业务的约定载明收件人的全称。

3.审计意见

审计意见部分由两部分构成。

第一部分指出已审计财务报表，应当包括下列方面：（1）指出被审计单位的名称；（2）说明财务报表已经审计；（3）指出构成整套财务报表的每一财务报表的名称；（4）提及财务报表附注；（5）指明构成整套财务报表的每一财务报表的日期或涵盖的期间。

为体现上述要求，审计报告可说明：“我们审计了被审计单位的财务报表，包括[指明适用的财务报告编制基础规定的构成整套财务报表的每一财务报表的名称、日期或涵盖的期间]以及财务报表附注，包括重大会计政策和会计估计。”审计意见涵盖由适用的财务报告编制基础所确定的整套财务报表。

第二部分应当说明注册会计师发表的审计意见。如果对财务报表发表无保留意见，除非法律法规另有规定，审计意见应当使用“我们认为，财务报表在所有重大方面按照[适用的财务报告编制基础（如企业会计准则等）]编制，公允反映了……”的措辞。审计意见说明财务报表在所有重大方面按照适用的财务报告编制基础编制，公允反映了财务报表旨在反映的事项。

4.形成审计意见的基础

审计报告应当包含标题为“形成审计意见的基础”的部分。该部分提供关于审计意见的重要背景，应当紧接在审计意见部分之后，并包括下列方面：（1）说明注册会计师按照审计准则的规定执行了审计工作。（2）提及审计报告中用于描述审计准则规定的注册会计师责任的部分。（3）声明注册会计师按照与审计相关的职业道德要求对被审计单位保持了独立性，并履行了职业道德方面的其他责任。声明中应当指明适用的职业道德要求，如中国注册会计师职业道德守则。(4) 说明注册会计师是否相信获取的审计证据是充分、适当的，为发表审计意见提供了基础。

5.管理层对财务报表的责任

审计报告应当包含标题为“管理层对财务报表的责任”的部分，其中应当说明管理层对下列方面负责：(1) 按照适用的财务报告编制基础编制财务报表，使其实现公允反映，并设计、执行和维护必要的内部控制，以使财务报表不存在由于舞弊或错误导致的重大错报；(2) 评估被审计单位的持续经营能力和使用持续经营假设是否适当，并披露与持续经营相关的事项（如适用）。对管理层评估责任的说明应当包括描述在何种情况下使用持续经营假设是适当的。

6.注册会计师对财务报表审计的责任

审计报告应当包含标题为“注册会计师对财务报表审计的责任”的部分，其中应当包括下列内容：

(1) 说明注册会计师的目标是对财务报表整体是否不存在由于舞弊或错误导致的重大错报获取合理保证，并出具包含审计意见的审计报告。

(2) 说明合理保证是高水平的保证，但按照审计准则执行的审计并不能保证一定会发现存在的重大错报。

(3) 说明错报可能由于舞弊或错误导致。在说明错报可能由于舞弊或错误导致时，注册会计师应当从下列两种做法中选取一种：

① 描述如果合理预期错报单独或汇总起来可能影响财务报表使用者依据财务报表做出的经济决策，则通常认为错报是重大的；

② 根据适用的财务报告编制基础，提供关于重要性的定义或描述。

注册会计师对财务报表审计的责任部分还应当包括下列内容：

(1) 说明在按照审计准则执行审计工作的过程中，注册会计师运用职业判断，并保持职业怀疑。

(2) 通过说明注册会计师的责任，对审计工作进行描述。这些责任包括：

① 识别和评估由于舞弊或错误导致的财务报表重大错报风险，设计和实施审计程序以应对这些风险，并获取充分、适当的审计证据，作为发表审计意见的基础。由于舞弊可能涉及串通、伪造、故意遗漏、虚假陈述或凌驾于内部控制之上，未能发现由于舞弊导致的重大错报的风险高于未能发现由于错误导致的重大错报的风险。

② 了解与审计相关的内部控制，以设计恰当的审计程序，但目的并非对内部控制的有效性发表意见。当注册会计师有责任在财务报表审计的同时对内部控制的有效性发表意见时，应当略去上述“目的并非对内部控制的有效性发表意见”的表述。

③ 评价管理层选用会计政策的恰当性和做出会计估计及相关披露的合理性。

④ 对管理层使用持续经营假设的恰当性得出结论。同时，根据获取的审计证据，就可能导致对被审计单位持续经营能力产生重大疑虑的事项或情况是否存在重大不确定性得出结论。如果注册会计师得出结论认为存在重大不确定性，审计准则要求注册会计师在审计报告中提请报表使用者关注财务报表中的相关披露；如果披露不充分，注册会计师应当发表非无保留意见。注册会计师的结论基于截至审计报告日可获得的信息。然而，未来的事项或情况可能导致被审计单位不能持续经营。

⑤ 评价财务报表的总体列报、结构和内容（包括披露），并评价财务报表是否公允反映相关交易和事项。

注册会计师对财务报表审计的责任部分还应当包括下列内容：

（1）说明注册会计师与治理层就计划的审计范围、时间安排和重大审计发现等事项进行沟通，包括沟通注册会计师在审计中识别的值得关注的内部控制缺陷。

（2）对于上市实体财务报表审计，指出注册会计师就已遵守与独立性相关的职业道德要求向治理层提供声明并与治理层沟通可能被合理认为影响注册会计师独立性的所有关系和其他事项，以及相关的防范措施（如适用）。

（3）对于上市实体财务报表审计，以及决定按照《中国注册会计师审计准则第1504号——在审计报告中沟通关键审计事项》的规定沟通关键审计事项的其他情况，说明注册会计师从已与治理层沟通的事项中确定哪些事项对本期财务报表审计最为重要，因而构成关键审计事项。注册会计师应当在审计报告中描述这些事项，除非法律法规禁止公开披露这些事项，或在极少数情形下，注册会计师合理预期在审计报告中沟通某事项造成的负面后果超过在公众利益方面产生的益处，因而决定不应在审计报告中沟通该事项。

7.按照相关法律法规的要求报告的事项（如适用）

除审计准则规定的注册会计师对财务报表出具审计报告的责任外，相关法律法规可能对注册会计师设定了其他报告责任。例如，如果注册会计师在财务报表审计中注意到某些事项，可能被要求对这些事项予以报告。此外，注册会计师可能被要求实施额外的规定的程序并予以报告，或对特定事项（如会计账簿和记录的适当性）发表意见。

8.注册会计师的签名和盖章

审计报告应当由项目合伙人和另一名负责该项目的注册会计师签名和盖章。在审计报告中指明项目合伙人有助于进一步增强对审计报告使用者的透明度，有利于增强项目合伙人的个人责任感。因此，对上市实体整套通用目的财务报表出具的审计报告应当注明项目合伙人。

9.会计师事务所的名称、地址和盖章

审计报告应当载明会计师事务所的名称和地址，并加盖会计师事务所公章。注册会计师在审计报告中载明会计师事务所地址时，标明会计师事务所所在的城市即可。

10.报告日期

审计报告应当注明报告日期。审计报告日不应早于注册会计师获取充分、适当的审计证据（包括管理层认可对财务报表的责任且已批准财务报表的证据），并在此基础上对财务报表形成审计意见的日期。在确定审计报告日时，注册会计师应当确信已获取下列两方面的审计证据：（1）构成整套财务报表的所有报表（包括相关附注）已编制完成；（2）被审计单位的董事会、管理层或类似机构已经认可其对财务报表负责。

知识点：审计意见的类型

音频：第一份无法表示意见审计报告

二、审计意见的类型

如果认为财务报表在所有重大方面按照适用的财务报告编制基础编制并实现公允

反映，注册会计师应当发表无保留意见。无保留意见，是指当注册会计师认为财务报表在所有重大方面按照适用的财务报告编制基础编制并实现公允反映时发表的审计意见。

当存在下列情形之一时，注册会计师应当按照《中国注册会计师审计准则第1502号——在审计报告中发表非无保留意见》的规定，在审计报告中发表非无保留意见：(1) 根据获取的审计证据，得出财务报表整体存在重大错报的结论；(2) 无法获取充分、适当的审计证据，不能得出财务报表整体不存在重大错报的结论。非无保留意见，是指对财务报表发表的保留意见、否定意见或无法表示意见。

(一) 无保留意见审计报告

1.出具无保留意见审计报告的条件

无保留意见是指注册会计师对被审计单位的财务报表进行审计后认为：财务报表已经按照适用的财务报告编制基础编制；财务报表在所有重大方面公允反映了被审计单位的财务状况、经营成果和现金流量。同时，注册会计师已经按照中国注册会计师审计准则的规定计划和实施了审计工作，在审计过程中未受到限制。

2.无保留意见审计报告的格式

当出具无保留意见的审计报告时，注册会计师应当以“我们认为”作为意见段的开头，并使用“在所有重大方面”“公允反映”等术语。

无保留意见的审计报告意味着注册会计师通过实施审计工作，认为被审计单位的财务报表编制符合合法性和公允性的要求，合理保证财务报表不存在重大错报。

对上市实体财务报表出具的无保留意见审计报告的参考格式如下：

参考格式14-2

背景信息：

1.对上市实体整套财务报表进行审计。该审计不属于集团审计（即不适用《中国注册会计师审计准则第1401号——对集团财务报表审计的特殊考虑》）。

2.管理层按照企业会计准则编制财务报表。

3.审计业务约定条款体现了《中国注册会计师审计准则第1111号——就审计业务约定条款达成一致意见》关于管理层对财务报表责任的描述。

4.基于获取的审计证据，注册会计师认为发表无保留意见是恰当的。

5.适用的相关职业道德要求为中国注册会计师职业道德守则。

6.基于获取的审计证据，根据《中国注册会计师审计准则第1324号——持续经营》，注册会计师认为可能导致对被审计单位持续经营能力产生重大疑虑的相关事项或情况不存在重大不确定性。

7.已按照《中国注册会计师审计准则第1504号——在审计报告中沟通关键审计事项》的规定沟通了关键审计事项。

8.注册会计师在审计报告日前已获取所有其他信息，且未识别出信息存在重大错报。

9.负责监督财务报表的人员与负责编制财务报表的人员不同。

10.除财务报表审计外，按照法律法规的要求，注册会计师负有其他报告责任，且注册会计师决定在审计报告中履行其他报告责任。

审计报告

ABC股份有限公司全体股东：

一、对财务报表出具的审计报告

（一）审计意见

我们审计了ABC股份有限公司（以下简称“ABC公司”）财务报表，包括20×2年12月31日的资产负债表，20×2年度的利润表、现金流量表、股东权益变动表以及相关财务报表附注。

我们认为，后附的财务报表在所有重大方面按照企业会计准则的规定编制，公允反映了ABC公司20×2年12月31日的财务状况以及20×2年度的经营成果和现金流量。

（二）形成审计意见的基础

我们按照中国注册会计师审计准则的规定执行了审计工作。审计报告的“注册会计师对财务报表审计的责任”部分进一步阐述了我们在这些准则下的责任。按照中国注册会计师职业道德守则，我们独立于ABC公司，并履行了职业道德方面的其他责任。我们相信，我们获取的审计证据是充分、适当的，为发表审计意见提供了基础。

（三）关键审计事项

关键审计事项是根据我们的职业判断，认为对本期财务报表审计最为重要的事项。这些事项是在对财务报表整体进行审计并形成意见的背景下进行处理的，我们不对这些事项提供单独的意见。

收入确认。

（1）事项描述

如财务报表附注×所述，ABC公司20×2年度营业收入为12 829.13万元。由于营业收入是ABC公司的关键绩效指标之一，存在管理层为达到特定目标或期望而操纵确认时点的固有风险，因此，我们将收入确认列为关键审计事项。

（2）审计应对

我们对营业收入实施的相关程序主要包括：

①评价、测试与收入确认相关的关键内部控制的设计、运行的有效性；

②检查主要的销售合同，识别与商品所有权上的风险和报酬转移相关的合同条款，评价收入确认政策是否符合企业会计准则的要求；

③对营业收入及毛利率按产品、客户等维度执行分析性复核程序，判断营业收入及毛利率变动的合理性；

④以抽样方式检查与收入确认相关的支持性文件，包括销售合同、销售发票、发货单、回款单据等；

⑤选取主要客户执行函证程序，并对未回函的样本进行替代测试；

⑥对收入进行截止测试，评价收入是否记录在恰当的会计期间。

（四）其他信息

ABC公司管理层（以下简称“管理层”）对其他信息负责。其他信息包括ABC公司20×2年年度报告中涵盖的信息，但不包括财务报表和我们的审计报告。我们对财务报表发表的审计意见不涵盖其他信息，我们也不对其他信息发表任何形式的鉴证结论。

结合我们对财务报表的审计，我们的责任是阅读其他信息，在此过程中，考虑其他信息是否与财务报表或我们在审计过程中了解到的情况存在重大不一致或者似乎存在重大错报。

基于我们已执行的工作，如果我们确定其他信息存在重大错报，我们应当报告该事实。在这方面，我们无任何事项需要报告。

（五）管理层和治理层对财务报表的责任

管理层负责按照企业会计准则的规定编制财务报表，使其实现公允反映，并设计、执行和维护必要的内部控制，以使财务报表不存在由于舞弊或错误导致的重大错报。

在编制财务报表时，管理层负责评估ABC公司的持续经营能力，披露与持续经营相关的事项（如适用），并运用持续经营假设，除非计划清算ABC公司、停止营运或别无其他现实的选择。

治理层负责监督ABC公司的财务报告过程。

（六）注册会计师对财务报表审计的责任

我们的目标是对财务报表整体是否不存在由于舞弊或错误导致的重大错报获取合理保证，并出具包含审计意见的审计报告。合理保证是高水平的保证，但并不能保证按照审计准则执行的审计在某一重大错报存在时总能发现。错报可能由于舞弊或错误导致，如果合理预期错报单独或汇总起来可能影响财务报表使用者依据财务报表做出的经济决策，则通常认为错报是重大的。

在按照审计准则执行审计的过程中，我们运用了职业判断，保持了职业怀疑。我们同时：

（1）识别和评估由于舞弊或错误导致的财务报表重大错报风险；对这些风险有针对性地设计和实施审计程序；获取充分、适当的审计证据，作为发表审计意见的基础。由于舞弊可能涉及串通、伪造、故意遗漏、虚假陈述或凌驾于内部控制之上，未能发现由于舞弊导致的重大错报的风险高于未能发现由于错误导致的重大错报的风险。

（2）了解与审计相关的内部控制，以设计恰当的审计程序，但目的并非对内部控制的有效性发表意见。

（3）评价管理层选用会计政策的恰当性和做出会计估计及相关披露的合理性。

（4）对管理层使用持续经营假设的恰当性得出结论。同时，根据获取的审计证据，就可能导致对ABC公司持续经营能力产生重大疑虑的事项或情况是否存在重大不确定性得出结论。如果我们得出结论认为存在重大不确定性，审计准则要求我们在审计报告中提请报表使用者注意财务报表中的相关披露；如果披露不充分，我们应当发表非无保留意见。我们的结论基于审计报告日可获得的信息。然而，未来的事项或情况可能导致ABC公司不能持续经营。

（5）评价财务报表的总体列报、结构和内容（包括披露），并评价财务报表是否公允反映相关交易和事项。

我们与治理层就计划的审计范围、时间安排和重大审计发现（包括我们在审计中识别的值得关注的内部控制缺陷）等事项进行沟通。

我们还就遵守关于独立性的相关职业道德要求向治理层提供声明，并就可能被合理认为影响我们独立性的所有关系和其他事项，以及相关的防范措施（如适用）与治理层进行沟通。

从与治理层沟通的事项中，我们确定哪些事项对本期财务报表审计最为重要，因而构成关键审计事项。我们在审计报告中描述这些事项，除非法律法规禁止公开披露这些事项，或在极其罕见的情形下，如果合理预期在审计报告中沟通某事项造成的负面后果超过在公众利益方面产生的益处，我们确定不应在审计报告中沟通该事项。

二、按照相关法律法规的要求报告的事项

[本部分的格式和内容，取决于法律法规对其他报告责任的性质的规定。法律法规规范的事项（其他报告责任）应当在本部分处理，除非其他报告责任与审计准则所要求的报告责任涉及相同的主题。如果涉及相同的主题，其他报告责任可以在审计准则所要求的同一报告要素部分中列示。当其他报告责任和审计准则规定的报告责任涉及同一主题，并且审计报告中的措辞能够将其他报告责任与审计准则规定的责任予以清楚地区分（如差异存在）时，允许将两者合并列示（即包含在“对财务报表出具的审计报告”部分中，并使用适当的副标题）。]

××会计师事务所　　　　　　　　中国注册会计师：×××（项目合伙人）
（盖章）　　　　　　　　　　　　（签名并盖章）
　　　　　　　　　　　　　　　　中国注册会计师：×××
　　　　　　　　　　　　　　　　（签名并盖章）
中国××市　　　　　　　　　　　二〇×三年×月×日

（二）非无保留意见审计报告

1.出具非无保留意见审计报告的总体条件

非无保留意见是指保留意见、否定意见或无法表示意见。当存在下列情形之一时，注册会计师应当在审计报告中发表非无保留意见。

（1）根据获取的审计证据，得出财务报表整体存在重大错报的结论

错报是指某一财务报表项目的金额、分类、列报或披露，与按照适用的财务报告编制基础应当列示的金额、分类、列报或披露之间存在的差异。财务报表的重大错报可能源于以下方面：

第一，选择的会计政策的恰当性。在选择的会计政策的恰当性方面，当出现下列情形时，财务报表可能存在重大错报：①选择的会计政策与适用的财务报告编制基础不一致；②财务报表（包括相关附注）没有按照公允列报的方式反映交易和事项。

财务报告编制基础通常包括对会计处理、披露和会计政策变更的要求。如果被审计单位变更了重大会计政策，且没有遵守这些要求，财务报表可能存在重大错报。

第二，对所选择的会计政策的运用。在对所选择的会计政策的运用方面，当出现下列情形时，财务报表可能存在重大错报：①管理层没有按照适用的财务报告编制基础的要求一贯运用所选择的会计政策，包括管理层未在不同会计期间或对相似的交易和事项一贯运用所选择的会计政策（运用的一致性）；②不当运用所选择的会计政策（如运用中的无意错误）。

第三，财务报表披露的恰当性或充分性。在财务报表披露的恰当性或充分性方

面，当出现下列情形时，财务报表可能存在重大错报：①财务报表没有包括适用的财务报告编制基础要求的所有披露；②财务报表的披露没有按照适用的财务报告编制基础列报；③财务报表没有做出必要的披露以实现公允反映。

（2）无法获取充分、适当的审计证据，不能得出财务报表整体不存在重大错报的结论

如果注册会计师能够通过实施替代程序获取充分、适当的审计证据，则无法实施特定的程序并不构成对审计范围的限制。下列情形可能导致注册会计师无法获取充分、适当的审计证据（也称为审计范围受到限制）。

第一，超出被审计单位控制的情形。超出被审计单位控制的情形例如：①被审计单位的会计记录已被毁坏；②重要组成部分的会计记录已被政府有关机构无限期地查封。

第二，与注册会计师工作的性质或时间安排相关的情形。与注册会计师工作的性质或时间安排相关的情形例如：①被审计单位需要使用权益法对联营企业进行核算，注册会计师无法获取有关联营企业财务信息的充分、适当的审计证据以评价是否恰当地运用了权益法；②注册会计师接受审计委托的时间安排，使注册会计师无法实施存货监盘；③注册会计师确定仅实施实质性程序是不充分的，但被审计单位的控制是无效的。

第三，管理层施加限制的情形。管理层对审计范围施加的限制致使注册会计师无法获取充分、适当的审计证据的情形例如：①管理层阻止注册会计师实施存货监盘；②管理层阻止注册会计师对特定账户余额实施函证。

2.保留意见审计报告

（1）签发保留意见审计报告的条件

当存在下列情形之一时，注册会计师应当发表保留意见：

第一，在获取充分、适当的审计证据后，注册会计师认为错报单独或汇总起来对财务报表影响重大，但不具有广泛性。

注册会计师在获取充分、适当的审计证据后，只有当认为财务报表就整体而言是公允的，但还存在对财务报表产生重大影响的错报时，才能发表保留意见。

第二，注册会计师无法获取充分、适当的审计证据以作为形成审计意见的基础，并认为未发现的错报（如存在）对财务报表可能产生的影响重大，但不具有广泛性。

注册会计师因审计范围受到限制而发表保留意见还是无法表示意见，取决于无法获取的审计证据对形成审计意见的重要性。注册会计师在判断重要性时，应当考虑有关事项潜在影响的性质和范围以及在财务报表中的重要程度。只有当未发现的错报（如存在）对财务报表可能产生的影响重大但不具有广泛性时，才能发表保留意见。

（2）保留意见审计报告的格式

保留意见的审计报告意见段的标题应标明“保留意见”。

当由于财务报表存在重大错报而发表保留意见时，注册会计师应当根据适用的财务报告编制基础在审计意见段中说明：注册会计师认为，除了形成保留意见的基础部分所述事项产生的影响外，财务报表在所有重大方面按照适用的财务报告编制基础编制，并实现公允反映。

当无法获取充分、适当的审计证据而导致发表保留意见时注册会计师应当在审计意见段中使用“除……可能产生的影响外”等措辞。

当注册会计师发表保留意见时，在审计意见段中使用“由于上述解释”或

“受……影响”等措辞是不恰当的，因为这些措辞不够清晰或没有足够的说服力。

参考格式14-3：由于财务报表存在重大错报而发表保留意见的审计报告

审计报告

ABC股份有限公司全体股东：

一、对财务报表出具的审计报告

（一）保留意见

我们审计了ABC股份有限公司（以下简称“ABC公司”）财务报表，包括20×2年12月31日的资产负债表，20×2年度的利润表、现金流量表、股东权益变动表以及相关财务报表附注。

我们认为，除“形成保留意见的基础”部分所述事项产生的影响外，后附的财务报表在所有重大方面按照企业会计准则的规定编制，公允反映了ABC公司20×2年12月31日的财务状况以及20×2年度的经营成果和现金流量。

（二）形成保留意见的基础

ABC公司20×2年12月31日资产负债表中存货的列示金额为×元。管理层根据成本对存货进行计量，而没有根据成本与可变现净值孰低的原则进行计量，这不符合企业会计准则的规定。ABC公司的会计记录显示，如果管理层以成本与可变现净值孰低来计量存货，存货列示金额将减少×元。相应地，资产减值损失将增加×元，所得税、净利润和股东权益将分别减少×元、×元和×元。

我们按照中国注册会计师审计准则的规定执行了审计工作。审计报告的“注册会计师对财务报表审计的责任”部分进一步阐述了我们在这些准则下的责任。按照中国注册会计师职业道德守则，我们独立于ABC公司，并履行了职业道德方面的其他责任。我们相信，我们获取的审计证据是充分、适当的，为发表保留意见提供了基础。

（三）其他信息

[按照《中国注册会计师审计准则第1521号——注册会计师对其他信息的责任》的规定报告，其他信息部分的最后一段需要进行改写，以描述导致注册会计师对财务报表发表保留意见并且影响其他信息的事项。]

（四）关键审计事项

关键审计事项是根据我们的职业判断，认为对本期财务报表审计最为重要的事项。这些事项是在对财务报表整体进行审计并形成意见的背景下进行处理的，我们不对这些事项提供单独的意见。除“形成保留意见的基础”部分所述事项外，我们确定下列事项是需要在审计报告中沟通的关键审计事项。

[按照《中国注册会计师审计准则第1504号——在审计报告中沟通关键审计事项》的规定描述每一关键审计事项。]

（五）管理层和治理层对财务报表的责任

[按照《中国注册会计师审计准则第1501号——对财务报表形成审计意见和出具审计报告》的规定报告，参见参考格式14-2。]

（六）注册会计师对财务报表审计的责任

[按照《中国注册会计师审计准则第1501号——对财务报表形成审计意见和出具审计报告》的规定报告，参见参考格式14-2。]

二、按照相关法律法规的要求报告的事项

[按照《中国注册会计师审计准则第1501号——对财务报表形成审计意见和出具审计报告》的规定报告，参见参考格式14-2。]

××会计师事务所　　　　　　　　　　中国注册会计师：×××（项目合伙人）
（盖章）　　　　　　　　　　　　　　（签名并盖章）
　　　　　　　　　　　　　　　　　　中国注册会计师：×××
　　　　　　　　　　　　　　　　　　（签名并盖章）
中国××市　　　　　　　　　　　　　二〇×三年×月×日

3.否定意见审计报告

（1）签发否定意见审计报告的条件

在获取充分、适当的审计证据后，如果认为错报单独或汇总起来对财务报表的影响重大且具有广泛性，注册会计师应当发表否定意见。

（2）否定意见审计报告的格式

当发表否定意见时，注册会计师应当根据适用的财务报告编制基础在审计意见段中说明：注册会计师认为，由于形成否定意见的基础部分所述事项的重要性，财务报表没有在所有重大方面按照适用的财务报告编制基础编制，未能实现公允反映。

参考格式14-4：由于财务报表存在重大错报而发表否定意见的审计报告

审计报告

ABC股份有限公司全体股东：

一、对财务报表出具的审计报告

（一）否定意见

我们审计了ABC股份有限公司（以下简称“ABC公司”）财务报表，包括20×2年12月31日的资产负债表，20×2年度的利润表、现金流量表、股东权益变动表以及相关财务报表附注。

我们认为，由于“形成否定意见的基础”段所述事项的重要性，ABC公司的财务报表没有在所有重大方面按照企业会计准则的规定编制，未能公允反映ABC公司20×2年12月31日的财务状况以及20×2年度的经营成果和现金流量。

（二）形成否定意见的基础

如财务报表附注×所述，ABC公司的长期股权投资未按企业会计准则的规定采用权益法核算。如果按权益法核算，ABC公司的长期股权投资账面价值将减少×万元，净利润将减少×万元，从而导致ABC公司由盈利×万元变为亏损×万元。

我们按照中国注册会计师审计准则的规定执行了审计工作。审计报告的“注册会计师对财务报表审计的责任”部分进一步阐述了我们在这些准则下的责任。按照中国注册会计师职业道德守则，我们独立于ABC公司，并履行了职业道德方面的其他责任。我们相信，我们获取的审计证据是充分、适当的，为发表否定意见提供了基础。

（三）其他信息

[按照《中国注册会计师审计准则第1521号——注册会计师对其他信息的责任》的规定报告，其他信息部分的最后一段需要进行改写，以描述导致注册会计师对财务报表发表否定意见并且影响其他信息的事项。]

（四）关键审计事项

关键审计事项是根据我们的职业判断，认为对本期财务报表审计最为重要的事项。这些事项是在对财务报表整体进行审计并形成意见的背景下进行处理的，我们不对这些事项提供单独的意见。除“形成否定意见的基础”部分所述事项外，我们确定下列事项是需要在审计报告中沟通的关键审计事项。

[按照《中国注册会计师审计准则第1504号——在审计报告中沟通关键审计事项》的规定描述每一关键审计事项。]

（五）管理层和治理层对财务报表的责任

[按照《中国注册会计师审计准则第1501号——对财务报表形成审计意见和出具审计报告》的规定报告，参见参考格式14-2。]

（六）注册会计师对财务报表审计的责任

[按照《中国注册会计师审计准则第1501号——对财务报表形成审计意见和出具审计报告》的规定报告，参见参考格式14-2。]

二、按照相关法律法规的要求报告的事项

[按照《中国注册会计师审计准则第1501号——对财务报表形成审计意见和出具审计报告》的规定报告，参见参考格式14-2。]

××会计师事务所　　　　　　　　中国注册会计师：×××（项目合伙人）
（盖章）　　　　　　　　　　　　（签名并盖章）
　　　　　　　　　　　　　　　　中国注册会计师：×××
　　　　　　　　　　　　　　　　（签名并盖章）
中国××市　　　　　　　　　　　二〇×三年×月×日

4.无法表示意见审计报告

（1）签发无法表示意见审计报告的条件

如果无法获取充分、适当的审计证据以作为形成审计意见的基础，并认为未发现的错报（如存在）对财务报表可能产生的影响重大且具有广泛性，注册会计师应当发表无法表示意见。在极其特殊的情况下，可能存在多个不确定事项，即使注册会计师对每个单独的不确定事项获取了充分、适当的审计证据，但由于不确定事项之间可能存在相互影响，以及可能对财务报表产生累积影响，注册会计师不可能对财务报表形成审计意见。在这种情况下，注册会计师应当发表无法表示意见。

（2）无法表示意见审计报告的格式

当由于无法获取充分、适当的审计证据而发表无法表示意见时，注册会计师应当修改审计报告的意见段，说明：注册会计师接受委托审计财务报表；注册会计师不对后附的财务报表发表审计意见；由于形成无法表示意见的基础部分所述事项的重要性，注册会计师无法获取充分、适当的审计证据以作为对财务报表发表审计意见的基础。

当注册会计师对财务报表发表无法表示意见时，注册会计师应当修改无保留意见审计报告中形成审计意见的基础部分，不应提及审计报告中用于描述注册会计师责任的部分，也不应说明注册会计师是否已获取充分、适当的审计证据以作为形成审计意见的基础。

当注册会计师对财务报表发表无法表示意见时，注册会计师应当修改无保留意见审计报告中注册会计师对财务报表审计的责任部分，使之仅包含下列内容：

① 注册会计师的责任是按照中国注册会计师审计准则的规定，对被审计单位财务报表执行审计工作，以出具审计报告；

② 但由于形成无法表示意见的基础部分所述的事项，注册会计师无法获取充分、适当的审计证据以作为发表审计意见的基础；

③ 声明注册会计师在独立性和职业道德方面的其他责任。

参考格式14-5：由于注册会计师无法针对财务报表多个要素获取充分、适当的审计证据而发表无法表示意见的审计报告

审计报告

ABC股份有限公司全体股东：

一、对财务报表出具的审计报告

（一）无法表示意见

我们接受委托，审计ABC股份有限公司（以下简称“ABC公司”）财务报表，包括20×2年12月31日的资产负债表，20×2年度的利润表、现金流量表、股东权益变动表以及相关财务报表附注。

我们不对后附的ABC公司财务报表发表审计意见。由于“形成无法表示意见的基础”部分所述事项的重要性，我们无法获取充分、适当的审计证据以作为对财务报表发表审计意见的基础。

（二）形成无法表示意见的基础

我们于20×3年1月接受ABC公司的审计委托，因而未能对ABC公司20×2年初金额为×元的存货和年末金额为×元的存货实施监盘程序。此外，我们也无法实施替代审计程序获取充分、适当的审计证据。并且，ABC公司于20×2年9月采用新的应收账款电算化系统，由于存在系统缺陷导致应收账款出现大量错误。截至报告日，管理层仍在纠正系统缺陷并更正错误，我们也无法实施替代审计程序，以对截至20×2年12月31日的应收账款总额×元获取充分、适当的审计证据。因此，我们无法确定是否有必要对存货、应收账款以及财务报表其他项目做出调整，也无法确定应调整的金额。

（三）管理层和治理层对财务报表的责任

[按照《中国注册会计师审计准则第1501号——对财务报表形成审计意见和出具审计报告》的规定报告，参见参考格式14-2。]

（四）注册会计师对财务报表审计的责任

我们的责任是按照中国注册会计师审计准则的规定，对ABC公司的财务报表执行审计工作，以出具审计报告。但由于“形成无法表示意见的基础”部分所述的事项，我们无法获取充分、适当的审计证据以作为发表审计意见的基础。

按照中国注册会计师职业道德守则，我们独立于ABC公司，并履行了职业道德方面的其他责任。

二、按照相关法律法规的要求报告的事项

[按照《中国注册会计师审计准则第1501号——对财务报表形成审计意见和出具

审计报告》的规定报告，参见参考格式14-2。]

××会计师事务所　　　　　　中国注册会计师：×××（项目合伙人）
（盖章）　　　　　　　　　（签名并盖章）
　　　　　　　　　　　　　中国注册会计师：×××
　　　　　　　　　　　　　（签名并盖章）
中国××市　　　　　　　　　二〇×三年×月×日

三、在审计报告中沟通关键审计事项

关键审计事项，是指注册会计师根据职业判断认为对当期财务报表审计最为重要的事项。《中国注册会计师审计准则第1504号——在审计报告中沟通关键审计事项》要求注册会计师在上市实体整套通用目的财务报表审计报告中增加关键审计事项部分，用于沟通关键审计事项，除非法律法规另有规定，但是，当对财务报表发表无法表示意见时，注册会计师不得在审计报告中包含关键审计事项部分。

（一）确定关键审计事项的决策框架

根据关键审计事项的定义，注册会计师在确定关键审计事项时，需要遵循以下决策框架（如图14-2所示）：

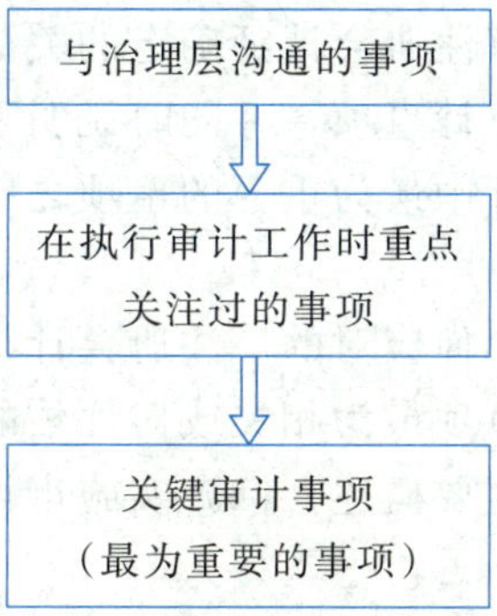

图14-2　关键审计事项的决策框架

1. 以“与治理层沟通的事项”为起点选择关键审计事项。

2. 从“与治理层沟通的事项”中选出“在执行审计工作时重点关注过的事项”。注册会计师重点关注过的领域通常与财务报表中复杂、重大的管理层判断领域相关，因而通常涉及困难或复杂的注册会计师职业判断。注册会计师在确定哪些事项属于重点关注过的事项时，需要特别考虑下列方面：（1）评估的重大错报风险较高的领域或识别出的特别风险；（2）与财务报表中涉及重大管理层判断的领域相关的重大审计判断；（3）当期重大交易或事项对审计的影响。

3. 从“在执行审计工作时重点关注过的事项”中选出“最为重要的事项”，从而构成关键审计事项。注册会计师可能已就需要重点关注的事项与治理层进行了较多的互动。就这些事项与治理层进行沟通的性质和范围，通常能够表明哪些事项对审计而言最为重要。在确定某一与治理层沟通过的事项的相对重要程度以及该事项是否构成关键审计事项时，可能相关的考虑因素有：（1）该事项对预期使用者理解财务报表整体的重要程度，尤其是对财务报表的重要性。（2）与该事项相关的会计政策的性质或者与同行业其他实体相比，管理层在选择适当的会计政策时涉及的复杂程度或主观程度。(3) 从定性和定量方面考虑，与该事项相关的由于舞弊或错误导致的已更正错报和累积未更正错报（如有）的性质和重要程度。(4) 为应对该事项所需要付出的审计努力的性质和程度。(5) 在实施审计程序、评价实施审计程序的结果、获取相关和可靠的审计证据以作为发表审计意见的基础时，注册会计师遇到的困难的性质和严重程度，尤其是当注册会计师的判断变得更加主观时。(6) 识别出的与该事项相关的控制缺陷的严重程度。(7) 该事项是否涉及数项可区分但又相互关联的审计考虑。

（二）在审计报告中沟通关键审计事项

1.在审计报告中单设关键审计事项部分

注册会计师应当在审计报告中单设一部分，以“关键审计事项”为标题，并在该部分使用恰当的子标题逐项描述关键审计事项。关键审计事项部分的引言应当同时说明下列事项：

第一，关键审计事项是注册会计师根据职业判断，认为对本期财务报表审计最为重要的事项。

第二，关键审计事项的应对以对财务报表整体进行审计并形成审计意见为背景，注册会计师对财务报表整体形成审计意见，而不对关键审计事项单独发表意见。

2.描述单一关键审计事项

为帮助财务报表使用者了解注册会计师确定的关键审计事项，注册会计师应当在审计报告中逐项描述每一关键审计事项，并同时说明下列方面：

第一，该事项被认定为审计中最为重要的事项之一，因而被确定为关键审计事项的原因。

第二，该事项在审计中是如何应对的。注册会计师可以描述下列要素：(1) 审计应对措施或审计方法中，与该事项最为相关或对评估的重大错报风险最有针对性的方面；(2) 对已实施审计程序的简要概述；(3) 实施审计程序的结果；(4) 对该事项做出的主要看法。

在描述时，注册会计师还应当分别索引至财务报表的相关披露，以使预期使用者能够进一步了解管理层在编制财务报表时如何应对这些事项。

注册会计师可能需要注意用于描述关键审计事项的语言，使之：(1) 不暗示注册会计师在对财务报表形成审计意见时尚未恰当解决该事项。(2) 将该事项与被审计单位的具体情形紧密相扣，避免使用通用或标准化的语言。(3) 考虑该事项在相关财务报表披露（如有）中是如何处理的。(4) 不包含或暗示对财务报表单一要素单独发表的意见。

在描述关键审计事项时，注册会计师需要避免不恰当地提供与被审计单位相关的原始信息。对关键审计事项的描述通常不构成有关被审计单位的原始信息，这是由于关键审计事项是在审计的背景下描述的。

（三）不在审计报告中沟通关键审计事项的情形

除非存在下列情形之一，注册会计师应当在审计报告中描述每项关键审计事项：

(1) 法律法规禁止公开披露某事项；

(2) 在极少数情形下，如果合理预期在审计报告中沟通某事项造成的负面后果超过在公众利益方面产生的益处，注册会计师确定不应在审计报告中沟通该事项。

需要注意的是，导致非无保留意见的事项，或可能导致对被审计单位持续经营能力产生重大疑虑的事项或情况存在重大不确定性，就其性质而言都属于关键审计事项。然而，这些事项不得在审计报告的关键审计事项部分进行描述。如果注册会计师根据被审计单位和审计业务的具体事实和情况，确定不存在需要沟通的关键审计事项，或者仅有的需要沟通的关键审计事项是上述事项，注册会计师应当在审计报告中单设的关键审计事项部分对此进行说明。

（四）就关键审计事项与治理层沟通

注册会计师就下列方面与治理层沟通：

（1）注册会计师确定的关键审计事项；

（2）根据被审计单位和审计业务的具体情况，注册会计师确定不存在需要在审计报告中沟通的关键审计事项（如适用）。

四、在审计报告中增加强调事项段和其他事项段

（一）强调事项段

1.强调事项段的含义

强调事项段是指审计报告中含有的一个段落，该段落提及已在财务报表中恰当列报或披露的事项，根据注册会计师的职业判断，该事项对财务报表使用者理解财务报表至关重要。

2.增加强调事项段的情形

如果认为有必要提醒财务报表使用者关注已在财务报表中列报或披露，且根据职业判断认为对财务报表使用者理解财务报表至关重要的事项，在同时满足下列条件时，注册会计师应当在审计报告中增加强调事项段：

（1）按照《中国注册会计师审计准则第1502号——在审计报告中发表非无保留意见》的规定，该事项不会导致注册会计师发表非无保留意见；

（2）当《中国注册会计师审计准则第1504号——在审计报告中沟通关键审计事项》适用时，该事项未被确定为在审计报告中沟通的关键审计事项。

某一事项可能不符合《中国注册会计师审计准则第1504号——在审计报告中沟通关键审计事项》的规定，因而未被确定为关键审计事项（即该事项未被重点关注过），但根据注册会计师的判断，其对财务报表使用者理解财务报表至关重要（例如期后事项）。如果注册会计师认为有必要提请财务报表使用者关注该事项，根据审计准则的规定，该事项将包含在审计报告的强调事项段中。

某些审计准则对特定情形下在审计报告中增加强调事项段提出具体要求，这些情形包括：（1）法律法规规定的财务报告编制基础不可接受，但其是由法律或法规做出的规定。（2）提醒财务报表使用者注意财务报表按照特殊目的编制基础编制。（3）注册会计师在审计报告日后知悉了某些事实（即期后事项），并且出具了新的审计报告或修改了审计报告。

除上述审计准则要求增加强调事项的情形外，注册会计师可能认为需要增加强调事项段的情形有：（1）异常诉讼或监管行动的未来结果存在不确定性。（2）提前应用（在允许的情况下）对财务报表有广泛影响的新会计准则。（3）存在已经或持续对被审计单位财务状况产生重大影响的特大灾难。

强调事项段的过多使用会降低注册会计师沟通所强调事项的有效性。此外，与财务

报表中的列报或披露相比，在强调事项段中包括过多的信息，可能隐含着这些事项未被恰当列报或披露。因此，强调事项段应当仅提及已在财务报表中列报或披露的信息。

3.在审计报告中增加强调事项段时注册会计师采取的措施

如果在审计报告中增加强调事项段，注册会计师应当采取下列措施：

（1）将强调事项段作为单独的一部分置于审计报告中，并使用包含“强调事项”这一术语的适当标题。

（2）明确提及被强调事项以及相关披露的位置，以便能够在财务报表中找到对该事项的详细描述。强调事项段应当仅提及已在财务报表中列报或披露的信息。

（3）指出审计意见没有因该强调事项而改变。

（二）其他事项段

1.其他事项段的含义

其他事项段是指审计报告中含有的一个段落，该段落提及未在财务报表中列报或披露的事项，根据注册会计师的职业判断，该事项与财务报表使用者理解审计工作、注册会计师的责任或审计报告相关。

2.需要增加其他事项段的情形

对于未在财务报表中列报或披露，但根据职业判断认为与财务报表使用者理解审计工作、注册会计师的责任或审计报告相关的事项，在同时满足下列条件时，注册会计师应当在审计报告中增加其他事项段：（1）未被法律法规禁止；（2）当《中国注册会计师审计准则第1504号——在审计报告中沟通关键审计事项》适用时，该事项未被确定为在审计报告中沟通的关键审计事项。

具体讲，需要在审计报告中增加其他事项段的情形包括：

（1）与使用者理解审计工作相关的情形。

（2）与使用者理解注册会计师的责任或审计报告相关的情形。

（3）对两套以上财务报表出具审计报告的情形。

（4）限制审计报告分发和使用的情形。

需要注意的是，其他事项段的内容明确反映了未被要求在财务报表中列报或披露的其他事项。其他事项段不包括法律法规或其他职业准则（如中国注册会计师职业道德守则中与信息保密相关的规定）禁止注册会计师提供的信息。其他事项段也不包括要求管理层提供的信息。

如果在审计报告中包含其他事项段，注册会计师应当将该段落作为单独的一部分，并使用“其他事项”或其他适当标题。

CSA 1501 对财务报表形成审计意见和出具审计报告

CSA 1501 应用指南

CSA 1502 在审计报告中发表非无保留意见

CSA 1502 应用指南

参考格式14-6：包含关键审计事项部分、强调事项段和其他事项段的审计报告

审计报告

ABC股份有限公司全体股东：

一、对财务报表出具的审计报告

（一）保留意见

我们审计了ABC股份有限公司（以下简称“ABC公司”）财务报表，包括20×2年12月31日的资产负债表，20×2年度的利润表、现金流量表、股东权益变动表以及相关财务报表附注。

我们认为，除“形成保留意见的基础”部分所述事项产生的影响外，后附的财务报表在所有重大方面按照企业会计准则的规定编制，公允反映了ABC公司20×2年12月31日的财务状况以及20×2年度的经营成果和现金流量。

（二）形成保留意见的基础

公司于20×2年12月31日资产负债表中反映的交易性金融资产为×元，ABC公司管理层对这些交易性金融资产未按照公允价值进行后续计量，而是按照其历史成本进行计量，这不符合企业会计准则的规定。如果按照公允价值进行后续计量，ABC公司20×2年度利润表中公允价值变动损失将增加×元，20×2年12月31日资产负债表中交易性金融资产将减少×元，相应地，所得税、净利润和股东权益将分别减少×元、×元和×元。

我们按照中国注册会计师审计准则的规定执行了审计工作。审计报告的“注册会计师对财务报表审计的责任”部分进一步阐述了我们在这些准则下的责任。按照中国注册会计师职业道德守则，我们独立于ABC公司，并履行了职业道德方面的其他责任。我们相信，我们获取的审计证据是充分、适当的，为发表保留意见提供了基础。

（三）强调事项——未决诉讼的影响

我们提醒财务报表使用者关注，如财务报表附注×所述，截至财务报表批准日，XYZ公司对ABC公司提出的诉讼尚在审理当中，其结果具有不确定性。本段内容不影响已发表的审计意见。

（四）关键审计事项

关键审计事项是根据我们的职业判断，认为对本期财务报表审计最为重要的事项。这些事项是在对财务报表整体进行审计并形成意见的背景下进行处理的，我们不对这些事项提供单独的意见。除“形成保留意见的基础”部分所述事项外，我们确定下列事项是需要在审计报告中沟通的关键审计事项。

[按照《中国注册会计师审计准则第1504号——在审计报告中沟通关键审计事项》的规定描述每一关键审计事项。]

（五）其他事项

20×1年12月31日的资产负债表、20×1年度的利润表、现金流量表、股东权益变动表以及相关财务报表附注由其他会计师事务所审计，并于20×2年3月31日发表了无保留意见。

（六）其他信息

[按照《中国注册会计师审计准则第1521号——注册会计师对其他信息的责任》的规定报告，参见参考格式14-2。]

（七）管理层和治理层对财务报表的责任

[按照《中国注册会计师审计准则第1501号——对财务报表形成审计意见和出具审计报告》的规定报告，参见参考格式14-2。]

（八）注册会计师对财务报表审计的责任

[按照《中国注册会计师审计准则第1501号——对财务报表形成审计意见和出具审计报告》的规定报告，参见参考格式14-2。]

二、按照相关法律法规的要求报告的事项

[按照《中国注册会计师审计准则第1501号——对财务报表形成审计意见和出具

CSA 1503 在审计报告中增加强调事项段和其他事项段

CSA 1503 应用指南

CSA1504在审计报告中沟通关键审计事项

CSA 1504 应用指南

CSA问题解答第14号 关键审计事项

CSA 1151 与治理层的沟通

CSA 1151 应用指南

CSA 1153 前任注册会计师和后任注册会计师的沟通

CSA 1153 应用指南

审计报告》的规定报告，参见参考格式14-2。]

××会计师事务所　　　　　　　　　　中国注册会计师：×××（项目合伙人）

（盖章）　　　　　　　　　　　　　（签名并盖章）

　　　　　　　　　　　　　　　　　中国注册会计师：×××

　　　　　　　　　　　　　　　　　（签名并盖章）

中国××市　　　　　　　　　　　　二〇×三年×月×日

（三）与治理层的沟通

如果拟在审计报告中增加强调事项段或其他事项段，注册会计师应当就该事项和拟使用的措辞与治理层沟通。

与治理层的沟通能使治理层了解注册会计师拟在审计报告中所强调的特定事项的性质，并在必要时为治理层提供向注册会计师做出进一步澄清的机会。当然，当审计报告中针对某一特定事项增加其他事项段在连续审计业务中重复出现时，注册会师可能认为没有必要在每次审计业务中重复沟通。

【例14-1】ABC会计师事务所的A注册会计师担任多家被审计单位2022年度财务报表审计的项目合伙人，遇到下列导致出具非无保留意见审计报告的事项：

（1）甲公司2022年初开始使用新的ERP系统，因系统缺陷导致2022年度成本核算混乱，审计项目组无法对营业成本、存货等项目实施审计程序。

（2）2022年，因采用新发布的企业会计准则，乙公司对以前年度投资形成的部分长期股权投资改按公允价值计量，并确认了大额公允价值变动收益，未对比较数据进行追溯调整。

（3）因丙公司严重亏损，董事会拟于2023年对其进行清算，管理层运用持续经营假设编制了2022年度财务报表，并在财务报表附注中充分披露了清算计划。

（4）丁公司是金融机构，在风险管理中运用大量复杂金融工具，因风险管理负责人离职，人事部暂未招聘到合适的人员，管理层未能在财务报表附注中披露与金融工具相关的风险。

（5）戊公司2021年度财务报表未经审计，管理层将一项应当在2022年度确认的大额长期资产减值损失作为前期差错，重述了比较数据。

要求：针对上述第（1）至（5）项，逐项指出A注册会计师应当出具何种类型的非无保留意见审计报告，并简要说明理由。

【解析】

（1）保留意见/无法表示意见审计报告。无法获取充分、适当的审计证据，对财务报表影响重大/重大而广泛。

（2）保留意见审计报告。比较数据存在重大错报但影响不广泛，当期数据存在重大错报但影响不广泛。

（3）否定意见审计报告。被审计单位运用持续经营假设不适当。

（4）保留意见审计报告。存在影响重大但不具有广泛性的披露错误。

（5）带其他事项段的保留意见审计报告。应当在其他事项段中说明对应数据未经审计，且存在影响重大但不广泛的错报。

CSA 1121 对财务报表审计实施的质量控制

CSA 1121 应用指南

CSA 1141 财务报表审计中与舞弊相关的责任

CSA 1141 应用指南

CSA 1142 财务报表审计中对法律法规的考虑

CSA 1142 应用指南

CSA 1341 书面声明

CSA 1341 应用指南

本章思维导图

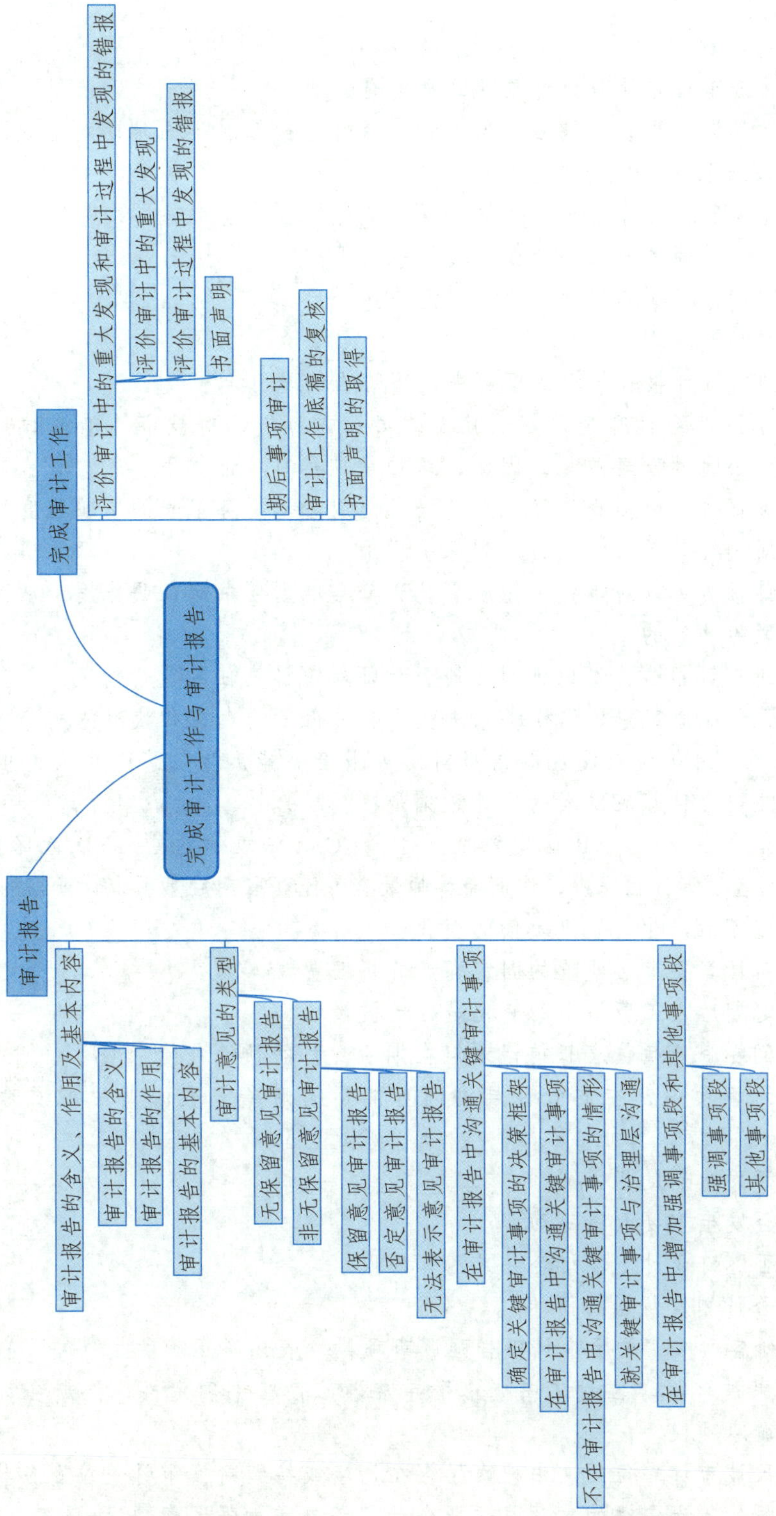

CSA 1324 持续经营

CSA 1332 期后事项

CSA 问题解答第 11 号　会计估计

CSA 问题解答第9号　项目质量控制复核

CSA 问题解答第 13 号 持续经营

CSA 问题解答第6号　关联方

CSA1321 应用指南

CSA1323 应用指南

本章习题

一、思考题

1.什么是审计差异？审计差异的种类有哪些？

2.什么是期后事项？期后事项的种类有哪些？针对不同时期发生的期后事项注册会计师应该采取什么样的措施？

3.简述注册会计师出具非无保留意见审计报告的情形。

4.什么是强调事项段？什么是其他事项段？

5.关键审计事项与强调事项段有何差异？

二、单项选择题

1.下列对审计报告作用的理解中，不恰当的是（　　）。

A.由于注册会计师是以超然独立的第三方身份，对被审计单位财务报表的合法性、公允性发表意见，因此，这种意见具有鉴证作用

B.审计报告可以提高或降低财务报表使用者对财务报表的信赖程度，在一定程度上对利害关系人的利益起到保护作用

C.审计报告可以对审计工作质量是否符合准则要求起证明作用，从而达到消除审计风险的目的

D.通过审计报告，可以证明注册会计师对审计责任的履行情况

2.注册会计师实施替代程序无法获取有关存货的存在和状况的充分、适当的审计证据，但项目组认为未发现的错报对财务报表可能产生的影响重大，但不具有广泛性，那么注册会计师应发表的审计意见是（　　）。

A.保留意见　　B.否定意见　　C.无法表示意见　　D.无保留意见

3.下列各项审计程序中，注册会计师最有可能获取期后事项审计证据的是（　　）。

A.调查期后发生的长期负债的变化

B.重新计算在期后处置的固定资产的折旧费

C.确定期后人工费用率的变化是否已被授权

D.询问在资产负债表日前记录但在期后支付的预计负债

4.下列事项中，在向管理层询问可能影响财务报表的期后事项时，不相关的是（　　）。

A.是否发生新的担保

B.是否发生重要人事变动

C.是否签订或计划签订合并或清算协议

D.是否计划发行新的债券

5.下列各项中，关于审计报告强调事项段，表述不正确的是（　　）。

A.如果被审计单位附注中披露了异常诉讼存在不确定性，注册会计师需要增加强调事项段

B.如果被审计单位附注中披露了存在已经或持续对被审计单位财务状况产生重大影响的特大灾难的事项，注册会计师需要增加强调事项段

C.强调事项段应当仅提及已在财务报表中列报或披露的信息

D.强调事项段应该紧接在注册会计师的责任段之后

三、多项选择题

1.B注册会计师负责对乙公司2022年度财务报表进行审计。B注册会计师出具审计报告的日期为2023年3月15日，财务报表报出日为2023年3月20日。B注册会计师了解到的下列资产负债表期后事项，属于非调整事项的有（　　）。

A. 2023年2月1日，乙公司2022年末的某项交易性金融资产发生大幅贬值

B. 2023年2月10日，乙公司发生重大诉讼

C. 2023年2月15日，乙公司于2021年确认的一笔大额销售被退回

D. 2023年3月16日，乙公司发生企业合并

2.对于截至审计报告日发生的期后事项，注册会计师的下列做法正确的有（　　）。

A.设计专门的审计程序识别这些期后事项

B.尽量在接近资产负债表日时实施针对期后事项的专门审计程序

C.尽量在接近审计报告日时实施针对期后事项的专门审计程序

D.不专门设计审计程序识别这些期后事项

3.针对财务报表报出日后发现的事实，如果被审计单位管理层修改了报告年度的财务报表，注册会计师应当采取的措施有（　　）。

A.实施必要的审计程序

B.复核管理层采取的措施能否确保所有收到原财务报表和审计报告的人士了解这一情况

C.针对修改后的报告年度财务报表出具新的审计报告

D.在次年财务报表的审计报告中增加强调事项段，提醒财务报表使用者注意修改上年度财务报表的原因

4.下列各项中，无保留意见审计报告管理层责任段应当说明的事项有（　　）。

A.按照适用的财务报告编制基础编制财务报表，并使其实现公允反映

B.选择和运用恰当的会计政策

C.做出合理的会计估计

D.设计、执行和维护必要的内部控制，以使财务报表不存在由于舞弊或错误导致的重大错报

5.下列各项中，需要在审计报告中增加其他事项段的情形有（　　）。

A.与使用者理解审计工作相关的情形

B.与使用者理解注册会计师的责任或审计报告相关的情形

C.对两套以上财务报表出具审计报告的情形

D.限制审计报告分发和使用的情形

四、案例分析题

ABC会计师事务所的A注册会计师在执行项目质量控制复核时遇到下列与审计报告相关的事项：

（1）上市公司甲公司与收入确认相关的内部控制存在值得关注的缺陷，并因此导致重大错报，管理层接受了审计调整建议，截至审计报告日，该项缺陷尚未完成整

改，管理层在财务报表附注中披露了这一情况，审计项目组认为该事项对本期财务报表无影响，拟出具标准无保留意见审计报告。

(2) 2022年10月，上市公司乙公司的董事因涉嫌内幕交易被证券监管机构立案调查，截至审计报告日，尚无调查结论，审计项目组拟在无保留意见的审计报告中增加其他事项段说明这一情况。

(3) 丙公司按账龄分析法对某客户的大额应收账款计提了5%的坏账准备，2023年初，该客户因经营不善、无力偿还到期债务而向法院申请破产，审计项目组认为该项应收账款的可回收性存在重大不确定性，拟在无保留意见的审计报告中增加强调事项段说明这一情况。

(4) 丁公司是外商投资企业，委托ABC会计师事务所对其分别按企业会计准则和国际财务报告准则编制的两套财务报表进行审计，审计项目组拟分别在审计报告中增加强调事项段，说明对另一套财务报表出具审计报告的情形。

(5) 戊公司管理层为达到营业收入业绩指标，通过与关联公司互开销售发票虚增收入和成本，金额重大，管理层拒绝接受审计调整建议，审计项目组认为该错报对利润无影响，拟出具无保留意见的审计报告。

要求：针对上述第（1）至（5）项，代A注册会计师逐项判断审计项目组出具的审计报告类型是否恰当，如不恰当，简要说明理由，并指出应当出具何种类型的审计报告。(2015年注册会计师考试简答题，略有改动)

学思践悟

一、目标

1.全面贯彻党的教育方针，落实立德树人根本任务，培养学生严格遵守注册会计师职业道德基本原则（专业胜任能力和勤勉尽责）的职业意识。

2.深刻理解审计报告增加关键审计事项对注册会计师专业胜任能力的意义及重要性。

二、材料

2016年12月，财政部印发新审计报告准则，结合我国资本市场情况对审计报告进行改革，要求自2017年1月1日起首先在A+H股及纯H股公司按中国注册会计师审计准则施行的审计业务中实施，自2018年扩大到所有被审计单位。此次改革既顺应我国国情发展，也向国际社会借鉴经验，对提高审计报告权威性，增强注册会计师责任感，切实保护股东权益有重大意义。对注册会计师来说，关键审计事项的增加，使其享有一定的自主权，着眼于被审计单位的实际情况，追求反映审计工作过程的个性化信息。注册会计师要根据专业胜任能力判断上市公司的关键审计事项，有利于不断增强专业胜任能力，在审计过程中更加细致严谨、勤勉尽责，体现审计专业价值。为应对这一新的挑战，事务所必将积极组织注册会计师及时培训和教育。对被审计单位来说，新准则要求管理层与事务所实现更好的配合。在审计过程中，实现有效的沟通是不可或缺的工作，有助于审计报告的准确表达。对广大投资者来说，审计报告加入更多信息，降低了事务所和注册会计师与投资者间的信息差距，满足审计报告外部使用者对审计报告的期望，使投资者更加信任审计报告。

资料来源：崔也光，高靖男．关键审计事项对审计报告质量的影响［J］．会计之友，2019（11）．

三、思考题

基于注册会计师职业道德基本原则专业胜任能力要求，结合具体企业的审计报告分析，关键审计事项的增加从哪些方面提升了审计质量。

本章案例
“渝钛白”公司审计案例

重要知识点讲解
审计意见类型

本章测评
单选题

本章测评
多选题

附录一

审计学模拟试卷

审计学模拟试卷（一）

一、单项选择题（在每小题的四个备选答案中，选出一个正确答案，并将正确答案的序号填在下列表格内。每小题1.5分，共15分）

题号	1	2	3	4	5	6	7	8	9	10
答案										

1.注册会计师在实施分析程序时，通过分析毛利率最有可能涉及的认定是（　　）。

A.发生　　B.准确性　　C.截止　　D.完整性

2.在以下有关期末存货的监盘程序中，与测试存货盘点记录的完整性不相关的是（　　）。

A.从存货盘点记录中选取项目追查至存货实物

B.从存货实物中选取项目追查至存货盘点记录

C.在存货盘点过程中关注存货的移动情况

D.在存货盘点结束前再次观察盘点现场

3.XYZ会计师事务所承接了乙上市公司2022年度的财务报表审计业务，派出了A注册会计师进入乙公司进行审计，A注册会计师按资产总额5 000万元的2‰计算了资产负债表的重要性水平，按净利润600万元的2%计算了利润表的重要性水平，则其最终应取（　　）万元作为财务报表层次的重要性水平。

A.11　　B.0　　C.10　　D.12

4.注册会计师运用检查有形资产程序主要为鉴证资产的（　　）认定提供审计证据。

A.准确性、计价和分摊　　B.存在性

C.权利和义务　　D.完整性

5.甲注册会计师追踪销售交易的整个处理流程，考虑之前对相关控制的了解是否正确和完整，并确定相关控制是否得到执行，这是（　　）。

A.重新执行　　B.抽样测试　　C.实质性程序　　D.穿行测试

6.注册会计师在了解及评价被审计单位内部控制后，实施控制测试的范围是（　　）。

A.对财务报表有重大影响的内部控制　　B.并未有效运行的内部控制

C.有重大缺陷的内部控制　　D.拟信赖的内部控制

7.记录销售有关的控制程序通常包括以下几个方面，其中，最有助于管理层对其销货记录的发生进行认定的控制程序是（　　）。

A.控制所有事先连续编号的销售发票

B.依据附有装运凭证和销售单的销售发票记录销售

C.检查销售发票是否经适当的授权批准

D.记录销售的职责应与处理销货交易的其他职责相分离

8.一般而言，对凭证进行连续编号是被审计单位购货业务的一项重要的内部控制措施。但对于部门较多的被审计单位，一般并不对（　　）进行连续编号。

A.请购单　　B.订购单　　C.验收单　　D.付款单

9.如果认为被审计单位在可以预见的将来无法持续经营，继续运用持续经营假设编制财务报表将产生严重的误导，但被审计单位对此作了充分披露，则注册会计师应当发表（　　）。

A.带强调事项段的无保留意见或保留意见

B.否定意见

C.保留或无法表示意见

D.带强调事项段的无保留意见或否定意见

10.注册会计师选择被审计单位某一有余额的账户向开户银行发出询证函，注册会计师实施这一程序的主要目的是要证实（　　）。

A.银行存款存在性　　B.是否有欠银行的债务

C.是否有充作抵押担保的存货　　D.是否有漏列的负债

二、多项选择题（在每小题的四个备选答案中，选出二至四个正确的答案，并将正确答案的序号分别填在下列表格内，多选、少选、错选均不得分。每小题2分，共16分）

题号	1	2	3	4	5	6	7	8
答案								

1.下列说法中不正确的有（　　）。

A.如果将现销记录为赊销，将出售经营性固定资产所得的收入记录为主营业务收入，则导致交易分类的错误，违反了发生的目标

B.“存在”或“发生”认定所要解决的问题是管理层是否把应包括的项目没有包括，并不涉及财务报表的金额

C.如果被审计单位未在财务报表附注中披露有关存货的担保、抵押情况，就意味着管理层对外承诺存货不存在担保、抵押的情况

D.注册会计师检查被审计单位借款费用资本化的计算方法和资本化金额以及会计处理是否正确，主要是为了证实固定资产的存在认定

2.注册会计师在确定计划的重要性水平时，需要考虑的因素包括（　　）。

A.对被审计单位及其环境的了解

B.审计目标

C.财务报表各项目的性质及其相互关系

D.财务报表项目的金额及其波动幅度

3.下列描述中正确的有（　　）。

A.询问通常不足以发现认定层次存在的重大错报，也不足以测试内部控制运行的有效性，注册会计师还应当实施其他审计程序获取充分、适当的审计证据

B.某些情况下，函证也可以为完整性认定提供证据

C.函证获取的通常是直接来自第三方的对有关信息和现存状况的声明，所以函证获取的证据可靠性较高

D.对于银行存款，如果实施其他审计程序获取的审计证据可以将检查风险降低到可接受的水平，那么无须实施函证

4.审计抽样可以在（　　）程序中采用。

A.应收账款函证　　　　　　　　　B.询问被审计单位管理层

C.存货计价测试　　　　　　　　　D.风险评估

5.被审计单位应当建立对销售与收款内部控制的监督检查制度，其监督检查的重点包括（　　）。

A.检查是否存在销售与收款业务不相容职务混岗的现象

B.检查授权批准手续是否健全，是否存在越权审批行为

C.检查信用政策、销售政策的执行是否符合规定

D.检查销售退回手续是否齐全、退回货物是否及时入库

6.注册会计师通过（　　）审计程序，可以查找被审计单位未入账的应付账款。

A.审查资产负债表日收到但尚未处理的购货发票

B.审查应付账款函证的回函

C.审查资产负债表日后一段时间内的支票存根

D.审查资产负债表日已入库但尚未收到发票的商品的有关记录

7.如果在审计报告日后至财务报表报出日前，注册会计师知悉可能对财务报表产生重大影响的事实，那么应当考虑是否需要修改财务报表，并与管理层讨论，同时根据具体情况采取适当措施。下列所采取的措施中正确的有（　　）。

A.如果管理层修改了财务报表，注册会计师除了根据具体情况实施必要的审计程序外，还要针对修改后的财务报表出具新的审计报告和索取新的管理层声明书。新的审计报告日期不应晚于董事会或类似机构批准修改后的财务报表的日期

B.如果管理层修改了财务报表，注册会计师需要获取充分、适当的审计证据，以验证管理层根据期后事项所做出的财务报表调整或披露是否符合企业会计准则和相关会计制度的规定

C.如果注册会计师认为应当修改财务报表而管理层没有修改，并且审计报告已提交给被审计单位，注册会计师应当通知治理层不要将财务报表和审计报告向第三方报出

D.如果注册会计师认为应当修改财务报表而管理层没有修改，并且审计报告尚未提交给被审计单位，注册会计师应当出具否定意见或无法表示意见的审计报告

8.下列关于关键审计事项的说法中，正确的有（　　）。

A.除非法律法规另有规定，当对财务报表发表无法表示意见时，注册会计师不得在审计报告中包含关键审计事项部分

B.所有的被审计单位的审计报告中都应当增加关键审计事项

C.在描述关键审计事项时，注册会计师需要避免不恰当地提供与被审计单位相关的原始信息

D.关键审计事项的应对以对财务报表整体进行审计并形成审计意见为背景，注册会计师对财务报表整体形成审计意见，而不对关键审计事项单独发表意见

三、名词解释（每小题3分，共15分）

1.制度基础审计

2.检查风险

3.审计工作底稿

4.抽样风险

5.控制环境

四、简答题（每小题6分，共18分）

1.什么是审计抽样？阐述样本规模的影响因素。

2.什么是风险应对？如何增加审计程序的不可预见性？

3.什么是实质性程序？实质性程序的类型有哪些？如何确定实质性程序的范围？

五、案例分析题（每小题10分，共20分）

1.甲公司2022年12月31日的应收账款项目由3 000个项目构成，应收账款的账面价值为400万元，假定应收账款的重要性水平为20万元，A注册会计师评估的重大错报风险水平为“低”，不打算采用其他实质性程序。

保证系数表

评估的重大错报风险	其他实质性程序未能发现重大错报的风险			
	最高	高	中	低
最高	3.0	2.7	2.3	2.0
高	2.7	2.4	2.0	1.6
中	2.3	2.1	1.6	1.2
低	2.0	1.6	1.2	1.0

（1）用公式法代A注册会计师估算样本规模；

（2）假定A注册会计师所抽取样本的账面价值是120万元，对抽取样本测试的结果发现比其账面价值多记1.86万元，请采用比率法计算推断的总体错报与可容忍错报金额的比例，并分析应收账款的账面价值是否存在重大错报。

2.Y股份有限公司（以下简称Y公司）主要经营中小型机电类产品的生产和销售，采用手工会计系统，产品销售以Y公司仓库为交货地点。C和D注册会计师负责审计Y公司2022年度财务报表，于2022年12月1日至12月15日对Y公司的采购与付款循环、销售与收款循环的内部控制进行了解、测试与评价。

C和D注册会计师在审计工作底稿中记录了所了解的有关采购与付款循环、销售与收款循环的控制程序，部分内容摘录如下：

（1）采购原材料须由请购部门编制请购单，采购部门审核请购单后发出预先连续编号的采购订单。采购的原材料经采购人员验收后入库，仓库人员收到原材料后编制预先连续编号的入库单，并交采购人员签字确认。

（2）应付凭单部门核对供应商发票、入库单和采购订单，并编制预先连续编号的付款凭单。会计部门在接到经应付凭单部门审核的上述单证和付款凭单后，登记原材料和应付账款明细账。月末，在与仓库核对连续编号的入库单和采购订单后，应付凭单部门对相关原材料入库数量和采购成本进行汇总。应付凭单部门对已经验收入库但尚未收到供应商发票的原材料编制清单，会计部门据此将相关原材料暂估入账。

（3）销售的产品发出前，信用审核部门检查经授权的相关客户剩余赊销信用额度，并在销售部门编制的销售单上签字。在剩余赊销信用额度内的销售，由信用审核部门职员E审批；超过剩余赊销信用额度的销售，在职员E审批后，还需获得经授权的信用审核部门经理F的批准。

（4）仓库开具预先连续编号的发货单，并在销售的产品装运后，将相关副本分送开具账单部门、运输单位和顾客。开具账单部门审核发货单和销售单后开具销售发票，在保留副本后将相关单据送交会计部门职员G审核。会计部门职员G核对无误后登记主营业务收入明细账和应收账款明细账。

要求：

（1）针对资料第（1）至（4）项，假定不考虑其他条件，请逐项判断Y公司上述控制程序在设计上是否存在缺陷。如果存在缺陷，请分别予以指出，并简要说明理由，提出改进建议。

（2）针对资料第（1）至（4）项，请指出哪一项与“已发生的购货业务均已记录”这一控制目标相关，并确定针对该控制目标的测试程序。

六、综合题（共16分）

甲股份有限公司（以下简称甲公司）系2017年设立的家电类企业，假定ABC会计师事务所的A和B注册会计师负责对其2022年度财务报表进行审计，在接受该项业务以后先对甲公司进行了解，然后确定进一步的审计策略，在2023年3月30日完成审计工作。假定甲公司2022年度财务报告于2023年3月30日经董事会批准，并于同日报送证券交易所。A和B注册会计师确定甲公司2022年度财务报表层次的重要性水平为300万元。经审计，A和B注册会计师发现甲公司存在以下事项：

（1）甲公司应收戊公司货款的账面价值为1 400万元（账面余额为2 000万元，相应的坏账准备为600万元），由于戊公司无法偿还货款，经双方协商后进行债务重组：戊公司以其1 000万股普通股（公允价值为1 800万元，每股面值为1元）抵偿该项债务（不考虑相关税费），债务重组日为2022年8月1日。甲公司据此于2022年8月1日作如下会计处理：借记“长期股权投资——戊公司”1 000万元、“坏账准备”600万元、“营业外支出——债务重组损失”400万元，贷记“应收账款——戊公司”2 000万元，并拟对该债务重组事项在2022年度财务报表附注中按规定予以披露（戊公司2022年度经审计的净利润为200万元，未实施利润分配方案）。

（2）丁公司系甲公司于2022年1月1日在国外投资设立的联营公司，其2022年度财务报表反映的净利润为4 200万元。甲公司占丁公司45%的股权比例，对其财务和经营政策具有重大影响，故在2022年度财务报表中采用权益法确认了该项投资收益1 890万元。丁公司2022年度财务报表未经其他会计师事务所审计，ABC会计师事务所也未能审计。

（3）2022年12月，经与庚公司协商，甲公司以其拥有的一项专利权换取庚公司一台生产设备。甲公司专利权的账面价值和账面余额均为1 600万元，公允价值和计税价格均为1 800万元，增值税税率为6%（不考虑教育费附加等）；庚公司生产设备的账面原价为2 000万元，已提折旧200万元，已提减值准备120万元，公允价值为1 680万元，庚公司另支付120万元现金给甲公司。2022年12月31日，甲公司办妥专利权过户的相关法律手续，收到庚公司汇付的银行存款120万元以及换入的生产设备，将该生产设备在生产车间安装调试完毕（安装调试费用忽略不计），尚未作会计处理（假定该交易具有商业实质，甲公司收到的120万元补价已经记入银行存款账户，同时贷记预收账款）。

（4）甲公司2022年度审计后的净利润为-800万元，2022年12月31日流动负债为29 900万元，资产总额为28 800万元。A和B注册会计师经实施必要审计程序后认为甲公司编制2022年度财务报表所依据的持续经营假设是合理的，甲公司并未在附注中披露与此相关的任何信息。

（5）A和B注册会计师在审计甲公司2022年度财务报表时，通过实施销售截止测试发现，甲公司2023年1月主营业务收入明细账和主营业务成本明细账上记载的一批甲产品的赊销业务，在2022年12月已符合销售收入确认条件，但在当月未作任何会计处理，而在2023年1月作了如下会计处理：借记“应收账款”565万元，贷记“主营业务收入”500万元、“应交税费——应交增值税（销项税额）”65万元；同时结转相应的主营业务成本，借记“主营业务成本”420万元，贷记“库存商品——甲产品”420万元（假定不考虑坏账准备）。

要求：

（1）如果不考虑重要性水平，针对上述第（1）、（3）、（4）、（5）事项，请分别回答A和B注册会计师是否需要提出审计处理建议？若需提出审计调整建议，请直接列示审计调整分录（审计调整分录均不考虑对甲公司2022年度的企业所得税费用、期末结转损益及利润分配的影响）。

（2）如果考虑审计重要性水平，假定甲公司分别只存在上述5个事项中的1个事项，并且只接受A和B注册会计师对第（4）个事项提出的审计处理建议（如果有），在不考虑其他条件的前提下，请分别指出A和B注册会计师应出具何种类型的审计报告，并简要说明理由。

模拟试卷（一）参考答案

审计学模拟试卷（二）

一、单项选择题（在每小题的四个备选答案中，选出一个正确答案，并将正确答案的序号填在下列表格内。每小题1.5分，共15分）

题号	1	2	3	4	5	6	7	8	9	10
答案										

1.注册会计师在审查销售业务时，发现甲公司销售给乙公司一批商品的销售收入记录了100万元，通过实质性程序确认，该笔销售实际取得收入90万元（甲公司将10%的商业折扣也计入了销售收入），则甲公司违反了主营业务收入的相关认定是（　　）。

A.准确性　　B.完整性　　C.发生　　D.截止

2.下列各项中，违反了分类认定的是（　　）。

A.把外单位寄存的商品记录在库存商品会计账簿中

B.将已发生的销售业务不登记入账

C.将属于本年度的接近资产负债表日的交易记录于下年度

D.将现销记录为赊销，将出售固定资产（并不是企业的日常活动）所得的收入计入主营业务收入

3.如果某一审计项目的期望审计风险为5%，注册会计师评估的认定层次重大错报风险为30%，则检查风险应为（　　）。

A.75%　　B.16.67%　　C.35%　　D.20%

4.下列各种审计证据中，可用作审计证据的其他信息的是（　　）。

A.记账凭证　　B.内部控制手册　　C.原始凭证　　D.现金总账

5.下列需要了解的被审计单位及其环境的内容中，既属于内部因素又属于外部因素的是（　　）。

A.行业状况、法律环境与监管环境以及其他外部因素

B.被审计单位对会计政策的选择和运用

C.被审计单位财务业绩的衡量和评价

D.被审计单位的内部控制

6.注册会计师B承接了丙公司2022年度财务报表审计业务，在评估后得知丙公司应收账款项目存在重大错报风险，注册会计师B拟对该项目的重大错报风险设计进一步审计程序。为使函证程序具有不可预见性，B拟对函证程序采取以下措施。其中，你认为合理的是（　　）。

A.向重要审计客户甲寄发消极式询证函

B.向余额很小甚至为零的客户乙寄发积极式询证函

C.要求债务人丁证实其截至当年12月31日的欠款金额

D.要求丙公司财务人员代收询证函并交给会计师事务所

7.下列各项中，预防员工贪污、挪用销售货款的最有效的方法是（　　）。

A.收取顾客支票与收取顾客现金由不同人员担任

B.定期与客户进行对账

C.请顾客将货款直接汇入公司所指定的银行账户

D.记录应收账款明细账的人员不得兼任出纳

8.以下程序中，属于测试采购交易与付款交易内部控制“存在性”目标的常用控制测试程序的是（　　）。

A.检查企业验收单是否有缺号　　B.检查付款凭单是否附有卖方发票

C.检查卖方发票连续编号的完整性　　D.审核采购价格和折扣的标志

9.如果认为被审计单位在可以预见的将来无法持续经营，继续运用持续经营假设编制财务报表将产生严重的误导，但被审计单位对此作了充分披露，则注册会计师应当发表（　　）。

A.带强调事项段的无保留意见或保留意见

B.否定意见

C.保留或无法表示意见

D.带强调事项段的无保留意见或否定意见

10.如果注册会计师无法就关联方和关联方交易获取充分、适当的审计证据，应视同审计范围受到限制，并根据其对财务报表的影响程度，出具（ ）审计报告。

A.无保留意见　　B.否定意见或无法表示意见

C.保留意见或否定意见　　D.保留意见或无法表示意见

二、多项选择题（在每小题的四个备选答案中，选出二至四个正确的答案，并将正确答案的序号分别填在下列表格内，多选、少选、错选均不得分。每小题2分，共16分）

题号	1	2	3	4	5	6	7	8
答案								

1.注册会计师对财务报表的合法性和公允性发表审计意见，主要是因为（ ）。

A.由于会计业务的处理及财务报表的编制日趋复杂，财务报表使用者因缺乏会计知识而难以对财务报表的质量做出评估，所以他们要求注册会计师对财务报表的质量进行鉴证

B.财务报表是财务报表使用者进行经济决策的重要信息来源，在有些情况下，还是唯一的信息来源

C.绝大多数财务报表使用者都远离客户，这种地域的限制导致财务报表使用者不可能接触到编制财务报表所依据的会计记录，即使财务报表使用者可以获得会计记录并对其进行审查，也往往由于时间和成本的限制，而无法对会计记录作有意义的审查

D.财务报表使用者往往有着各自的利益，且这种利益与被审计单位管理层的利益大不相同

2.在确定审计范围时，注册会计师应该考虑的事项有（ ）。

A.重大错报风险较高的审计领域

B.需审计的业务分部性质，包括是否需要具备专门知识

C.其他注册会计师参与审计集团内组成部分的范围

D.被审计单位的人员和相关数据的可利用性

3.下列（ ）属于注册会计师实施分析程序的目的。

A.用于对被审计单位内部控制的了解

B.用作风险评估程序，以了解被审计单位及其环境

C.当使用分析程序比细节测试能更有效地将认定层次的检查风险降至可接受的水平时，分析程序可以用作实质性程序

D.在审计结束或临近结束时对财务报表进行总体复核

4.大华公司的账面记录显示，该公司在2022年度共发生了4 680笔A产品销售业务，确认的销售收入为14 040万元，注册会计师王华在审核该公司销售业务时，从销售业务总体中抽取了300笔构成样本进行审查。这300笔业务的账面记录金额为960万元，王华审定的金额为810万元，则以下结论中正确的有（ ）。

A.采用差额估计抽样方法时，推断的总体金额为11 700万元

B.基于谨慎性的考虑，注册会计师推断的总体误差为2 340万元

C.采用均值估计抽样方法时，推断的总体金额为12 636万元

D.采用比率估计抽样方法时，推断的总体金额为11 846.25万元

5.注册会计师对被审计单位已发生的销售业务是否均已登记入账进行审计时，常用的控制测试程序有（　　）。

A.检查出库单连续编号的完整性　　B.检查赊销业务是否经过授权批准

C.检查销售发票连续编号的完整性　　D.观察已经寄出的对账单的完整性

6.经适当批准和有预先编号的凭单为记录采购交易提供了依据，这些控制主要与（　　）认定相关。

A.准确性、计价和分摊　　B.发生　　C.完整性　　D.分类和列报

7.管理层声明书可以为注册会计师审计提供证据，但是当管理层声明的事项对财务报表具有重大影响时，注册会计师应当实施的审计程序有（　　）。

A.从被审计单位外部获取佐证证据

B.从被审计单位内部获取佐证证据

C.考虑做出声明的人员是否熟知所声明的事项

D.评价管理层声明是否合理并与获取的其他审计证据一致

8.如果律师声明书暗示律师拒绝对或有事项提供信息，则可能出具（　　）审计报告。

A.带强调事项段的无保留意见　　B.无法表示意见

C.保留意见　　D.标准无保留意见

三、名词解释（每小题3分，共15分）

1.风险导向审计

2.重大错报风险

3.审计证据

4.非抽样风险

5.控制活动

四、简答题（每小题6分，共18分）

1.什么是被审计单位管理层认定？管理层认定有哪些种类？

2.什么是风险评估？风险评估中可采用的审计方法有哪些？

3.什么是控制测试？确定控制测试范围应考虑哪些因素？

五、案例分析题（每小题10分，共20分）

1.甲公司为ABC会计师事务所的常年审计客户，2023年1月继续聘请ABC会计师事务所审计其2022年度财务报表，并委派A注册会计师担任审计项目合伙人。在审计计划环节撰写了总体审计策略和具体审计计划，部分内容摘录如下：

（1）经初步了解，2022年度甲公司及其环境发生重大变化，重大错报风险较高，注册会计师拟确定较低的重要性水平，并通过修改计划实施的实质性程序的性质、时间安排和范围降低重大错报风险。

（2）甲公司因关闭了某地一办事处，于2022年10月注销了该地的银行存款账户，A注册会计师拟不再函证该银行账户。

（3）甲公司地处东北，经了解，因降雪量大，部分露天存放的存货被积雪覆盖，

考虑到天寒地冻，监盘不便，因此A注册会计师拟不对这部分存货实施监盘，转而执行其他审计程序。

（4）2021年度ABC会计师事务所审计甲公司针对特别风险的控制时，信赖了甲公司内部控制，并进行了控制测试，经了解，该控制本期未发生变化，本年度不打算再进行测试，依赖去年审计获取的审计证据。

（5）A注册会计师预期甲公司其他内部控制运行有效，因此决定主要利用询问、观察、检查、穿行测试、重新执行等程序，测试控制运行的有效性。

要求：针对上述事项（1）至（5），逐项指出A注册会计师拟订的计划是否存在不当之处。如有不当之处，简要说明理由。

2. 甲注册会计师负责对长江公司2022年度财务报表进行审计。在审计底稿中记录了所了解的长江公司的环境及相关情况，请逐项判断长江公司以下资料所述事项是否存在重大错报风险。如果存在，请简要说明理由，并判断该风险属于财务报表层次还是认定层次。如果属于认定层次的风险，请指出所涉及的主要账户以及相关认定。假定每个事项独立存在且不存在其他条件。

资料一：长江公司主导产品A产品2022年和2021年的销售明细账如下，该产品销售无明显淡旺季之分，市场需求稳定，原材料供应充足。

2022年（未审数）			2021年（已审数）		
数量（件）	营业收入（万元）	营业成本（万元）	数量（件）	营业收入（万元）	营业成本（万元）
5 000	995 000	746 250	4 000	796 000	676 600

资料二：2022年6月9日，长江公司购入某上市公司股票50万股，每股19元，长江公司将该股票划分为交易性金融资产。12月31日，该股票市场收盘价格为每股11元。

资料三：2020年动工的一栋管理用办公楼于2022年达到预定可使用状态，因种种原因该办公楼一直没有交付使用。

资料四：因竞争者新产品开发上市，导致长江公司生产的C产品市场价格大幅下跌，毛利率为-7%，经了解，该产品占公司库存商品的1%，其销售收入所占比例很小。长江公司的其他产品销售毛利率为15%～25%。

资料五：2022年年末因东南亚地区宏观经济持续低迷，长江公司在外的应收账款周转天数由原来的25天延长至90天。

事项	是否存在重大错报风险	理由	报表层次/认定层次	涉及的主要账户及认定
1				
2				
3				
4				
5				

六、综合题（共16分）

XYZ股份有限公司（以下简称XYZ公司）是一家以电子产品加工为主营业务的上市公司，在2022年度财务报表审计中，北京P会计师事务所决定由合伙人注册会计师X负责该项审计业务，并指派注册会计师Y担任该项业务的项目经理。2023年2月12日，注册会计师Y开始执行XYZ公司2022年度财务报表审计的工作，XYZ股份有限公司的财务报表批准日为2023年3月20日，2023年3月22日提交了审计报告，2023年4月1日财务报表和审计报告对外公布。注册会计师确定的财务报表层次的重要性水平为100万元。假设2022年度的未审计净利润为21 700万元。

资料一：XYZ公司适用的企业所得税税率为25%，采购和销售的货物适用的增值税税率均为13%，根据应收账款期末余额的10%计提坏账准备。

资料二：注册会计师Y在对XYZ公司的相关业务进行审计时，发现该公司2022年度业务中存在以下需要考虑的事项：

（1）XYZ公司2022年12月9日向甲公司赊销含税价款为152.6万元的K产品一批，发票已开具，并作了借记“应收账款”152.6万元、贷记“主营业务收入”135.04万元、“应交税费——应交增值税（销项税额）”17.56万元的会计记录，同时结转了“主营业务成本”120万元。至2022年12月31日，货款尚未收回。2023年1月9日，因质量不合格，甲公司将所购产品全部退回。XYZ公司接受退货后，冲减了退回当月的主营业务收入和主营业务成本。假设期末没有确认相应的递延所得税。

（2）2022年12月，经与正清公司协商，XYZ公司以其拥有的一项专利权换取正清公司一台生产设备。XYZ公司专利权的账面价值和账面余额均为900万元，公允价值和计税价格均为1 000万元，增值税税率为6%（不考虑城建税、教育费附加等）；正清公司生产设备的账面原价为1 300万元，已提折旧200万元，已提减值准备100万元，公允价值为960万元，正清公司另支付40万元现金给XYZ公司。2022年12月31日，XYZ公司办妥专利权过户的相关法律手续，收到正清公司汇付的银行存款40万元以及换入的生产设备，将该生产设备在生产车间安装调试完毕（安装调试费用忽略不计），企业仅将银行存款计入其他应付款中，其他尚未作会计处理（假定该交易具有商业实质）。

（3）2022年10月1日，XYZ公司用闲置资金购入股票450万元，作为交易性金融资产，至年末该股票的收盘价为400万元，XYZ公司将损失冲减了资本公积50万元，其账务处理是：

借：资本公积——其他资本公积　　　　500 000

　贷：交易性金融资产　　　　500 000

（4）XYZ公司于2022年4月1日折价发行了3年期、面值为2 000万元、债券票面利率为8%的债券（一次还本付息），用于企业日常业务资金周转。XYZ公司按1 700万元的价格发行，折价按直线法摊销。2022年4月1日，XYZ公司作了借记“银行存款”1 700万元、“应付债券——利息调整”300万元，贷记“应付债券——债券面值”2 000万元的会计处理。年底编制财务报表时，XYZ公司未对该笔债券业务作进一步处理。假设税法上按照票面利息予以扣除。

（5）2022年1月，XYZ公司为G公司向银行借款4 000万元提供信用担保。2022年12月，因G公司未能偿还到期债务，银行向法院起诉，要求XYZ公司承担连带责任，支付借款本息4 200万元。XYZ公司经向其他法律专业人士咨询，认为其败诉的可能性为40%。2023年1月20日，法院终审判决银行胜诉，并于2023年1月25日执行完毕。考虑到G公司已宣告破产清算，无法向其追偿债务，XYZ公司在2023年度作了如下会计处理：

借：营业外支出　　　　42 000 000

　贷：其他应付款　　　　42 000 000

这一事项使得XYZ公司2023年1月经营活动产生的现金流量净额出现负数。针对可能导致对持续经营能力产生重大疑虑的上述事项，XYZ公司提出了拟采取的改善措施。注册会计师实施了必要的审计程序，认为XYZ公司编制2022年度财务报表所依据的持续经营假设是合理的，但持续经营能力仍存在重大不确定性。假设税法规定实际支付时允许扣除。

要求：

（1）针对资料二事项（1）至事项（5），如果不考虑审计重要性水平，请分别判断注册会计师是否需对2022年度财务报表提出审计处理建议？若需提出审计调整建议，请直接列示审计调整分录。期末结转损益均不考虑。

（2）如果考虑审计重要性水平，假定XYZ公司分别只存在资料二的事项（1）至事项（5）中的1个事项，并且拒绝接受注册会计师针对事项（1）至事项（4）提出的审计处理建议（如果有），接受注册会计师针对事项（5）提出的审计处理建议。在不考虑其他条件的前提下，请指出注册会计师应当针对这5个独立存在的事项分别出具何种意见类型的审计报告。

模拟试卷（二）参考答案

审计学模拟试卷（三）

一、单项选择题（在每小题的四个备选答案中，选出一个正确答案，并将正确答案的序号填在下列表格内。每小题1分，共20分）

题号	1	2	3	4	5	6	7	8	9	10
答案										
题号	11	12	13	14	15	16	17	18	19	20
答案										

1.下列各项中，关于财务报表审计，表述错误的是（　　）。

A.注册会计师通过对财务报表发表审计意见，以增强管理层对财务报表的信赖程度

B.注册会计师应当独立于管理层和除管理层之外的预期使用者

C.由于审计的固有限制，审计只能提供合理保证

D.审计可以有效满足财务报表预期使用者的需求

2.下列各项中，既与各类交易和事项相关又与期末余额相关的认定是（　　）。

A.发生　　B.完整性　　C.存在　　D.准确性、计价和分摊

3.下列各项中，与鉴证存货完整性认定不相关的监盘程序是（　　）。

A.从存货盘点记录中选取项目追查至存货实物

B.从存货实物中选取项目追查至存货盘点记录

C.在存货盘点过程中关注存货的移动情况

D.在存货盘点结束前再次观察盘点现场

4.下列各项中，关于初步业务活动的目的，表述错误的是（　　）。

A.关于审计业务约定条款，注册会计师与被审计单位之间不存在误解

B.不存在因管理层诚信问题而可能影响保持该业务意愿的事项

C.注册会计师已具备执行业务所需要的独立性和专业胜任能力

D.设计了合理的风险评估程序

5.下列各项中，关于重要性的含义，表述错误的是（　　）。

A.如果合理预期错报可能影响财务报表使用者依据财务报表做出的经济决策，则通常认为错报是重大的

B.判断某事项对财务报表使用者是否重大时，应考虑错报对个别财务报表使用者的影响

C.对重要性的判断受错报的金额或性质的影响，或受两者共同作用的影响

D.对重要性的判断是根据具体环境做出的

6.下列各项中，在确定财务报表整体重要性时，通常不宜作为基准的是（　　）。

A.费用总额　　B.营业收入

C.非经常性收益　　D.持续经营产生的利润

7.下列各项中，关于审计证据的可靠性，表述错误的是（　　）。

A.直接获取的审计证据比推论得出的审计证据更可靠

B.以电子形式存在的审计证据比口头形式的审计证据更可靠

C.从复印件获取的审计证据比从传真件获取的审计证据更可靠

D.从外部独立来源获取的审计证据比从其他来源获取的审计证据更可靠

8.针对应收账款存在认定实施函证程序时，如果注册会计师未收到积极式询证函回函，下列各项中，不属于拟实施的替代审计程序的是（　　）。

A.检查期后收款记录

B.针对客户信息进行跟函

C.检查销售合同、销售发票和发货记录

D.检查被审计单位与客户之间的函电记录

9.下列各项中，在控制测试中进行审计抽样确定样本规模时无须考虑的因素是（　　）。

A.可接受的信赖过度风险　　B.预计总体偏差率

C.可容忍偏差率　　　　　　　　　　D.总体变异性

10.注册会计师从总体规模为1 000个、账面价值为300 000元的存货项目中选取200个项目（账面价值是50 000元）进行检查，确定其审定金额为48 500元。如果采用比率估计抽样，注册会计师推断的存货总体错报金额为（　　）元。

A.8 000　　B.9 000　　C.9 250　　D.9 500

11.注册会计师对被审计单位2022年度财务报表进行审计，于2023年3月31日出具审计报告，相关审计工作底稿于2023年5月20日归档。关于审计工作底稿的保存期限，下列各项中表述正确的是（　　）。

A.自2023年3月31日起至少10年　　B.自2023年3月31日起至少15年

C.自2022年12月31日起至少10年　　D.自2022年12月31日起至少15年

12.下列各项中，不属于内部控制要素的是（　　）。

A.控制环境　　　　　　　　　　　B.控制风险

C.控制活动　　　　　　　　　　　D.对控制的监督

13.下列各项中，不属于提高审计程序的不可预见性的做法是（　　）。

A.对本期新增加的高于财务报表整体重要性水平的某类固定资产实施现场观察，测试其账面高估或低估

B.在不事先通知被审计单位的情况下，选择以前未曾到过的盘点地点进行存货监盘

C.对以前由于低于设定的重要性水平而未曾测试过的采购项目，进行细节测试

D.使用计算机辅助审计技术审阅采购和付款账户，以发现一些特殊项目

14.下列实质性程序中，与鉴证营业收入完整性认定最相关的是（　　）。

A.复算销售发票上的数据

B.从销售发票追查至出库单

C.从装运凭证追查至销售发票副本以及对应的营业收入明细账

D.从营业收入明细账追查到销售发票副本、装运凭证以及客户签收单

15.下列控制活动中，与营业收入“发生”认定直接相关的是（　　）。

A.销售发票均经事先连续编号，并已登记入账

B.销售价格、付款条件、运费和销售折扣的确定已经适当的授权批准

C.每月月末由独立人员进行内部核查，确认销售交易是否均已及时入账

D.销售交易是以附有有效装运凭证和销售单的销售发票为依据登记入账的

16.下列各项控制活动中，与采购交易“发生”认定最相关的是（　　）。

A.检查验收单是否连续编号

B.检查有无未记录的供应商发票

C.检查付款凭单是否附有购货发票

D.审核批准采购价格和折扣的授权签字

17.下列实质性程序中，与鉴证固定资产“存在”认定最相关的是（　　）。

A.观察经营活动，并将固定资产本期余额与上期余额进行比较分析

B.以固定资产明细账为起点，追查至固定资产实物和相关凭证

C.以固定资产实物为起点，追查至固定资产明细账和相关凭证

D.询问被审计单位的管理层和生产部门固定资产的闲置情况

18.下列各项中，关于岗位分工及授权批准，不恰当的是（　　）。

A.库存现金应当定期或不定期盘点，出纳员和会计主管人员必须参加

B.出纳员不负责编制银行存款余额调节表

C.销售的现金折扣需经过适当授权批准

D.出纳员负责登记库存现金日记账及总账

19.下列各项中，关于期后事项表述错误的是（　　）。

A.如果注册会计师所知悉的期后事项属于调整事项，则应当考虑被审计单位是否已对财务报表做出适当的调整

B.在审计报告日后至财务报表报出日前，如果注册会计师知悉可能对财务报表产生重大影响的事实，则应当考虑出具非无保留意见审计报告

C.期后事项是指财务报表日至审计报告日之间发生的事项，以及注册会计师在审计报告日之后知悉的事实

D.通常情况下，注册会计师针对第一时段的期后事项实施专门的审计程序，其实施的时间越接近审计报告日越好

20.下列各项中，关于审计报告其他事项段的表述，不正确的是（　　）。

A.其他事项段不包括法律法规或其他职业准则禁止注册会计师提供的信息

B.如果其他事项段的内容与其他报告责任部分相关，这一段落也可以置于审计报告的其他位置

C.如果拟在审计报告中增加其他事项段，注册会计师应当就该事项和拟使用的措辞与治理层沟通

D.其他事段是审计报告中含有的一个段落，该段落提及已在财务报表中恰当列报或披露的事项，根据注册会计师的判断，该事项对财务报表使用者理解财务报表至关重要

二、多项选择题（在每小题的四个备选答案中，选出二至四个正确的答案，并将正确答案的序号分别填在下列表格内。每小题2分，共20分）

题号	1	2	3	4	5	6	7	8	9	10
答案										

1.下列各项中，关于审计业务三方关系，表述恰当的有（　　）。

A.注册会计师对管理层承担编制责任的财务报表发表审计意见，增强管理层对财务报表的信任程度

B.注册会计师的审计意见有利于提高财务报表的可信性

C.在财务报表审计中，管理层可能是预期使用者之一

D.在财务报表审计中，被审计单位管理层是责任方

2.下列各项中，注册会计师在确定重要性水平时，选择的基准恰当的有（　　）。

A.如果被审计单位是国际企业集团设立的研发中心，主要为集团内下属各企业

提供研发服务，并以成本加成的方式向相关企业收取费用，应以成本和营业费用总额为基准

B.如果被审计单位处于新兴行业、目前侧重于抢占市场份额、扩大企业知名度和影响力，应以营业收入为基准

C.如果被审计单位为致力于优化投资组合、提高基金净值的开放式基金，应以净资产为基准

D.如果被审计单位为公益性质的基金会，应以捐赠收入总额为基准

3.下列各项中，获取审计证据的程序与特定认定的审计目标不相关的有（　　）。

A.从财务报表日前审计客户的采购明细账追查至购货发票和验收单，主要是为了鉴证存货完整性认定

B.从财务报表日前审计客户的验收单追查至采购明细账，主要是为了鉴证期末存货存在认定

C.分析审计客户应收账款的账龄和期后收款情况，主要是为了鉴证应收账款准确性、计价和分摊认定

D.审查审计客户期后应收账款收回的记录，主要是为了鉴证应收账款存在认定

4.下列项目中，与细节测试样本规模同向变动的有（　　）。

A.总体变异性　　B.预计总体错报

C.可容忍错报　　D.可接受的误受风险

5.下列各项中，属于需要了解的有关被审计单位行业状况的因素有（　　）。

A.生产经营的季节性和周期性　　B.行业的关键指标和统计数据

C.能源供应与成本　　D.币值变动

6.下列各项中，影响控制测试范围的因素有（　　）。

A.总体变异性

B.控制的预期偏差率

C.在拟信赖期间，被审计单位执行控制的频率

D.拟获取的有关认定层次控制运行有效性的审计证据的可靠性和相关性

7.下列各项中，与营业收入完整性认定相关的控制测试程序有（　　）。

A.检查出库单连续编号的完整性　　B.检查销售发票连续编号的完整性

C.检查赊销业务是否经过授权批准　　D.观察已经寄出的对账单的完整性

8.下列各项中，关于存货监盘地点的职业判断，不恰当的有（　　）。

A.如果存货存放在多个地点，注册会计师可以要求被审计单位提供一份完整的存货存放地点清单，期末存货量为零的仓库除外

B.如果存货存放在多个地点，注册会计师可以要求被审计单位提供一份完整的存货存放地点清单，租赁的仓库除外

C.如果存货存放在多个地点，注册会计师可以要求被审计单位提供一份完整的存货存放地点清单，第三方代被审计单位保管存货的仓库除外

D.如果存货存放在多个地点，注册会计师可以要求被审计单位提供一份完整的存货存放地点清单，并考虑其完整性

9.针对财务报表日至审计报告日之间发生的期后事项，下列各项中，表述恰当的

有（ ）。

A.设计专门的审计程序识别这些期后事项

B.尽量在接近财务报表日实施针对期后事项的专门审计程序

C.不专门设计审计程序识别这些期后事项

D.尽量在接近审计报告日实施针对期后事项的专门审计程序

10.下列各项中，注册会计师可能考虑在审计报告的意见段后增加“强调事项段”的情形有（ ）。

A.提前应用（在允许的情况下）对财务报表有广泛影响的新会计准则

B.存在已经对被审计单位财务状况产生重大影响的特大灾难

C.异常诉讼的未来结果存在不确定性

D.监管行动的未来结果存在不确定性

三、简答题（每小题10分，共30分）

1.ABC会计师事务所负责审计甲公司2022年度财务报表，审计工作底稿中与函证相关的部分内容摘录如下：

（1）审计项目组要求甲公司提供其所有开户银行的明细清单，审计项目组对银行账户明细清单中的每一开户银行实施函证，函证覆盖率达到了100%。

（2）审计项目组针对甲公司应付账款可能存在多笔未入账的情况，计划对应付账款实施函证程序，因此从截至2022年12月31日的应付账款明细表中选择重要的函证对象。

（3）审计项目组针对甲公司与其母公司的重大关联方交易合同，考虑到对财务报表带来的重大错报风险比较高，因此函证了本年度与母公司发生的每一笔应收账款交易金额。

（4）审计项目组为避免询证函被甲公司拦截、篡改等舞弊风险，在邮寄询证函时，在核实由甲公司提供的被询证者的联系方式后，未使用甲公司的邮寄设施，而是直接在邮局投递询证函。

要求：针对上述（1）至（4）项，逐项指出审计项目组的做法是否恰当，并简要说明理由。

2.A注册会计师负责审计甲公司2022年度财务报表，在对甲公司的应付账款项目进行审计时，根据职业判断，决定对甲公司下列四个明细账户中的两个进行函证：

项目	应付账款年末余额（元）	本年度供货总额（元）
A公司	—	2 880 000
B公司	289 000	3 032 000
C公司	42 650	66 100
D公司	85 000	95 000

要求：

（1）针对应付账款，A注册会计师拟实施分析程序识别和评估其重大错报风险，分析程序的内容有哪些？

（2）A注册会计师应选择哪两家供应商进行函证？为什么？

3.B注册会计师负责对乙公司2022年度财务报表进行审计。乙公司为玻璃制造企业，2022年年末存货余额在资产总额中占比重大。存货包括玻璃、煤炭、烧碱、石英砂，其中60%的玻璃存放在外地公用仓库。乙公司对存货核算采用永续盘存制，与存货相关的内部控制比较薄弱。乙公司拟于2022年11月25日至27日盘点存货，盘点工作和盘点监督工作分别由熟悉相关业务且具有独立性的人员执行。存货盘点计划的部分内容摘录如下：

（1）存货盘点范围、地点和时间安排：

地点	存货类型	估计占存货总额的比例	盘点时间
A仓库	烧碱、煤炭	烧碱10%、煤炭5%	2022年11月25日
B仓库	烧碱、石英砂	烧碱10%、石英砂10%	2022年11月26日
C仓库	玻璃	26%	2022年11月27日
外地公用仓库	玻璃	39%	—

（2）对存放在外地公用仓库存货的检查。对存放在外地公用仓库的玻璃，检查公用仓库签收单，请公用仓库自行盘点，并提供2022年11月27日的盘点清单。

（3）存货数量的确定方法。对于烧碱、煤炭和石英砂等堆积型存货，采用观察以及检查相关的收、发、存凭证和记录的方法确定存货数量；对于存放在C仓库的玻璃，按照包装箱标明的规格和数量进行盘点，并辅以适当的开箱检查。

（4）盘点标签的设计、使用和控制。对存放在C仓库玻璃的盘点，设计预先编号的一式两联的盘点标签。使用时，由负责盘点存货的人员将一联粘贴在已盘点的存货上，另一联由其留存；盘点结束后，连同存货盘点表交存财务部门。

（5）由仓库保管员调节盘盈或盘亏。盘点结束后，对出现盘盈或盘亏的存货，由仓库保管员将存货实物数量和仓库存货记录调节相符。

要求：针对上述存货盘点计划第（1）项至第（5）项，逐项判断是否存在缺陷。如果存在缺陷，简要提出改进建议。

四、计算分析题（共10分）

A注册会计师采用统计抽样的方法对甲公司的存货项目实施检查，已知存货明细账没有编号，明细账共有60页，每页50行，存货账面总金额是18 000万元，选择的样本账面金额是1 000万元，经审计确定的样本实际金额是980万元。在选取样本时，采用随机数表法。随机数表（部分）列示如下：

	1	2	3	4	5	6	7	8	9	10
1	32044	69037	29655	92114	81034	40582	01584	77184	85762	46505
2	23821	96070	82592	81642	08971	07411	09037	81530	56195	98425
3	82383	94987	66441	28677	95961	78346	37916	09416	42438	48432

续表

	1	2	3	4	5	6	7	8	9	10
4	68310	21792	71635	86089	38157	95620	96718	79554	50209	17705
5	94856	76940	22165	01414	01413	37231	05509	37489	56459	52983
6	95000	61958	83430	98250	70030	05436	74814	45978	09277	13827
7	20764	64638	11359	32556	89822	02713	81293	52970	25080	33555
8	71401	17964	50940	95753	34905	93566	36318	79530	51105	26952
9	38464	75707	16750	61371	01523	69205	32122	03436	14489	02086
10	59442	59247	74955	82835	98378	83513	47870	20795	01352	89906

要求：

（1）假定A注册会计师在选取样本时，以随机数表的前四位数字确定选取业务的编号，前两位数字与账簿页码对应，后两位数字与每页的行数对应，选号的顺序是从上到下、从左到右，选号的起点为第一行第一列，请代A注册会计师确定选取的第三、四笔业务的编号。

（2）假定A注册会计师采用比率估计抽样的方法推断总体错报，代A注册会计师计算出总体错报的金额（高估还是低估）。

五、综合题（共20分）

W会计师事务所承接了常年审计客户A股份有限公司（以下简称A公司）的2022年度财务报表审计业务，甲和乙注册会计师负责A公司2022年度财务报表审计业务，确定的财务报表整体重要性水平为100万元，实际执行的财务报表层次重要性水平为75万元。A公司审计后的2022年度财务报告于2023年4月1日报经A公司董事会批准，W会计师事务所也于4月1日出具审计报告，A公司4月15日报出财务报告和审计报告。其他相关资料如下：

资料一：A公司未经审计的2022年度财务报表项目的年末余额或年度发生额如下：

项目	2022年12月31日/2022年度
资产总额（万元）	8 000
营业收入（万元）	10 000
利润总额（万元）	1 000
净利润（万元）	750

资料二：在对A公司审计的过程中，甲和乙注册会计师在审计工作底稿中记录的部分事项如下：

（1）A公司采用备抵法核算坏账，期末按应收款项的10%计提坏账准备。2022年

12月31日未经审计的资产负债表中反映的应收账款项目为2 500万元，其他应收款项目为500万元。坏账准备项目为贷方余额250万元（均为应收账款计提的坏账准备）。应收账款项目的明细组成如下：

明细	余额（万元）
应收账款——恒安公司	1 000
应收账款——梦琪公司	100
应收账款——彭凯公司	1 000
应收账款——永达公司	500
应收账款——新昌公司	-100
合计	2 500

（2）2022年9月30日，A公司应收B公司账款余额为150万元，已提坏账准备24万元，因B公司发生财务困难，双方进行债务重组。2022年10月10日，B公司用一批产品抵偿债务，该批产品不含税公允价值为100万元，增值税税额为13万元。A公司为取得该批产品支付途中运费和保险费2万元（不考虑增值税），A公司将该批产品作为库存商品核算。A公司相关会计处理如下：借记“库存商品”115万元、“应交税费——应交增值税（进项税额）”13万元、“坏账准备”24万元，贷记“应收账款”150万元、“银行存款”2万元。

（3）2022年11月30日，A公司接受一项机器设备安装任务，安装期为4个月，合同总收入为200万元，至2022年年底已经预收款项100万元，实际发生成本56万元，估计还会发生成本84万元。2022年度，A公司在财务报表中确认了200万元劳务收入，并结转56万元的成本。

（4）2022年12月31日，A公司库存配件100套，每套配件的账面成本为15万元，市场价格为10万元。该批配件用于加工100件P产品，将每套配件加工成P产品尚需投入15万元，如果将配件直接销售，销售每套配件将发生销售费用及相关税费1万元，2022年12月31日P产品的市场价格为每件25.5万元，估计销售过程中每件将发生销售费用及相关税费1.5万元。该配件此前未计提存货跌价准备，A公司对该配件计提了存货跌价准备550万元。

（5）2022年1月，A公司为子公司向银行借款4 000万元提供全额信用担保。2022年12月，因子公司未能偿还到期债务，银行向法院起诉，要求A公司承担连带责任，支付借款本息4 240万元。2023年1月20日，法院终审判决银行胜诉，并于2023年1月25日执行完毕。考虑到子公司已宣告破产清算，无法向其追偿债务，A公司在2022年度作了如下会计处理：借记“营业外支出”4 240万元，贷记“预计负债”4 240万元。这一事项使得A公司2022年年末的营运资金和2023年1月的经营活动产生的现金流量净额均出现负数。针对可能导致对持续经营能力产生重大疑虑的上述事项，A公司提出了拟采取的改善措施。甲和乙注册会计师实施了必要的审计程序，认为A公司编制2022年度财务报表所依据的持续经营假设是合理的，但持续经营能力仍存在重大不确定性。

要求：

（1）在资料一的基础上，如果不考虑审计重要性水平，针对资料二中事项（1）至事项（5），请分别回答甲和乙注册会计师是否需要提出审计处理建议？若需提出审计调整建议，请直接列示审计调整分录（审计调整分录均不考虑对A公司2022年度的企业所得税、期末结转损益及利润分配的影响，下同）。

（2）在资料一的基础上，如果考虑审计重要性水平，假定A公司分别只存在资料二的5个事项中的1个事项，A公司拒绝接受甲和乙注册会计师提出的审计处理建议（如果有），在不考虑其他条件的前提下，请指出甲和乙注册会计师应当针对该5个独立存在的事项分别出具何种意见类型的审计报告。

模拟试卷（三）参考答案

审计学模拟试卷（四）

一、单项选择题（在每小题的四个备选答案中，选出一个正确答案，并将正确答案的序号填在下列表格内。每小题1分，共20分）

题号	1	2	3	4	5	6	7	8	9	10
答案										
题号	11	12	13	14	15	16	17	18	19	20
答案										

1.下列各项中，关于审计业务的三方关系，表述错误的是（　　）。

A.注册会计师通过对财务报表发表审计意见，以增强除管理层之外的预期使用者对财务报表的信任程度

B.注册会计师应当独立于管理层和除管理层之外的预期使用者

C.在财务报表审计中，责任方和预期使用者是同一方

D.预期使用者是指使用审计报告的组织或人员

2.下列各项中，仅与期末余额相关的认定是（　　）。

A.发生　　B.截止　　C.完整性　　D.权利和义务

3.下列各项中，无法为鉴证应付账款完整性认定提供证据的审计程序是（　　）。

A.取得供应商对账单，并将对账单与被审计单位的财务记录进行核对

B.检查资产负债表日前一个月入库的存货是否记录在本年度

C.检查应付账款明细账及与其相关的供应商发票

D.向供应商发送应付账款询证函

4.下列各项中，关于初步业务活动的表述错误的是（　　）。

A.就审计业务约定条款达成一致意见

B.针对保持客户关系和具体审计业务实施相应的质量控制程序

C.注册会计师应评价承接审计业务应遵守相关职业道德要求的情况

D.针对保持客户关系和具体审计业务实施质量控制程序是控制重大错报风险的重要环节

5.注册会计师在形成审计结论时，使用财务报表整体重要性的目的是（　　）。

A.确定进一步审计程序的性质、时间安排和范围

B.确定风险评估程序的性质、时间安排和范围

C.评价已识别的错报对财务报表整体的影响

D.识别和评估重大错报风险

6.下列各项中，注册会计师在确定实际执行的重要性时，不适合按照财务报表整体重要性的75%来确定的情形是（　　）。

A.被审计单位处于高风险行业

B.被审计单位面临较低的业绩压力

C.被审计单位管理层有足够的管理能力

D.连续审计项目，被审计单位以前年度审计调整较少

7.下列各项中，关于审计证据的充分性，表述错误的是（　　）。

A.审计证据的数量受审计证据质量的影响，审计证据的质量越高，审计人员所需审计证据的数量可能越少

B.注册会计师可以通过获取更多的审计证据尽可能弥补审计证据质量的缺陷

C.注册会计师所需获取审计证据的数量与其评估的重大错报风险是正向关系

D.审计证据的充分性是对审计证据数量的衡量，主要与确定的样本量有关

8.下列各项中，关于函证发出前的控制措施，表述错误的是（　　）。

A.发出询证函前，应当将被询证者的名称、地址与被审计单位有关记录进行核对

B.发出的银行存款询证函中需要银行确认的信息是否与银行对账单等保持一致

C.发出的询证函中应当正确填列被询证者直接向被审计单位回函的地址

D.发出询证函前考虑选择的被询证者是否适当

9.下列各项中，既影响审计效率又影响审计效果的风险是（　　）。

A.非抽样风险　　B.误受风险

C.信赖不足风险　　D.信赖过度风险

10.注册会计师从2 000张编号为2001～4000的支票中抽取20张进行审计，随机确定的抽样起点为2020，采用系统选样方法下，抽取的第18个样本号为（　　）。

A.3720　　B.3520　　C.3320　　D.2320

11.注册会计师对被审计单位2022年度财务报表进行审计，于2023年3月1日出具审计报告，相关审计工作底稿于2023年4月20日归档。关于审计工作底稿的保存期限，下列各项中表述正确的是（　　）。

A.自2023年3月1日起至少15年　　B.自2023年3月1日起至少10年

C.自2023年4月20日起至少15年　　D.自2023年4月20日起至少10年

12.下列各项中，注册会计师在了解被审计单位内部控制时通常不采用的审计程序是（　　）。

A.询问　　B.分析程序　　C.观察　　D.穿行测试

13.如果拟信赖的控制自上次测试后未发生变化，且不属于旨在减轻特别风险的控制，注册会计师应当运用职业判断确定是否在本期审计中测试其运行的有效性。下列各项中，关于控制测试的时间间隔，表述最恰当的是（　　）。

A.每年测试一次　　B.每两年测试一次

C.每三年至少测试一次　　D.每三年至少测试两次

14.下列实质性程序，与鉴证营业收入发生认定最相关的是（　　）。

A.将出库单与相关的销售发票和营业收入明细账及应收账款明细账中的分录进行核对

B.追查销售发票上的详细信息至出库单、经批准的商品价目表和顾客订购单

C.追查营业收入明细账中的会计分录至销售单、销售发票副联及出库单

D.复算销售发票上的数据

15.下列控制活动中，与营业收入“准确性”认定直接相关的是（　　）。

A.销售发票均经事先连续编号，并已登记入账

B.销售价格、付款条件、运费和销售折扣的确定已经适当的授权批准

C.每月末由独立人员进行内部核查，确认销售交易是否均已及时入账

D.销售交易是以附有有效装运凭证和销售单的销售发票为依据登记入账的

16.下列各项控制活动中，与采购交易“准确性、计价和分摊”认定最相关的是（　　）。

A.检查验收单是否连续编号

B.检查有无未记录的供应商发票

C.检查付款凭单是否附有购货发票

D.审核批准采购价格和折扣的授权签字

17.下列实质性程序中，与查找未入账的应付账款无关的是（　　）。

A.针对已偿付的应付账款，追查至银行对账单、银行付款单据和其他原始凭证，检查在资产负债表日前是否真实偿付

B.以截至资产负债表日的应付账款明细账为起点，选取异常项目追查至相关验收单、供应商发票、订购单

C.检查资产负债表日后应付账款明细账贷方发生额的相应凭证

D.检查资产负债表日后现金支出的主要凭证

18.下列各项中，关于岗位分工和授权批准，恰当的是（　　）。

A.现金出纳员同时审核原始凭证、编制记账凭证

B.银行出纳员同时编制银行存款余额调节表

C.出纳人员兼任支出明细账的登记工作

D.现金出纳员同时登记库存现金日记账

19.下列各项中，关于注册会计师对期后事项的责任表述错误的是（　　）。

A.有责任实施必要的审计程序，以确定截至审计报告日发生的期后事项是否均已得到识别
B.在审计报告日后，没有责任针对财务报表实施审计程序
C.在审计报告日后至财务报表报出日前，如果知悉可能对财务报表产生重大影响的事实，有责任采取措施
D.在财务报表报出后，如果知悉可能对财务报表产生重大影响的事实，没有责任采取措施
20.下列属于由被审计单位管理层造成的审计范围受到限制的情况是（　　）。
A.管理层不允许注册会计师观察存货盘点
B.被审计单位重要的部分会计资料被洪水冲走，无法进行检查
C.截至资产负债表日处于外海的远洋捕捞船队的捕鱼量无法监盘
D.外国子公司的存货无法监盘

二、多项选择题（在每小题的四个备选答案中，选出二至四个正确的答案，并将正确答案的序号分别填在下列表格内。每小题2分，共20分）

题号	1	2	3	4	5	6	7	8	9	10
答案										

1.下列各项中，关于管理层、治理层对财务报表的责任，表述正确的有（　　）。
A.管理层和治理层应当设计、执行和维护必要的内部控制，以使财务报表不存在由于舞弊或错误导致的重大错报
B.管理层作为会计工作的行为人，应当在治理层的监督下，对编制的财务报表负有直接责任
C.管理层应当按照适当的财务报告编制基础编制财务报表，以保障财务报表不存在任何错报
D.治理层对管理层负责编制的财务报表的过程应当实施有效监督
2.下列各项中，注册会计师在确定重要性水平时，选择的基准恰当的有（　　）。
A.如果被审计单位是国际企业集团设立的研发中心，主要为集团内下属各企业提供研发服务，并以成本加成的方式向相关企业收取费用，应以成本和营业费用总额为基准
B.如果被审计单位处于新兴行业、目前侧重于抢占市场份额、扩大企业知名度和影响力，应以营业收入为基准
C.如果被审计单位为致力于优化投资组合、提高基金净值的开放式基金，应以净资产为基准
D.如果被审计单位为公益性质的基金会，应以捐赠收入总额为基准
3.下列各项中，获取审计证据的程序与特定认定的审计目标相关的有（　　）。
A.从财务报表日前审计客户的采购明细账追查至购货发票和验收单，主要是为了鉴证存货存在认定
B.从财务报表日前审计客户的验收单追查至采购明细账，主要是为了鉴证期末存货完整性认定

C.分析审计客户应收账款的账龄和期后收款情况，主要是为了鉴证应收账款完整性认定

D.审查审计客户期后应收账款收回的记录，主要是为了鉴证应收账款准确性、计价和分摊认定

4.如果注册会计师实施控制测试时采用统计抽样，则评价的标准是总体偏差率上限与可容忍偏差率的关系。下列各项中，针对两者的关系，判断正确的有（　　）。

A.总体偏差率上限低于但接近可容忍偏差率时，结合其他审计程序的结果考虑是否接受总体，并考虑是否需要扩大测试范围

B.总体偏差率上限大于可容忍偏差率时，总体不能接受

C.总体偏差率上限低于可容忍偏差率时，总体可以接受

D.总体偏差率上限等于可容忍偏差率时，总体可以接受

5.下列各项中，属于需要了解的被审计单位性质的影响因素有（　　）。

A.所有权结构　　B.组织结构

C.筹资活动　　D.法律和监管环境

6.下列各项中，关于控制测试范围应考虑的因素，表述错误的有（　　）。

A.拟信赖期间越长，控制测试的范围越大

B.控制执行的频率越高，控制测试的范围越小

C.审计证据的相关性和可靠性要求越高，控制测试的范围越小

D.注册会计师在风险评估时对控制运行有效性的拟信赖程序越高，需要实施控制测试的范围越大

7.下列各项中，与鉴证采购交易完整性相关的实质性程序有（　　）。

A.从连续编号的付款凭单追查至相应的供应商发票

B.从连续编号的验收单追查至应付账款明细账

C.从供应商发票追查至应付账款明细账

D.从连续编号的订购单追查至相应的验收单

8.下列各项中，注册会计师编制存货监盘计划时应当实施的工作有（　　）。

A.了解与存货相关的内部控制，评估与存货相关的重大错报风险

B.考虑是否需要利用专家的工作

C.了解存货的内容、性质、各存货项目的重要程度及存放场所

D.制定存货监盘的替代审计程序

9.下列各项中，有关管理层提供的书面声明，表述正确的有（　　）。

A.书面声明是注册会计师获取的审计证据之一

B.书面声明本身并不为所涉及的任何事项提供充分、适当的审计证据

C.书面声明是注册会计师在财务报表审计中需要获取的必要信息

D.如果管理层已就某财务报表认定提供可靠的书面声明，则注册会计师不必获取其他审计证据

10.下列各项中，注册会计师可能考虑在审计报告的意见段后增加“其他事项段”的情形有（　　）。

A.与使用者理解审计工作相关的情形

B.限制审计报告分发和使用的情形

C.异常诉讼的未来结果存在不确定性

D.监管行动的未来结果存在不确定性

三、简答题（每小题10分，共30分）

1.ABC会计师事务所接受委托审计东方公司2022年度财务报表，A注册会计师了解和测试了与应收账款相关的内部控制，并将控制风险评估为高水平。A注册会计师取得了2022年12月的应收账款明细账，并于2023年1月15日采用积极式函证方式对所有重要客户发了询证函。A注册会计师将与函证结果相关的重要异常情况汇总如下：

异常情况	函证编号	客户名称	询证余额（元）	回函日期	回函内容
（1）	22	A	300 000	2023年1月22日	购买东方公司300 000元货物属实，但款项已于2022年12月25日用支票支付
（2）	56	B	500 000	2023年1月19日	因产品质量不符合要求，根据购货合同，于2022年12月28日将货物退回
（3）	64	C	640 000	2023年1月19日	2022年12月10日收到东方公司委托本公司代销的货物640 000元，尚未销售
（4）	134	D	600 000	因地址错误，被退回	

针对上述各种异常情况，请问A注册会计师应分别实施哪些重要审计程序？

2.A注册会计师首次接受委托，负责审计甲上市公司2022年度财务报表。A注册会计师从固定资产明细账的期末余额中选取样本，检查采购合同和发票等原始单证，以获取与固定资产相关的各项认定的审计证据。

要求：针对上述资料，假定不考虑其他条件，指出A注册会计师实施的审计程序是否可以获取充分、适当的审计证据；如果不能获取充分、适当的审计证据，指出针对这些认定应当实施的一项主要实质性程序和审计路径起点，将答案填写在下列表格中。

相关认定	是否可以获取充分、适当的审计证据	主要实质性程序	审计路径起点
存在			
完整性			
权利和义务			
准确性、计价和分摊			

3.A注册会计师负责对甲公司2022年度财务报表进行审计。在对甲公司2022年12月31日的存货进行监盘时，发现部分存货的财务明细账、仓库明细账、实物监盘三者的数量不一致，相关资料如下：

序号	存货名称	财务明细账数量	仓库明细账数量	实物监盘数量
1	A产品	35套	30套	30套
2	B产品	27套	25套	27套
3	C材料	1 600千克	1 600千克	1 700千克
4	D材料	1 200千克	1 200千克	1 000千克

要求：根据监盘结果，假定不考虑舞弊以及财务明细账串户登记、仓库明细账串户登记的情况，逐项分析存货数量差异可能存在的主要原因。

针对存货的财务明细账与实物监盘数不一致的情况，简要说明应当实施哪些必要的审计程序。

四、计算分析题（共10分）

ABC会计师事务所承接了W上市公司2022年度财务报表审计业务，U注册会计师负责该项目。在控制测试中，U注册会计师拟对内部控制进行测试，部分做法摘录如下：

（1）为测试2022年度库存商品发出控制是否有效运行，将2022年2月1日到2022年11月30日的出库单界定为测试总体。

（2）为测试2022年度销售单的信用审批控制是否有效运行，将销售单缺乏信用部门人员签字或虽有签字但未按制度审批的界定为控制偏差。

（3）在使用随机数表选取样本项目时，由于所选中的1张凭证金额较小，因此改用别的凭证代替。

（4）在对选取的样本项目进行检查后，A注册会计师将样本中发现的偏差数量除以样本规模得出的数值作为该项控制运行总体偏差率的最佳估计，同时考虑抽样风险。

（5）假设A注册会计师确定的存货项目可接受的信赖过度风险为10%，样本规模为45。测试样本后，发现1例偏差。当信赖过度风险为“10%”、样本中发现的偏差率为“1”时，控制测试的风险系数为“3.9”，U注册会计师确定的可容忍偏差率为3%，注册会计师决定接受该控制运行有效。

要求：针对上述资料的每个事项，逐项指出U注册会计师的做法是否正确。如不正确，简要说明理由。

五、综合题（共20分）

甲公司是ABC会计师事务所的常年审计客户，主要从事a、b和c三类水泥产品的生产和销售。A注册会计师负责审计甲公司2022年度财务报表，按照税前利润的5%确定财务报表整体的重要性为60万元。

资料一：

A注册会计师在审计工作底稿中记录了所了解的甲公司情况及其环境，部分内容摘录如下：

（1）甲公司租用丙公司独立仓库储存部分产成品。2022年12月31日，该部分产成品的账面价值为2 500万元。甲公司与丙公司在年末对账时发现120万元的差异，丙公司解释，该差异是由于甲公司客户于2022年12月30日已提货，而相关单据未传至甲公司。

（2）与以前年度相比，甲公司2022年度产业规模未大幅扩大，固定资产性能比较稳定，与折旧相关的会计政策和会计估计未发生变更。

（3）乙公司为甲公司的关联公司，2022年3月，甲公司向乙公司销售产品，乙公司预付账款3 000万元，截至2022年年末甲公司尚未交货。

（4）b产品5月至8月的直接人工成本总额较其他月份有明显增加，单位人工成本没有明显变化，销售部、生产部和人力资源部经理均解释这是由于b产品有季节性生产的特点，需要雇用大量临时工。这与A注册会计师在以前年度了解的情况一致。

（5）甲公司预计2022年主要原材料价格很可能还要上升，因此在2021年11月进行大量采购，以满足2022年1月底前的生产需求。但在2022年1月10日显示，相关原材料市场价格从2022年1月1日开始一路下跌。

资料二：

A注册会计师在审计工作底稿中记录了有关财务数据，部分内容摘录如下：

明细项目	未审数（万元）	已审数（万元）
	2022年	2021年
折旧费用	13 000	16 800
修理费	4 300	4 300
物料消耗	2 900	2 900
水电费	2 100	1 800
间接人工成本	1 400	1 200
其他	2 300	1 000
存货	12 500	12 300
减：存货跌价准备	0	0
存货账面价值	12 500	12 300

资料三：

A注册会计师在审计工作底稿中记录了拟实施的进一步审计程序，部分内容摘录如下：

（1）对2022年12月31日存放在丙公司的存货实施函证程序，并检查存货出库单、对账差异调节表等书面记录，确定差异原因是否为时间性差异。

（2）抽样检查各产品月度生产成本分配表，主要包括：

① 月末产品生产成本在产成品和在产品中分配的方法是否正确；

② 相关数据是否与产品成本计算表、会计记录一致；

③ 是否经相关人员复核和批准等。

（3）从应收账款明细账中选取项目，追查至有关原始凭证，如出库单等。

（4）对直接人工成本实施实质性分析程序。

（5）对期末存货成本实施实质性分析、重新计算等程序。

（6）从营业收入明细账中选取若干记录，确定记录的营业收入金额和日期与相关原始凭证、出库单一致。

要求：

（1）针对资料一第（1）至（5）项，结合资料二，假定不考虑其他条件，逐项指出资料一所列事项是否可能表明存在重大错报风险。如果认为存在重大错报风险，简要说明理由，并说明该风险主要与哪些财务报表项目（仅限于营业收入、营业成本、资产减值损失、应收账款、存货、固定资产和应付职工薪酬）的哪些认定相关。

事项序号	是否可能表明存在重大错报风险（是/否）	理由	财务报表项目名称及认定
（1）			
（2）			
（3）			
（4）			
（5）			

（2）针对资料三第（1）至（6）项的审计程序，假定不考虑其他条件，逐项指出相关审计程序与根据资料一（结合资料二）识别的重大错报风险是否直接相关。如果不直接相关，指出与该审计程序直接相关的财务报表项目和认定。

审计程序	是否与根据资料一（结合资料二）识别出的重大错报风险直接相关（是/否）	与该审计程序直接相关的财务报表项目和认定
（1）		
（2）		
（3）		
（4）		
（5）		
（6）		

模拟试卷（四）参考答案

附录二

审计学综合实验

实验项目一：库存现金审计
实验项目二：银行存款审计
实验项目三：完成审计阶段与审计报告

附录二
综合实验

参考文献

[1] 中国注册会计师协会. 2022年注册会计师全国统一考试辅导教材：审计[M]. 北京：中国财政经济出版社，2022.

[2] 刘明辉，史德刚. 审计 [M]. 8版.大连：东北财经大学出版社，2022.

[3] 张继勋，程悦. 审计学 [M]. 2版.北京：清华大学出版社，2015.

[4] 秦荣生，卢春泉. 审计学 [M]. 10版.北京：中国人民大学出版社，2019.

[5] 李晓慧.审计学：实务与案例 [M]. 5版.北京：中国人民大学出版社，2021.

[6] 袁小勇，陈郡. 审计学 [M]. 2版. 北京：首都经济贸易大学出版社，2012.

[7] 吴秋生. 审计学 [M]. 3版. 上海：格致出版社，2016.

[8] 刘圣妮. 2022年注册会计师考试应试指导及全真模拟测试：审计 [M]. 北京：北京科学技术出版社，2022.

[9] 杨闻萍，王茂林. 2022年注册会计师全国统一考试：审计经典题解 [M]. 上海：上海交通大学出版社，2022.